विवेक के रंग

सम्पादक

डॉ. देवीशंकर अवस्थी

वाणी प्रकाशन

प्रकाशन के उत्कृष्टतम 62 वर्ष

सजिल्द प्रथम संस्करण : 1995
सजिल्द द्वितीय संस्करण : 2025

vaniprakashan.com

वाणी प्रकाशन
4695, 21-ए, दरियागंज, नयी दिल्ली-110 002
फ़ोन : + 91 11 23273167, 23275710
शाखाएँ
अशोक राजपथ, पटना-800 004, बिहार
कॉफ़ी हाउस कैम्पस, महात्मा गांधी मार्ग, प्रयागराज-211 001, उत्तर प्रदेश
महात्मा गांधी अन्तरराष्ट्रीय हिन्दी विश्वविद्यालय, वर्धा-442 001, महाराष्ट्र
sales@vaniprakashan.in
vaniprakashan@gmail.com

Vivek Ke Rang
Edited by Dr. Devishankar Awasthi

ISBN : 978-81-7055-359-5
Criticism

मूल्य : ₹ 595

जी.एस. ऑफ़सेट, दिल्ली-110 095 में मुद्रित

वाणी प्रकाशन का लोगो मक़बूल फ़िदा हुसैन की कूची से

गुरुवर
आचार्य हजारीप्रसाद द्विवेदी
को

भूमिका

भारतीय ज्ञानपीठ ने 1965 में 'विवेक के रंग' का प्रकाशन किया था। इस पुस्तक का तब साहित्य जगत में व्यापक तौर पर स्वागत हुआ था। अनेक साहित्यकारों ने इस पुस्तक की परिकल्पना की बड़ी सराहना की थी। संभवत: इसी से प्रेरित होकर देवीशंकर जी ने अनेक ऐसी ही नयी पुस्तकों की योजना बनायी थी।

बाजार में अप्राप्य होने की वजह से तमाम सुधी पाठक मुझसे बार-बारआग्रह करते रहे हैं कि इस पुस्तक के पुनर्प्रकाशन की जल्दी व्यवस्था की जाय। मैं जानती हूँ कि इस कार्य में बड़ा विलम्ब हो गया है। इस विलम्ब के लिए संभवत: मैं ही जिम्मेदार हूँ।

देवीशंकर जी इस पुस्तक के दूसरे संस्करण में जिस प्रकार का परिष्कार करना चाहते थे अथवा कुछ और भी सामग्री जोड़ना चाहते थे—इसकी बड़ी धुँधली सी रूपरेखा ही मेरी स्मृति में अंकित है। अत: उसके आधार पर पुस्तक के वर्तमान स्वरूप में कोई परिवर्तन करना मैं उचित नहीं समझती।

1965 के बाद इस पुस्तक को लेकर साहित्यिक हलकों में जिस प्रकार की चर्चा-परिचर्चा और टीका-टिप्पणियाँ हुई थीं—उनसे यह स्पष्ट हो गया था कि एक विशिष्ट कालखंड की महत्त्वपूर्ण कृतियों की पुस्तक समीक्षाओं के सुव्यवस्थित-सुसंपादित संकलन की एक नई परंपरा का सूत्रपात सबको बहुत अच्छा लगा था। समकालीनों द्वारा लिखित रिव्यूज में उस समय की सृजनात्मक प्रक्रिया की अंत: प्रकृति का भी बेलाग अर्थात् सटीक उद्‌घाटन होता है और उस जमाने के सृजन तथा चिंतन को समझने में भी नयी अंतर्दृष्टि मिलती है।

तब देवीशंकर जी के मित्रों और समकालीनों ने जो भी चिट्ठियाँ और प्रतिक्रियाएँ भेजी थीं, वे आज भी मेरी अमूल्य थाती हैं। क्रूरकाल ने जनवरी 1966 में अवस्थी जी को हमसे और साहित्य जगत से अचानक छीन लिया। इस आकस्मिक आघात ने मुझे स्तब्ध कर दिया। दु:ख, विषाद और पारिवारिक दायित्वों की पूर्ति में 29 वर्ष बीत गये हैं।

इस पुस्तक के पुनर्प्रकाशन के अवसर पर मैं यही कह सकती हूँ कि इसका प्रकाशन एक बड़े अभाव की पूर्ति करता है; मित्रों और सुधी पाठकों के आग्रहों को भी संतुष्ट करता है। इस शुभ कार्य के लिए मैं वाणी प्रकाशन के श्री अरुण माहेश्वरी की आभारी हूँ।

—कमलेश अवस्थी

वसंत पंचमी
4 फरवरी, 1995
श्याम सिंधु
2/346 ए, आजाद नगर, कानपुर-208002

भूमिका

भूमिका लिखने में मुझे बेहद आलस लगता है। परिणाम है कि पिछले साल-भर से प्रस्तुत संकलन की पाण्डुलिपि लगभग तैयार पड़ी है, पर तकाज़ों के बावजूद प्रकाशनार्थ नहीं दी जा सकी—भूमिका लिखनी थी न! पर इस आलस्य से एक बड़ा भय सामने आया—हिन्दी-प्रकाशनों की गति के कारण हर महीने अच्छी किताबें मिलने की तो आशा ही की जा सकती है पर पुस्तक-समीक्षाएँ तो अकसर मिल जाती हैं। अतएव इस प्रकार के संकलन में निरन्तर जोड़-तोड़, घटा-बढ़ी की समस्या उठने लगती है। मैंने स्वयं कम-से-कम पन्द्रह समीक्षाएँ इन दिनों इस संकलन में जोड़ी या घटाई हैं। इस निरन्तर परिष्कार-प्रक्रिया से घबराकर ही इस पुस्तक-समीक्षा-संकलन की भूमिका लिखने का आलस तोड़ सका। यह परिष्कार भी पिछले वर्ष ही नहीं हुआ है—पिछले चार वर्ष से इस संकलन पर काम करता आ रहा हूँ। बीच-बीच में चयन में ही बदलाव नहीं हुए, स्वयं सम्पादक को भी स्थान बदलना पड़ा। थीसिस, कानपुर से दिल्ली की उखाड़-पछाड़, तमाम पेशेगत व्यस्तताओं, संकलन की उपयोगिता संबंधी संकल्पों-विकल्पों आदि के मध्य काम अटकता-भटकता बढ़ता रहा। जून 1961 में इस संकलन का जो ढाँचा सामने आया था उसे बहुत-कुछ बदलना पड़ा है। तब से अनेक महत्त्वपूर्ण पुस्तकें सामने आयी हैं और अनेक गणनीय समीक्षाएँ। इनको जोड़ते-घटाते हुए सोचा था कि भूमिका पचास पृष्ठ से कम क्या होगी; पर अब लिखने बैठा हूँ तो बहुत लम्बी भूमिका लिखने का न साहस है और न समय। शायद ज़्यादा लम्बी भूमिका का औचित्य भी मन में शेष नहीं रहा। आखिर हिन्दी-आलोचना के इतिहास या मानदण्डों पर एक शोध-निबन्ध-जैसा भारी-भरकम दस्तावेज़ पेश करना कहाँ तक उपयुक्त होगा? बहरहाल, अब जो भूमिका है वह सचमुच ही इस संकलन की भूमिका है—यानी कि जिस भूमि पर रखकर संकलन की प्रकृति या विशिष्टता का नज़दीकी परिचय प्राप्त किया जा सके।

समसामयिक लेखन की चर्चा अधिकांशत: पुस्तक-समीक्षा के स्तम्भों तक ही सीमित रहती है। और इन समीक्षाओं में अकसर महत्त्वपूर्ण समस्याएँ ही नहीं उठाई जातीं, आलोचना-पद्धति के बदलाव के आरम्भिक लक्षण भी दिखाई पड़ते हैं। ये दो ऐसे तथ्य थे जिन्होंने इस संकलन के लिए प्रेरित किया। ऐसा प्रतीत हुआ कि समकालीन महत्त्वपूर्ण पुस्तकों की गणनीय समीक्षाएँ यदि एक स्थान पर संकलित की जायें तो नवलेखन का एक संश्लिष्ट चित्र ही सामने नहीं आयेगा, आलोचना के नये विवेक या पद्धति को भी अधिक संकेन्द्रित ढंग से देखा जा सकेगा।

इन दोनों बातों में जहाँ तक पहली का प्रश्न है, कहा जा सकता है कि आलोचनात्मक लेख भी बराबर लिखे जाते हैं। इस तथ्य को मैं अस्वीकार नहीं करता। (और यदि सुविधा मिली तो पिछले 15 वर्षों के ऐसे निबन्धों के संकलन-संपादन की भी चेष्टा करूँगा।) परन्तु फिर भी इतना तो कहा ही जा सकता है कि इस प्रकार के लेखों का एक बड़ा अंश ऐसा होता है जिनमें कि घूम-

फिरकर कुछेक कवियों के कुछेक संग्रहों की कुछेक कविताओं या वक्तव्यों की उद्धरणी की परम्परा चलती रहती है। उदाहरण के लिए 'नयी कविता' पर लिखे गये अधिकांश लेखों में 'सप्तकों' के ही कुछ कवियों और इन सप्तकों में संकलित कविताओं या वक्तव्यों पर ही फ़तवे दिये जाते रहे हैं। अधिकांश लोगों ने यह देखने का कष्ट नहीं उठाया कि सप्तकों के बाहर भी उतनी ही महत्त्वपूर्ण रचनाशीलता के दर्शन होते हैं तथा 'सप्तकों' में आये कवियों की कहीं अधिक महत्त्वपूर्ण रचनाएँ 'सप्तकों' से अतिरिक्त भी संकलित हैं। इस कारण यह कहने में मुझे कोई हिचक नहीं है कि समसामयिक लेखन-चर्चा और विमर्श का ज़्यादा सही प्रतिनिधित्व पुस्तक-समीक्षाओं के संकलन में देखा जा सकता है। लेखन और समीक्षण दोनों का ही बहुरंगी-बहुवर्णी व्यक्तित्व इस संकलन में मिल सकता है। यहाँ तक कि तमाम विवादों-प्रवादों की अनुगूँज भी इनमें विद्यमान है।

जहाँ तक दूसरी बात, पुस्तक-समीक्षाओं की गणनीयता या महत्ता का सम्बन्ध है, इस तथ्य से इनकार नहीं किया जा सकता कि पुस्तक-समीक्षाओं का स्तर हिन्दी में, सामान्य रूप से, अगम्भीर है और उसके प्रति असन्तोष का एक तीखा स्वर हमेशा सुनने को मिलता रहता है। पर यही बात कमोबेश क्या कविताओं, कहानियों, उपन्यासों या नाटकों के ऊपर नहीं लागू होती? कृति साहित्य के नाम पर पेश किया गया कितना साहित्य खाद बन जाता है, इसका अनुमान लगाना बहुत कठिन नहीं है। पर इस कूड़े के ढेर के बीच से ऐसी रचनाएँ ऊपर आ जाती हैं जो पूरे युग की रचनात्मक आकांक्षा को सार्थकता एवं सिद्धि दे देती हैं। इसी प्रकार समकालीनता-बोध और समसामयिक लेखन का जीवन्त सम्पर्क नयी आलोचानात्मक प्रज्ञा को जन्म देता है तथा अगम्भीर समीक्षाओं के बीच गम्भीर और गणनीय समीक्षा-क्रिया को सामने ले आता है। आलोचना की यह भयंकर खामी होगी कि वह तमाम समसामयिक लेखन से कटा रहे। यह बात मैं बराबर कहता रहा हूँ कि समकालीनता-बोध से रहित आलोचना को आलोचना नहीं कहा जा सकता—शोध, पाण्डित्य या कुछ और भले ही कह लिया जाये। आलोचना का पहला दायित्व नवलेखन के प्रति ही है। आलोचक-वर्ग का उदय जिस सांस्कृतिक प्रक्रिया का अंग है उसमें उसे समसामथिक साहित्य की दुरूहता एवं मूल्य-चिन्ता दोनों ही से उलझना पड़ता है। इस बीच हिन्दी की एकेडेमिक आलोचना पर जो आक्षेप होते रहे हैं (और ऐसी आलोचनाएँ लिखनेवाले केवल विश्वविद्यालयों में ही सीमित नहीं हैं—स्वतन्त्र लेखकों में भी इस कोटि की कमी नहीं है।) वे इसलिए नहीं हुए कि वे 'एकेडेमिक' हैं, बल्कि इसलिए कि वे समसामयिक जीवन और साहित्य दोनों के नज़दीकी बोध से शून्य हैं। इस दुष्चक्र में पहली फाँक पुस्तक-समीक्षाओं के स्तम्भों में ही दिखाई पड़ी है। इस महत्त्वपूर्ण 'क्रिटिकल ऐक्टिविटी' को एक केन्द्र में लाने से इस दुष्चक्र को तोड़ने में सहायता मिल सकती है—यह आशा अनुचित न मानी जायेगी। रचनाशीलता के बदलाव के साथ ही आलोचना के मानदण्ड और पद्धतियों में भी परिवर्तन होता है—यह बार-बार दोहरायी और कही जानेवाली बात है। पर आश्चर्य होता है कि तमाम आचार्यगण इसी तथ्य को भुला देते हैं और परिणामस्वरूप उनका लेखन या तो पाण्डित्यधर्मी (पिडैण्टिक) बनकर रह जाता है या ठेठ जड़। बहरहाल, हर युग की आलोचनात्मक समझ अपने युग के साहित्य से अनुकूलित और अनुशासित होती है और उसे अनुकूलित करती भी है। एक ही पीढ़ी या समय की प्रमुख चेतना-संवेदना एक और अखण्डित होती है—व्यक्त चाहे वह कविता में हो, कहानी में हो या आलोचना में। इस

अनुकूलन-अनुशासन की प्रक्रिया के अन्तर्गत ही हर युग पुरानी कृतियों का नये सिरे से आकलन करने के लिए बाध्य होता है। इसे ही हम आलोचना का दूसरा मुख्य दायित्व—पूनर्मूल्यांकन—कह सकते हैं। वस्तुत: आलोचना—व्यावहारिक आलोचना—के साथ, इसी कारण 'शाश्वत' विशेषण का प्रयोग और भी अधिक कठिन है। जहाँ तक पुराने क्लैसिक मानदण्डों या साहित्य-सिद्धान्तों का प्रश्न है, उनकी भी स्थिति क्लैसिक कृतियों-जैसी ही होती है। जिन सिद्धान्तों में इतना लचीलापन होता है कि उनकी युगानुरूप पुनर्व्याख्या की जा सके, उनके स्वीकार कर लिये जाने की सम्भावना सबसे अधिक होती है। अँगरेज़ी में 'न्यू क्रिटिक्स' ने लांगिनुस और कॉलरिज की नयी व्याख्याएँ कीं तथा शिकागो के 'नियो-एरिस्टो-टेलियन्स' ने अरस्तू के अनुकरण-सिद्धान्त को आधुनिक साहित्य के लिए प्रसंगानुकूल बनाने की चेष्टा की। स्वयं हिन्दी में आचार्य रामचन्द्र शुक्ल ने रस-सिद्धान्त की जो पुनर्व्याख्या की थी उसके पीछे समसामयिक जीवन और साहित्य के गहरे आग्रह थे। भावयोग को ज्ञानयोग और कर्मयोग के समकक्ष मानना, प्रकृति-चित्रण का गहरा आग्रह, 'आदिम रूप-व्यापारों' के उद्‌घाटन पर ज़ोर, कवि-कर्म का महत्त्व आदि उनके काव्य-सिद्धान्त सीधे स्वच्छन्दतावादी प्रवृत्तियों से परिचालित थे। यह संयोग मात्र नहीं है कि भारतीय काव्य-चिन्तन-परम्परा में 'कल्पना' (जो कि स्वच्छन्दतावाद की प्रेरक शक्ति मानी जाती है) पर शुक्लजी पहले व्यक्ति हैं जिन्होंने जमकर विचार किया है। रीतिकाल की तमाम रूढ़ियों के विरोध और अवमूल्यन में शुक्लजी प्रसाद, पन्त और निराला के साथ थे। जिस 'भक्तिकाल' को शुक्लजी इतना महत्त्व देते हैं उसी से तमाम छायावादी कवि भी अपना सम्बन्ध जोड़ते हैं। यहाँ तक कि रीतिकाल के फुटकर खाते के भीतर रखे गये घनानन्द की जिन कारणों से वे अतिशय प्रशंसा करते हैं वे कारण छायावादी काव्य-शैली के हैं। डॉ० नामवर सिंह ने शुक्लजी के साहित्य-सिद्धान्तों की रोमैण्टिक आधारभूमि को काफ़ी स्पष्ट किया है। शुक्लजी के बारे में एक भ्रम है कि वे छायावाद के निन्दक थे। वस्तुत: वे छायावाद की कृत्रिम रहस्यवादिता एवं कुण्ठाओं के निन्दक थे। कहना चाहूँगा कि छायावादी कवियों की जो आलोचना उन्होंने अपने इतिहास में की है वह आज भी अव्यर्थ है। यों किसी भी कवि या काव्यान्दोलन की समस्त क्षमताओं एवं अर्थस्तरों का उद्‌घाटन एक साथ और एक ही व्यक्ति कभी नहीं करता। उसका उद्‌घाटन हर युग अपने अनुकूल करता रहता है—जैसे कि मुक्तिबोध ने जब 'कामायनी' पर पुनर्विचार करते हुए उसका विश्लेषण फ़ैण्टेसी मानकर किया तो वस्तुत: उन्होंने उस महनीय कृति को अपने सृजन के लिए प्रसंगानुकूल बनाया था। यों शुक्लजी के जो तथाकथित नैतिक आग्रह थे वे भी स्वामी दयानन्द सरस्वती और महात्मा गान्धी के मिले-जुले प्रभावों के अन्तर्गत अपने समकालीन जीवन से ही लिये गये थे। रवीन्द्रनाथ ठाकुर के प्रति व्यक्त उनके विचारों में यह तथ्य भलीभाँति देखा जा सकता है। मुझे तो यह भी लगता है कि शब्दावली के भिन्न होने के बावजूद गान्धीजी और शुक्लजी के विचार रवीन्द्र के प्रति (तथा पाश्चात्य प्रभावों के प्रति) बहुत-कुछ समानता रखते हैं।

पुराने सिद्धान्तों की युगानुकूल व्याख्या का एक अत्यन्त विशिष्ट उदाहरण साधारणीकरण की चर्चा है। संस्कृत काव्यशास्त्र में साधारणीकरण का विवाद ऐसा प्रमुख प्रश्न नहीं है कि तमाम रस-सिद्धान्त का प्रतीक बन जाये। संस्कृत-काव्य-परम्परा में (या प्राकृत-अपभ्रंश में भी) साधारणीकरण का प्रश्न मुख्य था भी नहीं। उस युग में कवि और रसिक की बौद्धिक भूमि लगभग समान थी अत: सम्प्रेषण की कठिनाइयाँ नहीं थीं। परन्तु धीरे-धीरे शिक्षा के प्रसार और ज्ञान-विज्ञानों

की विशेषज्ञता के साथ-साथ यह भूमिका बदली है। साथ ही ब्रज से खड़ी बोली में माध्यम का जो बदलाव होता है, वह भी सम्प्रेषण के लिए समस्याएँ उत्पन्न करता है। पश्चिमी विचारधाराओं, पश्चिमी साहित्यों आदि के सम्पर्क से जो काव्य-दृष्टि का बदलाव हुआ, नये काव्य-रूपों का आविर्भाव हुआ, काव्य-विषयों का फैलाव हुआ, उन सबने मिलकर सम्प्रेषण की समस्या को काफ़ी जटिल बनाया। मुझे याद है कि छायावाद की एक परिभाषा, उसका मज़ाक़ उड़ाते हुए, यह भी रखी गयी थी कि जो समझ में न आवे वह ही छायावाद। पर यह केवल मज़ाक़ नहीं था—इसके साथ लगी सचाई थी कि छायावादी काव्य का एक बड़ा हिस्सा दुरूह और अस्पष्ट था तथा पाठकों तक उसके सम्प्रेषण में कठिनाई होती थी। ऐसी स्थिति में रस-सिद्धान्त की चर्चा करते हुए 'साधारणीकरण' की ओर अत्यधिक ध्यान देना वस्तुत: अपने समकालीन साहित्य पर ही ध्यान देना था या उस साहित्य के परिदृश्य में पुराने रस-सिद्धान्त को रखने की चेष्टा थी। यह अवश्य है कि 'आलम्बनत्व धर्म'—के जिस साधारणीकरण की बात शुक्लजी ने कही, वह सीधे राष्ट्रीय संग्राम की सामाजिक प्रतिबद्धता से सम्भूत थी—यानी कि सृजनात्मक स्तर पर जो प्रतिबद्धता प्रेमचन्द के साहित्य को जन्म दे रही थी वही शुक्लजी के साधारणीकरण को भी। पर इसे रोमैण्टिक काव्यशास्त्र की आत्मपरक निष्ठा के लिए, कवि-कर्म को महत्त्व देने के लिए कवि के निकट लाने की आवश्यकता थी, और इस कार्य को पूरा किया डॉ० नगेन्द्र ने यह कहकर कि "साधारणीकरण कवि की अनुभूति का होता है।" कहना न होगा कि यह व्याख्या सीधे रोमैण्टिक काव्यशास्त्र से उपजी है।

पर साधारणीकरण की समस्या छायावादी काव्य के साथ समाप्त नहीं हो गयी। ऊपर जिन आधुनिक समस्याओं का जिक्र हम कर चुके हैं वे और अधिक तीखी बनकर सामने आयीं। विशेषीकरण और बढ़ा, 'भाषा एक रहते हुए भी मुहावरे अनेक हो गये' और फिर इनके साथ ही विकृत समाजशास्त्र के आग्रहों के कारण यथार्थ के नाम पर साहित्य को जनता की 'पॉप्युलर' अभिरुचि के साथ एकता न करने की कोशिश की गयी। परिणामस्वरूप अज्ञेय ने शब्दार्थ की समस्या के साथ ही साधारणीकरण की समस्या को भी उठाया, "...जो कवि एक क्षेत्र का सीमित सत्य (तथ्य नहीं सत्य : अर्थात् उस सीमित क्षेत्र में जिस तथ्य से रागात्मक सम्बन्ध है वह) उसी क्षेत्र में नहीं, उससे बाहर अभिव्यक्त करना चाहता है, उसके सामने बड़ी समस्या है। या तो वह यह प्रयत्न ही छोड़ दे, सीमित सत्य को सीमित क्षेत्र में सीमित मुहावरे के माध्यम से अभिव्यक्त करे—यानी साधारणीकरण तो करे पर साधारण का क्षेत्र संकुचित कर दे—अर्थात् एक अन्तर्विरोध का आश्रय ले, या फिर बृहत्तर क्षेत्र तक पहुँचने का आग्रह न छोड़े और इसलिए क्षेत्र के मुहावरे से बँधा न रहकर उससे बाहर जाकर राह खोजने की जोखिम उठाये। इस प्रकार वह साधारणीकरण के लिए ही एक संकुचित क्षेत्र का साधारण मुहावरा छोड़ने के लिए बाध्य होगा—अर्थात् एक दूसरे अन्तर्विरोध की शरण लेगा।" इस लम्बे उद्धरण को देने का तात्पर्य उस भूमिका से परिचित कराना है जो तमाम समसामयिक लेखन के साथ जुड़ी है। इस बार अज्ञेय ने साधारणीकरण को सीधे भाषा से—शब्दार्थ के सहितत्व से—ला जोड़ा। आश्रय, आलम्बन, कवि की अनुभूति या पाठक के आस्वादन आदि के स्थान पर सीधे माध्यम की क्षमताओं की खोज के साथ इस समस्या को ला जोड़ना साधारणीकरण के लिए ही एक नया योगदान नहीं है—नयी कविता के काव्य-सिद्धान्त को स्पष्ट करने का प्रयास भी है। इसी प्रकार मुक्तिबोध भी रचना-प्रक्रिया के तीन क्षणों की चर्चा करते हुए भाषा और भाव के बीच के द्वन्द्व की समस्या को उठाते हैं।

साहित्यिक सिद्धान्तों की अगर पुनर्व्याख्या के समान ही ऐतिहासिक सन्दर्भों की जाँच करके लेखकों का जो पुनर्मूल्यांकन होता है उसके पीछे भी समकालीन दृष्टि का गहरा एहसास विद्यमान रहता है। रीतिकाल के सम्बन्ध में शुक्लजी और छायावादी कवियों की विचारगत समानता का उल्लेख किया जा चुका है। स्वयं रीतिकाल के केशव को शुक्लजी ने जिस गढ़े में धकेला—वहाँ से बहुत-से शोधकर्ता अब तक बाँस लगाकर उन्हें ऊपर नहीं चढ़ा पाये हैं। यह इसीलिए नहीं हो सका कि केशव को अपने युग के लिए प्रसंगानुकूल नहीं बनाया जा सका। केशव के विविध छन्द-प्रयोगों, व्यंग्यक्षमता को देखकर अज्ञेयजी एक बार उनकी ओर उन्मुख हुए थे पर शायद केशव की अनुभूति-क्षमता का अनुमान कर वे उपराम हो गये। रीतिकाल को यदि कुछ मान्यता इस बीच में मिली भी है तो मनोवैज्ञानिक सिद्धान्तों के प्रभाव तले ही उसे प्रतिष्ठित किया जा सका है और कहना न होगा कि सन् '40 के आस-पास मनोवैज्ञानिकता का जो दौरदौरा हुआ था, यह उसी का प्रभाव था। बिम्ब-सिद्धान्त की अत्यधिक चर्चा ने भी कुछ नये कवियों को रीतिकाल की ओर उन्मुख किया। स्वयं डॉ० नगेन्द्र ने देव में जिन गुणों की महिमा देखनी चाही है वे रोमैण्टिक चेतना से उद्‌भूत गुण हैं। शुक्लजी के बाद प्रगतिवाद के साथ-साथ जो अधिक वैज्ञानिक इतिहास-दृष्टि प्राप्त हुई थी तथा विजयदेवनारायण साही के शब्दों में 'जवानी का काव्य' (जिसमें मस्ती, फक्कड़पन, अनमनापन आदि मिले-जुले थे) आया था उसने तमाम सांस्कृतिक सन्दर्भों का पुनर्मूल्यांकन किया और उस प्रक्रिया में लेखकों या प्रवृत्तियों के ऐतिहासिक प्रतिष्ठापन (हिस्टॉरिकल प्लेसिंग्ज़) बदल गये। आचार्य हजारीप्रसाद द्विवेदी-द्वारा निर्गुण सम्प्रदाय ही प्रतिष्ठित नहीं हुआ, मस्ती और फक्कड़पन के कवि कबीर श्रेष्ठतम कवियों में परिगणित किये जाने लगे। आदिकाल के प्रति दृष्टिकोण बदल गया। तुलसीदास की महिमा लोकमंगल के लिए ही नहीं 'समन्वय' के सांस्कृतिक प्रतीक के रूप में भी बढ़ी। मतिराम-जैसे कवियों की पुनर्प्रतिष्ठा हुई—इसलिए कि उनमें पारिवारिक स्वर है तथा रीतिकाल को आमुष्मिक काव्य की एक पुरानी परम्परा का बल भी मिला। ऐतिहासिक पुनर्मूल्यांकन की प्रक्रिया सबसे अधिक हजारीप्रसाद द्विवेदी द्वारा सामने लायी गयी। यों पं० नन्ददुलारे वाजपेयी ने द्विवेदीयुगीन कवियों की नयी व्याख्याएँ कीं और भारतेन्दु-युग को पुनर्प्रतिष्ठित करने का श्रेय डॉ० रामविलास शर्मा को है। छायावाद और छायावादोत्तर गीतिकाव्य के पुनर्मूल्यांकन के प्रयास 'नवलेखन' के युग में भी हुए हैं पर सब मिलाकर नयी आलोचना का यह पक्ष काफ़ी दुर्बल ही कहा जायेगा।

पर यह चर्चा तो प्राचीन साहित्य या प्राचीन काव्यशास्त्र की हुई। आलोचना का प्रमुख दायित्व समसामयिक साहित्य के प्रति है—यह पीछे कहा जा चुका है और इस दायित्व का निर्वाह सबसे पहले पुस्तक-समीक्षाओं के रूप में दिखता है। लाला श्रीनिवासदास के 'संयोगिता-स्वयंवर' नाटक की बालकृष्ण भट्ट और बदरीनारायण चौधरी 'प्रेमघन' लिखित समीक्षाओं से ही हिन्दी की व्यावहारिक आलोचना का सूत्रपात माना गया है। यह तथ्य बहुत महत्त्वपूर्ण है। इससे सूचित होता है कि इस युग के साहित्य की प्रकृति बदल गयी थी और उसके लिए यह नया साहित्य रूप 'पुस्तक-समीक्षा' सामने आया था। भट्ट या प्रेमघन की इन समीक्षाओं से लेकर आज तक, इनकी स्तर-सम्बन्धी घनघोर शिकायतों के बावजूद, नये साहित्य की चर्चा के माध्यम के रूप में पुस्तक-समीक्षा की एक पुष्ट परम्परा चली आयी है। मेरा विश्वास है कि भारतेन्दु-युग से लेकर अब तक की पुस्तक-समीक्षाओं का संकलन यदि कोई तैयार कर सके तो हिन्दी-आलोचना के विकास की एक व्यवस्थित झाँकी देखी जा सकती है।

भारतेन्दु-युग आलोचना के नाम पर लगभग पुस्तक-समीक्षाओं तक ही सीमित था, द्विवेदी-युग में भी यह माध्यम मुख्य बना रहा। स्वयं पं० महावीरप्रसाद द्विवेदी बड़े तीखे 'रिव्यूअर' थे। छायावादी कवियों में 'निराला' ने तमाम पुस्तकों की 'रिव्यू' की थी; तथा प्रेमचन्द, जैनेन्द्र एवं अज्ञेय लिखित पुस्तक-समीक्षाओं का परिमाण भी कम नहीं है। 'गोदान' के शहर और ग्राम-कथा के विन्यास को लेकर प्रेमचन्द पर बहुत-से आक्षेप किये गये हैं, पर अगस्त, 1936 के 'विशाल भारत' में 'गोदान' की समीक्षा करते हुए जैनेन्द्र ने इसे 'वस्तुस्थिति की अधिक निकटता' माना था। इसी प्रकार जैनेन्द्र के कहानी-संग्रह 'दो चिड़िया' की जनवरी, 1935 के 'विशाल भारत' में रिव्यू करते हुए अज्ञेय ने जो बातें कही थीं वे कहानी-समीक्षा की दृष्टि से आज भी महत्त्वपूर्ण हैं : "वे शब्दों की गरिमा में अपना भाव नहीं बाँध देते, वे एक वातावरण उत्पन्न कर देते हैं, एक संकेत कर देते हैं और बाक़ी पाठक स्वयं खोलता है और पाता है।" 'तथा' "जो लोग कहानी सिर्फ़ वक़्त बिताने के लिए नहीं पढ़ते, उन्हें यह संग्रह अवश्य पढ़ना चाहिए।" कहानी को एक गम्भीर दायित्व सौंपने का प्रयास 'नयी कहानी' को परम्परा से प्राप्त दाय है। इसी प्रकार 'रूपाभ' में डॉ० रामविलास शर्मा ने कुछ बहुत अच्छी समीक्षाएँ लिखी थीं—इनमें 'अनामिका' की समीक्षा में निराला की दुरूहता की चर्चा अत्यन्त आधुनिक लगती है। (हमें खेद है कि रामविलासजी के प्रकाशक 'किताब महल' इलाहाबाद की दुराग्रही शर्तों के कारण 'बूँद और समुद्र' पर लिखी उनकी बहुत अच्छी समीक्षा इस संकलन में शामिल नहीं की जा सकी।) 'प्रतीक' द्वैमासिक के प्रकाशन के साथ ही पुस्तक-समीक्षा को गम्भीरतापूर्वक और नियमित रूप से लेने की घोषणा की गयी थी—जो हालाँकि घोषणा का नियमित रूप से निर्वाह नहीं किया जा सका। सन् 1950 के आस-पास जब साहित्यिक रचनाशीलता का नया उन्मेष हुआ तो पुस्तक-समीक्षाओं का रूप भी बदला और उन्हें महत्त्व भी मिला। यह आकस्मिक संयोग नहीं है कि सन् '50- '51 के आस-पास अनेक महत्त्वपूर्ण कार्य घटित होते दिखते हैं। सन् '49 ई० में 'हरी घास पर क्षण भर' प्रकाशित हुआ, सन् '51 में 'दूसरा सप्तक' का प्रकाशन हुआ, 1952 में 'नदी के द्वीप'-जैसा उपन्यास तथा 'कोणार्क'-जैसा काव्यात्मक नाटक प्रकाशित हुआ तथा मार्कण्डेय का कहानी-संग्रह 1954 में आया। 'प्रतीक' द्वैमासिक इसी दौरान में नयी सृजनात्मकता का वाहक और मंच बनता है और 1951 में ही 'आलोचना'-जैसी पत्रिका प्रकाशित होती है जिसके प्रत्येक अंक का लगभग आधा भाग केवल पुस्तक-समीक्षाओं के लिए रहता था। 'प्रतीक' द्वैमासिक ने जिन लम्बे पुस्तक-समीक्षा-लेखों को प्रारम्भ किया था, उन्हें और अधिक महत्त्व के साथ 'आलोचना' ने आगे बढ़ाया। 'कल्पना' का प्रारम्भ भी इसी समय के आस-पास हुआ था और उसमें भी पुस्तक-समीक्षा का स्तम्भ उल्लेखनीय स्तम्भों में रहा है। 'कल्पना' में लगभग प्रत्येक अंक में एक लम्बा पुस्तक-समीक्षा-लेख तथा कुछ अपेक्षाकृत छोटी पर गम्भीर स्तरीय समीक्षाएँ प्रकाशित होती थीं। किसी एक महत्त्वपूर्ण रचना पर एक साथ कई समीक्षाएँ 'प्रतीक', 'आलोचना', 'कल्पना' और 'कृति' में छपती रहीं। पुस्तक-समीक्षाओं के स्तर और महत्त्व की दृष्टि से 'कृति' का स्थान बहुत महत्त्वपूर्ण है। 'कृति' में यह स्तम्भ महत्त्वपूर्ण गद्यकृतियों के साथ प्रकाशित होता था—पत्रिका के अन्त में केवल कर्त्तव्य-पालनवश नहीं; तथा चुनी हुई पुस्तकों की समीक्षाएँ ही इसमें दी जाती थीं। कहना न होगा कि इन समीक्षाओं के आधार पर समसामयिक लेखन के साहित्यशास्त्र की रूपरेखा बनायी जा सकती है तथा हिन्दी-प्रदेश की सृजनात्मकता और कलाभिरुचि के विकास को भी परिलक्षित

किया जा सकता है। पुस्तक-समीक्षाओं के इस महत्त्व को देखते हुए ही यह संकलन निकालने की आयोजना की गयी।

काल-सीमा की दृष्टि से यह संकलन स्वाधीनता के बाद से 1963 तक की रचनाओं की समीक्षा को समेटता है। जिस अन्तिम समीक्षा को इस संकलन में लिया गया है वह 1963 ई० में प्रकाशित कहानी संग्रह 'खोयी हुई दिशाएँ' की सितम्बर, 1964 में 'कल्पना' में प्रकाशित समीक्षा है। जहाँ तक अन्तिम सीमा (रचना की दृष्टि से 1963 और समीक्षा की दृष्टि से सितम्बर, 1964) का प्रश्न है, उनका इसके अतिरिक्त कोई औचित्य नहीं है कि सम्पादक के लिए यह सीमा सुविधाजनक थी। उसे कहीं-न-कहीं एक रेखा खींचनी थी—प्रारम्भ में जब संकलन की योजना (सितम्बर, 1960 में) बनायी थी तब इसे 1960 तक ही सीमित रखने का विचार था, पर धीरे-धीरे विलम्ब होता गया और कुछ बहुत महत्त्वपूर्ण कृतियाँ भी इधर प्रकाशित हुईं, तथा 1960 तक की कृतियों की समीक्षाएँ भी, अत: यही उचित समझा गया कि इसे अधिक से अधिक अद्यावधिक बनाने की चेष्टा की जाये। इस चेष्टा में ऊपर कही गयी तिथियाँ सम्पादक को सुविधाजनक प्रतीत हुईं। परन्तु जहाँ तक प्रारम्भिक सीमारेखा—स्वाधीनता के बाद—का प्रश्न है उसके बारे में कुछ कहने की आवश्यकता है। स्वतन्त्रता के तत्काल बाद डॉ० रामविलास शर्मा ने आज़ादी के झूठेपन की घोषणा की थी और यथार्थ में बदलाव को अस्वीकार किया था, पर शीघ्र ही उन्हें अपने मत में ईमानदारी से परिवर्तन करना पड़ा। पर यह देखकर आश्चर्य हुआ कि तनिक आग्रह बदलकर यही मत अभी हाल में ही बड़े-बड़े लेखकों-अध्यापकों ने उपस्थित किया है। दिल्ली प्रादेशिक हिन्दी-साहित्य-सम्मेलन के तत्त्वावधान में 'स्वातन्त्र्योत्तर हिन्दी-साहित्य' पर आयोजित एक परिसंवाद की रिपोर्ट 27 जनवरी, 1964 के 'धर्मयुग' में प्रकाशित हुई है। चूँकि रिपोर्ट का कोई प्रतिवाद प्रकाशित नहीं हुआ, अत: उसे सही मानना उचित ही होगा। इस रिपोर्ट के अनुसार सर्वश्री बच्चन, जैनेन्द्रकुमार, भारतभूषण अग्रवाल, नरेन्द्र शर्मा और विजयेन्द्र स्नातक ने स्वाधीनता को किसी प्रकार की विभाजक रेखा या प्रभाव डालनेवाले तथ्य के रूप में अस्वीकार किया है। (डॉ० नगेन्द्र ने अपने को किसी मत से प्रतिबद्ध ही नहीं किया,—अध्यक्ष के रूप में उनकी सहमति क्या इसी विचार से मानी जाये!) इन सारे लेखकों को स्वीधानता से जो भौतिक उपलब्धि हुई है, उसे अगर दरकिनार भी कर दिया जाये तब भी शिक्षा, उद्योग, सांस्कृतिक आदान-प्रदान (अंतर्प्रदेशीय और अन्तर्देशीय दोनों ही), प्रकाशन, राज्याश्रय, समाचार-पत्र आदि ऐसे अनेक ज्वलन्त तथ्य हैं—क्या वे स्वतन्त्रता के बिना भी सम्भव होते? समस्त भारतीय भाषाओं में 'नवलेखन' का जो शक्तिशाली आन्दोलन हुआ है—वह क्या स्वतन्त्रता के बिना सम्भव था? और जहाँ तक इस तर्क का सम्बन्ध है कि स्वतन्त्रता मिलते ही तत्काल 1947 में 'कोई महत्त्वपूर्ण रचना हमें क्यों नहीं मिलती?' हम केवल यही कहना पर्याप्त समझते हैं कि ऐसा कहनेवाले रचनाकार की रचना-प्रक्रिया को एकदम छिछला क़रार देना चाहते हैं और कहीं-न-कहीं तात्कालिकता के उस सिद्धान्त से प्रभावित हैं जिसे प्रगतिवाद की हीनतर रचनाओं ने उत्पन्न किया था। (एक दूसरी दलील यह भी दी जा सकती है कि जिन बड़े लेखकों की संवेदना-क्षमता पथराने लगी थी उन्हें अगर स्वाधीनता से उत्पन्न चेतना महत्त्वपूर्ण न लगे तो आश्चर्य न होना चाहिए।) 15 अगस्त, 1947 को स्वाधीनता की प्राप्ति एक तथ्य है पर उस तथ्य के विविध आयामों का उद्घाटन और उसका रागात्मक सत्य में परिवर्तन कुछ समय की माँग करता है। थोड़ा-सा बल देकर कहना चाहूँगा कि हिन्दी के लेखकों

ने इसके लिए अधिक समय नहीं लिया। हरी घास पर क्षण भर, दूसरा सप्तक, नदी के द्वीप, कोणार्क, प्रतीक (मासिक), कल्पना, आलोचना, जनपद आदि के प्रकाशन 1950 के इधर-उधर हुए हैं। यही नहीं जैनेन्द्र-जैसे लेखकों ने इसी समय के आस-पास विवर्त, व्यतीत, सुखदा-जैसे उपन्यास ताबड़तोड़ लिखे और छपाये। आलोच्य काल के सर्वाधिक प्रमुख रचनाकार अज्ञेय को यदि लिया जाये तो बात बहुत साफ़ हो जाती है : 1946 ई० में प्रकाशित उनके काव्य-संग्रह का नाम था 'इत्यलम्' जो कि अपने आप में एक प्रकार की 'इति' को सूचित करता है पर 1949 में प्रकाशित 'हरी घास पर क्षण भर' जिस उन्मुक्त सहजता और खुलेपन को सूचित करता है, वह 'इत्यलम्' की अपेक्षाकृत कुण्ठित रचनाओं से अलग है। कहना न होगा कि 'हरी घास पर क्षण भर' नयी कविता का प्रथम संग्रह है। (ध्यान रहे बात केवल संग्रहीत रूप की कही जा रही है।) और यह आकस्मिक संयोग नहीं है कि इसी संग्रह की समीक्षा में डॉ० प्रभाकर माचवे ने इसे 'प्रामाणिक अनुभूति' का काव्य बताते हुए कहा है कि "कवि भावुकता का प्रदर्शन नहीं करता।" मैं कहना चाहूँगा कि आलोचना के क्षेत्र में यह नयी माँग थी और सीधे उस काव्य के सन्दर्भ में उपजी थी जो एक ओर छायावाद की भावुक प्रतिक्रियाओं का प्रत्याख्यान करता है और दूसरी ओर प्रगतिवाद की नारी-कविताओं का विरोध करके कवि के अपने आन्तरिक अनुभव की माँग करता है। कवि की ओर से 'आत्मान्वेषण' की घोषणा और आलोचक की ओर से 'प्रामाणिक अनुभूति' की माँग एक ही सिक्के के दो पहलू हैं। यह माँग उस खरेपन की माँग है जो कवि के ईमानदार व्यक्तित्व (ऐसा व्यक्तित्व जो न छायावादी की तरह स्फीत किया गया हो और न प्रगतिवादी की तरह अनुकूलित) के जटिलतम स्तरों का अनुभव होता है। 'दूसरा सप्तक' की समीक्षा करते हुए डॉ० प्रभाकर माचवे ने ही रघुवीर सहाय की कविताओं की चर्चा करते हुए 'कवि-कर्म की ईमानदारी' की बात उठाई थी। यह आश्चर्य की बात नहीं है कि 'ईमानदारी' शब्द इस लेखन में आलोचना का मूल्यसत्तात्मक शब्द बन गया। इसी प्रसंग में एक अन्य पुस्तक का उल्लेख महत्त्वपूर्ण होगा, गो कि इधर उस पुस्तक को उपेक्षित-सा कर दिया गया है—शायद वह प्राप्य भी नहीं है। डॉ० देवराज ने 'छायावाद का पतन' नामक एक पुस्तक 1947 ई० में प्रकाशित कराई थी जो 'नये राष्ट्र के प्रबुद्ध पाठकों, आलोचकों और कवियों को' समर्पित है। इस पुस्तक में छायावाद की जिन तमाम कमजोरियों का जिक्र हुआ था उनमें 'वास्तविकता पर बलात्कार' और 'लोक-संवेदना का तिरस्कार' भी शामिल थे। वस्तुत: काव्य के क्षेत्र में जो विद्रोह सप्तकों के कवियों ने किया था, वही आलोचना के क्षेत्र में डॉ० देवराज की इस पुस्तक ने करना चाहा था : उन्हें "राजनैतिक आतंक की भाँति आलोचनात्मक आतंक और त्रास का वातावरण साहित्य-सृष्टि के लिए उपयुक्त नहीं" लगा था और इसी का विरोध इस छोटी-सी पुस्तक में किया गया है। यहाँ पर विस्तार से विचार करने का स्थान नहीं है, पर ये कतिपय तथ्य इस बात की ओर स्पष्ट संकेत करते हैं कि 1947 ई० हमारे साहित्य की विभाजक रेखा मानी जानी चाहिए। इस संकलन के सम्पादन में यही दृष्टिकोण रहा है।

साहित्य की प्रकृति के बदलाव के साथ-साथ आलोचना की प्रकृति का बदलाव भाषा के स्तर पर तत्काल देखा जा सकता है। भाषा में भी (चाहे वह कविता हो या आलोचना) कुछ शब्द ऐसे कुंजी शब्द (की-वर्ड्स) होते हैं जो लेखक के झुकाव, दृष्टिकोण, अवधारणाओं और संकल्पनाओं को सूचित करते हैं। अभी-अभी 'प्रामाणिक अनुभूति' और 'ईमानदारी'-जैसे शब्दों

की चर्चा हो चुकी है। इस संकलन में इकट्ठी की गयी समीक्षाओं को देखने से अनायास ही तमाम ऐसे शब्द या पद-पदांश मिल जाते हैं जो महत्त्वपूर्ण अवधारणाओं या गुणों-अवगुणों के लिए लगभग नये रूप में प्रयुक्त हुए हैं। प्रामाणिकता, अनुभव-बोध, सजग चेतना, घटित होते हुए का सक्रिय बोध, जटिल मन:स्थितियाँ, अमूर्तन, अरूपीकरण, बौद्धिक सामान्यीकरण, शिल्पबोध, आधुनिकता, समकालीनता, संवेदनात्मक ज्ञान, ज्ञानात्मक संवेदना, कृत्रिम मनोविज्ञान, मूल्य-सत्ता, प्रतीक-सत्ता, रहेटरिक (वाग्स्फीति), भावकोण, विरल और गझिन माध्यम, नाटकीय प्रतीक-व्यवस्था, महत्त्वबोध, रचनात्मक आकांक्षा, आधुनिकता-बोध, प्रतिबद्धता, जीने के कर्म की परिभाषा, ईमानदारी, आधार-शब्द, आयाम आदि ऐसे ही उदाहरण हैं जो इन समीक्षाओं के भीतर अत्यधिक अर्थवान् होकर आये हैं। इनमें महत्त्वबोध-जैसे वे शब्द भी हैं जो शुक्लजी की याद दिलाते हैं, पर बीच में जिनका प्रयोग छोड़ दिया गया था। इसी प्रकार ऊब, अजनबीपन, घुटन, अकेलापन, क्षोभ, निराशा, आस्था, अनास्था, संशय, दुश्चिन्ता, शिक्षित जिज्ञासा, यातना, क्षण की पहचान आदि ऐसे शब्द हैं जो बार-बार इन समीक्षाओं में आते हैं और नयी मन:स्थितियों और नये यथार्थ की ओर अनायास ही संकेत कर जाते हैं।

फिर केवल शब्द या पद ही नहीं, इन समीक्षाओं में तमाम परिचित और प्रचलित शब्दावली नये अनुषंगों और अवधारणाओं को सूचित करती है। निर्मल वर्मा 'परती : परिकथा' की समीक्षा करते हुए कहते हैं : "परिकथा का बिखराव रेणु के कथाशिल्प का एक विशिष्ट प्रयोग है।" क्या इस बात की व्याख्या की आवश्यकता है कि निर्मल ने कथा-समीक्षा के क्षेत्र में एक नयी तरह का विचार रखा है—गो कि शब्द पुराने ही हैं। निर्मल के इस कथन की पृष्ठभूमि में यह भी याद रखने की जरूरत है कि 'मैला आँचल' और 'परती : परिकथा' पर कथा के बिखराव का आरोप तमाम पुराने क़िस्म के आलोचक लगा रहे थे और उनमें-से कुछ तो इन्हें उपन्यास तक मानने को तैयार न थे। ये आलोचक उपन्यास को बँधे-बँधाये सुगठित कथानकों के शिल्प में ही देखते थे। इस प्रकार के विचार जहाँ उपन्यास को सीमित करते हैं वहीं निर्मल ने अपनी समीक्षा में इस विधा की सीमाओं को तोड़ने की चेष्टा की है।

इसी प्रकार 'परिन्दे' कहानी-संग्रह की समीक्षा में कहानी की प्रभावान्विति के पुराने सिद्धान्त, जिसे बीच में चरित्र की महत्ता के आगे भुला दिया गया था, को पुनरुज्जीवित करते हुए डॉ० नामवर सिंह कहते हैं, "निर्मल के यहाँ प्रभाव की गहराई इसलिए है कि उनके यहाँ चरित्र, वातावरण, कथानक आदि का कलात्मक रचाव है, कलात्मक रचाव स्वयं रूप के विविध तत्त्वों के अन्तर्गत, फिर वस्तु और रूप के बीच तथा स्वयं वस्तु के अन्तर्गत।" प्रभावान्विति के साथ कलात्मक रचाव की इस तिहरी अन्विति (इसमें भी विशेषकर वस्तु के अन्तर्गत कलात्मक रचाव की धारणा) की बात क्या सचमुच ही हिन्दी आलोचना में एक नया स्वर नहीं है—गो कि 'प्रभावान्विति', चरित्र-वातावरण आदि शब्द पुराने ही हैं। कहानी-संग्रहों या उपन्यासों में भावभूमि, प्रतीक, बिम्ब आदि की चर्चा भी इस बदलाव के सूचक शब्द हैं और यह भी बताते हैं कि कथा-शिल्प में काव्य-प्रणाली इस दौरान में स्वीकार की गयी थी। 'मैला आँचल' की समीक्षा में नेमिचन्द्र जैन इस 'कविता-विधि' की मीमांसा करते हैं। इन तथ्यों-द्वारा जिस बात को स्पष्ट करने की चेष्टा की जा रही है वह तथ्य है कि रचनाशीलता के समानान्तर ही आलोचना की भाषा भी बदलती जा रही थी। भाषा के इस बदलाव के प्रमाण प्रस्तुत संकलन में तो मिल ही जायेंगे पर यदि कोई इसका

अधिक अध्ययन करना चाहे तो अलग से अन्य तथ्यों को जुटा सकता है। ऐसे तथ्यों में-से एक यह भी है कि कुछ नयी किताबों पर पुराने लेखकों-आलोचकों ने और कुछ पुरानी किताबों (प्रकाशन-तिथि नहीं संवेदना की दृष्टि से पुरानी) पर नये लेखकों-आलोचकों ने समीक्षाएँ या टिप्पणियाँ लिखी हैं। अगर इन नये और पुराने आलोचकों की भाषा की परस्पर तुलना की जाये तो बात साफ़ हो जायेगी। 'तीसरा सप्तक' या 'उर्वशी' की समीक्षाओं का इस दृष्टि से अध्ययन बड़ा ही रोचक होगा।

इन समीक्षाओं में वे तमाम विचार-सूत्र, आलोचना-पद्धतियाँ एवं प्रविधियाँ निहित हैं जो नये काव्य-शास्त्र का निर्माण ही नहीं करतीं, समीक्षा के लिए नये औज़ार भी देती हैं। एक ओर अगर काव्य-संग्रह की समीक्षा करते हुए 'आधारभूत' शब्दों की खोज-द्वारा काव्य-प्रकृति एवं कवि के विकास को समझने की चेष्टा मिलती है (कुँवर नारायण : आँगन के पार द्वार) तो दूसरी ओर फुटकर कविताओं के बीच छिपी किसी एक थीम को आलोकित करने की पद्धति भी इनमें है (अजित कुमार : ओ अप्रस्तुत मन)। पौराणिक प्रसंगों पर आधारित कथा की प्रसंगानुकूलता के सन्दर्भ में 'इतिहास के प्रति दृष्टिबोध' का प्रश्न उठाया गया है (अज्ञेय : कनुप्रिया) और कविता या कहानी में आधुनिक संवेदना किसे कहेंगे, इसके विमर्श की चेष्टा भी मिलती है (रघुवंश : काठ की घण्टियाँ; तथा कुँवर नारायण : ज़िन्दगी और गुलाब के फूल)। कविता जीने के कर्म की परिभाषा भी हो सकती है, आस्था का यह सवाल अशोक वाजपेयी (सीढ़ियों पर धूप में) उठाते हैं तो दर्शन और काव्य के पारस्परिक सम्बन्धों एवं वैयक्तिक समाधानों के आगे औचित्य का प्रश्नचिह्न गजानन माधव मुक्तिबोध (उर्वशी) लगाते हैं। अपनी पीढ़ी को दिये जानेवाले शब्दों की चर्चा के माध्यम से कवि के महत्त्व को आँकने की चेष्टा यदि डॉ० नामवर सिंह (अभी बिलकुल अभी) करते हैं तो हरि व्यास 'दिगन्त' की समीक्षा में परम्परा और उसकी उपयोगिता का प्रश्न उठाते हैं। भाषा के स्तर पर उपन्यास की जाँच ही नहीं, कवि-दृष्टि की उपन्यासकार से माँग कुँवर नारायण (झूठा सच) करते हैं। और मामूली चीज़ों पर ग़ैरमामूली कविता की पहचान शमशेर को होती है (तीसरा सप्तक)। पुराना कवि जब नया संस्कार प्राप्त करने की चेष्टा करता है तो सन्तुलन की जो समस्या उठती है वह सुमित्रानन्दन पन्त के सामने भी है और बालकृष्ण राव के भी, पर 'अमिता' की समीक्षा में बालकृष्ण राव इस समस्या को रूपायित करने में नहीं चूकते। जगदीश गुप्त 'क्षणवाद' की ही व्याख्या नहीं करते, शब्द-प्रयोगों का आन्तरिक अध्ययन करने की पद्धति भी (चक्रव्यूह) स्पष्ट करते हैं। नयी कविता के लोक-संवेगों की शक्ति की मीमांसा 'वंशी और मादल' के गीतों की चर्चा में सुरेन्द्र कुमार दीक्षित ने की है और कवि की काव्यानुभूति की बनावट, उसके अन्तर्विरोध तथा इस सृजन-प्रक्रिया से उद्भूत शिल्प-मर्यादा का विश्लेषण विजयदेवनारायण साही ने किया है। कविता हो या काव्य-नाटक, छन्द उसके रूपबन्ध का अनिवार्य हिस्सा होता है और उसकी उपयुक्तता पर विचार कुँवर नारायण भी करते हैं और सुरेश अवस्थी भी ('आँगन के पार द्वार' तथा 'अन्धा युग')।

नाटकों की समीक्षाएँ बहुत नहीं हुई हैं पर 'अन्धा युग' और 'लहरों के राजहंस' की वस्तु-योजना और रंग-विधान की चर्चा सूचित करती है कि नवलेखन के आन्दोलन की ऊष्मा इस क्षेत्र में भी है।[1] फिर जब नाटक ही नहीं है तो नाट्य-समीक्षाएँ कहाँ से आयें? यों अप्रासंगिक न समझा

1. श्री ई० अलकाज़ी के निर्देशन में होनेवाले 'अन्धा युग' के प्रदर्शन ने सुरेश अवस्थी की मान्यताओं को सिद्ध किया है।

जाये तो पिछले 10 वर्षों में नाट्य-प्रदर्शनों की समीक्षाएँ एवं टिप्पणियाँ नाट्यालोचना के क्षेत्र में एक नये उन्मेष को सूचित करती हैं।

आलोच्य काल की समीक्षा में सबसे बड़ा योगदान कथा-समीक्षा के क्षेत्र में दिखाई देता है। तत्त्वों के आधार पर खानेदार समीक्षा के बजाय रचना की समग्र कलात्मक सत्ता पर विचार किया जाने लगता है। स्वयं इस संकलन में इस विकास की रेखा तत्काल पहचानी जा सकती है। '52 में प्रकाशित 'नदी के द्वीप' की डॉ० भगवतशरण उपाध्याय-कृत समीक्षा में इन तत्त्वों की चर्चा नहीं है तथा भाव-पक्ष और कला-पक्ष के द्वैत की जगह एक नया द्वैत उनमें दिखाई देता है—कला-पक्ष और सिद्धान्त-पक्ष। कला-पक्ष के अन्तर्गत पुराने भाव-पक्ष और कला-पक्ष दोनों आ गये हैं पर उनके प्रगतिवादी आग्रह विचार या सिद्धान्त-पक्ष का द्वैत बनाये रखते हैं। फलस्वरूप इस कसौटी पर कसते हुए उनका दोहरा निर्णय है कि " 'नदी के द्वीप' कला की दृष्टि से श्रेष्ठ है पर सिद्धान्त की दृष्टि से निकृष्ट—वह सुन्दर पके फल में कीड़े के समान है।" अपने इस निर्णय के आन्तरिक अन्तर्विरोध से वे स्वयं परिचित नहीं हैं, परन्तु 1964 तक पहुँचते-पहुँचते इस द्वन्द्व को मिटा दिया जाता है। 'चारुचन्द्रलेख' की समीक्षा में कहा गया है : "ऐतिहासिक दृष्टि की कमज़ोरी पूरे कलानुभव की कमज़ोरी है और कलानुभव की कमज़ोरी पूरे शिल्प की कमज़ोरी है।" रचना की कलात्मक समग्रता में भाव, कला या विचार अलग-अलग इकाइयाँ नहीं रह जाते, यह सिद्धान्त कविता, कथा, नाटक सभी क्षेत्रों में पूरे जोर-शोर से स्थापित अभी हाल में ही हुआ है।

इसी सिद्धान्त की छाया तले नेमिचन्द्र जैन कर्तव्य-बोधवाले उपन्यासों की सौन्दर्यहीनता ही नहीं स्पष्ट करते, कविता-विधि के प्रयोग की मीमांसा भी करते हैं—गो कि चरित्र-कल्पना में अब भी उन पर पुराने विचारों की छाया बनी रहती है ('मैला आँचल' और 'यह पथ बन्धु था')। यशपाल अगर यथार्थ के आधारों की मीमांसा और उनके मूल में स्थित कमज़ोरी को पकड़ते हैं ('जयवर्द्धन') तो निर्मल वर्मा उपन्यासकार की समाजशास्त्रीय नहीं, कला-दृष्टि पर बल देते हैं। 'उखड़े हुए लोग' की समीक्षा में सिद्धान्त को अलग से न लादकर वैचारिक स्तर पर उपन्यासकार के नतीजों और कथाक्रम तथा पात्रों की गहराई की संगति या विसंगति ओमप्रकाश दीपक विश्लेषित करते हैं। यद्यपि (सम्भवत:) प्रगतिवादी और एकेडेमिक 'हैंग ओवर' के कारण वे 'तथ्यों' की कतिपय ग़लतियों के लिए अत्यधिक कटु हो जाते हैं या जाति-व्यवस्था आदि की साहित्येतर चर्चाओं में उलझते हैं। यथार्थ का फैलाव उपन्यास की शक्ति ही नहीं, गले पड़ा ढोल भी बन जाता है और नैरेटर का व्यक्तित्व कथा की नियति को सीमित करता है या कि एक ही व्यक्ति पर नायक और नैरेटर का आरोपण कथा के रूपबन्ध को चरमरा देता है, इस प्रकार की हेनरी जेम्सियन प्रणाली से उपन्यास-चर्चा के प्रयत्न भी इन समीक्षाओं में मिलते हैं ('अँधेरे बन्द कमरे' तथा 'चारुचन्द्रलेख')। अनुभव के अपनेपन की माँग कविता ही नहीं कहानी से भी की जा सकती है। (दूधनाथ सिंह : एक और ज़िन्दगी) तथा कहानी अब मनोरंजन नहीं करती, जीवन के सार्थक सवालों की तलाश करती है—इस दायित्व की पहचान ओमप्रकाश दीपक ने 'खोयी हुई दिशाएँ' की समीक्षा में प्रकट की है। यही नहीं, भावुकता का विरोध भी कविता ही नहीं कहानियों में भी हो सकता है और तात्कालिक आवेग की भावुकता को बचाने के लिए स्मृति-द्वारा लायी गयी समय के अन्तराल की कहानी-विधि की पहचान आलोचक की सूक्ष्म पकड़ का लक्षण ही कहा जायेगा

(डॉ० नामवर सिंह : परिन्दे)। कविता में ही नहीं, उपन्यास और कहानी में भी 'प्रामाणिक अनुभव', 'संवेदना', 'भावभूमि', 'संकेतों' आदि की माँग इस नये उन्मेष में ही हुई है।

वस्तुत: प्रस्तुत संकलन में आलोचना के नये स्वरों का बदलाव, भटकाव, विकास, अन्तर्विरोध, द्वन्द्व, मूल्यों की खोज और मूल्यों के उलझाव, उपयुक्त भाषा की खोज, नयी पद्धतियों या मानदण्डों की आकुलता आदि सभी कुछ मिल सकते हैं। अधिक विस्तार से प्रत्येक समीक्षा-लेख की मीमांसा भूमिका में सम्भव नहीं है। यहाँ पर केवल कतिपय समीक्षाओं को लेकर कुछ संकेत-भर देने की चेष्टा की गयी है। यों प्रत्येक समीक्षा-लेख किसी-न-किसी नुक़्ते पर गणनीय है तथा ये सभी लेख उसी अन्वेषण या तलाश की प्रक्रिया में हैं जिसकी चर्चा लगातार नवलेखन के सन्दर्भ में होती आयी है। उनकी उपलब्धि क्या है—इसकी मीमांसा मैं इस संकलन के पाठकों-समीक्षकों पर छोड़ता हूँ।

जहाँ तक संकलन के लिए समीक्षाओं के चुनने का प्रश्न है, मेरी यह चेष्टा रही है कि पुस्तक की सबसे अधिक महत्त्वपूर्ण समीक्षा ही चुनी जाये। यानी कि ज़ोर किसी समीक्षक की सर्वोत्तम समीक्षा पर न होकर पुस्तक की महत्त्वपूर्ण समीक्षा पर रहा है। इसी कारण एकाध अपेक्षाकृत कम महत्त्वपूर्ण पुस्तकों की समीक्षाएँ भी ली गयी हैं, क्योंकि उनकी समीक्षाएँ महत्त्वपूर्ण बन पड़ी थीं। पर महत्ता का निर्णय किस कसौटी पर? निश्चित ही मेरा अपना वैयक्तिक विवेक उसके लिए उत्तरदायी है—यों मैं लेखकों, समीक्षकों, पाठकों आदि की रायें भी इकट्ठा करता रहा हूँ। पर दायित्व मेरा है और उसके परिणाम झेलने के लिए प्रस्तुत हूँ। सामान्यत: कसौटी यही रही है कि समीक्षा समीक्ष्य कृति की आन्तरिक सत्ता का उद्घाटन करती हो, समीक्षा-सिद्धान्त की दृष्टि से कुछ महत्त्वपूर्ण बात कहती हो, अथवा उसमें पद्धति का नयापन मिलता हो। इस संकलन को जितना तटस्थ होकर मैंने बनाना चाहा है उससे मेरा विश्वास है कि यदि कोई अन्य व्यक्ति भी इस प्रकार का संकलन सम्पादित करता तो चुनाव में बहुत अन्तर न पड़ता—संख्या भले ही बढ़ या घट जाती।

गणनीय समीक्षाओं को चुनने के कारण ही हम कई बड़ी महत्त्वपूर्ण कृतियों की कोई समीक्षा नहीं चुन सके। कोणार्क, अरे यायावर रहेगा याद, आषाढ़ का एक दिन, नये बादल, कर्मनाशा की हार, तीन निगाहों की तसवीर, भूले बिसरें चित्र, मृगनयनी, मिलनयामिनी, सतरंगे पंखोंवाली आदि ऐसी ही अनेक कृतियाँ हैं जिनकी अच्छी समीक्षाएँ मेरे देखने में नहीं आयीं। पर यहीं यह भी स्वीकार करना चाहूँगा कि इस दिशा में भी मेरी अपनी सीमाएँ रही हैं। हिन्दी-प्रदेश की विशालता, पत्र-पत्रिकाओं की दुर्लभता, स्वयं की अज्ञानता आदि अनेक ऐसे कारण हो सकते हैं जिनके कारण कतिपय बहुत अच्छी समीक्षाएँ छूट गयी होंगी। ऐसी समीक्षाओं और उनके लेखकों से क्षमा ही माँग सकता हूँ। यों इस प्रकार की समीक्षाओं की सूचना की मैं कृतज्ञतापूर्वक प्रतीक्षा करूँगा। हाँ, इस संकलन में केवल कृति-साहित्य की समीक्षाएँ हैं—आलोचना-कृतियों की नहीं। अस्तु, समीक्षाओं के चयन में दो ही बातें मुख्य रही हैं। प्रथम : पुस्तक महत्त्वपूर्ण हो (यह महत्त्व कभी गुण का है और कभी ऐतिहासिक सन्दर्भ का); द्वितीय : समीक्षा महत्त्वपूर्ण हो। संकलन चार खण्डों में विभाजित है। प्रथम खण्ड के अन्तर्गत कविता-पुस्तकों, दूसरे खण्ड में उपन्यासों, तीसरे खण्ड के भीतर कहानी-संग्रहों एवं चौथे खण्ड में तीन नाटकों एवं एक जीवनी की समीक्षाएँ संकलित हैं। अनुक्रम पुस्तक-प्रकाशन-वर्ष के आधार पर है और जहाँ एक ही वर्ष के भीतर अनेक

पुस्तकें प्रकाशित हुई हैं, लेखकों के वय-क्रम को ध्यान में रखा गया है। कुछ अपरिहार्य कारणों से 'दिगन्त' की समीक्षा यथास्थान न दी जाकर कविता-खण्ड के अन्त में दी गयी है।

संकलन का उद्देश्य किसी प्रकार नयी आलोचना का विज्ञापन नहीं है—पर संकलन तैयार हो जाने पर सम्पादक को यह देखकर हर्ष भी हुआ और आश्चर्य भी कि नयी रचनाशीलता के समानान्तर ही आलोचना में भी एक नया उन्मेष दिखाई देता है। नये-पुराने के मध्य स्थानान्तरण की एक स्पष्ट प्रक्रिया यहाँ भी उपस्थित है। 'नवलेखन' का एक संश्लिष्ट चित्र देने के साथ ही यदि यह संकलन इस नयी विवेक-दृष्टि को स्पष्ट और केन्द्रित करते हुए अधिक गतिशील बना सका तो यह मेरे लिए गर्व और गौरव की बात होगी।

संकलन तैयार करने में समय-समय पर मुझे सर्वश्री नामवर सिंह, अजितकुमार और अशोक वाजपेयी से सलाह-सहायता मिली है। श्री लक्ष्मीचन्द्र जैन ने प्रकाशन का भार तत्काल स्वीकार कर लिया। इन सभी मित्रों-शुभचिन्तकों के प्रति आभारी हूँ। और हाँ, अगर पत्नी को धन्यवाद देना शिष्टाचार के विरुद्ध न हो तो मैं कमलेश को भी धन्यवाद देना चाहूँगा।

—देवीशंकर अवस्थी

दिल्ली विश्वविद्यालय
विजयादशमी,
15 अक्टूबर, 1964

क्रम

विवेक के
रंग

एक
प्रामाणिक अनुभूति
और
बृहत्तर माध्यम की खोज

प्रभाकर माचवे

प्रामाणिक अनुभूति *

गेटे ने एक जगह लिखा है कि "आजकल के कवि अपनी स्याही में बहुत-सा पानी डाल देते हैं।" और आधुनिक हिन्दी कविता में तो वह पानी या तो आँसुओं का होता है या 'काग़ज़ी क्रान्ति की शाब्दिक सिपाहीगिरी' के आक्रोश के पसीने का। 'अज्ञेय' हिन्दी के आधुनिक कवियों में उनमें-से हैं जिन्होंने जो कुछ लिखा है वह अनुभूति की गहराई के प्रति प्रामाणिक होकर, किसी प्रकार के बाह्य आग्रह के वशीभूत होकर नहीं, चाहे वह श्रोतृ-पक्ष का हो या पाठक-वर्ग का। इसी कारण से उनकी काव्य-कला में एक प्रकार की निरन्तर खोज विद्यमान है।

इस संग्रह में आकर उनकी कविता हरी घास पर क्षण-भर रुक गयी है—शबनम की तरह नहीं कि जो दूसरे क्षण में ढुलक जायेगी, बल्कि 'अतीत के शरणार्थी' की भाँति 'जीवन के अनुभव का प्रत्यवलोकन' करने, आत्ममन्थन-रत होकर। इस संग्रह की सबसे सुन्दर और लम्बी कविता इसी नाम से है—'हरी घास पर क्षण भर'। दूसरी उतनी ही शक्तिमयी कविता है—'नदी के द्वीप'। दोनों में कवि अपने व्यक्तिवाद की एक नयी व्यंजना करता है। वह शहराती तथाकथित सभ्यता से ऊबा हुआ है; वह बनावटी उपनामों का, घिसी-घिसाई अलंकार-नियोजना का क़ायल नहीं; वह अनुभव करता है कि सुख का आविष्कार मानव के प्रत्येक अहं में सामाजिक अभिव्यक्ति पा चुका है; अब केवल मौन ही नयी कहानी कह सकता है। इसी अर्थ में 'क्षण-भर' शब्द की महत्ता है; अभी तो हम धारा नहीं हैं, द्वीप हैं, धारा ने हमारा आकार गढ़ा है—परन्तु बाढ़ आने पर क्या होगा? होने दो, जो होगा सो होगा। डी० एच० लॉरेन्स ने तीस वर्ष पूर्व अपनी नयी कविताओं की भूमिका में इसी प्रकार लिखा था—"आरम्भ की और अन्त की कविता में चाहे पूर्णता हो, हमारी कविता तो निकटतम वर्तमान की है। इसी क्षण की, अभी की। जीवन इसी प्रकार से चिर-वर्तमान है, वह अन्त नहीं जानता!"

इस प्रकार से अज्ञेय की कविता में इम्प्रेशनिस्ट चित्रकारों का-सा क्षण-चित्रण प्रधान है। इसी से उसकी अनुभूति में अन्तर्निहित मूक व्यथा, एक घुटा-सा दर्द, कुण्ठित पीड़ा होने पर भी वह भावुकता का प्रदर्शन नहीं करता; उसकी स्याही में आँसुओं का पानी नहीं है। उसकी करुणा प्रगाढ़ है। 'वह हरहराते ज्वार-सा बढ़ सदा आया एक हाहाकार' है। उसमें परिताप की जलन है, अतृप्ति का निरा धुँधवाना नहीं। इसी आत्मविश्वास से वह लिखता है—

समर्पण लय, कर्म है संगीत;
टेक करुणा—सजग मानव प्रीति!

---

* हरी घास पर क्षण भर : 'अज्ञेय'

कुल मिलाकर यह संग्रह स्मृतियों का एक अलबम-सा है, जिसमें-के कुछ चित्रों पर-के रंग उड़ गये हैं; कुछ चित्र फीके पड़ गये हैं; कुछ खण्डित हो गये हैं; और उस भग्नावशेष की दीवारों से उठती एकाकी गुहार की अनुगूँज वहाँ के अवकाश में समा गयी है। प्रत्यभिज्ञा सदा ही मधुर नहीं होती। और कहीं-कहीं हरी घास में से भी सूखी घास झलकती है, जैसे 'एक ऑटोग्राफ़', 'शरद की तुकें' (पृ० 36), 'कवि', 'हुआ क्या फिर', 'पुनराविष्कार' आदि। 'सबेरे-सबेरे', 'और दीखती है दीठ' आदि कविताओं में वही 'शिशिर की एका निशा' वाली कड़वाहट है। कहीं-कहीं हठाकृष्ट रचना भी है, मानो प्रयोग कहीं लड़खड़ा गया हो। कहीं दुरूहता घनी हो उठती है।

परन्तु इन दोषों के बाद भी इस संग्रह में हरापन है। 'ओ रे आमार सबूज, ओ रे आमार काँचा' कहकर रवीन्द्र ने और ह्विटमैन ने 'लीव्ज़ ऑव ग्रास' में 'हिलते हुए हरे-हरे छोटे रूमालों से धरित्री मानो बादलों को बुला रही है' कहकर इस दूब को याद किया था। भूमिका में कुछ अतिरिक्त निकटता से कवि ने 'संसार में उद्यानों की कमी के कारण जहाँ-तहाँ बची हरी घास की थिठालियों को भी उजाड़ फेंकना' चाहनेवालों के कुण्ठित अकरुण मन को व्यर्थ ही कोसा है। वस्तुत: कवि का मन स्वयं उद्यान-प्रिय जान पड़ता है उसकी अलंकृता रचना से। पहले का वन्य 'भग्नदूत' अब आकर बहने से डरता है—'पैर उखड़ेंगे। प्लवन होगा। ढहेंगे। सहेंगे। बह जायेंगे।' क्योंकि उसकी चेतना ठिठककर द्वीपरूपिणी बन गयी है। यायावरत्व का मोह भी ऐसी ही एक प्रतीप ईहा है। परन्तु हम चाहते हैं 'अज्ञेय' जो कि आधुनिक हिन्दी कविता को अन्तर्राष्ट्रीय रूखी गद्यप्राय वर्तमान कविता की धारा से जोड़नेवाली एक स्रोतस्विनी हैं, द्वीप न बन जायें। और फ़ेदेरिको गार्शिया लोर्का की भाँति वे कहें—हरा—मैं तुम्हें हरा चाहता हूँ।

हरी हवा। हरी शाखें।
समुद्र पर जहाज़
और पर्वतों में घोड़ा!

●

नरेश मेहता

'अर्चना' का कवि *

निरालाजी सही मानों में रोमैण्टिक कवि हैं। क्योंकि वे दूसरे छायावादियों की तरह अपनी ही व्यक्तिगत शैलियों या युग-विशेष के विशिष्ट अभिधानों, अलंकारों, रूपकों में बँधकर नहीं रहे। इसलिए उनका रोमैण्टिक तत्त्व अपनी अभिव्यक्ति के लिए सदा नयी भाषा, नयी शैली एवं नये प्रयोग खोजता हुआ आज 'अर्चना' की सृष्टि कर सका है। निराला का कवि प्रमुखत: इन तीन विभाजनों में रखकर देखा जा सकता है : भाषा, भाव और छन्द।

भाषा : निराला की भाषा कोई सीमा नहीं जानती। उन्हें भावों की अभिव्यक्ति के लिए जब जिस शब्द की आवश्यकता हुई वह बोलियों, संस्कृत, उर्दू सब 'स्टॉक्स' से लेना अच्छा लगा; इसलिए निराला के साहित्य में शब्दों का भण्डार है। संस्कृत-बहुल भाषी कवि ने ब्रज भाषा, या बोलियों के बहुत ही ठेठ प्रयोग भी किये हैं। कई गीत तत्सम संज्ञा तथा विशेषण के होने पर संस्कृत के पद लगते हैं, क्योंकि उनमें क्रियापद का लोप रहता है। कहीं पर 'अट नहीं रही है', 'बे-पर की बातें न पटेंगी'—जैसे प्रयोग भी साफ़ तरीके पर किये हुए मिलते हैं। 'अर्चना' में सर्वनाम के बहुवचन से सम्बन्ध कारक का काम लिया गया है और यह हिन्दी की अभिव्यंजना-शैली को बढ़ाता है। जैसे—'हिंस्र पशुओं भरी'।

भाव : निरालाजी उन 'प्यूरिटन' कवियों में-से नहीं हैं जिन्हें एक विशेष सौन्दर्य, या मुद्रा, क्षेत्र, परिस्थिति ही काव्य-प्रेरणा देती है। हिन्दी-जगत् उनकी इस व्यापकता को पहचानता ही है। 'बादल-राग', 'जुही की कली', 'शक्ति-पूजा', 'कुकुरमुत्ता' से लेकर 'अर्चना' तक आते-आते कवि भक्त-कवियों के संगीत या पद गाने लगता है।

छन्द : छन्दों के जो दो भेद हैं 'मोटे रूप से'—मात्रिक तथा वर्णिक, निरालाजी ने इनका उपयोग तो किया ही है, और हिन्दी वाले अज्ञानी आलोचकों-द्वारा दिये गये नाम 'केंचुआ छन्द' को भूले भी नहीं होंगे, जिसको शुरू करने का सेहरा भी इनके सिर पर ही बाँधा गया है। पर क्या निरालाजी के वे 'केंचुआ छन्द' सचमुच ही किसी मछली के काँटे-जैसे ही हैं जो कि हमारे गले में अटकते हैं? ये सभी छन्द थोड़ी-सी कठिनाई के बाद हमारी समझ में आ जाते हैं कि जिनमें-से कुछ में उर्दू की बहर को टुकड़ों में रखा गया है या कभी गाने के खयाल से दो मात्राएँ बढ़ा दी गयी हैं या घटा दी गयी हैं। निराला के मुक्त-छन्द एक सुनिश्चित ताल-क्रम के संयोग में गुँथे हुए मिलेंगे। मैं उनकी चर्चा ही नहीं करता जो 'कनौजिया छन्द' में 'दारागंजी रामायण' को दक्षिण भारत में प्रचारार्थ छापते हैं। क्योंकि काव्य न तो ब्राह्मण है, न शूद्र। निराला ने ठुमरी, दादरा, खयाल (द्रुत विलम्बित) से अपने छन्दों को गढ़ा है। 'गीतिका' की भूमिका में उस्तादों की गलेबाज़ी के

---

* अर्चना : निराला

कारण के 'मैथैमैटिकल' हो जाने पर जो रोष प्रकट किया है, उसी के फलस्वरूप उस संकलन में उन्होंने आरोहावरोहों के आधार पर स्वर-विस्तार तथा भाव-गाम्भीर्य को परिपुष्ट किया है। 'अर्चना' में यह प्रभाव स्पष्ट रूप से उभरा है, जिसकी चर्चा आगे होगी।

'अर्चना' पर कुछ कहने के पूर्व की यह चर्चा थी। निराला छायावाद के प्रवर्तकों में-से हैं, फिर भी क्या कारण है कि आज वे दूसरे प्रवर्तकों की भाँति चुप न होकर 'बेला', 'नये पत्ते' और 'अर्चना' लिखते रहे? ऐतिहासिक क्रमिकता में छायावाद भी विद्रोही लगता है : 'सूक्ष्म का स्थूल के प्रति विद्रोह' या 'अन्तर का बाह्य के प्रति विद्रोह'—ये छायावाद-दर्शन के लिए सूत्र हमें दिये गये थे, पर यह सुन्दर बेल ड्रॉइंग-रूम के गमलों में जाकर सूख गयी। क्योंकि धरती का सम्पर्क इस बेल को नहीं मिला। पन्तजी की बौद्धिक चेतना ने युग को वाणी दी, 'ग्राम्या' को सँवारा, पर बुद्धि से तो कविता नहीं की जाती है न? काँग्रेस का 'जन-आन्दोलन' कलाकारों को किसी सीमा तक धोखा दे सका कि 'स्वतन्त्रता' (आजादी बनाम, गुलामी) के बाद 'जन-जन' के लिए स्वर्ग स्थापित होगा। जिन कलाकारों के पास वैज्ञानिक दृष्टिकोण था वे तो सन् 1925 में च्यांग-द्वारा दिये गये ऐसे ही आश्वासनों का मूल्य पहचानते थे, पर जो 'मात्र-कवि' थे वे फिर से भटक गये।

निरालाजी स्वयं से जूझ रहे थे। 'बंगाल का अकाल', 'शरणार्थी-समस्या', 'हिन्दू-मुसलिम-हत्याकाण्ड', 'तैलंगाना में गोलियाँ', 'बलिया के किसान' जैसे सबके सब निराला के व्यक्तिगत जीवन में घनीभूत हो उठे थे। उनके व्यक्तिगत जीवन के चारों ओर दरिद्रता और विषम परिस्थितियों की ऐसी कँटीली मेंड़ लगी हुई थी (है, का भी प्रयोग किया जायेगा) कि वे मूर्तिमान हिन्दुस्तान के प्रतीक के रूप में हमारे सामने आये हैं। जैसे-जैसे काँग्रेस की नक़ाब उतरती गयी हिन्दुस्तान की जनता वैसे-ही-वैसे निराश होती गयी। मुझे क्षमा करें; हिन्दुस्तान जैसे एक बहुत बड़ा निराला हो, जो कि 'विक्षिप्त'-'भूखा' परन्तु अपनी सारी ऊँचाइयों के साथ घिरा है। कांग्रेस किस मुँह से जनता के पास पश्मीने की अचकन और सफ़ेद टोपी पहने वोट लेने जा रही है, क्योंकि उस पर महाकवि पं० सूर्यकान्त त्रिपाठी 'निराला' के खून के आँसू, भूख, विक्षिप्तता लिपटी हुई है! जनता आज निराला है, और निराला ही वह जनता है जो कि 'अर्चना' के इन 112 छन्दों में फूटकर बिखरी है।

इस विषय-क्षेप के लिए क्षमा चाहूँगा, पर यह आवश्यक भी था; क्योंकि जिन परिस्थितियों में निराला के इस संग्रह का प्रणयन हुआ, मैं उनके बारे में लिख रहा हूँ; और आप इसके विषय में पढ़े रहे हैं, उनको साफ़-साफ़ समझना भी साहित्य की एक प्रमुख माँग है।

'जीवन बिना अन्न के है विपन्नाव'

'अर्चना' की सारी भक्ति के बीच में यह पंक्ति हुकूमत की इस कुतुबमीनार को चुनौती दे रही है।

'अर्चना' एकदम सरसरी तौर पर देखने पर हमें निराला की 'विनयगीतिका' का संग्रह लगता है। निराला छायावादी कवि के स्थान पर भक्त कवि-से लगते हैं। पर क्या यह सच है? आज के युग में भक्ति-काव्य की सर्जना क्या सम्भव है? नहीं, क्योंकि प्रत्येक युग की एक विशेष माँग हुआ करती है। इसलिए 'अर्चना' के भक्ति-पदों में भक्ति की तन्मयता नहीं, वरन् सच्चे कवि का आक्रोश है। इसलिए ये भक्ति-काव्य के अन्तर्गत नहीं हैं।

'अर्चना' में प्रत्यूष-बेला की ज्योतिष्मती 'उषस्' का आह्वान है। आज का जीवन तिमिराच्छन्न हो रहा है और कवि आलोक के देवता की अर्चना कर रहा है कि 'हुईं असित जीवन की सरिता' और इसीलिए 'नव जीवन का सूर्योदय हो।' अर्थ का अनर्थ कभी नहीं चाहूँगा इसलिए स्पष्ट कर

दूँ कि कवि ने इस सूर्योदय को स्पष्ट नहीं किया है कि इस 'अरुण तिमिर दारण मिहिर' से क्या अर्थ है? ये मात्र शब्द के लिए शब्द हैं, या फिर इनके पीछे कोई व्यंजना भी है? अन्य अर्थ की निष्पत्ति, कदाचित् कवि के साथ अन्याय हो, इसलिए हम इसमें कोई रूपक न खोजकर चित्र-मात्र मान लेंगे।

इस संकलन की विशेषता जो देखने पर लगती है सहसा, वह है इसकी गेयता। निरालाजी छन्द के प्रयोग के लिए अद्वितीय हैं ही, पर इस संकलन में यह गेयता एक और दृष्टि से महत्त्वपूर्ण हो गयी है—यह जन-गीतात्मकता के और क़रीब लगती है। जैसे यह गीत है—

गवना न करा।
खाली पैरों रास्ता न चला।
कँकरीली राहें न कटेंगी,
बेपर की बातें न पटेंगी,
काली मेघनियाँ न फटेंगी,
ऐसे-ऐसे तू डग न भरा।

हमारे सामने एक मधुर चित्र आ जाता है उस ग्राम्या का, जिसका द्विरागमन होने को है। और उसकी मुहावरेदार भाषा में दरिद्रता, स्वयं के कोमल होने की व्यंजना एकदम साफ़ होने लगती है। बहुत कम शब्दों का प्रयोग करते हुए भी चित्र एकदम साफ़ कर देना निराला की उच्चता सिद्ध करती है। चित्र है—

बाँधो न नाव इस ठाँव बन्धु!
पूछेगा सारा गाँव, बन्धु!
यह घाट वही जिस पर हँसकर,
वह कभी नहाती थी धँसकर,
आँखें रह जाती थीं फँसकर,
कँपते थे दोनों पाँव बन्धु!

'धँसकर' शब्द की ध्वनि स्पष्ट ही है। शास्त्रीय दृष्टि से 'स्मरण वेपथुश्च' का उदाहरण 'कँपते थे दोनों पाँव बन्धु' से लक्षित होता है।

इस संग्रह में होली से सम्बन्धित कई गीत हैं, और जो अनुपम हैं। कई गीत तो रीतिकालीन मस्त कवियों की होली के चित्रों के साथ-साथ हमें वृन्दावन की वैष्णवी शैली का भी स्मरण कराते हैं—

राग-पराग-कपोल किये हैं
लाल-गुलाल अमोल लिये हैं
गाये खग-कुल-कण्ठ गीत शत,
संग मृदंग तरंग-तीर-हल,
भंजन मनोरंजन-रत अविरत,
राग-राग को फलित किया री—

विकल अंग कल गगन-विहारी!

केशर की कलि की पिचकारी।

पर होली के गीतों में 'खेलूँगी कभी न होली' वाला गीत उन्हें जनता के बहुत क़रीब ले जाता है; और ऐसे ही गीतों में वे सर्वश्रेष्ठ लगने लगते हैं। 'फूटे हैं आमों में बौर' होली के सारे गीतों में सर्वोत्तम है, जिनमें रंग और रूप-चित्रों की कला निखरी हुई हमें मिलती है। 'अर्चना' के बहुत-से ऐसे गीत हैं जो हमें बाँध लेते हैं, जिनकी भाषा की रवानी, अभिव्यंजना की सरल वक्रता, एक पंक्ति में इस मार्मिक परिस्थिति का चित्रण बताता है कि निराला गीतों के कला-कौशल में कितने सिद्धहस्त हो गये हैं। उदाहरण के लिए कुछ गीतों की पहली पंक्तियों को रूप, रंग, ध्वनि, परिस्थिति के हिसाब से देखिए—

1. खेलूँगी कभी न होली
उससे जो नहीं हमजोली —रूप
2. नयन नहाये
जब से उनकी छबि में रूप बहाये। —रंग
3. अली गूँज चली द्रुम कुंजों —ध्वनि
4. प्रिय के हाथ लगाये जागी
ऐसी मैं सो गयी अभागी। —परिस्थिति

गीतों की कला को निरालाजी ने जितना सशक्त बनाया है उतना हिन्दी में दूसरे किसी ने नहीं किया है। 'अर्चना' में अजीब-अजीब मनोभावों को सुन्दर, मुहावरेदार, संस्कृत-निष्ठ भाषा में प्रस्तुत किया गया है। एक बात जो विशेष ध्यान देने की है वह यह कि एक ही दिन में कई-कई गीतों का प्रणयन किया गया है, जिससे स्पष्ट हो जाता है कि रूप और भक्ति, ये दो ही प्रस्तुत संग्रह के प्रिय विषय हैं।

इस संग्रह के निर्माण में निरालाजी के दारागंज में एकान्त-निवास का बहुत बड़ा हाथ दिखाई देता है। धार्मिक वातावरण, भजन-कीर्तन का वायुमण्डल, गंगा-स्नान के लिए आयी हुई धार्मिक जनता—इन सबका प्रभाव 'अर्चना' में स्पष्ट है। अधिकतर गीतों में 'धर्म' उभरकर आया है, बल्कि एक गीत में तो यह जोश दर्शनीय भी हो सकता है—

तू चला जब तक न तनकर,

धर्म का ध्वज कर न लेगा।

'पतित पावनी गंगे', 'भजन कर हरि के चरण मन', 'हरि का मन से गुण-गान करो' ऐसे ही गीत हैं जिनमें निराला का कवि दब जाता है।

निरालाजी ने चलती हुई भजन की धुनें, दादरा, ठुमरी की बन्दिशें सब ही अपनायी हैं। जैसे—

वे कह ज़ो गये कल आने को,

सखि, बीत गये कितने कल्पों।

(धुन : बजरंग बली मेरी नाव चली)

हरि का मन से गुण-गान करो,

तुम और गुमान करो न करो।

जिनकी नहीं मानी कान
रही उनकी भी जी की

(ठुमरी की बन्दिश दूसरी पंक्ति में)

पर ये स्थल इतने कम हैं कि संकलन की पूर्णता में अखरते नहीं हैं।

निरालाजी ने गीतों में जितनी महान् 'इमेजरीज़' दी हैं वे बतलाती हैं कि गीत में भी कवि की 'सब्लिमिटी' सम्भव है।

कैसे हुई हार, तेरी निराकार,
गगन के तारकों बन्द हैं कुल हार?
दुर्ग दुर्धर्ष यह तोड़ता है कौन?
प्रश्न के पत्र, उत्तर प्रकृति है मौन;
पवन इंगित कर रहा है—निकल पार।
सलिल की उर्मियाँ हथेली मारकर
सरिता तुझे कह रही है कि कारगर
विपत से पार कर जब पकड़ पतवार।

साड़ी के खिले मोर,
रेशम के हिले छोर— (इमेज)

तरंगों टूटता सिन्धु-
शत संहत आवर्त-विवर्तों
जल पछाड़ खाता है पर्तों,
उठते हैं पहाड़ फिर गर्तों
धँसते हैं, मारण-रजनी है।

भक्तों के आशुतोष,
नभ-नभ के तारे हैं।

तुमने जो गही बाँह,
वारिद की हुई छाँह,

अन्धकार के दृढ़ कर
बँधा जा रहा जर्जर
तन उन्मीलन निःस्वर,
मन्द्र-चरण मरण ताल।

सुरतरु वर शाखा
खिली पुष्प-भाषा।

—आदि

निरालाजी इधर सरल होते जा रहे हैं जो कि उनकी प्रगति का चिह्न है। हिन्दी-काव्य की भाषा विशेषकर गीतों की, इधर जितनी निरालाजी ने माँजी है वह उन्हें उपयुक्त युग-प्रवर्तक के स्थान पर बिठाती है।

दो-तीन गीत तो हमें सूरदास की गोपियों का स्मरण कराते हैं जब वे उद्धव से कृष्ण की शिकायत करती हैं : 'हरिण नयन हरि ने छीने हैं'—

कुछ गीतों में जो नैराश्य, या अधिक स्पष्ट कहूँ तो पराजय, का स्वर सुनाई पड़ता है, वह जैसे हम सबका स्वर हो। इसका मुख्य कारण यह है कि जिस समाज के पास मार्क्सवादी सामाजिक एवं वैज्ञानिक दर्शन नहीं हुआ करता उस जाति (या व्यक्ति) का विद्रोह या रूप प्रतिक्रियात्मक होने लगता है और तब धर्म के प्रति आस्था उत्पन्न होती है; 'एक संज्ञा (शरीरी या अशरीरी) ही नियन्ता है' की चेतना का बोध करवाया जाता है। इस प्रकार का बोध करवाने में राजनीति (पूँजीवादी) का हाथ हुआ करता है। इसलिए 'अर्चना' में निराला के दूसरे रूप का भी जो दर्शन होता है वह केवल उनका ही नहीं है हमारा रूप है, हमारे पूरे समाज का रूप है, हमारी राजनीति का ज़हर है, तभी तो राजनीति 'आस्ट्रेलियन वोमर्स' की बग्घी पर 'ऐडीसियों' से घिरी 'सलाम' लेती है और साहित्य विक्षिप्त-सा होकर गंगा की रेती में फटी बिवाइयों के रक्त-चिह्न छोड़ता हुआ दम तोड़ रहा है—

ये दुःख के दिन
काटे हैं जिसने
गिन-गिनकर
पल-छिन, तिन-तिन
आँसू की लड़ के मोती के
हार पिरोये,
गले डालकर प्रियतम के
लखने को शशि-मुख
दुःख निशा में
उज्ज्वल अमलिन।

'अर्चना' आज के इस 'तुलसीदास' की विनय-गीतिका है। निराला नये युग की 'अरुणा' की अर्चना कर रहे हैं। वे हमारे युग के नेता हैं, हम उनके शब्दों को, उनकी व्यंजना को खूब पहचानते हैं कि उनका अर्थ 'अरुणा' से क्या है—

काटे कटी नहीं जो धारा
उसकी हुई मुक्ति की धारा,
बार-बार से जो जन हारा
उसकी सहज साधिका अरुणा।

●

प्रभाकर माचवे

अत्यन्त आत्मनिष्ठ *

सन् 1943 में पहला 'तार-सप्तक' छपा था। आठ साल बाद फिर एक 'तार-तर' सप्तक। आधुनिक हिन्दी कविता के विकास और भविष्य पर 'अज्ञेय' का विश्वास अदम्य है। तभी तो पन्द्रह पृष्ठों की सम्पादकीय भूमिका में कविता में प्रयोग—'वाद' और प्रयोगशीलता पर उठाये गये विरोधी तर्कों का प्रत्युत्तर और नये कवियों की नयी व्यंजना के समर्थन में कुछ बातें कही गयी हैं। यह भूमिका आधुनिक हिन्दी कवि और नव कविता के समीक्षक को अवश्य पढ़नी चाहिए। इसमें उठाये तर्क और स्थापनाएँ हमें प्रायोगिक कविता के विषय में पुनर्विचार करने के लिए बाध्य करती हैं। 'अज्ञेय' का कहना है कि 'प्रयोग' का कोई 'वाद' नहीं होता और प्रयोग अपने-आप में साध्य है। प्रयोग का अर्थ परम्परा का आमूल निषेध भी नहीं है। जो आलोचक यह कहते हैं कि प्रयोगशील कवि अति-बौद्धिक हैं, या इनकी रचनाओं में साधारणीकरण नहीं है, या इनमें वैयक्तिक अनुभूति का इतना अधिक चित्रण है कि सार्वजनीन रसोद्बोधन उनसे शक्य नहीं, उन्हें 'अज्ञेय' ने बहुत शास्त्रीय उत्तर दिया है। परन्तु 'अज्ञेय' की इन स्थापनाओं से हम सहमत नहीं हैं कि "कविता की भाषा निरन्तर गद्य की भाषा होती जाती है। इस प्रकार कवि के सामने हमेशा चमत्कार की सृष्टि की समस्या बनी रहती है।" काव्यानन्द-मीमांसा में रस की चर्वणा ताटस्थ्य की अपेक्षा तन्मयीभवन में अधिक होती है। जगन्नाथ ने चमत्कारित्व को काव्य-जीवित माना था।[1] शब्द-चमत्कृति, अर्थ-चमत्कृति[2] के सिवा कहीं रस[3] को, कहीं व्यंग्यार्थ[4] को और कहीं-कही औचित्य[5], सादृश्य[6], वैचित्र्य[7] और वक्रता[8] तक को चमत्कार मानने की संस्कृत काव्य-शास्त्रियों में प्रवृत्ति थी। 'चेतन', 'चमत्कारिता' आदि कुन्तक के शब्द स्पष्ट करते हैं कि चमत्कार सहृदय हृदय के अन्तःकरण की वृत्ति है, कवि-धर्म नहीं। साहित्यदर्पणकार ने काव्य से उत्पन्न आह्लादमय चमत्कार को विस्मय से भिन्न माना है।

---

* **दूसरा सप्तक : सम्पादक–'अज्ञेय'**

1. काव्यजीवितं चमत्कारित्वं अविशिष्टमेव। रसगंगाधर, पृ० 7।
2. अर्थचमत्कृत्युपस्कृता शब्दचमत्कृतिः। वही, पृष्ठ 19।
3. अलौकिक-चमत्कारकारी-शृंगारादिको रसः। काव्यप्रकाश, पृ० 93।
4. व्यंग्यस्यापि चमत्कारितया। रसगंगाधर, पृ० 10।
5. औचित्यस्य चमत्कारकारिणः। औचित्यविचारचर्चा, कारिका 3।
6. सादृश्यस्य चमत्कारित्वात्। रसगंगाधर, पृ० 157।
7. लोकोत्तर चमत्कारकारि, वैचित्र्यसिद्धये। वक्रोक्तिजीवित, उन्मेष 1 कारिका 3।
8. चेतनचमत्कारिणी वाक्यवक्रतामावहन्ति। वही, उन्मेष 2।

काव्य या कला से होनेवाले आनन्द को पाश्चात्य समीक्षकों ने अलग-अलग तरह से वर्णित किया है। रिचड्र्स उसे समघातता (सिनेस्थेसिस) मानता है। क्लाइव बेल ने उसे एक विशेष प्रकार का रोमहर्षण (स्पेसिफ़िकथ्रिल) माना है, तो वर्नन ली उसे एक सौन्दर्यपरक मनोवस्था (एस्थेटिक स्टेट) मानती है, जो कि अन्य अवस्थाओं से भिन्न और विशिष्ट प्रकार की (सुई जेनेरिश) है। काव्यानन्द पुन: प्रत्यय और प्रत्यभिज्ञा पर भी आश्रित रहता है। ऐसी दशा में कवि-कर्म को सामाजिक आशय से शून्य निरे नये शब्दों की टोह या नयी चमत्कारपूर्ण अर्थवत्ता की शोध मात्र नहीं माना जा सकता। अन्यथा आधुनिक कविता की दुर्ज्ञेयता और प्रेषणीयता की सीमितता को कैसे समझा जा सकेगा?

भूमिका के 'चमत्कार' पर हम अधिक कह गये। वस्तुत: यह स्वतन्त्र लेख का विषय है। हम समझते हैं कि इस भूमिका पर हिन्दी में शब्द-संगर मचेगा। मचना चाहिए।

कवि-परिचय साधारण है। अबकी बार उनमें विनोद की वह सूक्ष्म पुट नहीं है जो पहले 'तार-सप्तक' में थी। वक्तव्यों में शमशेरबहादुर सिंह का वक्तव्य सबसे ईमानदार और सुलझा हुआ लगा। भवानीप्रसाद मिश्र, शकुन्तला माथुर और रघुवीर सहाय ने टालमटूल की है—कुछ तो संकोचवश, कुछ इसलिए भी कि कविता के विषय में उनके विचार अभी अपरिपक्वावस्था में हैं, धर्मवीर भारती के वक्तव्य में अखबारी विच्छित्ति-प्रेम है और नरेश मेहता के वक्तव्य में अनावश्यक स्फीत अहन्ता। हरिनारायण व्यास का वक्तव्य अच्छा है, गो उसमें 'शेखर' की चर्चा विभूति-पूजावाले बाल-सुलभ संस्कार की सूचक है।

अब कविताएँ। प्राय: सभी में सम्पादक के शब्दों में 'भाषा के परिमार्जन और अभिव्यक्ति की सफ़ाई' की कमी है और 'अटपटेपन की झाँकी न्यूनाधिक मात्रा में है।' सबसे कम प्रयोगशील हैं आदि-अन्त के कवि। सही मानों में प्रयोगशील शमशेरबहादुर सिंह और रघुवीर सहाय लगते हैं; हरिनारायण व्यास और शकुन्तला माथुर उसी पथ के पन्थी हैं। नरेश मेहता ने आधुनिकता या प्रयोगशीलता को, लगता है, पचाया नहीं, ओढ़ा है। उदाहरणार्थ उनकी 'समय-देवता' (इस संग्रह की सबसे लम्बी कविता) लुई मैक्नीस की इसी विषय पर 'मृत सिपाही की आत्मा से बातचीत' कविता की तुलना में 'हठाकृष्ट-पाठ रचना' जान पड़ती है।

भावुक की रस-ग्राहिका वृत्ति इस संग्रह के कई अटपटे, दुरन्वय-भरे, अभवन् मतयोगवाले, असंलक्ष्यक्रम-लक्षण-युक्त निम्न पदों पर न केवल अटक-ठिठक ही रह जायेगी, पर ठोकर खाकर चित्त भी गिर सकती हैं, और ऐसी पंक्तियाँ संग्रह में काफ़ी हैं। उदाहरणार्थ—

भीतर को आहट भर
सजती है सजावट पर

नित्य नया कंकर क्रम

—भवानीप्रसाद मिश्र, पृ० 28

क्रम की नवीनता
हे अगोरती विभा
जोहती विभावरी

हे अमा उमामयी
　　　　　सावलीन बावरी
मौन मौन मानसी,
　　　　　मानवी व्यथा-भरी।

—शमशेरबहादुर सिंह, पृ० 104

तप्त है ज्वर से उजाले का बदन
उष्ण है स्पर्श तेरे गात का।

—रघुवीर सहाय, पृ० 159

विनाश की सजीव नग्नता ढको सुकेशिनी
विनाश से डरो नहीं
विकास से डरो नहीं
सृष्टि के लिए बनो प्रथम विनाश-स्वामिनी

—धर्मवीर भारती, पृ० 183

एक-एक कवि की रचना लें तो गान्धीवादी भवानीप्रसाद मिश्र की सादगी और प्रसादपूर्ण शैली बहुत ताज़गी लिये हुए हैं : 'सन्नाटा'-जैसी कहानियाँ वह और लिखें। उनके पास खण्ड-काव्य लिखने की रवानी प्रचुरता में है। 'असाधारण' का नीत्युपदेशक स्वर चालीस साल पुरानी 'पद्य-पुष्पांजली' की याद दिलाता है। यह सही है कि आधुनिक कविता आधुनिक चित्र-कला की ही भाँति आदिम उद्गारों के ढंग की ओर बढ़ रही है। परन्तु अकृत्रिमता की सचेत चेष्टा एक प्रकार का मूढ़-ग्राह बन सकती है।

शकुन्तला माथुर ने अपने पति की भाँति कई सुन्दर शब्द-चित्र उपस्थित किये हैं। उनमें भाव-बिम्ब का प्रतिफलन बहुत सहजता से हुआ है; जैसे 'सुनसान गाड़ी', 'इतनी रात गये' आदि। 'ताज़ा पानी' के ढंग की कविताएँ वह और लिखें तो 'लीडर के निर्माता' का व्यंग्य सार्थक हो।

हरिनारायण व्यास की रचनाओं में मंजुल गुंजारवाले शब्द-चयन का प्रेम (जो धर्मवीर भारती में भी है) सिद्ध करता है कि इन सात कवियों में पारम्परिक काव्य और संगीतवाले संघटन के सर्वाधिक निकट वह हैं। यह कहना कठिन है कि 'वर्षा के बाद'-जैसे गीतों में कौन-सी चमत्कारपूर्ण अभिव्यक्ति है जो प्रयोगशील कही जा सके? 'नेहरूजी के प्रति' कविता भी बचकानी है। 'उठे बादल, झुके बादल' और 'शिशिरान्त' में कवि की विशेषता झलकती है।

शमशेरबहादुर सिंह की कविता में सर्वाधिक आधुनिकता है। कवि जैसे शब्द की समूची व्यंजना-शक्ति का भरपूर उपयोग कर लेना चाहता है। अत: उसका संकेत-चित्रण कहीं बहुत सशक्त हो उठा है, कहीं बहुत हलका। कोषवादी और अतियथार्थवादी चित्रकार जिस प्रकार से अपनी रचना में विशिष्ट ज्यामितिक रेखाचित्रण की शैलीगत मर्यादा और उपचेतन मन के समग्र चित्रण का आग्रह रखते थे, शमशेरबहादुर सिंह में भी कुछ विदेशी वामपंथी कवियों की शैली का प्रभाव और अपने मन के पूरे संवेदना-जाल को व्यक्त करने की आतुरता स्पष्ट है। उनकी

रचनाओं में सामाजिक आशय इसी कारण से प्रधान हो उठता है और कई स्थलों पर वह वस्तुनिष्ठा उनके व्यक्तिगत द्वन्द्वों से जैसे अनमिल भी है।

नरेश मेहता के 'उषस्' की प्रेरणा है तो वैदिक; परन्तु मुक्तमेघा आदिम साम्यवादी आर्य-सभ्यता का आज के वैज्ञानिक युग में यों पुनः स्वच्छन्द साँस लेना बेहद रूमानियत से भरा 'पुनरुज्जीवनवाद' है, जो कि उनके वक्तव्य से किसी तरह मेल नहीं खाता। अँगरेज़ी कविता में भी 'प्रीराफेलाइट' दल में इस प्रकार नव्य-यूनानी (निओ-हेलेनिक) प्रवृत्ति चल पड़ी थी। परन्तु 'समय-देवता' में उनके मन की रूमानियत कम होकर यथार्थ के ऊबड़-खाबड़ मोड़ कुछ अधिक सजग रूप से स्पष्ट हुए हैं।

रघुवीर सहाय की कविताओं में 'ईमानदारी' (कवि-कर्म की सामाजिकता अनुभूति के अर्थ में) अधिक है। अतः वैयक्तिक अनुभूतियों में निश्छल सुसंगति भी उपलब्ध होती है। कवि ने मानो अपने बिखरते हुए मन और व्यक्तित्व में अन्तर्गठन (इण्टिग्रिटी) लाने की दिशा में कविता को माध्यम रूप से चुना है। परन्तु चूँकि कवि की स्वानुभूति अल्प और लघु है—अतः जो विराट् स्वप्न उसके नयनों में बसा है, उसके प्रति अनिश्चय और संशय उसमें जगता है। 'समझौता' और 'एकोऽहम् बहु स्याम्' के सायंकाल के पीछे की विवशता के प्रति वह जागरूक है और इसीलिए 'प्रभाती', 'मुँह अँधेरे' और 'कोशिश'-जैसी चीज़ें लिखता है।

धर्मवीर भारती इन सभी कवियों में सर्वाधिक रोमैण्टिक हैं। उन पर जैसे उर्दू का रंग है। याने कहने की खूबी पर वह बहुत मुग्ध हैं। इसलिए कभी-कभी बहुत ख़ूब कह भी जाते हैं। परन्तु यह 'ख़ूब कही, कैसी कही!' वाला बासन घिसा हुआ, मुलम्मा-छुटा है। इधर जो विदेशी अत्याधुनिक कविताएँ उन्होंने अनूदित की हैं, उनके आगे उनकी यह 'पान-फूल-सी' 'सुरमई-सतरँगिया-फ़ीरोज़ी' रूप की छवि बहुत कैशोर्य-भरी रचना लगती है।

जहाँ तक संग्रह की सब कविताओं में युग-चेतना के चित्रण का प्रश्न है, सभी कवि कमोबेश मात्रा में मार्क्सवाद से प्रभावित हैं, भवानीप्रसाद मिश्र और शकुन्तला माथुर सबसे कम; अन्य कवि स्पष्टतः अधिक। संग्रह में कुल पाँच-छह कविताएँ राजनैतिक विश्वासों के प्रति युवक कवि-मन की प्रतिक्रिया का विचित्र चित्र प्रस्तुत करती हैं; 'स्वतन्त्रता-दिवस पर', 'समय साम्यवादी', 'लीडर का निर्माता', 'सुभाष की मृत्यु', 'नेहरूजी के प्रति' और 'समय-देवता'। इन वस्तुनिष्ठ कविताओं को छोड़, अन्य सब कविताएँ अत्यन्त आत्मनिष्ठ हैं। और कुल जमाकर इस बात की साक्षी हैं कि हिन्दी कविता सामाजिक यथार्थ से अभी भी दूर है। रूमानियत और छायावाद का गाढ़ा रंग उस पर है। और कवि अभी भी 'दूसरी अज्ञात दिशाओं को जाती हुई लम्बी निर्जन छायादार सड़कों का' (धर्मवीर भारती, वक्तव्य) प्यासा है। वह बेचारा 'व्यक्ति कुहा स्पष्ट हृदय-भार आज, हीन-हीन भाव, हीन भाव, मध्य-वर्ग का समाज, दीन' (शमशेरबहादुर सिंह) का अंग है, और शमशेरबहादुर की सन् 1940 में लिखी पंक्ति अभी भी सबके लिए सही है—'काट बुर्जुआ भावों की गुमठी को—गाओ!'

●

बालकृष्ण राव

आधुनिक और पुरातन का सन्तुलन *

पन्तजी के नवीनतम कविता-संग्रह की पहली कविता की पहली पंक्ति है—

"तुम कहते उत्तर-वेला यह,
मैं सन्ध्या का दीप जलाऊँ।"

निश्चय ही, इसके 'तुम' और 'मैं' किसी के भी प्रतीक क्यों न हों, भावकवर्ग की आँखों में यह रचना कवि का ही चित्रण करती जान पड़ेगी। स्वर वही चिर-परिचित स्वर है, कथन की शैली वही भलीभाँति जानी-पहचानी शैली है, भाषा वही पुरानी ग्रान्थिक भाषा है—और, एक प्रकार से देखा जाये तो, कथ्य भी वही पुराना आत्म-विश्वास का उद्घोष है। "मैं प्रभात का रहा दूत नित, नव प्रकाश सन्देशवाह स्मित", "मैं मानस धर्मा, अक्षय वय"—अपने सर्वथा सजीव और सक्रिय होने का दावा, भिन्न शब्दों में सही, वयः प्राप्त कवि बहुधा करते रहे हैं। बहुधा इस तरह का दावा करना ही खतरे की पहली घण्टी की तरह भावकवर्ग के कान खड़े करने का काम करता है। कवि जब यह पूछता है कि—

"नव विकास पथ में मुड़ मैं अब,
क्यों न भोर बन फिर मुस्काऊँ?"

तो मानो प्रतिध्वनि उत्तर देती है : "इस कारण नहीं, क्योंकि अब तुम मुसकाना भूल गये हो"—और एक बार भूलकर फिर मुसकाना सीखा नहीं जा सकता, भले ही मुसकाने की प्रक्रिया को दोहराते क्यों न रहा जाये।

पन्तजी की यह कविता बड़े साहस की कविता है। यह स्वीकार करने में उन्हें कुछ भी संकोच नहीं हुआ कि "मैंने कब जाना निशि का मुख?"—न इस अपरिचय और अनुभूति के कारण उन्हें इस आमन्त्रण (अथवा चुनौती) के देने में ही कोई संकोच हुआ कि—

"आओ तम के कूल पार कर,
नव अरुणोदय तुम्हें दिखाऊँ!"

हम कवि का आमन्त्रण स्वीकार करके उसके साथ बढ़ते हैं। इसे हम आमन्त्रण ही मानेंगे, चुनौती नहीं। 'उत्तरा' की भूमिका के बाद कवि उस स्तर से बहुत ऊँचा उठ गया जिस स्तर पर लोग चुनौतियाँ देते और स्वीकार करते हैं। बाह्य और आन्तरिक का सामंजस्य ऊर्ध्व संचरण के द्वारा करने की क्षमता

* 'अतिमा' : सुमित्रानन्दन पन्त

रखनेवाला कवि हमें आमन्त्रण ही दे सकता है, चुनौती नहीं। वह हमें अपने साथ तम के कूल पार करके नव अरुणोदय दिखाने ले जायेगा और इस तरह प्रमाणित कर देगा कि वह "प्रभात का रहा दूत नित, नव प्रकाश सन्देशवाह स्मित"। 'अतिमा' की कविताओं में यही आमन्त्रण निहित है।

संग्रह के छोटे-से विज्ञापन मे पन्तजी ने संग्रहीत कविताओं का तीन श्रेणियों में विभाजन कर दिया है। एक श्रेणी प्रकृति-सम्बन्धी कविताओं की है, जिनके अतिरिक्त 'अधिकतर' ऐसी रचनाएँ संग्रहीत हैं "जिनकी प्रेरणा युग-जीवन के अनेक स्तरों को स्पर्श करती हुई सृजन-चेतना नवीन रूपकों तथा प्रतीकों में मूर्त हुई है।" अतः प्रकृति-सम्बन्धी कविताओं के अतिरिक्त एक श्रेणी इस प्रकार की कविताओं की हुई जो 'अधिकतर' हैं, इसलिए तीसरी श्रेणी में वे होंगी जो इन अधिकतर कविताओं के अलावा हैं। यही अच्छा होगा कि हम संग्रहीत कविताओं का अनुशीलन इन्हीं तीन श्रेणियों में करें। कवि और उसकी कृति के साथ हम सम्भवतः इसी प्रकार तादात्म्य स्थापित करने में सबसे अधिक सफल हो सकेंगे।

प्रकृति-सम्बन्धी कविताओं में दो प्रमुख हैं : 'जन्म-दिवस' और 'कूर्मांचल के प्रति'। दोनों इस संग्रह की अन्य सभी कविताओं से आकार में बड़ी भी हैं। दोनों ही उस पार्वत्य प्रदेश से सम्बन्धित हैं जहाँ कवि अपने जीवन के उषःकाल में भावी काव्य-कृतियों के लिए प्रकृति से प्रेरणा पाता रहा। 'जन्म-दिवस' में पहले अपने घर-द्वार, स्नेही-सम्बन्धियों, पुरजनों और परिजनों के अत्यन्त सुन्दर शब्द-चित्र अंकित कर, उनका हमसे परिचय कराने के बाद कवि बड़ी ही भाव-प्रवणता और उत्कृष्ट शिल्प-कौशल का परिचय देता हुआ एक साधारण प्रादेशिक प्रेम-कथा का हृदयग्राही चित्रमय अंकन करता है। इसमें कवि को कितनी सफलता मिली है यह नीचे की दो पंक्तियाँ ही प्रमाणित कर देंगी—

"गूँज रही होंगी गिरि वन अम्बर में दुहरी तानें,
और पास खिंच आये होंगे दो जन इसी बहाने।"

इसके बाद, अधिक गम्भीर स्वर में, कवि अपने जन्म-स्थान और जन्म-काल को नव-युग के अरुणोदय का प्रतीक मानकर प्रस्तुत आलम्बनों के सहारे अपने विकसित जीवन-दर्शन को अभिव्यक्ति देने की चेष्टा करता है। कवि कहता है—

"था निमित्त शिशु, नवयुग था अवतरित हो रहा निश्चय
बहिरन्तर का धूम चीर हँसता था नव अरुणोदय।
इसीलिए सम्भव हिमाद्रि का स्वर्गोन्मुख आरोहण
युग सनाभि शिशु के मन के हित रहा महत् आकर्षण।"

कविता वहीं पूरी हो गयी थी। उसके बाद प्रतीकों के नागदन्तों पर कवि अपने दर्शन-वसन टाँगने में लग गया। मात्र शिल्प के बल पर कविता का-सा प्रभाव इन प्रतीकों का भी हो सकता है—पर वह प्रभाव ही है, भाव नहीं।

'कूर्मांचल के प्रति' कवि की नगाधिप के प्रति, उसके और अपने गौरव के अनुरूप, विपुल हेम-मुद्राओं से परिपूर्ण श्रद्धांजलि है। इसमें भी अन्त में कवि ने प्रतीकों के सहारे दार्शनिक प्रवचनों को अटका देने की चेष्टा की है, पर यह कविता इनके बोझ को सह सकती है—यही नहीं, इसके

सहारे अटकाया जाकर विदग्ध चिन्तन सहज ही कवित्वमय ही गया है। दो उदाहरण पर्याप्त होंगे, एक इस बात का प्रमाण देने के लिए कि कवि की हेम-मुद्राएँ खरे सोने की हैं, दूसरा इसका कि कविता (यद्यपि उसकी उपेक्षा नहीं करती, फिर भी) दार्शनिक प्रवचनों को सहज सुन्दर क्षमता से न केवल सँभाल लेती है अपितु उन्हें और भी ऊँचा उठाने में समर्थ हो सकी है। पहला उदाहरण है—

> "राजहंस-सा तिरता शशि मुक्ताभ नीलिमा जल में
> सीपी के पंखों की छहरा रत्न छटा जल थल में।
> धुली वाष्प पंखड़ियों में रंग भरते कला सुधर कर,
> सुरधनु खण्डों में किरणों की द्रवित कान्ति कर वितरित,
> रंग-गन्ध के लता-गुल्म से गिरि द्रोणी अतिरंजित
> देवदारु रज पीत सुहाती ग्रामवधू-सी सुन्दर!"

और दूसरा—

> "रुके मूक भू मानस गह्वर, रुके स्तब्ध गिरि कन्दर,
> (शतियों के पुंजित तमिस्र से पीड़ित जिनका अन्तर!)
> बिछ प्रतीक्षा में प्रसार होने को तुमसे दीपित!
> धूमिल क्षितिज, गरजता अम्बर, उद्वेलित जन-सागर,
> जड़-चेतन की दृष्टि निर्निमिष लगी ज्योति-शिखरों पर,—
> मानवता का दिक् प्रशस्त उन्नयन तुम्हीं पर आश्रित!"

यह कवि की परम सफलता है कि इस दर्शन के शान्त-पट से ढका जाकर नगाधिप मिट्टी का ढेर नहीं हो जाता, प्रत्युत और भी ऊँचा उठ जाता है! 'गिरि प्रान्तर' का कृत्रिम चित्र शिल्प के सहारे अपने-आप को प्रकाश में सुरक्षित नहीं रख पाता। शिल्प बहुत पुराना हो चुका, चित्र की कृत्रिमता प्रकट हो ही जाती है। पर 'पतझर' सफल और सुन्दर कृति है, जो बरबस कीट्स के 'ओड टु ऑटम' की याद दिलाती है। 'पतझर' कीट्स की प्रख्यात कविता से कम गम्भीर नहीं है, पर उत्कृष्ट शिल्प और ऊँचे दर्शन के बावजूद, कविता की दृष्टि से यह कीट्स के 'ओड' की समता नहीं करती। पन्तजी की अतिशय ग्रान्थिक भाषा एक ऐसा दुर्वह भार है जिसे पीठ पर लादकर कविता लड़खड़ाने लगती है, थककर बैठ जाती है और लाख कोशिश करने पर भी अपने मुख पर सहज मुसकान नहीं ला पाती। छायावादी युग की काव्य-भाषा का मोह पन्तजी की बहुत-सी कविताओं को उसी प्रकार निर्वीर्य बना देता है जैसे बहुधा उनका दार्शनिक, उपदेशात्मक स्वर उन्हें मुक्त विहग-सा उड़ने न देकर पर काटकर पिंजरे में बन्द कर देता है। पिंजरे में बन्द होकर भी विहग तो विहग ही कहलायेगा, पर कहलाये जाने की वजह से ही उड़ तो नहीं पाता।

संग्रह की विशिष्ट कविताएँ वे हैं जिनकी ओर पन्तजी ने यह कहकर संकेत किया है कि उनमें "सृजन-चेतना के नवीन रूपकों तथा प्रतीकों में, युग-जीवन के अनेक स्तरों को स्पर्श करती हुई, काव्याभिव्यक्ति की प्रेरणा मूर्त हुई है।" 'अतिमा' की सबसे ऊँची कविताएँ ये न भी हों, सबसे अधिक आकर्षक अवश्य हैं। इनमें नवीनता है—ऐसी नवीनता, जो बलात् भावक को अपनी ओर

आकृष्ट करती है। पर क्या यह नवीनता सचमुच प्राणगत आधुनिक है? उत्तर के लिए कविताओं पर दृष्टि-निक्षेप करें।

यह तो नहीं कहा जा सकता कि संग्रह की दूसरी कविता 'गीतों का दर्पण', इस द्वितीय (नवीन रूपकों तथा प्रतीकोंवाली) श्रेणी में रखी जानी चाहिए अथवा नहीं, पर यदि न भी रखी जा सके तो भी इसका पता लगाने के लिए इस कविता का महत्त्व और मूल्य संग्रह की किसी भी कविता से कम नहीं है, कि कवि का स्वर आधुनिक है अथवा मात्र नवीन, क्योंकि संग्रहीत कविताएँ एक वर्ष की अवधि में ही लिखी गयी थीं। 'गीतों का दर्पण' भी 'नव अरुणोदय' की तरह कवि की ओर से एक सन्देश अथवा विज्ञापन है। 'नव अरुणोदय' में कवि ने हमें याद दिलाया था कि वह 'नव प्रभात का रहा दूत नित', अब 'गीतों के दर्पण' में हमें आमंत्रित करता हुआ कहता है—

"यदि मरणोन्मुख वर्तमान से
ऊब गया हो कटु मन
... ...
तो मेरे गीतों में देखो
नव भविष्य की झाँकी।"

जयदेव ने इससे कहीं कम दावा किया था। "यदि हरिस्मरणे सरसं मनो, यदि विलास-कलासु कुतूहलं, मधुरकोमलकान्त पदावलीं शृणु तदा जयदेव सरस्वतीम्" : इसमें कवि इतना ही कहने का साहस करता है कि यदि उस दिशा की ओर जाना चाहते हो जिधर वह स्वयं जा रहा है, तो उसके साथ हो लो। पन्तजी इससे अधिक आशा दिलाते हैं; उनकी कविता इसकी अपेक्षा नहीं करती कि भावक उस प्रकार का पदार्थ चाहता हो जो वह दे सकते हैं, वह सन्देश सुनना चाहता हो जो उन्हें सुनाना है—इतना ही चाहिए कि उसका मन वर्तमान, मरणोन्मुख वर्तमान, से ऊब गया हो : नव भविष्य की झाँकी देखना ही उसके लिए वांछित संजीवनी है, और वह संजीवनी कवि के पास है। यह स्वर अन्वेषक का नहीं, सिद्ध का है, विज्ञान-प्रेरित आधुनिक जिज्ञासा का नहीं, प्रयोगशाला से बाहर आकर प्रयोग की सफलता की घोषणा करनेवाले लब्धकाम आत्मविश्वास का है, एवरेस्ट का दर्शन करके लौटते हुए तेनसिंह का है। पर यह कौन-सा 'वर्तमान' है जो मरणोन्मुख है, जिसकी मरणोन्मुखता के बीच रहते-रहते मन कटु हो गया है? कवि इस कटुता, इस व्याधि की कुछ और व्याख्या-सी करता हुआ जन-मन के व्याधिग्रस्त होने के कुछ और लक्षण हमें बताता है—

"उठते हों न निराश लौह पग
रुद्ध श्वास हो जीवन!"

'लौह पग' मशीन सभ्यता के प्रति संकेत है—पर यह आज का स्वर है अथवा बीसवीं शती के प्रारम्भिक दशक का? कवि आगे कहता है—

"रिक्त बालुका यन्त्र,—खिसक हो
चुके सुनहले सब क्षण,
तर्कों वादों में बन्दी हो
खिसक रहा उर-स्पन्दन।"

बालुका यन्त्र की रिक्तता भी स्पष्ट संकेत है—वर्तमान के मरणोन्मुख होने की ओर। पर आज का उर-स्पन्दन क्या सचमुच तर्कों और वादों में बन्दी है? क्या यह द्वितीय महासमर के पहले की युग-मन:स्थिति का चित्रण नहीं है? आज का युग स्थावरता का नहीं संक्रान्ति का, अथवा पन्तजी की 'अतिमा' के अनुसार अतिक्रान्ति का, युग है : यह कविता पचीस वर्ष पूर्व नि:शब्द, निराकार जन-मन के बन्द कक्ष में घुट रही थी, प्रकट होने में जो विलम्ब हुआ वह वर्ड्स्वर्थ के इस कथन की सत्यता प्रमाणित करता-सा जान पड़ता है कि "कविता भावोद्वेग की शान्त-मन पुनरावृत्ति है।" कवि का मन विमल और सर्वथा शान्त है, उसका अतीन्द्रिय आमन्त्रण आनन्द की उपलब्धि के लिए है। कवि के शब्द हैं—

"यदि यथार्थ की चकाचौंध से
मूढ़ दृष्टि अब निष्फल,—
डूबो गीतों में, जिनका
चेतना-द्रवित अन्तस्तल।"

'अनबूड़े बूड़े, तरे जो बूड़े सब अंग!' बूड़नेवाले के लिए ही यह गीतों का दर्पण है जिसमें वह अपना 'श्री-नव आनन' देख सकता है।

उस 'ऊर्ध्व-संचरण' का आग्रह, जिसकी व्याख्या कवि ने 'उत्तरा' की भूमिका में की थी, हमें 'अतिमा' में सर्वत्र मिलता है। 'जन्म-दिवस' में हम 'हिमाद्रि का स्वर्गोन्मुख आरोहण' देखते हैं जो 'कूर्मांचल के प्रति' के 'शाश्वत शिखरों' में निखरा, शान्त और समुज्ज्वल हो जाता है। 'नव-जागरण' में हम देखते हैं कि—

"रजत प्रसारों में उड़ नूतन
प्राण मुक्त करते आरोहण"

और जहाँ संचरण नहीं है वहाँ ऊर्ध्वोन्मुखता ही संचरण का स्थान ले लेती है। 'बाहर भीतर' में—

"भू को अन्धकार का है भय,—
शिखरों पर हँसता अरुणोदय :"

यह 'हँसना' निस्सन्देह ऊर्ध्व-संचरण का ही निमन्त्रण है।

पर 'अतिमा' का स्वर केवल ऊर्ध्व-संचरण का ही हो, ऐसी बात नहीं है। 'जिज्ञासा' शीर्षक विशुद्ध रूमानी कविता में हमें कवि शिखरों की नहीं, अतलताओं की, पावनता की, बात कहता मिलता है; वह समतल प्रदेश पर खड़ा गाता है—

"कौन स्रोत ये?
ये किन आकाशों में खोये
किन अवाक् शिखरों से झरते?
किस प्रशान्त समतल प्रदेश में
रजत फेन मुक्ता रव भरते!
ये किन स्वच्छ अतलताओं की

कौन नीलिमाओं में बहते?
किस सुख के स्पर्शों से स्वर्णिम
हिलकोरों में कँपते रहते!"

कविता इतनी सुन्दर और सरस है कि उसकी थोड़ी-सी पंक्तियाँ उद्धृत करके सन्तोष नहीं होता, पर एक छोटे-से लेख में थोड़ी-सी पंक्तियाँ ही उद्धृत की जा सकती है। कुछ पंक्तियाँ और देखिए—

"कौन स्रोत ये!
श्रद्धा औ' विश्वास—रुपहले
राज मरालों के-से जोड़े
तिरते सात्विक उर सरसी में
शुभ्र सुनहली ग्रीवा मोड़े।
शोभा की स्वर्गिक उड़ान से
भर जाता सहसा अपलक मन,
बजते नव छन्दों के नूपुर
अलिखित गीतों के प्रिय पद बन!"

निस्सन्देह शैली में नवीनता का आग्रह नहीं है, स्वर कवि का चिर-परिचित छायावादी स्वर ही है, फिर भी यह कविता बासीपन के दोष से मुक्त है; क्योंकि सुन्दर ही नहीं सरस भी है। मैंने सरस जान-बूझकर कहा है, क्योंकि इस कविता की सहायता से पन्तजी के काव्य पर सामान्यतया लगाये जानेवाले एक आरोप का आवश्यक खण्डन करना सुकर हो सकता है। रस की सर्जना निःसंशय काव्य का धर्म है। मैं यह भी स्वीकार करता हूँ कि शिल्प की दृष्टि से कितनी भी उत्कृष्ट क्यों न हो, कविता यदि भावक के मन को रसार्द्र नहीं कर पाती तो भावक के लिए वह कविता नहीं है। पर जिस मन को रसार्द्र करना कविता का स्वाभाविक कर्म और सर्वमान्य धर्म है वह मन केवल छलकते हुए उद्वेगों का पात्र नहीं है, वह विशद चेतनाभूमि है जिस पर भावना और विचार, हृदय और मस्तिष्क समान अधिकार के साथ निवास करते हैं और प्रभाव डालते हैं! रस केवल भावोद्वेग नहीं है, अनुभूति केवल इन्द्रियाश्रित नहीं है। 'जिज्ञासा' में (और अपनी अधिकांश सफल कविताओं में) पन्तजी जिस रस की सृष्टि करते हैं वह साधारणतया स्वीकृत परिभाषा से बँधा नहीं है, व्यापक अर्थ में, व्यक्ति-चेतना का सहजग्राह्य अतीन्द्रिय रस है। पन्तजी की कविता का उस भावकवर्ग के लिए कोई मूल्य नहीं है जो रस की संकीर्ण परिभाषा करता है—पर उस भावक वर्ग के लिए संभवतः साँस लेने की प्रक्रिया ही जीवन है। नये विचारों का आघात जिनके लिए ऐन्द्रिक अनुभूति की-सी प्रभावोत्पादिनी शक्ति नहीं रखता उनके लिए पन्तजी कह सकते हैं 'जानन्ति ते किमपि, तान्प्रति नैष यत्नः' है।

यह बात 'अतिमा' की बहुत-सी—यह कहना भी अनुचित न होगा कि अधिकतर रचनाओं के लिए कही जा सकती है। इनमें कुछ असाधारण कृतियाँ हैं, जैसे 'स्फटिक वन', जो छायावादी सज्जा में आधुनिक भावोन्मेषण की काव्यमयता की सफल उपलब्धि है—कुछ सुन्दर, शीतल पर निष्प्राण चित्राकृतियाँ हैं, कुछ सर्वथा अकवित्वमय पत्रकारिता हो जाने से मात्र शब्दशिल्प के द्वारा

बचा ली जाती हैं, जैसे 'नेहरू-युग'; और कुछ ऐसी हैं ''जिनकी प्रेरणा युग-जीवन के अनेक स्तरों को स्पर्श करती हुई सृजन-चेतना के नवीन रूपकों तथा प्रतीकों में मूर्त हुई है।''

अब तक हम जिन कविताओं को देख रहे थे उनके विषय में यह कहना सम्भव नहीं है कि वे इस विशिष्ट श्रेणी में आयेंगी या नहीं—शायद नहीं। पर जिनके विषय में सन्देह हो ही नहीं सकता वे हैं—सोनजुही; आः धरती कितना देती है; कौए, बत्तखें और मेंढक; प्रकाश, पतिंगे और छिपकलियाँ; केंचुल; स्वर्णमृग आदि। इनमें सम्भवतः 'सोनजुही' सुन्दरतम है और 'केंचुल' अपेक्षाकृत सबसे कम सफल हो सकी है। 'सोनजुही' से कुछ थोडी-सी पंक्तियाँ यहाँ उद्धृत करना निरर्थक होगा, क्योंकि एक तो यह कविता समूची उद्धृत करने योग्य है, दूसरे इसे आधुनिक हिन्दी कविता के प्रायः सभी पाठक जानते ही हैं। इसके अन्त में भी पन्तजी दार्शनिक प्रवचन चिपका देने का लोभ संवरण नहीं कर पाये—और यह प्रवचन कविता के साथ मिलकर एक नहीं हो पाया, चिपका ही रहा। इस तरह की कविता के साथ यह व्यवहार कुछ तॉल्स्तॉय के ढंग का लगता है, जो अपने कलाकार-व्यक्तित्व को उपदेशक और विचारक-व्यक्तित्व का ज़रख़रीद ग़ुलाम समझता था। भाग्यवश 'सोनजुही' का दार्शनिक विश्लेषण कविता से स्पष्टतः इतना असम्पृक्त जान पड़ता है कि भावक के लिए उसे अलग रखकर कविता का आस्वादन करना सुकर ही नहीं स्वाभाविक हो जाता है।

इनमें ही पन्तजी की सफलता और असफलता का एक साथ परिचय मिल जाता है। यह उनकी सफलता है कि अपने जीवन-दर्शन की ऊँची बरफ़ीली पहाड़ी चोटी पर भी उन्हें काव्य-कुसुम खिले मिलते हैं। उनकी असफलता यह है कि उनमें-से बहुत-से कुसुम निर्गन्ध होते हैं। 'सोनजुही', 'आः धरती कितना देती है!' आदि कविताएँ अपवाद-सी इतस्ततः विकीर्ण जान पड़ती हैं।

इन कविताओं में यदि 'सृजन-चेतना के नवीन रूपकों' की खोज न भी की जाये तो भी उनके कवित्व में कोई कमी नहीं आती, हाँ उनकी नवीनता अवश्य अदृश्य हो सकती है। तो क्या मात्र नवीनता लाने के लिए ही कवि ने उनमें 'नवीन रूपकों और प्रतीकों' की निर्माण-प्रक्रिया का समावेश किया है? ऐसी भ्रान्ति 'सोनजुही' को देखकर हो सकती है, क्योंकि 'सोनजुही' इन नवीन प्रतीकों का भार आसानी से नहीं उठाती—कहना तो यों चाहिए कि उठाती ही नहीं। पर अन्य रचनाओं के विषय में यह कहना अन्याय होगा। 'कौए, बत्तखें और मेंढक', 'स्वर्णमृग' आदि ऐसी कविताएँ भी 'अतिमा' में मिलेंगी जिनका सृजन ही इन प्रतीकों को काव्यात्मक प्रेषणीयता देने का नाम है। इस तरह की रचनाओं में सम्भवतः सबसे सफल और सबसे ऊँची कविता 'सन्देश' है, जो आरम्भ से ही अपनी शक्तिमत्ता का परिचय देती हुई प्रतीकों में प्राण-वायु का संचार करती चलती है और अन्त होते-होते सच्ची कविता की वह सम्पन्नता प्राप्त कर लेती है जो अक्षय और अपरिहार्य होती है और जिसका आशय उसके अर्थ से ही कहीं व्यापक और सबल होता है। 'सन्देश' के आरम्भ की पंक्तियाँ हैं—

''मैं खोया-खोया-सा, उचाट मन, जाने कब
सो गया तख़त पर लुढ़क, अलस दोपहरी में,
दुःस्वप्नों की छाया से पीड़ित, देर तलक
उपचेतन की गहरी निद्रा में रहा मग्न।

जब सहसा आँख खुली तो मेरी छाती पर
था असन्तोष का भारी, रीता बोझ जमा,
... ...
इतने में मेरी दृष्टि फ़र्श पर जा अटकी,
जिस पर जाड़े की चिट्ठी, ढलती, नरम धूप
खिड़की की चौखट को कुछ लम्बी, तिरछी कर
थी चमक रही टूटे दर्पण के टुकड़े सी—"

इस प्रकार कवि हमारा परिचय उस धूप से कराता है जो सन्देश-वाहिका बनकर आयी थी। किसे सन्देह हो सकता है कि यह सचमुच धूप नहीं है, मात्र प्रतीक है। अपराह्न में उदासमन लेटकर सो रहने के बाद उठने पर जिस रिक्तता का अनुभव हम सबको होता, हो सकता है उससे यह, 'असन्तोष का भारी, रीता, बोझ' क्या भिन्न है? पर इस साधारणीकरण में वैशिष्ट्य का लोप नहीं हुआ है। असाधारण, किन्तु सहज, सिद्धहस्तता का परिचय देता हुआ कवि 'जाड़े की चिट्ठी, ढलती, नरम धूप' को ऐसी विलक्षणता दे देता है कि उसके लिए सन्देशवाहक का कार्य अद्‌भुत या असाधारण नहीं रह जाता। यह कविता छायावाद और आधुनिक युग की भाव-भूमियों के बीच सेतु-सी, दोनों से कुछ भिन्न पर दोनों की सम्पत्ति है और पन्तजी के काव्य की अद्यतन परिणति का सुन्दर उदाहरण प्रस्तुत करती है। 'अतिमा' न आधुनिक है, न पुरातन : उसकी सार्थकता और सीमा इसी में है कि वह दोनों को एक-दूसरे से मिलाती और एक को दूसरे का पूरक बनाने की चेष्टा करती है।

●

बालकृष्ण राव

धूप से धान तक *

श्री गिरिजाकुमार माथुर का यह तीसरा कविता-संग्रह है। पहला 'मंजीर' नाम से 1941 में प्रकाशित हुआ था, दूसरा 'नाश और निर्माण' नाम से 1946 में। 'धूप के धान' का प्रकाशन 1955 में हुआ और, कवि के ही शब्दों में, उसमें "पिछले नौ-दस वर्षों की चुनी हुई रचनाओं का संकलन है।" संकलित कविताओं की संख्या कुल 45 है, जिनमें-से एक कवि के 'पृथ्वी' नामक 'बृहत् काव्य' का अंश है। इस पर रचना-काल निर्दिष्ट नहीं है—न ही तीन अन्य रचनाओं पर, जिनमें-से दो (सम्भवत: रेडियो के लिए लिखित) काव्य-रूपक हैं। नौ-दस वर्षों की अवधि में केवल 44 ऐसी रचनाओं का पूरा हो पाना, जिन्हें कवि ने संकलन में स्थान देने योग्य समझा, कुछ आश्चर्य की बात अवश्य है।

श्री गिरिजाकुमार माथुर प्रयोगशील कवि हैं, इस कारण इस आत्मपरीक्षण पर कुछ अधिक आश्चर्य (और साथ ही आनन्द) होता है क्योंकि प्रयोगशील कवियों की प्रवृत्ति सामान्यत: अपने सभी सफल, अर्ध-सफल और असफल प्रयोगों को प्रकाश में लाने की होती है। पर गिरिजाकुमार प्रयोग के प्रति आस्था और गम्भीरता से अग्रसर होते हैं; उनमें केवल यही मानने का नैतिक साहस नहीं है कि प्रयोग के लिए प्रयोग करना व्यर्थ है, वे यह भी मानते हैं कि "अध्ययन या अनुभव की कमी के कारण यदि छन्दों में भूलें हैं तो उन भूलों को नया प्रयोग या विशेष वर्ग के पाठकों की चीज़ कहकर रैशनेलाइज़ नहीं करना चाहिए। यदि दृष्टिकोण या विचारादर्शों में स्पष्टता नहीं है तो उसे अपना नवीन दर्शन कहने का दु:साहस करना कोई जरूरी नहीं है। अपना विश्लेषण, स्व-आलोचन किया जाये, निर्ममता से यह देखा जाये कि हमारी मानसिक पूँजी क्या है और हमारी विचार-प्रक्रिया का क्या स्वरूप है।" उद्धृत वाक्य श्री गिरिजाकुमार की प्रस्तावना से लिये गये हैं, जिसे वे सीधा-सादा 'निवेदन' न कहकर न जाने क्यों 'निवेदनम्' कहना पसन्द करते हैं।

'मंजीर' में गिरिजाकुमार माथुर मुख्यत: एक कोमल, भावप्रवण गीतकार के रूप में हिन्दी-संसार के सामने आये थे। छायावाद के तीसरे पहर में जो शब्द, जो अर्ध-स्फुट ध्वनियाँ, जो संकेत, जो स्वर, जो लय हिन्दी काव्य के भावक-वर्ग के द्वारा स्वीकृत हो चुके थे, गहराई तक न देखने से लगता कि वही सामग्री गिरिजाकुमार भी उसे देने आये थे। हाथ बहुत सधा हुआ नहीं था, पर यह स्पष्ट था कि यह शिल्पकार दक्षता की ओर बढ़ेगा, इसे कला से वास्तविक प्रेम है, कलाकारिता के प्रति आस्था है। छायावादी शब्दजाल को फाड़कर बाहर निकलने की इच्छा ही नहीं, कहीं-

---

* 'धूप के धान' : गिरिजाकुमार माथुर

कहीं उसकी चेष्टा भी मिलती थी; पर यह भी स्पष्ट था कि युवक शिल्पी यह ठीक-ठीक नहीं जानता कि इस घटाटोप से बाहर वह क्यों निकलना चाहता है, किस ओर जाने के लिए, क्या देखने के लिए। यही कहा जा सकता था कि जिस घटाटोप में उसने अपने-आप को और अपनी कविता को पाया उसमें वह सुखी नहीं रह सकता था, उसे घुटन और परेशानी होने लगी थी। उसका मांसलता का प्रेम, रंगों के प्रति उसकी कवि-दृष्टि का सहज आकर्षण, नये बिम्ब-निर्माण की क्षमता और आकांक्षा, मुक्त-छन्द को अपनाने का आग्रह : यह सब हमें 'मंजीर' में मिले। आनेवाली प्रयोगशील कविता के लिए उपयुक्त भावभूमि पर कवि ने 'मंजीर' में ही पदार्पण कर लिया था।

1943 में 'तार-सप्तक' प्रकाशित हुआ। अन्य छह युवक कवियों के साथ गिरिजाकुमार माथुर भी उसके माध्यम से प्रयोगशील कवि के रूप में हिन्दी संसार से पुन: परिचित कराये गये। पर 'तार-सप्तक' से पहले 'मंजीर' की ही कुछ कविताओं में, उनकी प्रयोगशीलता के आग्रह का परिचय मिल चुका था। औपचारिक रूप से वे 'तार-सप्तक'-द्वारा ही प्रयोगशील घोषित किये गये हों पर अनौपचारिक, सहज रूप से वे 'मंजीर' की उन कविताओं में ही प्रयोग करते मिल चुके थे जिन्हें 'तार-सप्तक' में स्थान नहीं मिला। 'तार-सप्तक' की सारी कविताएँ गिरिजाकुमार के दूसरे संग्रह 'नाश' और निर्माण' में हैं। अत: उनकी काव्य-प्रतिभा के विकास का अध्ययन करने के लिए 'तार-सप्तक' की कोई विशेष उपयोगिता नहीं है। अपनी कविता के विषय में गिरिजाकुमार ने जो छोटी-सी टिप्पणी 'तार-सप्तक' में दे दी है वह केवल शिल्प की दिशा में ही प्रकाश डालती है, पर इतना तो उससे भी स्पष्ट हो जाता है कि इन कविताओं के पीछे केवल प्रयोग के लिए अथवा मात्र विलक्षणता के लिए नये शिल्प और नयी शैली की खोज नहीं है।

'नाश और निर्माण' 1946 में प्रकाशित हुआ। इसमें हमें सुन्दर गीतों के अतिरिक्त स्पष्टत: प्रयोगशीलता-युक्त कविताएँ देखने को मिलीं। अधिकांश कविताएँ अन्तर्मुख भावुक मन की कलापूर्ण और गीतात्मक अभिव्यंजना हैं; मुक्त छन्द के प्रयोग साहसपूर्ण और सबल हैं। चित्रांकन में गिरिजाकुमार की सहज क्षमता के कई उत्कृष्ट उदाहरण हमें 'नाश और निर्माण' में मिलते हैं। परम्परासम्मत उपादानों को छोड़कर कवि ने युग-जीवन की ओर अपने मन की प्रेरणा के अनुरूप सौन्दर्य को अनलंकृत रूप में देखा और पहचाना और अपनी कविता के छवि-पट पर उसे अंकित किया।

चित्रांकन, रंगों का खेल, नये छन्दों, नये प्रयोगों का उत्सुक प्रयास—यह तो हमें 'नाश और निर्माण' में सर्वत्र सहज सुलभ है ही, स्त्री के शरीर के प्रति आकर्षण भी साफ़ झलकता है। प्रयोग जितने भी हैं, प्राय: सभी सफल प्रयोग हैं, यद्यपि उनमें वैविध्य बहुत नहीं है।

'नाश और निर्माण' गिरिजाकुमार को हिन्दी के श्रेष्ठ अधुनातन शिल्पियों की श्रेणी में बिठाने के लिए काफ़ी था। जिस संग्रह में कई सर्वांगसुन्दर गीतों के अतिरिक्त 'टाइफ़ॉएड', 'रेडियम की छाया', 'मशीन का पुर्जा' आदि सजीव और सशक्त कविताएँ हों, उसके बल पर यदि उनके प्रणेता के आगामी संग्रह से बहुत अधिक आशा की गयी तो अचरज क्या है?

पर 'धूप के धान' को हम 'नाश और निर्माण' के रचयिता की ही कृति तो कह सकते हैं, वह यह कहने के बाद मानना पड़ता है कि हमें 1946 में प्रकाशित उस संग्रह के बाद सच्चे और बहुमुखी विकास के पर्याप्त लक्षण नहीं मिल सके।

इसका यह अर्थ कदापि नहीं है कि 'धूप के धान' में कवि ने अपने पिछले संग्रह की तुलना में किसी दिशा में भी आगे क़दम नहीं बढ़ाया। बढ़ाया अवश्य है। उसका शिल्प अधिक प्रौढ़ है, हाथ अधिक सधा हुआ है। उसने पहले से अधिक दुनिया देख ली है और परिणामस्वरूप पहले से अधिक व्यापक क्षेत्र में उसकी काव्य-प्रेरणा दौड़ने, घूमने, खेलने का अभ्यास करने लगी है। यह सब विकास के ही लक्ष्य और प्रमाण हैं। पर जहाँ हमें विकास नहीं मिलता वह इन सबसे अधिक महत्त्वपूर्ण आयाम है—कथ्य के काव्यत्व का, जीवन-दर्शन का, अपने विशिष्ट 'सन्देश' का।

'धूप के धान' की कविताओं को यदि हम उनकी रचना के काल-क्रम के अनुसार देखें तो उचित होगा—कवि के व्यक्तित्व और शिल्प के विकास का ठीक-ठीक पता चल सकेगा। सबसे पुरानी 1945 की दो रचनाएँ हैं—एक का शीर्षक है 'भोर : एक लैण्ड्स्केप', दूसरी का मात्र 'लैण्ड्स्केप'। दोनों ही शिल्प-प्रधान रचनाएँ हैं; दोनों का कथ्य नहीं के बराबर हलका है, दोनों का शिल्प उत्कृष्ट है। 'लैण्ड्स्केप' शीर्षक रचना की ये पंक्तियाँ निश्चय ही बड़ा सुन्दर, पूर्ण और सजीव चित्र अंकित करती हैं—

सूनी सूनी उन चरगाहों के पार कहीं
धुँधली छाया बन चली गयी है
पाँत दूर के पेड़ों की
उन तालवृक्ष के झौंरों के आगे दिखती
नीली पहाड़ियों की झाँई
जो लटें पसारे हुए जंगलों से मिलकर
है एक हुई।

तीसरी और छठी पंक्ति में दीर्घ स्वरों का प्रशंसनीय दक्षता से प्रयोग किया गया है। पंक्तियाँ इतनी सुन्दर और सजीव हैं कि हम 'चरागाहों' के बजाय 'चरगाहों' और 'दीखती' के बजाय 'दिखती' के प्रयोग पर आपत्ति नहीं करते। यहाँ तक कि इस भाषा के साथ अचानक 'साँवर' के बेमेल प्रयोग से भी, सम्भव है, हम न चौंकें।

1946 की तीन कविताएँ हैं— 'युगारम्भ', 'एशिया का जागरण' और 'पहिये'। इनमें-से पहली दोनों कविताएँ द्वितीय महासमर की समाप्ति के सन्निकट लिखी गयीं और प्रजातन्त्रवादी राष्ट्रों की विजय और तानाशाही की पराजय से प्रेरित जान पड़ती हैं। नीचे की इन पंक्तियों का इशारा महासमर में हिटलरशाही की पराजय की ओर ही जान पड़ता है—

पशुबल के दीपों की
रेख पड़ी झाँवरी
मिटी भयद कारा-सी
कालरात्रि साँवरी।

इसी वर्ष की तीसरी कविता 'पहिये', उत्कृष्ट रचना है, यद्यपि कुछ अधिक लम्बी हो जाने के कारण उसका उत्तरार्ध, पूर्वार्ध की तुलना में कुछ फीका हो गया है। चक्र की अनवरत गति के रूप में

मानव-इतिहास का यह चित्रमय अंकन निरुद्वेग होते हुए भी प्रभावशाली और सुन्दर है। कुछ पंक्तियाँ तो गिरिजाकुमार के शब्द-शिल्प के अब तक के सर्वोत्तम उदाहरण उपस्थित करती हैं—

नीचे धरती का चक्र चला करता अविरल
जिसके रंगीन दायरे में आती ऋतुएँ
फल, फूल, फ़सल की बाँध करधनी चमकीली—

(यहाँ 'अविरत' के बजाय 'अविरल' सम्भवत: मुद्राराक्षस की अनुकम्पा हो!) आगे दो अत्यन्त सुन्दर पंक्तियाँ आती हैं—

मिट्टी को विकसित कर लाये
आने वाले सामाजिक समता फूलों में।

मानवता के प्रति सबल आस्था की इतनी सुन्दर काव्याभिव्यक्ति कम ही मिलती है।

इसके बाद सन् 1947 की लिखी रचना 'प्रौढ़ रोमान्स' आती है। चित्रण सच्चा और सजीव है, भावना का अभाव भी नहीं है; पर यह कृति कविता तो किसी अर्थ में नहीं बन पाती। इसकी केवल लय ही गद्य की नहीं है, इसमें उस अवर्णनीय, अलौकिक स्वर का, उस विशिष्ट स्पर्श का नितान्त अभाव है जिसके द्वारा साहित्यिक रचना कविता के स्तर तक उठ जाती है। 'शाम की धूप' में पहनने के कपड़ों की सूची वर्णन को सजीव, पार्थिव और ठोस बनाने के लिए ही चिपका दी गयी है, पर यह उतनी ही खटकती है जितनी किसी तैल-चित्र के एक भाग को यथार्थ के निकट पहुँचाने के उद्देश्य से उस पर चिपकायी हुई फ़ोटोग्राफ। 'दो चित्र' शिल्प की दृष्टि से सफल कृति है, पर निष्प्राण रह जाती है, क्योंकि वास्तव में यह एक बुद्धिजन्य सूझ को कविता का जामा पहनाने का प्रयास है। 'महाकवि' शीर्षक रचना कवि निराला के प्रति गिरिजाकुमार माथुर का पद्यबद्ध मानपत्र है : परम्परागत ग्रान्थिक काव्य-भाषा में बड़े ठाट-बाट का मानपत्र है; पर मानपत्र ही है, कविता नहीं। हाँ, 'प्राचीर' का स्त्रीलिंग बनाया जाना—सो भी औपचारिक मानपत्र में—खटकता अवश्य है।

इस वर्ष की अन्य दो कविताएँ '15 अगस्त' और (अगस्त में ही लिखी) 'सावन के बादल'; 30 जनवरी 1948 की, महात्माजी के निधन पर लिखी हुई 'सायंकाल' शीर्षक रचना और मार्च 1948 की काश्मीर की लड़ाई से सम्बन्धित 'बर्फ़ का चिराग़' नाम की कविताएँ साधारण हैं। 'सायंकाल' की उद्वेगशून्यता पर आश्चर्य होता है, पर उससे भी अधिक इस बात पर कि महात्मा जी के निधन पर लिखी कविता में भी शिल्प के प्रयोग का लोभ दबाया नहीं जा सका। मई 1948 की 'आग और फूल' शीर्षक कविता सजीव और सबल है और मानवता के भविष्य के प्रति दृढ़ आस्था के स्वर में हमें जीवन्त प्रेरणा देती है—

वह भूमि किन्तु न मिट सकी
आगत फ़सल की राह में
वह फूल मुरझाया नहीं
ऋतु रंग लाने के अमर विश्वास में
वह आग की पीली शिखा

उठती रही जलती रही
आलोक कन तम से बचा
वह अग्नि-बीजों को सतत बोती रही
फिर से नया सूरज उगाने के लिए।

सन् 1949 की दोनों कविताएँ, 'रात हेमन्त की' और 'धूप का ऊन' कवि के शब्दचित्र-निर्माण के सुन्दर उदाहरण प्रस्तुत करती हैं—साथ ही इनमें इसका भी प्रमाण मिलता है कि हम कवि के जिस मांसलता के और इन्द्रिय-भोग सुख के मोह से परिचित हो चुके हैं वह अब भी वैसा ही बना हुआ है। वर्णन का मांसल सौन्दर्य द्रष्टव्य है—

उतरती आती छतों से
सर्दियों की धूप
उजले ऊन की मृदु शाल पहिने
वह मुँडेरों पर ठहर कर
झाँकती है झँझरियों से ···

'मुहूर्त्त ज्वलितं श्रेयो:' (इसमें 'श्रेय:' को 'श्रेयो:' करना भी शायद मुद्राराक्षसों की कृपा हो) सन् 1950 की चार कविताओं में से सम्भवत: अकेली है जो भारत की भूमि पर लिखी गयी थी, क्योंकि अन्य तीन अमेरिका की रचनाएँ हैं। 'मुहूर्त्त ज्वलितं' कविता है और अच्छी है। पर अन्य तीन (अमेरिका में लिखी) कविताएँ गिरिजाकुमार माथुर के 'निवेदनम्' के उद्धृत अंश के प्रकाश में कविता नहीं लगतीं, और चाहे जो कुछ हों। इन्हें पढ़कर यही लगता है कि कोई बेचारा भारतवासी अकेला एक विचित्र देश में पहुँचकर बौखलाया हुआ आँखें फाड़-फाड़कर अजीब-अजीब चीज़ें देख रहा है और उसको समझ में नहीं आ रहा है कि वह सब क्या है, क्यों है। सन् 1950 में एक सुशिक्षित भारतीय अमेरिका पहुँचकर इतना हक्का-बक्का रह जाये, यह अजीब-सी बात है। इस मनोदशा में पड़कर वह उस देश में क्या पायेगा? वही जो गिरिजाकुमार माथुर ने पाया, जिसकी लिस्टें इन कविताओं में हमें मिलती हैं। 'फ़ॉल' अमेरिका में पतझड़ को कहते हैं। इंग्लैण्ड, जहाँ की भाषा से हम अधिक परिचित हैं, 'फ़ॉल' के बजाय 'ऑटम' कहता है, और अँगरेज़ी साहित्य का भारतीय विद्यार्थी कीट्स के 'ओड टु ऑटम' की वजह से बिना इंग्लैण्ड गये हुए ही 'ऑटम' से परिचित हो जाता है। पर गिरिजाकुमार न्यूयॉर्क में 'फ़ॉल' लिखते हैं—न पतझड़, न ऑटम (यद्यपि कविता में 'ऑटम' शब्द आये बिना नहीं रहता)।

अमेरिका की रोशनी की चकाचौंध से कवि जब अपनी आँखें फेरता है, तो हमें 'दिवालोक का यात्री' (1951) में उसके उदास, बोझ से दबे हुए मन की पीड़ित पुकार सुन पड़ती है। यहाँ फिर हमें कविता के दर्शन होते हैं, कवि का सच्चा स्वर फिर सुनने को मिलता है। अगले वर्ष (1952) को एक और कविता 'नये साल की साँझ', यदि बहुत सहज, स्वाभाविक ढंग से नहीं तो सुन्दर ढंग से, कवित्व की सज्जा में, कवि की तत्कालीन मन:स्थिति से हमारा परिचय कराती है। उदाहरण के रूप में एक पंक्ति देखिए —

एक और वर्ष की किरन उजल के डूब गयी।

'उजल के' साहसपूर्ण प्रयोग है; पर सफल, सार्थक प्रयोग है।

सन् 1951 की एक कविता तो यह है, दो अमेरिका से सम्बन्धित और शायद वहीं की रचनाएँ हैं—अमेरिका में लिखी अन्य रचनाओं की तरह सतही। चौथी 'याज्ञवल्क्य और गार्गी' शीर्षक एक छोटा-सा 'मोनो-लॉग' है जिसके शिल्प के विषय में कवि ने 'निवेदनम्' में थोड़ा-बहुत बता दिया है और उससे अधिक कुछ कहने की प्रेरणा कविता से नहीं मिल पाती।

'नये साल की साँझ' के अतिरिक्त आठ और कविताएँ हैं जिनकी रचना 1952 में हुई थी। 'मिट्टी के सितारे' की यह रूबाइयाँ साधारण हैं; 'नयी भारती', जिससे संग्रह आरम्भ होता है, परम्परा-सम्मत मंगलाचरण की जगह अच्छी तरह खप जाती है, तीन छोटी और साधारण रचनाएँ; 'तैंतीसवीं वर्षगाँठ' जो बहुत अच्छी हो जाती यदि वैशिष्ट्य के लोभ के बिना साधारणीकरण किया जा सकता; 'चन्दरिमा' शीर्षक एक कृत्रिम भावचित्र—और अन्त में 'ढाकवनी'। 'ढाकवनी' में कवि अपने चिर-परिचित प्रिय कार्य, चित्रांकन, में सिद्धहस्त पटुता से लग जाता है। चित्र सजीव, स्पष्ट और संवेदनामय है; कविता गिरिजाकुमार की उत्कृष्ट कृतियों में गिनी जायेगी।

सन् 1953 की पाँच कविताओं में दो प्रसिद्ध हो चुकी हैं, 'छाया मत छूना, मन; होगा दुख दूना' और 'देह की आवाज़' और, यद्यपि मेरी राय में दोनों ही केवल साधारण स्तर की सफल कृतियाँ हैं, वही दोनों इस वर्ष की कविताओं में सबसे अच्छी हैं। 1954 की दो कविताओं में एक गान्धीदिवस पर लिखी गयी, साधारण है, पर दूसरी 'नींव रखनेवालों का गीत' अत्यन्त सबल आस्था के स्वर में उज्ज्वलतर भविष्य के निर्माण के संकल्प को गरिमामयी वाणी देती है।

अवशिष्ट चार कविताओं में एक, जैसा कि मैं ऊपर कह चुका हूँ, कवि के एक 'बृहत् काव्य' का अंशमात्र है। उसके विषय में कुछ कहना समीचीन नहीं जान पड़ता। दो काव्य-रूपक हैं जो संग्रह की पृष्ठ-संख्या ही बढ़ाते हैं, उसका गौरव नहीं। 'तीन ऋतुचित्र' हैं जिनमें-से दूसरा सुन्दर है।

गिरिजाकुमार माथुर की कविता में 'नाश और निर्माण' के बाद ऐसा विकास 'धूप के धान' में नहीं मिलता जिसकी हमें आशा थी। शिल्प के क्षेत्र में निःसंशय वे आगे बढ़े हैं। यह कहना कदापि अतिशयोक्ति न होगी कि इस समय के कवियों में वे शब्दचित्र के अंकन में यदि किसी से पीछे हैं, तो केवल पन्तजी से। प्रयोगशील कवि के लिए वांछनीय पर अलभ्य आत्मपरीक्षण की प्रवृत्ति उनमें थी और अब भी है। दृश्य एवं स्पृश्य अनुभूतियों को वे सहज ही सजीव अभिव्यक्ति दे पाते हैं। यह तो हुई शिल्प की बात। कथ्य के क्षेत्र में, भविष्य के प्रति सशक्त आस्था गिरिजाकुमार की कविता में हमें मिलती है। पर कोई अपना मौलिक जीवन-दर्शन हमें गिरिजाकुमार ने अभी नहीं दिया।

भविष्य के प्रति आस्था का स्वर हमें मिलता है। विगत के प्रति श्रद्धा का स्वर भी हमारे कानों में पड़ा। पर वर्तमान? दूर की चीज़ को देखने में जहाँ गिरिजाकुमार की दृष्टि अचूक और प्रखर है वहाँ निकट-वस्तु के प्रति वह इतनी अक्षम क्यों हो जाती है? हमें 'नाश और निर्माण' का 'मशीन का पुर्ज़ा' फिर देखने को नहीं मिला। गिरिजाकुमार हृदय से रोमानी, भावुक, आदर्शवादी हैं। सिद्धान्त के स्तर पर मानववादी हैं। पर नज़दीक से अपरिचित नर-नारियों का आना-जाना देखकर कहते हैं—

तरह-तरह के नर औ' नारी
चलते चले चले जाते हैं।
लेकिन इस गति का है कोई लक्ष्य नहीं,
उद्देश्य नहीं है, अन्त नहीं। ('नाश और निर्माण')

प्रस्तुत संग्रह में भी हमें कहीं नज़दीक से सामान्य मनुजता को स्नेह और ममत्व-भरी दृष्टि से देखनेवाले कवि के दर्शन नहीं होते। नज़दीक से आदर्शों को देखकर उनकी वास्तविकता का परिचय पाने का साहसपूर्ण आग्रह हमें नहीं मिलता। यदि मिलता भी है तो कोमल को स्पर्श करने और सुन्दर को देखने की कामना से—आत्मा से परिचित होने की प्रेरणा से नहीं। 'नंगी सड़कें', 'नंगी छत', 'नंगी बाँहें' कई बार इन कविताओं में हमें मिलती हैं—'नंगी' शब्द के उच्चारण, लेखनमात्र से जिस मांसल नग्नता का चित्र आँखों के सामने आ जाता है वह किसी पर्यायवाची शब्द के प्रयोग से शायद न आ सकता। इस शब्द की ध्वनि कवि के लिए आशय से अधिक अर्थपूर्ण जान पड़ती है।

ग्रामीण शब्दों का प्रयोग कई जगह खटकता है, ठीक वैसे ही जैसे सजे-सजाये ड्रॉइंग-रूम के सुन्दर, क़ीमती सोफ़े पर पालथी मारकर बैठा हुआ मिट्टी-लगे पाँव और गोबर-सने हाथोंवाला देहाती। यदि देहाती से सचमुच उसे अपनाना चाहते हो तो उसकी झोंपड़ी में जाओ, उसके साथ रहो—या उसे अपने पास बुलाकर अपने ही साथ रखो। एक मिनिट के लिए सोफ़े पर बिठाकर उसको फिर दूर कर देने का क्या प्रयोजन? अचानक शिक्षितों की भाषा के बीच, सम्पूर्ण कविता में एक या दो बार चन्दरिमा, साँवर, साप, चाँदिनि, पियास, पियार, छुवन को क्यों डाल दिया गया? ये ग़रीब इस सजे-सजाये ड्रॉइंग-रूम में बुद्धुओं की तरह बैठकर, पढ़े-लिखों की बातें सुनते रहकर क्या पायेंगे?

पर 'धूप के धान' में, उसकी सारी कमियों के बावजूद, हमें जो कुछ मिलता है वह इसके लिए काफ़ी से ज्यादा है कि हम आनेवाली फ़सल की उत्सुकता से राह देखें। न केवल कवि का शिल्प पूर्णतया सबल और सक्षम हो गया है, उसने हमें 'पहिये,' 'आग और फूल' और 'ढाकवनी'-जैसी कविताएँ भी दी हैं, जो नयी हिन्दी-कविता की श्रेष्ठ उपलब्धियों में गिनी जायेंगी।

●

जगदीश गुप्त

'चक्रव्यूह' का कवि *

कुँवरनारायण की कविताओं का संकलन 'चक्रव्यूह' नयी कविता का एक प्रतिनिधि संकलन कहा जा सकता है। यद्यपि इसके बाद अन्यान्य नये कवियों के अनेक काव्य-संग्रह प्रकाशित हो चुके हैं तथापि 'चक्रव्यूह' की स्वतन्त्र स्थिति अब भी अक्षुण्ण है—अपनी कुछ मौलिक विशेषताओं के कारण। इन्हीं विशेषताओं से आकृष्ट होकर 'नयी कविता'—अंक 3 में विशेष कवि के रूप में कुँवरनारायण का 'परिचय' दिया गया। उस समय तक 'चक्रव्यूह' का प्रकाशन नहीं हुआ था, केवल कुछ स्फुट कविताएँ ही सामने आयी थीं। उन्हीं से कवि के आधुनिक जीवन की विषमताओं के प्रति जागरूक एवं अनुभूतिशील व्यक्तित्व, परिष्कृत सौन्दर्य-बोध तथा निहित शिल्प-कौशल की यथेष्ट प्रतीति हमें हुई और हम कवि का 'परिचय' देने के लिए प्रेरित हुए।

'चक्रव्यूह' में कुँवरनारायण की लगभग सत्तर कविताएँ संकलित हैं। कवि के व्यक्तित्व को परखने के लिए उनमें काफ़ी उपकरण हैं पर मैं उन सबको दृष्टि में रखते हुए भी एक भिन्न मार्ग अपनाता हूँ—'एक आश्वासन' शीर्षक कविता की निम्नलिखित चार पंक्तियाँ सामने रखकर—

कोख से उगलने दो
लहरों की गुत्थियाँ,
निरुद्देश्य भँवरों में
नचने
—दो यहाँ वहाँ
फँसने

साधारणतया कोई भी कवि अपनी प्रकाशित रचना में, कविता की रचना-प्रक्रिया के बीच झलक जानेवाले शब्दों-प्रतिशब्दों एवं पर्यायों की सूची नहीं देता। ऐसी चीजें 'मैनुस्क्रिप्ट' से ही जानी जा सकती हैं। प्रकाशन से पूर्व कवि को कविताओं की पंक्ति-पंक्ति और शब्द-शब्द के विषय में अन्तिम निर्णय ले ही लेना होता है अन्यथा वह कवि की अनिश्चयता एवं असमर्थता का परिचायक माना जा सकता है। उद्धृत पंक्तियों में से चौथी में सही-बटे की तरह 'नचने' और 'फँसने' इन दोनों प्रतिशब्दों (मैं इन्हें प्रतिशब्द ही कहूँगा क्योंकि जिस स्थान पर यह प्रयुक्त हुए हैं वहाँ एक-दूसरे के पोषक न होकर प्रतिद्वन्द्वी ही प्रतीत होते हैं) को छाप दिया गया है। मैं इसे नये कवि

---

* 'चक्रव्यूह' : कुँवरनारायण

की अभिव्यंजना का कोई नया प्रयोग मानने को तैयार नहीं हूँ। कवि-शिल्प की दृष्टि से अन्तत: यह अनिश्चय का ही द्योतक है, पर कवि ने बलात् किसी निर्णय को ले लेने की अपेक्षा अनिर्णीत स्थिति में ही पंक्ति को सामने रखना उचित समझा, यह उसके कवि-व्यक्तित्व की ईमानदारी का परिचायक है। ऐसी ईमानदारी पाठक के लिए शायद ही उपयोगी हो, पर समीक्षक के लिए वह निश्चय ही अनुपेक्षणीय है। संकेत कर चुका हूँ कि 'निरुद्देश्य भँवरों में नचने दो' तथा 'निरुद्देश्य भँवरों में फँसने दो' एक साथ यह दोनों ही अर्थ मेरे विचार से कवि को अभिप्रेत नहीं हो सकते क्योंकि भँवर में पड़ी हुई वस्तु के प्रति 'नचने दो' की धारणा वही व्यक्ति बना सकता है जो उसके प्रति चिन्ताहीन, असम्पृक्त अथवा क्रूर हो। कविता के पूर्ववर्ती अंश से ज्ञात होता है कि फँसनेवाली वस्तु 'जीवन' के अतिरिक्त और कुछ नहीं है और संकलन की सारी कविताएँ पढ़कर ऐसा नहीं लगता कि जीवन के प्रति कवि का उदासीनता अथवा क्रूरता का भाव है। लगता ऐसा ही है कि जैसे गहरे में पैठकर उसने जीवन के कण-कण और क्षण-क्षण को जीने का यत्न किया है और तमाम उलझनों और विषमताओं के बावजूद वह उसे प्यार भी करता है। जीवन काव्य-रूपक में ही सही भँवर में पड़े तो उसे उसके 'फँसने' की ही अनुभूति होगी 'नचने' की नहीं। अपने निविड़ जीवन-सम्पर्क के कारण वह चिन्तित ही होगा ऐसी स्थिति में। कविता के पूर्वांश में जब वह यह कहता है कि 'अस्फुट आलोकन का पूर्ण अर्थ उभरेगा' तो उसकी वाणी जीवन के प्रति कवि के मन में निहित आस्था को ही व्यक्त करती है। आगे की यह पंक्तियाँ भी इसी तथ्य पर बल देती हैं—

सब्र अभी··· और सब्र···
जीवन को बहने दो,
किसी एक निर्णय तक
लहरों को बनने दो

कहा जा सकता है कि जिस शब्द को ऊपर रखा गया है, कवि ने उसी को महत्ता देनी चाही है, नीचे लिखे शब्द को नहीं। पर प्रश्न उठेगा महत्त्वपूर्ण कौन? वह जिसकी उपेक्षा की जा सके या वह जिसकी उपेक्षा न की जा सके। नीचे का शब्द उपेक्षित किया जा सकता तो इस रूप में कविता के छपने की स्थिति ही न आती।

इस विवेचन से एक ही बात सामने आती है और वह यह कि 'चक्रव्यूह' का कवि जीवन की घनीभूत भावनात्मक जटिलता के बीच उसकी विषमताओं का स्वयं अनुभव करते हुए एक सुस्थिर गम्भीर जीवन-दृष्टि पाने के लिए ईमानदारी के साथ यत्नशील है। किसी भी नये कवि के व्यक्तित्व की यह मौलिक मनोवैज्ञानिक आवश्यकता है। 'चक्रव्यूह' को नयी कविता का एक प्रतिनिधि संकलन कहना इसीलिए उपयुक्त है।

कवि की इस विशेषता को किंचित् भिन्न सन्दर्भ में उसके प्रथम आलोचक श्री बालकृष्ण राव ने भी स्वीकार किया है—

"श्री कुँवरनारायण की कविता उस अधुनातन भारतीय व्यक्तित्व की प्रतिच्छवि है जो मूलत: भारतीय होते हुए भी अध्ययन, चिन्तन और सम्भवत: उससे अधिक स्थूल सम्पर्कों के प्रभाव से बहुत कुछ देशेतर गुणों, रुचियों और प्रवृत्तियों से भी समन्वित हो गया है। सहसा ऐसा लग सकता

है कि श्री कुँवरनारायण पर न केवल अँगरेज़ी कविता का गहरा प्रभाव पड़ा, बल्कि उनकी काव्य-प्रेरणा ही सीधे अँगरेज़ी साहित्य से आयी है। पर जहाँ तक मैं समझ पाया हूँ, यह प्रभाव केवल प्रभाव ही है, उनके काव्य की मूल प्रेरणा भारतीय ही है।''

यहाँ तक श्री राव की पकड़ सही है; पर किसी भारतीय कवि के लिए यह कहा जाना कि उसकी कविता विदेशी नहीं भारतीय ही है, किसी अतिरिक्त गौरव की सूचना नहीं देता। ऐसा तो स्वाभाविक रूप से होना ही चाहिए। वस्तुत: इस तरह के स्पष्टीकरण बलपूर्वक इसलिए किये जाते हैं कि नयी कविता को अभारतीय, एतदर्थ अछूत, सिद्ध करनेवालों का मतिभ्रम दूर हो सके। सामान्य रूप से, कुछ दुराग्रही व्यक्तियों को छोड़कर, नयी कविता की अन्त:प्रेरणा की सच्चाई एवं वास्तविकता पर लोगों को सन्देह अब नहीं रह गया है। उसकी बोनाफ़ाइड्ज़ पर सन्देह करने के स्थान पर अब उसके स्वरूप को व्यापक रूप से समझने की यथार्थ जिज्ञासा उत्पन्न होने लगी है। कुछ क्षेत्रों में तो सूक्ष्म विश्लेषण भी किया जाने लगा है।

राव साहब ने जहाँ कुँवरनारायण की कविता में मुख्य रूप से 'पलायन की तत्परता' लक्षित की है वहीं मुझे लगता है कि उनका दृष्टिकोण कुछ असन्तुलित हो गया है। एक तो 'विश्रान्ति की अरौंदी छाया' का प्रयोग अपने शान्तिदायक गुण के लक्षण से 'धूप' के लिए ही हुआ है अत: उसमें लाक्षणिकता न देखकर 'विश्रान्ति के साथ छाया का परम्परागत सम्बन्ध' देखना कविता के सन्दर्भ से अकारण बाहर जाना है, दूसरे 'सभ्यता की परिष्कृति से दूर' 'शान्ति के दो नये साझीदार' बनने की इच्छा पलायन की भावना को कम, सभ्यता की 'ऐरिस्टॅक्रैटिक' परिष्कृति के खोखलेपन को अधिक व्यंजित करती है। 'परिचय' के साथ नयी कविता में ही प्रकाशित रचनाएँ तथा समष्टि रूप में 'चक्रव्यूह' की कविताएँ 'पलायन की तत्परता' के विरुद्ध कवि में, जीवन के आमने-सामने आकर तथा उसके यथार्थ भौतिक रूप को अनुभूति के क्षेत्र में उतारकर, एक दृढ़ता उपलब्ध करने की वृत्ति का संकेत करती हैं। 'पैतृक युद्ध' शीर्षक कविता, जो नयी कविता के उसी अंक में छपी है और 'चक्रव्यूह' के कवि के आत्मसंघर्ष का सबसे सही परिचय देती है, इस प्रसंग में विशेष रूप से द्रष्टव्य है—

> कौन कल तक बन सकेगा कवच मेरा?
> युद्ध मेरा मुझे लड़ना
> इस महाजीवन सफ़र में अन्त तक कटिबद्ध:
> सिर्फ़ मेरे ही लिए यह व्यूह घेरा,
> मुझे हर आघात सहना,
> गर्भ निश्चल मैं नया अभिमन्यु, पैतृक युद्ध।

(नयी कविता, अंक 3, पृ० 42; चक्रव्यूह, पृ० 103)

पलायन जिसकी मूल प्रवृत्ति रही हो वह कवि कैसा भी क्यों न हो इस प्रकार के दृढ़ संकल्प से युक्त पंक्तियाँ लिखने में समर्थ नहीं हो सकता। यह कविता एक मननशील आलोचक से कवि की प्रारम्भिक रचनाओं को किंचित् भिन्न दृष्टिकोण से देखने की माँग करती है। इसमें जो सशक्त स्वर व्यक्त हुआ है वह नयी कविता के अनेक कवियों का अपना स्वर है। ऐसा क्यों है कि वर्तमान

संघर्षलीन युद्ध-जर्जर युग को महाभारत की पृष्ठभूमि देकर आज का कवि अपने को अभिमन्यु के सबसे निकट पाता है? इधर अनेक कवियों ने अपना तादात्म्य अभिमन्यु से स्थापित किया है। मैं समझता हूँ कि इसका सर्वप्रमुख कारण गठन सामाजिक विषमताओं के बीच नये कवि के मानसिक संघर्ष का वैयक्तिक रूप है। उद्धृत कविता में यह विशेष गहराई के साथ उभरकर व्यक्त हुआ है। कदाचित् इसीलिए कवि ने इस कविता को संग्रह के अन्तिम खण्ड की मुख-कविता के रूप में रखा और इसी स्वर को प्रमुख रूप से प्रस्तुत करने के उद्देश्य से संकलन का नाम भी 'चक्रव्यूह' रखना उपयुक्त समझा। तृतीय खण्ड की अन्तिम कविता 'जन्मसिद्ध अधिकार'' अकेला ही लड़ेगा' पंक्ति के द्वारा 'युद्ध मेरा मुझे लड़ना' की भूमिका प्रस्तुत करती है और चतुर्थ खण्ड तथा समस्त संकलन की समापन कविता 'चक्रव्यूह' एक प्रकार से इसी मूल स्वर की व्याख्या-सी है—

> मैं नवागत वह अजित अभिमन्यु हूँ
> प्रारब्ध जिसका गर्भ ही से हो चुका निश्चित अपरिचित
> अपरिचित ज़िन्दगी के व्यूह में फेंका हुआ उन्माद,
> बाँधी पंक्तियों को तोड़,
> क्रमशः लक्ष्य तक बढ़ता हुआ जयनाद :
> ....
> मेरे हाथ में टूटा हुआ पहिया,
> ....
> यह महा संग्राम—
> युग-युग से चला आता महाभारत
> हज़ारों युद्ध, उपदेशों, उपाख्यानों, कथाओं में
> छिपा वह पृष्ठ मेरा है।

इस कविता का रचना-काल नहीं दिया गया है अतएव निश्चयपूर्वक कुछ कहना कठिन है पर वैसे 'मेरे हाथ में टूटा हुआ पहिया' से 1954 में 'कविता' में प्रकाशित भारती की 'टूटा पहिया' शीर्षक कविता का हठात् स्मरण आ जाता है। जहाँ तक काव्यात्मक प्रौढ़ता का प्रश्न है 'पैतृक युद्ध' या 'विरासत' नामक कविता कुँवरनारायण की इस भाव-भूमि की सभी कविताओं से उत्कृष्टतर प्रतीत होती है। संकलन की पूर्ण निर्दिष्ट अन्तिम कविता भी विशिष्ट कही जा सकती है पर पौराणिक-रूपक को दूर तक निबाहने के प्रयत्न ने उसे कुछ शिथिल कर दिया है। आज बहुत-से कवि पौराणिक कथाओं को नया अभिप्राय, नया अर्थ देने का उपक्रम करते दिखाई दे रहे हैं। पर दूर तक रूपक निबाहने का आग्रह कविता की मूल संवेदना से पाठक के ध्यान को प्रायः पृथक् कर देता है। किसी प्राचीन कथांश को नये सन्दर्भ का सशक्त वाहक बनाकर उसे सफलतापूर्वक निबाह ले जाने के लिए जिस सामर्थ्य की अपेक्षा होती है वह कम कवियों में उपलब्ध होती है। कुँवरनारायण ने इस कार्य में यथेष्ट सफलता पायी है इसमें सन्देह नहीं।

'पलायनवाद' की तरह ही एक अन्य आरोप है 'क्षणवाद' का जो कतिपय नये कवियों पर लगाया जाता है। कुँवरनारायण भी उनमें आते हैं। (द्रष्टव्य—'कर्मवीर' के 1958 के दीपावली विशेषांक में डॉ० रमरतन भटनागर का 'क्षणवाद' शीर्षक लेख) क्षणवाद यानी कि डी० एच०

लॉरेन्स, वॉल्ट ह्विटमैन, फ्राइड और सार्त्र आदि का सामूहिक उत्तराधिकार, एक निहायत 'अपूर्ण एकांगी काव्य-दर्शन'। और भी—

क्षणवादी अनुभवों में
जीवन के स्वास्थ्य के स्थान पर,
रुग्णता और विषण्ण आकुलता की छाया है।···
इस नये दर्शन में अस्तित्व का तारल्य,
क्षण-स्थायित्व
और निर्विशेषत्व ही चरम सत्य है—
आदि आदि।

प्रमाण के रूप में 'निकष' के तीसरे-चौथे संयुक्तांक की सम्पादकीय टिप्पणी और उदाहरण रूप में प्रकाशित कुँवरनारायण, मुद्राराक्षस और वसन्तदेव की रचनाएँ। बस खड़ा हो गया नये कवियों के 'क्षणवाद' का पूरा ढाँचा लेखक की दृष्टि में। किन्तु जो वास्तविक आधार है नयी कविता में 'क्षण' के महत्त्व का वह दृष्टि से ओझल ही रहा। नया कवि क्षण की अनुभूति पर बल इसलिए देता है कि वह अपने को समसामयिक जीवन के प्रति प्रतिक्षण उत्तरदायी समझता है। उससे विरत होकर शाश्वत की गोद में विश्राम करने की कल्पना करना उसके स्वभाव के प्रतिकूल है। जीवन-क्रम की स्वाभाविक अखण्डता उसे क्षण की अनुभूति में भी उन तत्त्वों की यथेष्ट उपलब्धि करा देती है जो वास्तव में नित्य हैं।

'चक्रव्यूह' की अनेक कविताएँ क्षण की अनुभूति से आपूरित एवं अनुप्राणित हैं किन्तु फिर भी तत्त्वत: वे उपर्युक्त आरोप (क्षणवाद) का प्रतिवाद करती हैं। निर्विशेषत्व के स्थान पर विशेषत्व, तारल्य के स्थान पर विचार की सुस्थिरता और रुग्णता की जगह मानसिक निरुजता उनमें लक्षित होती है। निम्नलिखित पंक्तियाँ साक्षी हैं—

1. कितना गहन
हर एक क्षण,
कितना कसा
जीवन बसा,

—(पृ० 18, मैं था, न था)

2. क्या बुरा है यदि किसी क्षण से अचानक
प्रस्फुटित हो कर प्रगल्भ बहार-सा
मूर्छित बनों में
पुन: अपने बीज के भवितव्य ही तक
लौट आऊँ···
और अगला क़दम हो मेरा उठाया क्रम
कहीं भी
या कहीं भी नहीं।

—(पृ० 125, अटूट क्रम)

3. क्या यही हूँ मैं।
अँधेरे के किसी संकेत को पहचानता सा?
चेतना के पूर्व सम्बन्धित किसी उद्देश्य को
भावी किसी सम्भावना से बाँधता सा?
... ...
उजागर इस क्षितिज से उस क्षितिज तक
जागता सा?
एक क्षण की सिद्धि,
प्रामाणिक, परिष्कृत चेतना से
युग-युगों को माँजता सा?

—(पृ० 126, स्वयं की अभिव्यक्तियाँ)

आलोचकों के आरोप और नयी कविता की अपनी वास्तविकता के बीच इतना अन्तर आख़िर क्यों रहता है; इसका भी जवाब चाहिए। मेरी दृष्टि में इसका प्रमुख कारण आधुनिक विदेशी साहित्य की हर प्रवृत्ति को हिन्दी की नयी कविता में दिखा देने का आग्रह है। इसी पूर्वाग्रह के कारण नये कवियों की अपनी उपलब्धि भी कम पहचानने में आती है अथवा सामने आने पर उसका यथोचित मूल्य नहीं आँका जाता। नये कवियों ने यदि विदेशी साहित्य से प्रभाव ग्रहण किया है तो इसका अर्थ यह नहीं है कि उनकी निजी प्रेरणा कुण्ठित हो गयी है या उनका अपना व्यक्तित्व तिरोहित हो गया है।

प्रस्तुत संकलन में ऐसी अनेक कविताएँ हैं जिनमें कवि कुछ मूलभूत प्रश्नों की तह में अपने स्वगत अनुभव का प्रमाण लेकर यथाशक्ति पैठता दिखाई देता है। मानव जाति के युगों के अनुभव ने जिन बातों की अनेक बार नाप-तौल करके अपने परिणाम घोषित कर दिये हैं उनकी जड़ में पुन: प्रविष्ट होकर स्वानुभूत एवं आत्मप्रत्यक्षीकृत सत्यांश को व्यक्त करने का सहज अधिकार कवि या कलाकार से कभी छीना नहीं जा सकता क्योंकि उसी के द्वारा ज्ञात सत्य के नये पक्ष उभरते हैं और मानव-विकास की नयी दिशाएँ उद्घाटित होती हैं। शरीर और शरीर में निहित चेतना का पारस्परिक आकर्षण-विकर्षण एक ऐसी ही बात है। 'देह-पक्ष' को लेकर लिखी गयी कुँवरनारायण की कई रचनाओं में गतानुगतिक क्रियाओं में क्षरित होनेवाले जीवन की कचोट तथा उससे उत्पन्न रिक्तता को पूरने की अकुलाहट स्पष्ट रूप से व्यक्त हुई है। कम कवि इतने निकट आकर अनुभव की ज्वलित रेखा को स्पर्श करते हैं। इस दृष्टि से 'नीली सतह पर', 'धारिणी', 'देह के फूल', 'आशय', 'तन-पक्ष', 'मिट्टी के गर्भ में', 'स्वप्न-चित्र', 'सूर्य-सन्तति' और 'कृतित्व : ढलती मट्टी' का नामोल्लेख विशेषत: किया जा सकता है। यह कविताएँ संग्रह के चारों खण्डों में फैली हुई हैं और कवि के मनोजगत् में प्रवाहित होनेवाली एक गहरी चिन्ता-धारा के अनेक रूप प्रस्तुत करती हैं। सभी कविताएँ एक स्तर की नहीं कही जा सकतीं। एक प्रकार से उनमें उत्तरोत्तर विकसित होती हुई परिपक्वता लक्षित होती है जिसका सम्बन्ध भावना और विचार दोनों से ही है। कुछ अपवाद भी मिलते हैं इसके। श्लीलता की मर्यादा निबाहने की सचेष्टता और सजग शब्द-योजना के होते हुए भी कहीं-कहीं उसका अतिक्रमण हुआ लगता है। 'आशय' शीर्षक कविता में

'आमाशय' और 'गर्भाशय' के बीच कृत्रिम रूप से रचकर 'यौनाशय' शब्द न दिया जाता तो भी मेरे विचार से कविता के मुख्य कथ्य में कोई कमी नहीं आती। तीन बार आशय-युक्त शब्द लाकर आशय पर विशेष बल देने के उद्देश्य से ही कदाचित् कवि को ऐसा करना पड़ा है। पर जो मजबूरी झलक जाये वह कविता का गुण नहीं कहला सकती। इस कविता की अन्तिम पंक्तियाँ अवश्य महत्त्वपूर्ण हैं क्योंकि उनमें ऐन्द्रिक अनुभव की परिधि से परे ले जानेवाली चेतना की वह अकुलाहट निहित है जो 'देह-पक्ष' को लेकर लिखी कवि की पूर्वोल्लिखित प्रायः सभी कविताओं का प्राणस्वर है।

हाय, पर मेरे कलपते प्राण,
तुमको मिला क़ैसी चेतना का विषम जीवन मान
जिसकी इन्द्रियों से परे
जाग्रत् हैं अनेकों भूख!   —(पृ० 34, आशय)

'देवत्व' अथवा 'ईश्वरत्व' के विषय में भी लगता है कुँवरनारायण का अन्तर्मन्थन काफ़ी समय तक चलता रहा है। 'अतृप्त ज्वार', 'शीशे का कवच', 'ईश्वर का मनोवैज्ञानिक रूप', 'उत्सर्ग, 'सूना कैनवेस', 'मेरा सार' तथा 'बीज, मिट्टी और खुली जलवायु' शीर्षक कविताएँ इसी की द्योतक हैं। देवता, और कुछ नहीं केवल मानव का विकसित व्यक्तित्व है, 'स्वयं से आगे किसी अमरत्व का विस्तार' करने की मानवीय इच्छा ही उसका आधार है, राख से धुँधले दैवी अंगारे को माँजकर हर व्यक्ति उसके स्वच्छ रूप को स्वयं देख सकता है, सही हुई पीड़ा ही अन्तत: देवत्व बन जाती है, जैसे निष्कर्षात्मक कथन उक्त कविताओं में जगह-जगह मिल जायेंगे पर इन सब आदर्शवादी-जैसे लगनेवाले कथनों को 'आदमी हर दिव्यता के बाद भी सड़ता रहा'-जैसी यथार्थ से निःसृत पंक्ति वास्तविक दीप्ति प्रदान करती है। 'तुम हमारे प्रश्न का विस्तार पर उत्तर नहीं हो।' ईश्वर की समस्या को लेकर कहा गया यह वाक्य कवि के अनुभव की ईमानदारी का जाग्रत प्रमाण है।

जो कवि मनोजगत् की बहुत-सी अव्यक्त जटिलताओं के प्रति जागरूक रहने में सक्षम हो वह व्यक्त जगत्—प्रकृति—के रूप-विस्तार से संलग्नता का अनुभव करे, संवेदनशील हो, यह स्वाभाविक ही है। दृश्य जगत् के अनेक रूप-खण्ड कुँवरनारायण की कुछ कविताओं में जीवन्त चित्रात्मकता के साथ आलिखित हुए हैं। ऐसे कुछ नैसर्गिक रूपचित्रों से युक्त अंश नीचे उद्धृत हैं—

1. उन परछाइयों को,
जो अभी-अभी चाँद की रसवंत गागर से गिर
चाँदनी में सनी
खिड़की पर लुढ़क पड़ी थीं,
किसने बटोरा?

—(पृ० 7, लिपटी परछाइयाँ)

2. एक मुट्ठी कौड़ियों-से श्वेत बगुले
व्योम पर फिंक कर खिले,
फिर खो गये;

—(पृ० 58, एक दाव)

3. यह रात?
या ठहरा हुआ आघात?
....
नभ में सहमा
तारा तारा
जल पर चन्दा
पारा पारा
... ...
खिलते धूप के बादल
अँधेरे पर्वतों पर तैरते
इन घाटियों में
चोटियों पर छींटते रोली···
... ...
आँचली
माँ तुल्य छायाएँ :
विगता रात के सन्देश
जल पर तैरते तारे
किनारे की भुजाओं में
उमड़ती पारदर्शी चेतना की शक्ति :

—(पृ० 93-94, अनथही गहराइयाँ)

यह अंश बाह्य प्रकृति का मात्र तटस्थ रूप-चित्र प्रस्तुत नहीं करते वरन् अपने को ध्यान की सूक्ष्मता से देखनेवाली आँख और उसके पीछे उलझी वैयक्तिक भाव-सीमाओं के बीच स्पन्दित हृदय को भी लक्षित कराते हैं। कथन की भंगिमा और चमत्कृति का छिछला स्तर यहाँ दिखाई नहीं देता। इन पंक्तियों के पढ़नेवाले को कवि-मन के डूबेपन का सहज कवित्वमय आभास मिलता है। 'सहज कवित्वमय आभास' यह मैं क्या लिख गया! लिखते समय अवश्य ही लेखनी काँप गयी होगी क्योंकि मुझे स्मरण है श्री बालकृष्ण राव की स्थापना—

'इन कविताओं में 'सहज' कवित्व नहीं है कठिनता से एक-आध पंक्ति ऐसी मिल जाती है जो कवि के मन से बरबस फूट निकली जान पड़ती है; अन्यथा सभी के पीछे प्रयास और प्रयोग की छाया दिखती है।' —नयी कविता, अंक 3, पृ० 28.

अब अगर मैं कहूँ कि मेरी लेखनी बिलकुल ही नहीं काँपी—तब? तब यह लेखनी की धृष्टता है कि वह क्यों नहीं काँपी। भला जिस कवि ने अपने-आप लिख दिया हो कि 'पंक्तियाँ मेरे निकट आयी नहीं, मैं ही गया उनके निकट उनको मनाने' उसमें सहज कवित्व कैसे हो सकता है? फिर इतना ही नहीं 'दूर उच्छृंखल, अबाध इकाइयों को पास लाने' की भी घोषणा कवि के द्वारा कर दी गयी है। सवाल माक़ूल है। मगर इस सवाल को दूसरी तरह भी रखा जा सकता है। जिस कवि में और उसकी पंक्तियों में इतनी आत्मीयता हो कि पंक्तियों का दूर जा पड़ना उसे अखरे, वह उन्हें मनाने जाये, उच्छृंखल अबाध इकाइयों को भी पास लाने का हौसला करे उसे सहज कवित्व से सम्पन्न न मानकर और क्या माना जाये? जो अपने शब्दों के अभिधार्थ से ही सन्तुष्ट होते या हुवाते रहे हैं वे दूसरे की कविता में निहित व्यंग्यार्थ तक जाने का श्रम व्यर्थ क्यों उठायें? यह भी पूछा जा सकता है कि आखिर सहज है क्या? वह जो कवि को सहज लगे या पाठक को? जिस पंक्ति में पढ़नेवाले को श्रम लगे वह कवि ने श्रम से ही लिखी हो यह आवश्यक नहीं है। सहजता के पक्ष में मैं भी रहा हूँ पर उसे इतने ऊपरी स्तर पर नहीं देखता। बहुत-से अभ्यस्त शिल्पी ऐसी सशक्त रेखाएँ सहज ही अंकित कर देते हैं जिनके बनाने में अनभ्यस्त हाथों को काफ़ी श्रम पड़ सकता है। काव्य के मूल्यांकन के लिए श्रम या अश्रम दोनों ही गौण हैं। पाठक और आलोचक दोनों की दृष्टि से कवि की काव्यात्मक उपलब्धि ही महत्त्व रखती है, वह चाहे जैसी रचना-प्रक्रिया से क्यों न उपलब्ध हुई हो। क्योंकि भिन्न-भिन्न कवियों में स्वभावानुसार रचना-प्रक्रिया में भी भेद दिखाई देता है। क्या यह पंक्तियाँ कवि की किसी उपलब्धि की सूचक नहीं हैं—

अलख वह क़िरण, मेरे पास है सतरंगिनी
जो दर्द से गुज़रे बिना खुलती नहीं।

कुछ चुने हुए उद्धृत अंशों से किसी काव्य-संकलन के विषय में सही दृष्टि नहीं बनती। 'चक्रव्यूह' में हलकी कविताएँ भी अनेक हैं। जैसे 'चाह का आकाश', 'छाया के दाग़', 'मैं जानता हूँ', 'अस्तित्व के घेरे में', तथा 'कवि का सृजन मन्त्र' इत्यादि। उत्कृष्ट कविताएँ जो हैं वे सब भी एक स्तर की नहीं हैं इसका संकेत किया जा चुका है। कुछ विचित्र शब्द-रूप कवि ने अपनाये हैं जैसे 'कृतत्व' आदि। मुझे करनी होगी तो कुँवरनारायण के 'कृतित्व' की ही सराहना करूँगा 'कृतत्व' की नहीं। जिस कवि ने 'चक्रव्यूह' से आरम्भ किया है उसकी कविता आगे किस भाव-क्षेत्र में प्रवेश करती है यह देखना है।

●

अजितकुमार

व्यथा का दीप *

'ओ अप्रस्तुत मन!' के प्रकाशन के बाद जब दिल्ली में श्री भारतभूषण अग्रवाल से भेंट हुई तो मुझे याद आया कि उन्होंने एक बार मुझसे भी कहा था कि मैं इस संग्रह की भूमिका लिख दूँ। 'मुझसे भी' इसलिए कि मेरा ख़याल था कि उन्होंने अपने कई अन्य मित्रों से भी यह प्रस्ताव किया होगा। लेकिन मैं जानता था कि लिखेंगे वे खुद ही अपनी पुस्तक की भूमिका। इसलिए यह बात उसी समय खत्म भी हो गयी थी। अब पुस्तक प्रकाशित हो जाने के बाद उनसे भेंट हुई तो मैंने कहा कि कुछ लिखने का मन है मेरा। इस पर भारतजी ने जो कहा उसका मतलब यह था कि भूमिका के बारे में नहीं, कविताओं के बारे में लिखना चाहिए मुझे।

यह सुनकर मुझे कुछ अटपटा लगा, क्योंकि मैं तो भूमिका की चर्चा विशेष करना चाहता था। मेरा अनुमान था कि भारतजी की भूमिका उनकी कविताओं को एक नये अर्थ से अलंकृत करती है, और हम हिन्दी के पाठक उनकी कविता को अभी तक जिन सन्दर्भों में रखकर देखने के आदी थे उनसे भिन्न एक अन्य सन्दर्भ में प्रस्तुत करने की चेष्टा करती है। मेरी इच्छा थी कि इस बात पर थोड़ा-बहुत विचार हो कि कवि ने अपनी अनुभूति और चेतना का जो विश्लेषण किया है वह कहाँ तक उनकी कविता से मेल खाता है। लेकिन भारतजी से बातचीत होने के बाद मैंने यह अनुभव किया था कि यह भी कुछ कम रोचक न होगा कि भूमिका के बजाय कविताएँ पढ़ी जायें और यह देखा जाये कि उनमें कौन-सी सूत्रबद्धता, तारतम्य अथवा जीवन-दृष्टि है।

नतीजा यह हुआ कि मुझे अब इस संग्रह की मूल प्रेरणा कुछ और ही मालूम होती है। अपनी भूमिका में लेखक ने उसका कोई स्पष्ट आभास दिया हो, ऐसा मैं नहीं समझता। लगता है कि वह उस बात को छिपा जाना चाहता है। मेरा ख़याल है कि इस संग्रह में यत्र-तत्र बिखरी हुई अनेक कविताओं के माध्यम से कवि ने प्रेम की एक दुःख-भरी कथा सुनाई है।

"पावक-से, अखण्ड, सतेज और निर्मल रूप वाली" (पृ० 5) "एक प्रिया" थी। उसके सम्मुख मुग्ध भाव से नमित था हमारा कवि—"कहना बहुत चाहता था, किन्तु उससे कह कुछ भी न पाता था।" (13)। बिलकुल यही दशा प्रिया की भी थी। जिस एक बात को वे दोनों "मन ही मन माला की तरह फेरते रहे थे" (98), उसे होठों पर न ला पाते थे।

परिस्थितिवश ये प्रेमी-युगल एक-दूसरे से, विवाह न कर सके, क्योंकि हमारे कवि ने प्रेम किया था "अपने से चौगुनी अमीर एक लड़की से" (131); और उस लड़की का प्यार था—

* 'ओ अप्रस्तुत मन' : भारतभूषण अग्रवाल, 1958 ।

"तीखा, उद्धत और क्षणिक" (145), जबकि हमारा कवि प्रेमिका से मिले हुए दर्द को भी एक 'विलक्षण दान' मानकर उसके "असाधारण प्रकाश से घिरा हुआ... धरती से कुछ उठा-सा, अलग-सा सपने सजाता रहा" (131) था।

जैसा कि इस तरह के प्रेम-प्रसंगों में प्राय: होता है, प्रेमिका का विवाह अपने ही वर्ग के किसी मोटरकारवाले धनी-मानी व्यक्ति के साथ हो गया, पर कवि उसे भुला न सका। उसकी स्मृति में वह शाम अटकी रही, जब बरसों पहले नगर के सीमान्त में एक पेड़ के नीचे "हम-तुम थोड़ी देर को रुके थे! मैं चर्च की ओर उड़ती निगाहें डाल रहा था और तुम पेड़ की एक टहनी अपने मुलायम हाथों से सहलाने लग गयी थीं।" (100)।

एक बार और मुलाक़ात हुई उन दोनों की। "घर की, बाहर की, दुनिया भर की" बातें हुईं पहले की तरह। और पहले की ही तरह वे एक बात होठों पर नहीं ला पाये—जिसे वे दोनों "मन ही मन माला की तरह फेरते रहे" थे। नयी बात केवल यह थी कि अब वह एक बच्चे की माँ हो गयी थी और हमारे कवि को अब सिगरेट के बग़ैर तनिक भी देर चैन नहीं मिलती थी (99)। भेंट होने पर प्रेमिका ने जो दिया उसे कवि ने "अपने सपनों में बोया, आँसुओं से सींचा, आशाओं से पाला, हर क्षण उनकी रखवाली की" (113); और यह तो उसने बाद में जाना कि वह भेंट उन दोनों की आख़िरी भेंट थी और अन्तिम उपहार के रूप में दिये गये बीज वास्तव में "दर्द के फूल" थे जिनके माध्यम से प्रेमिका ने उस भेंट को अमर करना चाहा था!

यह बात अब कदाचित् प्रासंगिक न थी कि हमारा कवि अपने "जीवन्त क्षणों की रागिनी" को पा जाता तो संसार का सबसे सुखी व्यक्ति होता, फिर भी यह "सच है कि आज जब मैं तुम्हारी झलक से भी दूर हूँ, मैं अपने लड़खड़ाते लथपथ चरणों से सारा विश्वास खोकर भी उसी ओर जा रहा हूँ, जिस ओर से तुम्हारी हलकी गूँज मुझे टेरती है" (85)।

शायद यही वजह थी कि इस निराश और पीड़ित कवि की "बेतरतीब ज़िन्दगी, बिछड़ी हुई दृष्टि और खोयी हुई भावना" में एक आशा बची हुई थी कि कौन जाने वह उसे अब भी याद करती हो! लेकिन अब उसने यह अनुभव किया वह "अपने से चौगुनी अमीर लड़की" के मन में आलोक की पहली किरण—अर्थात् अनुराग की भावना जगाने का निमित्त मात्र था, इससे अधिक कुछ नहीं, तो वह स्तब्ध और हतबुद्धि रह गया। अरे! उसकी "जीवनव्यापी पीड़ा का आधार कितना झूठा था!" (118)।

मेरा अनुमान है कि रूमानी स्वप्न-भंग-द्वारा जनित कातरता और निरीहता ने ही आगे चलकर हमारे कवि को सामाजिक स्तर पर भी कुण्ठा और विषाद से भर दिया। उसके आन्तरिक जीवन की निराशा ने उसके बाह्य जीवन को भी अपने रंग में रँगना शुरू किया। झिझक, अनिश्चय, निष्क्रियता, कायरता आदि उसकी जो व्यक्तिगत असमर्थताएँ प्रेम सम्बन्धी उक्त ट्रैजेडी का कारण थीं, वही क्रमश: उसकी सामाजिक विवशताएँ बनने लगीं और उन्होंने कवि के मन में विचार तथा चेतना सम्बन्धी उलझाव पैदा किये। प्रेम के प्रसंग में भावों को व्यक्त न कर पानेवाली अशक्त भाषा और ओठों पर आकर लौट जानेवाली "कायर वाणी" (13) के पीछे कवि का जो दुविधाशील मन था, वही उसके जीवन, विचारों और चेतना के अन्यान्य क्षेत्रों में बार-बार 'अप्रस्तुत' रहकर सम्मुख आया है।

"मेरे यौवन के युग में यह जीवन बिखर गया" (73) जैसी उक्तियाँ इस सन्दर्भ में और भी सार्थक हो जाती हैं। कहा जाता है कि मन पर जो प्रभाव पहले-पहल पड़ता है वही अन्तिम होता है। कौन जाने कि यौवन की पहली-पहली हार का प्रभाव भी इसी तरह चिरस्थायी रहता हो। कम-से-कम इतना तो स्पष्ट है कि "अगति और असफलता" का यह जो नया अनुभव कवि को मिला था उसने उसके मन-प्राण को "बन्दी" (6), "क्लान्त" (7), "लघु"(29), "भीरु" (36), "अबूझ" (37), "नमकहराम" (57), "रिक्त", "छिद्रमय" (60), "शीत" (69), "खिन्न, छिन्न-भिन्न" (89), "आकुल" (90), "रूखा" (135) आदि बना दिया। और यह स्वाभाविक ही था कि सहजता, सक्रियता, उल्लास और स्वास्थ्य से वंचित तथा विवशता, व्यर्थता, उत्साहहीनता और दुविधा से संचित हमारे कवि का मन अपने को "अप्रस्तुत" पाता और मन पर जमे हुए "अति अनुल्लंघ्य, अविभेद्य, अगम" (6) पर्तों को हटाने में अक्षम भी। छल, दुराव और बन्धन तथा आत्मवंचना के मरु से विस्तृत प्रसार में "भटके हुए मन" (7) और बच्चों की भाँति "मचलते हुए मन" (36) के सारे स्वप्न असम्भव मालूम हुए और सारी इच्छाएँ अनोखी!

मानसिक उद्वेलन और अन्तर्द्वन्द्व की इस चरम स्थिति पर पहुँचकर कवि अपने ऊपर नियन्त्रण नहीं रख पाता और अपने बावले, अधम तथा परित्यक्त मन की हत्या या तो स्वयं कर डालना चाहता है या न्याय की बढ़ती हुई कठोर बाँहों के सामने प्रस्तुत होने के लिए ललकारता है!

"ओ अप्रस्तुत मन!" का कवि अपने मन से, जब इतना ऊब जाये कि उसे नष्ट करने के लिए "प्रस्तुत" करना चाहे तो मैं तो समझता हूँ उसके विनाश का युग बीत गया और निर्माण का युग शुरू हुआ। चरम निष्क्रियता में-से सक्रियता का और घोर निरुत्साह में-से उत्साह का उदय कोई नयी बात नहीं। फलत: "अप्रस्तुत मन" का कवि कर्मक्षेत्र में कूदकर "खोले वक्ष, उन्नत शीश, रक्तिम नेत्र गगनभेदी घोष में, दृढ़ बाहुदण्डों को उठाये" (15) हुए विरोधी शक्तियों को चुनौती देने लगता है। बिलकुल बदले हुए स्वर में वह कहता है—"बोलो, ज़ोर से बोलो, व्यथा की ग्रन्थियाँ खोलो" (90)। लेकिन जीवन के प्रति ऐसा उद्धत और आवेशपूर्ण दृष्टिकोण हमारे कवि के सहज स्वभाव के अनुरूप नहीं है और शीघ्र ही वह अनुभव करने लगता है कि उन्मुक्त और बन्धनविहीन होकर भी वह वास्तव में दीन, आकुल, मलीन और उदासीन ही रह गया है। व्यथा की ग्रन्थियाँ खोलने का उद्घोष करने के बावजूद हमारे कवि ने उस कटार की धार से मुक्ति पाने के लिए कोई उद्यम नहीं किया जिसकी नोक उसकी छाती पर बरसों टिकी रही है और जिसके नीचे वह "संत्रस्त, भयभीत, प्रति क्षण कम्पित, अधीर, निःस्व, असहाय" (58) होकर जीता चला आया है।

अप्रस्तुत मनवाले कवि को हारकर यह अनुभव करना पड़ता है कि—"व्यर्थ है ललकार, अनुनय व्यर्थ है" (51)। इस दुनिया में न तो वह धौंस दिखाकर काम निकाल पाता है और न गिड़गिड़ाकर या हाथ फैलाकर। उसकी मुक्ति का मार्ग तो वही है जिस पर चलकर वह बन्दी हुआ था। जिस पीड़ा ने उसे दीन बनाया था, वही उसकी निष्कृति का एकमात्र आधार होगी। चुनौती देकर या भीख माँगकर अन्य लोग मुक्त होते होंगे, इस कातर और निरीह व्यक्ति का सम्बल करुणा के अतिरिक्त और कुछ नहीं—

"प्रज्वलित है प्राण में अब भी व्यथा का दीप" (51)

और उसके आलोक की किरणों में निश्चय ही तिमिर को काट डालने की सामर्थ्य है। "जो कस के तपा है और डट के तचा है" उस "सूखे की पुकार" में क्यों न मेघ का आवाहन करते समय आत्मविश्वास हो—

"आ रे! आ! झूँखे इन अंगों पै उतार कर
अपना सलोना श्याम-बिन्दु-चीर डाल दे!
खिन्न, छिन्न-भिन्न इन प्राणों पर
बाँध फिर रस का सेतु,
मेरी इस दाहिनी भुजा में थमा
अंकुर की रंग-ध्वजा
जीवन का जय-केतु!" (89)

उसी में यह उद्घोषित करने की निष्ठा भी सम्भव है कि—

"हम प्रखर आलोक, गतिमय भावना के पुत्र हैं,
हम नहीं हैं रेत के सूखे, अशुभ अम्बार।" (92)

और, इतनी यातना भोगे हुए व्यक्ति को यह कहने का अधिकार तो कम से कम मिलना ही चाहिए कि "तन्मयता से विभोर होकर, आत्मा के मुक्त आरोहण के या समवेत जीवन की जय के गीत" गानेवाले उसके समकालीन कवि "आँखें बन्द किये सपनों में डूबे थे।"

"और मैं
जिसका स्वर सदा दर्द से गीला रहा,
जिसके भर्राये गले से कुछ चीख़ें ही निकल सकीं,
मैं सारा बल लगाकर
आँखें खोले
यथार्थ को देख रहा था।" (110)

कुल मिलाकर श्री भारतभूषण अग्रवाल की काव्य-चेतना का मूल स्रोत मुझे उनकी प्रेम-जन्य अनुभूति में मिलता है, न कि उनकी बहुकथित मध्यवर्गीयता में। यह बात दूसरी है कि अपने अधूरेपन या विभाजित व्यक्तित्व के लिए वे अपनी सामाजिक परिस्थिति को दोषी बनाना उचित समझें, पर उनकी कविता के किसी तटस्थ पाठक से यह बात छिपी न रहेगी कि उनकी सीमाओं और विवशताओं का कारण स्वयं उनके दुःखी, दर्दभरे मन में मौजूद था। बाह्य परिस्थितियों ने उस मन को थोड़ा और दुःखी, कटु, जटिल अथवा कातर बना दिया, यह तो मैं भी स्वीकार करता हूँ।

इसी कारणवश आज मुझे भारतजी के संग्रह का नाम बहुत मौजूँ मालूम होता है, गोकि खुद मैंने कई साल पहले उन्हें सलाह दी थी कि वे अपने आगामी संग्रह का नाम "मरणसंगियों का गीत" रखें। मैं समझता हूँ कि यह नाम उनकी मध्यवर्गीय चेतना-द्वारा प्रेरित कविताओं—अर्थात् उनकी श्रेष्ठतर कविताओं का परिचय देने में अधिक समर्थ अवश्य था, पर उनके काव्य की मूल

प्रेरणा पर परदा डाल देता था। "ओ अप्रस्तुत मन!" भारतजी की उस उत्कण्ठा के अधिक निकट पड़ता है जिससे प्रेरित होकर उन्होंने मुक्ति के सूरमाओं को ध्यान दिलाना चाहा है कि जन भी बन्दी है, मन भी है। मेरा विचार है कि अन्तर्मुक्ति उनकी प्रमुख समस्या थी। जन-मुक्ति का नाम लेकर उन्होंने समाधान पाना चाहा था केवल अपने मन का।

जो सूत्र मुझे प्रस्तुत संग्रह की तमाम कविताओं को बाँधनेवाला मिला है उसकी ओर संकेत रूप में आपका ध्यान आकर्षित करने के बाद मेरा कार्य एक प्रकार से समाप्त हो जाता है। स्फुट कविताओं के उत्कर्ष-अपकर्ष के विषय में मुझे विशेष कुछ कहना अभीष्ट नहीं है। 'तारसप्तक' के कवि होने के नाते श्री भारतभूषण अग्रवाल 'नयी कविता' के वरिष्ठ लेखकों में-से एक हैं। उनके काव्य-संग्रह को एक तरह से समूची नयी कविता की महत्त्वपूर्ण नयी उपलब्धि मानना चाहिए। नयी कविता के आन्दोलन को प्रतिपल विकसित करते रहनेवाला तरुण कवि-समूह इस पुस्तक को बहुमूल्य समझकर बाँचेगा, इसमें कोई सन्देह नहीं है। पर मुझे भय है कि इन कविताओं का प्रभाव कुल मिलाकर बहुत अच्छा नहीं पड़ता। बहुत अच्छी कविताओं के साथ कम अच्छी कविताएँ संग्रहीत करने और नयी-पुरानी सभी कविताओं को एक जगह नत्थी कर देने के मोहवश इस पुस्तक का कोई विशिष्ट व्यक्तित्व नहीं बन सका है। अच्छा होता कि भारतजी 'मुक्ति मार्ग' के बाद की ही कविताएँ यहाँ संग्रहीत करते, या अगर पुरानी कविताएँ छोड़ते नहीं बनती थीं तो साथ ही रचनाकाल का उल्लेख भी कर देते।

मैंने ऊपर लिखा है कि भारतजी की कविता की मूल प्रेरणा रही है—प्रेम-जनित पीड़ा। स्वाभाविक है कि इस पीड़ा के साथ हृदय की कातरता, चित्त की विह्वलता, भावों की मधुरता आदि गुण मिले-जुले होते हैं। लेकिन हमारे कवि की कविता में इनका अपेक्षाकृत अभाव है। तरलता, कवित्व और लोच की काफ़ी कमी महसूस होती है उनकी कविताओं में। सम्भव है कि खड़ी बोली के खड़ेपन ने उनकी अभिव्यक्ति को रूखा और नीरस बनाया हो। पर उसी खड़ी बोली में पन्त, निराला, महादेवी, बच्चन, अज्ञेय आदि अनेकानेक कवियों ने भी रचना की है। काश, भारतजी ने गुप्तजी से स्पष्ट और सुबोध अभिव्यक्ति का गुण सीखने के साथ-साथ हमारे रससिद्ध कवियों से हृदय को छूने और बाँधने का गुर भी सीखा होता!

मुझे आशा है कि 'ओ अप्रस्तुत मन!' के जागरूक और सजग कवि से ये बातें छिपी नहीं हैं। इसलिए मैं आश्वस्त होकर उसी के स्वर में उसके लिए कामना करता हूँ कि—

"मुक्त हो तू, महत हो तू, ज्यों अमित आकाश।
छोड़ यह संकोच, मन रे! तोड़ मिति के पाश!"

विजयदेवनारायण साही

शमशेर की काव्यानुभूति की बनावट *

शमशेर की कविता के बारे में बातें करने में मैं एक कठिनाई महसूस करता हूँ। मैं निश्चय नहीं कर पा रहा हूँ कि चर्चा को किस पहलू से उठाया जाये। मैं महसूस करता हूँ कि शायद बहुत-से आरम्भिक सवाल भी शमशेर की कविता को लेकर होंगे। एक स्तर पर शायद लोग यह भी प्रश्न उठाने की ज़रूरत समझें कि जो कुछ शमशेर ने अब तक लिखा है या प्रकाशित कराया है वह कविता है भी या नहीं? फिर, शमशेर की कविताओं की दुरूहता का प्रश्न है। शमशेर के बारे में बात करनेवाले व्यक्ति से शायद यह उम्मीद की जा सकती है कि वह बहुत-कुछ व्याख्याता का काम करे। इससे भी आगे, शिल्प और प्रयोग का एक पहलू है और इससे मिला-जुला इन कविताओं के 'नयेपन' का भी सवाल है। शमशेर ने कविता के छन्द, लय, शब्दावली सबमें बहुत-से नये प्रयोग किये हैं। उन्होंने ऐसे नये प्रतीकों और बिम्बों का सृजन किया है जो कविता के अभ्यस्त पाठकों और श्रोताओं को अकसर चुनौती की तरह लग सकते हैं।

लेकिन इन आरम्भिक सवालों को मैं उत्तरित मानकर चलने की इजाज़त चाहूँगा। इन सवालों के विभिन्न पहलुओं में उलझने में ख़तरा यह है कि बात शमशेर की कविता पर न होकर शमशेर की कविताओं-जैसी कविता पर हो जायेगी और इस तरह शायद कवि शमशेर के साथ हम न्याय नहीं कर सकेंगे। क्योंकि नयी कविता की सामान्य विवेचना के लिए शमशेर को उदाहरण की तरह इस्तेमाल करना एक बात है और कवि शमशेर का जो अपना निजी, स्वत: सम्पूर्ण काव्यजगत् है उसमें प्रवेश करना दूसरी बात है। दोनों तरह की चर्चाएँ महत्त्वपूर्ण और आवश्यक हैं, लेकिन उनके अभिप्राय अलग-अलग हैं। पहले प्रकार की चर्चा तो काफ़ी हो चुकी है इसलिए भी दूसरे ढंग से विचार करने की उपयोगिता कुछ अधिक दिखती है। इसके अलावा, यदि हम सीधे शमशेर की मनोभूमि में प्रवेश करने की कोशिश करेंगे तो शायद आरम्भिक शंकाओं का उत्तर भी एक हद तक मिल जायेगा।

नयी कविता की बहसों में यह मान्यता अन्तर्भुक्त रही है कि न सिर्फ़ कविता का ऊपरी कलेवर बदला है, या नये प्रतीकों या बिम्बों या शब्दावली की तलाश हुई है, बल्कि गहरे स्तर पर काव्यानुभूति की बनावट में ही परिवर्तन आ गया है। लेकिन बहस में इस पर बल कम दिया गया है। चेतना के जो तत्त्व काव्यानुभूति के आवश्यक अंग दिखते थे, उनमें से कुछ अनुपयोगी या असार्थक दिखने लगे, कुछ अन्य जो पहले अनावश्यक या विरोधी लगते थे, काव्यानुभूति के केन्द्र

---

* कुछ कविताएँ : शमशेरबहादुर सिंह; कुछ और कविताएँ : शमशेर बहादुर सिंह

में आ गये। और कुल मिलाकर काव्यानुभूति और जीवन की काव्येतर अनुभूतियों में जो रिश्ता दिखता था, वह रिश्ता भी बदल गया। इसलिए मैं शमशेर के काव्य में अनुभूति की इस बनावट की ओर आपका ध्यान आकृष्ट करना चाहूँगा।

कवि मालार्मे ने कहा है—

''अपाहिजत्व की देवी ओ आधुनिक कल्पने! मैं तुझे अपने जीवन की ये थोड़ी-सी पंक्तियाँ समर्पित करता हूँ जो कृपा के उन क्षणों में लिखी गयी हैं, जब तूने मेरे भीतर सृष्टि के प्रति नफ़रत और नितान्त न-कुछ के प्रति बंजर प्रेम का स्फुरण नहीं किया।''

शायद ही आज का कोई कवि हो जिसे अपने ढंग से इस मालार्मीय विडम्बना का सामना कभी-न-कभी न करना पड़ा हो। आखिर यह सृजन-कर्म किसलिए? इस सारे कल्पना-विलास का क्या मतलब है? मालार्मे की ही तरह आज का हर कवि एक-न-एक बार अपने ऊपर पलायनवादी होने का आरोप लगाता है। और अगर वह खुद नहीं लगाता तो और लोग उस पर लगाते हैं। क्योंकि अपनी प्रकृति से ही कविता यह प्रश्न उठाती है : जहाँ हम हैं वहाँ से कहाँ चलें? किस ओर? काव्यानुभूति अपने-आप में एक तरह का अतिक्रमण है। लेकिन किसका अतिक्रमण और किस दिशा में? एक समय उत्तर बहुत आसान था। यह अतिक्रमण तमस् से ज्योति की ओर, असत् से सत् की ओर, मृत्यु से अमरत्व की ओर था।

हमारे चारों ओर रोज़मर्रा का एक जीवन है। इसी का अतिक्रमण करने की कोशिश कविता करती है। अगर चारों ओर का प्राकृत जीवन सत्य है तो फिर क्या सचमुच हम सत्य का ही अतिक्रमण नहीं करते? किस ओर? सत् से असत् की ओर? यही काव्यानुभूति की मालार्मीय विडम्बना है। जितने गहरे मालार्मे को यह विश्वास जकड़ता जाता था कि चारों ओर के भौतिक, जड़ जीवन के अतिरिक्त और कुछ भी सत्य नहीं है, उतना ही काव्यानुभूति के लिए आवश्यक अतिक्रमण उसे असम्भव दिखता था। सृजन-प्रक्रिया स्वयं में ही एक विशाल व्यर्थता का प्रतीक लगती थी। मालार्मे के पास इस अपाहिज विडम्बना का एक ही हल था : लिखा ही न जाये। 'सृष्टि के प्रति नफ़रत और नितान्त न-कुछ का बंजर प्रेम।'—कविता के जन्म में ही निषेध का तीर बिंधा हुआ है।

मालार्मे की तरह कवि-जीवन में शमशेर किन-किन संघर्षों से गुज़रे हैं, इसकी पूरी जानकारी हमारे पास नहीं है। शायद कभी हो। लेकिन कुछ संकेत उन्होंने दिये हैं। निषेध के तीर ने कितनी काव्यानुभूतियों को जन्म लेने के समय ही बींध दिया? यह आकस्मिक नहीं है कि इतने लम्बे जीवन में उनके दो ही संग्रह प्रकाशित हुए और उनका नाम रखा गया 'कुछ कविताएँ' (1959), फिर 'कुछ और कविताएँ' (1961)। मालार्मीय विडम्बना एक संकोच के रूप में काव्यानुभूति को बिद्ध करती है। शून्य से, नितान्त न-कुछ से, कविता का जन्म होता है—इस गति में शायद रुकावट नहीं है, लेकिन जन्म लेते ही एक प्रतिगति भी सक्रिय होती है। शमशेर की कविता में एक प्रवृत्ति है उसी शून्य, उसी न-कुछ में वापस चले जाने की। गति और प्रतिगति—अभिव्यक्ति और संकोच के इस तनाव में एक तरह की स्थिरता, सन्तुलन पैदा होता है। यह स्थिरता, यह अटकाव, यह स्थिति अनस्तित्व और अस्तित्व के बीच एक अन्तराल है—विशुद्ध सम्भावना का क्षण है। यह वह मनोभूमि है जहाँ कविता अपने अर्थ से आलोकित होती है।

शमशेर की 'एक पीली शाम' शीर्षक कविता काफ़ी विश्रुत है। उसकी अन्तिम पंक्तियाँ हैं—

"अब गिरा अब गिरा वह अटका हुआ आँसू
सान्ध्य तारक-सा
अतल में।"

अतल में गिरने के पहले संकोच का, अटकाव का एक झिलमिलाता अन्तराल है जिसमें आँसू अपनी जीवितता ग्रहण करता है। जन्म लेना अलग होना है। अनस्तित्व गर्भ से अतल की ओर जाना है; नितान्त पराया हो जाना है। लेकिन इस बिलकुल निजी और बिलकुल पराये के बीच एक और क्षण है—जहाँ आँसू निजी है भी और नहीं भी है; पराया है भी और नहीं भी है। न तो वह बिल्कुल आत्मपरक है, और न बिलकुल वस्तुपरक। वह अभिव्यक्ति भी है और संकोच भी है।

अपने दूसरे संग्रह 'कुछ और कविताएँ' की भूमिका में शमशेर कहते हैं : "मेरी अकसर कविताओं के, जो सन् 1940-'41 के आस-पास की थीं, प्रकाशन का समय दस-बारह साल बाद आया, या शायद तब भी नहीं आया। ···मैं जितना महत्त्व ऐसी अभिव्यक्ति को देता हूँ—कवि के जीने मात्र के लिए मैं उसे जितना महत्त्वपूर्ण समझता हूँ—उतना उसके प्रकाशन को नहीं। कला के 'प्रकाशन' को वास्तव में मैं कोई महत्त्व नहीं देता। कला कैलेण्डर की चीज़ नहीं है। वह कलाकार की अपनी बहुत निजी चीज़ है। ···वह 'अपने-आप' प्रकाशित होगी। और कवि के लिए वह सदैव कहीं-न-कहीं प्रकाशित है।"

आगे इसी भूमिका में वे कविताओं के प्रकाशन के बारे में बारम्बार एक झिझक का इज़हार करते हैं। इस संकोच की जड़ें गहरी हैं और काव्यानुभूति के अस्तित्व को ही स्पर्श करती हैं। यह संकोच न सिर्फ़ रची हुई सृष्टि को ऊपर आने से रोकता है, बल्कि उसकी अर्थवत्ता या सार्थकता पर प्रश्न-चिह्न लगाता है। इसका प्रभाव यहाँ तक हो सकता है कि लिखी हुई कविताएँ प्रकाश में न आयें और 'कहीं-न-कहीं' के संदिग्ध अन्तराल में अटकी रह जायें, सिर्फ़ एक 'टिक' के अभाव में। यह लगभग ऐसा है जैसे मालार्मे ने हल यह निकाला हो कि कविता लिख तो ली जाये लेकिन उसे प्रकाशित न कराया जाये।

शमशेर का वक्तव्य है कि कविता में हम अपनी भावनाओं की सचाई खोजते हैं। आशा करता हूँ कि ऊपर दिये गये संकेतों से इस वक्तव्य की मार्मिकता स्पष्ट हो जायेगी। अर्थात् हम आत्मपरकता की वस्तुपरकता की तलाश करते हैं। तलाश की यह मुद्रा वस्तुपरकता या सचाई की अनुपस्थिति अर्थात् काव्यानुभूति की अपर्याप्तता को मानकर चलती है।

हम एक ऐसी सृष्टि की कल्पना करें जिसमें जन्म देनेवाले ब्रह्मा तो हैं, लेकिन उस सृष्टि को धारण करनेवाले, उसे निरन्तर अस्तित्व प्रदान करनेवाले, सही लगानेवाले विष्णु का अभाव है। सचाई की तलाश इसी विष्णुतत्त्व की तलाश है। देवताओं के इन प्रतीकों का प्रयोग मैं जानबूझकर कर रहा हूँ। क्योंकि एक तरह की वैष्णव भावना, अर्पित निरीहता शमशेर की कविता में बराबर मौजूद है। वही है जो उनके काव्य-जगत् को धारण करती है। मालार्मे के काव्य-जगत् में तो रचनेवाले ब्रह्मा का ही अभाव है। लेकिन शमशेर की समस्या विष्णुतत्त्व को स्थापित करने की है।

चीज़ें जन्म लेती हैं, लेकिन वे अपनी गति से निरन्तर अस्तित्व में स्थापित नहीं होतीं। इस निरन्तर अस्तित्व के लिए एक बाहरी प्रमाण की आवश्यकता पड़ती है। उसी तरह जैसे विष्णुतत्त्व

जीव को अपनी अंजुली में धारण करके सार्थकता देता है। यह शमशेर की काव्यानुभूति का आरम्भ स्थल है। भारतीय दर्शन की शब्दावली में कहें तो यह रहस्यवाद नहीं है, पुष्टिमार्ग की तलाश है।

इस चर्चा को यहीं छोड़कर अब मैं एक दूसरे तत्त्व की ओर इशारा करूँगा। आज से लगभग पन्द्रह वर्ष पहले, 'दूसरा सप्तक' में अपनी संग्रहीत कविताओं पर वक्तव्य में शमशेर ने अपनी कविता की परिभाषा यों दी थी : ''सुन्दरता का अवतार हमारे सामने पल-छिन होता रहता है। अब यह हम पर है, कि हम अपने सामने और चारों ओर की इस अनन्त और अपार लीला को कितना अपने अन्दर घुला सकते हैं।''

इस सूत्र की लगभग हूबहू वैष्णव शब्दावली अवश्य ही आपका ध्यान आकर्षित करेगी। बहरहाल, मैं 'अवतार', 'लीला' और 'अपने अन्दर घुलना' इन शब्दों पर ज़ोर न देकर 'सुन्दरता' की चर्चा करना चाहूँगा, क्योंकि तात्त्विक रूप में शमशेर की काव्यानुभूति सौन्दर्य की ही अनुभूति है। जिन लोगों का ख़याल है कि छायावाद के बाद हिन्दी कविता ने सौन्दर्य का दामन छोड़ दिया है, उन्होंने शायद शमशेर की कविताओं का आस्वादन करने का कष्ट कभी नहीं किया। मैं एक क़दम और आगे बढ़कर कहना चाहूँगा कि आज तक हिन्दी में विशुद्ध सौन्दर्य का कवि यदि कोई हुआ है तो वह शमशेर हैं। और इस 'आज तक' में मैं हिन्दी के सब कवियों को शामिल करके कह रहा हूँ।

अपने उसी वक्तव्य में आगे चलकर शमशेर कहते हैं : ''तसवीर, इमारत, मूर्ति, नाच, गाना और कविता—इन सबमें बहुत-कुछ एक ही बात अपने-अपने ढंग से खोलकर या छिपाकर या कुछ खोलकर कुछ छिपाकर कही जाती है।''

इतने बड़े पैमाने पर यह बात सच है या नहीं, इस झगड़े में न पड़कर हम इस कथन को शमशेर की कविताओं के लिए अवश्य प्रयुक्त कर सकते हैं—एक ही बात है जो अपने ढंग से खोलकर या छिपाकर या कुछ खोलकर और कुछ छिपाकर इन तमाम कविताओं में कही गयी है। चाहे हाशिये पर 'चीन' का नाम लिखा हो, या 'अल्जीरियाई वीरों' का या 'सौन्दर्य' का या 'सींग और नाखून' का। और वह एक बात वही है जिसे शमशेर ने पहले कहा है : ''सुन्दरता का अवतार हमारे सामने पल-छिन होता रहता है।''

सुन्दरता के अवतार की निरन्तर प्रक्रिया में सब-कुछ समाया हुआ दिखता है। इस अनुभव की व्यापकता को उनकी दो बहुत भिन्न कविताओं को साथ रखने पर देखा जा सकता है। एक का शीर्षक 'चीन' है, जो उनके संग्रह 'कुछ कविताएँ' में प्रकाशित है। दूसरी कविता का शीर्षक 'सौन्दर्य' है और वह 'नयी कविता' के सातवें अंक में प्रकाशित हुई है।

बेशक दूसरी कविता में झिलमिलापन और भावों की उमड़न पहली कविता के मुक़ाबले अधिक है, लेकिन सिर्फ़ कविताएँ सुनकर यह कल्पना करना लगभग असम्भव है कि पहली कविता का शीर्षक 'चीन' है और वह 'चीनी जनता का लोकसत्तात्मक गणतन्त्र राज्य' के चीनी अक्षरों को चित्र-पहेली की तरह इस्तेमाल करके रची गयी है, और दूसरी कविता का शीर्षक 'सौन्दर्य' है। सच तो यह है कि शमशेर की सारी कविताएँ यदि शीर्षकहीन छपें, या उन सबका एक ही शीर्षक हो, 'सौन्दर्य, शुद्ध सौन्दर्य' तो कोई अन्तर नहीं पड़ेगा। शमशेर ने किसी विषय पर कविताएँ नहीं लिखी हैं। उन्होंने कविताएँ, सिर्फ़ कविताएँ लिखी हैं, या यों कहें कि एक ही कविता बार-बार

लिखी है। शमशेर इस पल-छिन्न अवतार लेते हुए सौन्दर्य के गवाह हैं—ऐसे गवाह जिसने इस अवतार के हर रंग और हर विस्तार को उसके 'अनन्त लीला' रूप में स्पृहा के माध्यम से ठीक-ठीक स्वायत्त करने की शपथ ली हो। यह स्पृहामय साक्षी भाव शमशेर की काव्यानुभूति का दूसरा तत्त्व है।

इन दोनों तत्त्वों को समन्वित करने के पहले एक और तत्त्व को भी हम देख लें। वह है हमारे ऐतिहासिक परिवेश का। पिछले बीस-पचीस बरसों की हिन्दी कविता में जो एक व्यक्त या अव्यक्त संघर्ष काव्य के आदर्शों को लेकर रहा है, स्थूलत: प्रगतिवाद बनाम प्रयोगवाद का, क्या उसका हल शमशेर ने निकाल लिया है? सतही तौर पर कहा जा सकता है कि शायद ऐसा है। लेकिन कुछ ऐसा भी है जो इसको अच्छे-खासे कमाल का रूप भी देता है। वक्तव्य उन्होंने सारे प्रगतिवाद के पक्ष में दिये, कविताएँ उन्होंने बराबर वे लिखीं जो प्रगतिवाद की कसौटी पर खरी न उतरतीं। मार्के की बात यह है कि इनमें-से कोई भी पहलू दिखावा नहीं है। ये दोनों ही मुद्राएँ उनके निजीपन की वास्तविक आवश्यकता से ही उपजती हैं। उनकी कविताएँ तो उनके लिए नितान्त निजी हैं ही, प्रगतिवाद से उनका उलझाव भी कम निजी नहीं है। शमशेर से ज़्यादा इससे और कौन अवगत है कि इन दोनों के बीच में एक खाई है जिसे वे भर नहीं पाते? जितनी बार वे प्रगतिवाद के आदर्श की चर्चा करते हैं उतनी ही बार वे 'ऊँच रुचि और मति' तक पहुँच पाने की अपनी असमर्थता का भी बलपूर्वक उद्घोष करते हैं।

मनोविश्लेषण को ही काव्य-विश्लेषण का पर्याय माननेवाले इस स्थिति को विभाजित व्यक्तित्व का सटीक उदाहरण समझकर सन्तुष्ट हो जायेंगे। लेकिन मनोविश्लेषण आदमी के व्यक्तित्व के बारे में जो कुछ भी बतलाता हो, कविता के बारे में कुछ नहीं बतलाता। क्योंकि कविता का आधार वह 'निजीपन' है, मनोविश्लेषण का 'अहं' जिसके आगे सतही मालूम पड़ता है।

प्रगतिवाद और प्रयोगवाद के विवाद जब आज पुराने पड़ चुके हैं तब शमशेर की इस दुविधाग्रस्त स्थिति के अवशेष उनके दोनों संग्रहों में एक रोचक ढंग से दिखलाई पड़ते हैं। हमने आपके सम्मुख चीन पर लिखी उनकी पुरानी कविता का उल्लेख किया। अगर कविता के साथ छपी टिप्पणी और हाशिये के चीनी अक्षरों का जिक्र न किया जाये तो कविता में अपने-आप में प्रगतिवाद का कोई अवशेष नहीं रह जाता। इसी तरह 'माई', 'का० भारद्वाज', 'ये शाम है', 'हमारे दिल सुलगते हैं' आदि कविताओं का प्रगतिवाद भी इन कविताओं में उतना नहीं है जितना इन कविताओं के साथ जुड़ी हुई टिप्पणियों में। यह निष्कर्ष निकालने का लोभ होता है कि शमशेर का प्रगतिवाद उनकी कविता के हाशिये तक सीमित रह गया। क्या इस निष्कर्ष से शमशेर की काव्यानुभूति के केन्द्र तक पहुँचने में सहायता मिलती है?

शायद! क्योंकि प्रगतिवाद शमशेर के लिए मात्र वह नहीं है जो वह है, बल्कि वह है जो उनकी निजी ज़रूरत को पूरा करता है; उनकी काव्यानुभूति की बनावट का अंग बनकर प्रस्तुत होता है। इसी अर्थ में वह उनके लिए अभिनय नहीं है, वास्तविकता है।

ऊपर हमने अभिव्यक्ति को 'कवि के जीने मात्र' के लिए ज़रूरी होने का ज़िक्र किया है। स्थूल रूप में कविता किसी के जीने मात्र के लिए जैविक आवश्यकता की तरह महत्त्वपूर्ण नहीं होती। शमशेर के लिए यह स्तर मनोवैज्ञानिक जीवन का भी नहीं है। ऐसा नहीं है कि कवि कविता

न लिखे तो पागल हो जाये। कविता और जीवन की अभिन्नता अनुभूति के स्तर पर है। काव्यानुभूति और जीवनानुभूति एक ही वस्तु हैं।

इस सन्दर्भ में ही प्रगतिवाद के बारे में शमशेर का वक्तव्य हम समझ सकते हैं : "जहाँ तक वह मेरी निजी उपलब्धि है वहीं तक मैं उन्हें, दूसरों के लिए भी मूल्यवान् समझता हूँ।" इसमें 'जहाँ तक' और 'वहीं तक' पर बल खुद शमशेर का दिया हुआ है। शमशेर का मार्क्सवाद आरम्भ से ही इस 'जहाँ तक-वहीं तक' की बारीक शमशेरीय छन्नी से छाना हुआ मार्क्सवाद है।

दूसरे सप्तक के वक्तव्य में शमशेर 'समाज-सत्य' को आग्रहपूर्वक 'मार्क्सवाद' का पर्याय घोषित करना ज़रूरी समझते हैं। 1961 तक जो चीज़ मार्क्सवाद थी, वह 'समाज-सत्य का मर्म' हो गयी। बेशक इन दस वर्षों में परिवर्तन हुआ है, कम से कम आग्रह का। कम से कम शमशेर के लिए एक लाभ इसमें अवश्य दिखता है—कि 'अपनी भावनाओं में', 'अपनी प्रेरणाओं में', 'अपने संस्कारों में'—'समाज-सत्य के मर्म' को ढालना और उसमें 'अपने को पाना' उतना कठिन नहीं है, जितना वह जिसे वे मार्क्सवाद के नाम से अभिहित करते हैं।

केन्द्रीय शब्द 'निजी उपलब्धि' है। सत्य की निजी उपलब्धि की यह प्रक्रिया क्या है? समाज-सत्य वह है जो हमारे निजत्व के बाहर है। मूलत: यह वह 'अतल' है जिसमें 'अटका हुआ आँसू' गिरता है। इस बाहर के सत्य को अपने भीतर खींच लाने की प्रक्रिया ही 'निजी उपलब्धि' है। बाहर का सत्य इस भीतर खींचने की प्रक्रिया का प्रतिरोध करता है। इसीलिए वह अनुभूति में 'जहाँ तक' 'वहीं तक' की कशमकशवाली शब्दावली में अभिव्यंजित होता है। मैंने आरम्भ में उस गति की चर्चा की थी जो आत्मपरकता की वस्तुपरकता की तलाश करती है। निजी उपलब्धि की यह दूसरी गति उसका विलोम है—वस्तुपरकता की आत्मपरकता की तलाश है। यह अतल का वह प्रेक्षण है जो आँख की कोर पर अटके हुए आँसू को शून्य गर्भ से पृथक्त्व का जीवित क्षण प्रदान करता है। बाह्य यथार्थ, सामाजिक सत्य, वस्तुजगत्, भिन्न रुचि अथवा अतल वह है जो आन्तरिकता पर, कविता पर, जीवनानुभूति पर 'टिक' लगाता है, उसकी पुष्टि करता दिखता है।

इस तरह समाज-सत्य अर्थात् काव्येतर अनुभूति को निजी उपलब्धि बनाना उसे काव्यानुभूति के उपयोग में लाना है। लेकिन शमशेर के लिए काव्यानुभूति के केन्द्र में, उसके साथ सायुज्य में उसकी सत्ता नहीं है। प्रगतिवाद से उलझाव के दौर में भी वह एक तरह से हाशिये पर स्थित है। वह काव्यानुभूति की 'पहुँच के बाहर' एक क्षितिज, एक अतल, एक काव्येतर अनुभूति की तरह अस्तित्व ग्रहण करता है। काव्यानुभूति के साथ इस ख़ास रिश्ते में जुड़ना ही उसका एक साथ ही निजी उपलब्धि भी होना है, और 'पहुँच के बाहर' भी होना है। जहाँ तक उसकी यह अवस्था शमशेर के काव्य में है वहीं तक वह औरों के लिए भी उपयोगी है। आजकल की शब्दावली में कहें तो काव्यानुभूति और प्रगतिवाद एक तरह के सह-अस्तित्व में आमने-सामने दर्पण की तरह रखे हुए हैं—कविता और हाशिये पर की लिखावट की तरह। लेकिन यह सह-अस्तित्व निरपेक्षता नहीं है, साक्षात्कार है। रिश्ते का अभाव नहीं है, रिश्ते की सम्भावना है। वस्तुत: सम्भावना ही वह आधारभूमि है जिसमें आत्म और वस्तु दोनों का अस्तित्व होता है। इस सम्भावना को सिर्फ़ दिमाग़ी कौल की तरह नहीं, बल्कि सीधी, माध्यमहीन, जीवन की धड़कन की तरह अनुभूत करना ही काव्यानुभूति है।

आरम्भ में जिसे शमशेर मार्क्सवाद कहते थे, उसके लिए दस वर्ष बाद कुछ अधिक ढीली शब्दावली 'समाज-सत्य' या उससे भी अधिक ढीली शब्दावली 'समाज-सत्य का मर्म', 'इतिहास की धड़कन' आदि का प्रयोग करते हैं। शायद यह हाशिये की लिखावट को कुछ और सूक्ष्म, या धुँधला बनाने की कोशिश है। इस अर्थ में यह अनुभूति की मुख्य बनावट में थोड़े-से परिवर्तन का सूचक है। बाहरी आकार से मर्म की ओर जाने का यह आग्रह इस निजी उपलब्धि को काव्येतर अनुभूति से अलग एक आप्तता देने का उपक्रम है। लेकिन अभी भी इसका रूप आत्मपरक और वस्तुपरक, चित् और अचित् के सायुज्य का नहीं है। एक तरह से शमशेर की प्रकृति हमेशा वस्तुपरकता को उसके शुद्ध रूप या, उन्हीं के शब्दों में, उसके 'मर्म रूप' में पकड़ने की रही है। इसीलिए 'उस दौर' में भी, जब वह वास्तविकता के बाहरी आकारों की ओर बहुत आकर्षित थे, उनके लिए मार्क्सवाद शुद्ध वस्तुपरकता का ही दूसरा नाम था। लगता यह है कि बाद की शब्दावली एक अनावश्यक शब्दभार को हटाने-भर की कोशिश है—जो कुछ हमेशा था, उसे ही ठीक तौर पर कहने का आग्रह है। इसीलिए मार्क्सवाद का छूटता हुआ दामन, उनके लिए मोह-भंग का रूप नहीं लेता, बल्कि केंचुल छोड़कर चुपचाप आगे बढ़ जाने की अनुभूति देता है। आज़ भी उनकी काव्यानुभूति में वस्तुता अपनी शुद्ध स्थिति में अभेद्य किन्तु सूक्ष्म क्षितिज की तरह मौजूद है—और पहले भी मार्क्सवाद इससे अधिक क्या था?

इस प्रकार शमशेर मालार्मीय विडम्बना का हल अपने ढंग से निकालते हैं, वस्तुपरकता के मर्म में आत्मपरकता का, और आत्मपरकता के मर्म में वस्तुपरकता का आविष्कार करके। चित् और अचित् एक-दूसरे का निषेध नहीं करते, बल्कि एक-दूसरे को प्रतिबिम्बित करते हैं। तात्त्विक दृष्टि से यह स्थिति छायावाद से भिन्न है, जिसमें चेतना के ही दो दर्पण इस पार और उस पार रखे हुए हैं, और बीच का अचित् ब्रह्माण्ड उनकी परस्पर छाया की तरह आभासित होता है; यह दृष्टि मार्क्स के अद्वैतात्मक भौतिकवाद से भी भिन्न है जिसमें प्रकृति और पुरुष के दोनों दर्पण अचित् के ही हैं और चेतना भौतिकता के ही दर्पण में भौतिकता की पड़ती हुई छाया की तरह आभासित होती है।

कविता दर्शन नहीं है। क्योंकि कवि अपनी मान्यताओं का चुनाव जिस तरह करता है उस तरह दार्शनिक नहीं। दार्शनिक अपनी मान्यताओं में उनकी अपनी परस्पर संगति खोजता है, जबकि कवि के पास मान्यताओं के लिए एक ही संगति है—जीने की ज़रूरत से ही उनकी संगति। इसलिए शमशेर की काव्यानुभूति की बनावट की इस व्याख्या को आप उनके दर्शन के रूप में नहीं—बल्कि दृष्टि के रूप में, एहसास के रूप में ग्रहण करें। उसके रूप में जिसकी गवाही वे देते हैं—''सुन्दरता का अवतार हमारे सामने पल-छिन होता रहता है।''

मैंने सुविधा के लिए चेतना को वस्तुपरकता और आत्मपरकता के दो छोरों में बाँटकर विश्लेषण किया, और उनकी दो गतियों को आपके सामने रखा। लेकिन काव्यानुभूति के क्षण में यह सारी स्थिति इस तरह, अलग-अलग नहीं प्रस्तुत होती। उसकी प्रतीति एक समूची इकाई की तरह होती है। यह इकाई यथार्थ की इकाई है।

इस प्रकार देश-काल से बँधे हुए यथार्थ के मर्म में ही एक दरार, फाँक या रिक्तता है। जहाँ देश न वैसा देश है जिसे हम साधारणत: जानते हैं, और न काल घटनाओं की न लौटनेवाली गति

है जिसे घड़ी नापती है। उदाहरण के लिए इस तसवीर को आप देखें—

> ''एक आदमी दो पहाड़ों को कुहनियों से ठेलता
> पूरब से पच्छिम को एक क़दम से नापता
> बढ़ रहा है।
> कितनी ऊँची घासें चाँद-तारों को छूने को हैं
> जिनमें घुटनों को निकालता वह बढ़ रहा है
> अपनी शाम को सुबह से मिलाता हुआ
> फिर क्यों
> दो बादलों के तार
> उसे महज़ उलझा रहे हैं?''

देश की तरह काल में भी फाँक है। यों शमशेर की कल्पना काल को भी देश की ही तरह अनुभूत करती है, एक विशाल विस्तार की तरह जिसमें पौर्वापर्य्य की बाध्यता नहीं है। देश के रूप में काल की अनुभूति, या यों कहें कि काल की वह सरहद जहाँ वह देश से अभिन्न दिखता है, अस्तित्व की किस अवस्था का सूचक है, यह विवेचना की अलग दिशा है, और मेरे लिए बहुत आकर्षक भी है। लेकिन यह विस्तार की बात है। बहरहाल, इस सिलसिले में मैं उनकी 'अमन का राग' और हाल में ही 'कल्पना' में प्रकाशित 'गिन्सबर्ग के नाम' कविताओं का ज़िक्र करूँगा जहाँ काल देश में परिवर्तित होकर 'यूटोपिया' का निर्माण करता है। यह इतिहास को इतिहास के भीतर देखने की कोशिश है। शमशेर के लिए यूटोपिया का अस्तित्व भविष्य की भविष्यता में नहीं, भविष्य की वर्तमानता में है। बल्कि अतीत और भविष्य दोनों की वर्तमानता में है। इसीलिए वह इतिहास की सरहद पर नहीं ऐतिहासिक क्षण के मर्म में, उसकी धड़कन में विद्यमान है। उसमें नैरन्तर्य या पौर्वापर्य्य नहीं है, बल्कि नि:सीमता है।

खैर, इस प्रसंग को छोड़कर, मैं आपका ध्यान उद्धृत कविता की ओर आकृष्ट करूँगा, जिसमें दो पहाड़ों को ठेलकर उभरते हुए आदमी का बिम्ब है। इस कविता की काया शमशेर की अन्य कविताओं के मुक़ाबले में ज़्यादा भरी-पुरी है, और इसीलिए उतनी दुरूह नहीं है। ठेले जाते हुए पहाड़ देश में, और सुबह और शाम काल में दरार या रिक्तता की स्थापना करते हैं, इतना तो स्पष्ट होगा। यह फाँक वही है जो 'ये लहरें घेर लेती हैं' नामक कविता में 'अन्तरिक्ष में' ठहरे हुए 'एक दीर्घ समतल मौन' से व्यक्त होती है—

> ''आसमान में गंगा की रेत आईने की तरह हिल रही है।
> मैं उसी में कीचड़ की तरह सो रहा हूँ।
> और चमक रहा हूँ, कहीं
> न जाने कहाँ।''

यथार्थ के मर्म में जो फाँक है, वह और कुछ नहीं है कवि के मर्म की ही फाँक है। चेतना के अन्तरिक्ष में ही इस अभाव का, न-कुछ का, दीर्घ समतल मौन का, जन्म होता है। उसी तरह जैसे पानी की सतह पर फैले हुए तेल की झिल्ली, फैलने की प्रक्रिया में ही बीच से फट जाती है, और पानी की सतह पर एक शुद्ध अभाव छोड़ जाती है। इस अन्तर्वर्ती शुद्ध विस्तार के उस

पार आईने में जो दिखता है वह और कोई नहीं है कवि स्वयं है। ब्रह्माण्ड चेतना के उस पार नहीं है, बल्कि चेतना के भीतर, अन्तर्वर्ती शुद्ध विस्तार के उस पार है।

लेकिन इस 'बेठोस नीले आईने' में, बर्फ़ की इस पारदर्शी पोली परत में, वह जो अपने को ही देखता है—उसका प्रतिबिम्ब हूबहू वैसा ही नहीं है जैसा वह है। और न वह बिलकुल दूसरा, बिलकुल भिन्न ही है, न तो वह प्रतिच्छवि ही है और न छायाभास ही है—वह इन दोनों के बीच की स्थिति अर्थात् बिम्ब है। देखने की क्रिया ही बिम्ब देखना है। बिम्बों का सृजन ही काव्यानुभूति की वह नैसर्गिक अवस्था है जहाँ वह जीवन की अनुभूति से एकाकार होती है। बिम्ब आत्मा की वस्तुता और वस्तु की आत्मा की तलाश है। इस स्थिति को मैं 'ऑपटिक्स' के उदाहरण से स्पष्ट कर सकता हूँ। जिस तरह वर्तुल आईने में देखने पर प्रतिबिम्ब आईने और देखनेवाले के बीच अन्तर्वर्ती विस्तार में अटका हुआ मालूम पड़ता है—उसी तरह चित और अचित् के दोनों दर्पण बीच में एक बिम्बलोक का निर्माण करते हैं। यथार्थ के दो नहीं, तीन लोक हैं—

"तीन
ब्रह्माण्ड
टूटे हुए मिले चले गये हैं।"

यथार्थ के मर्म में, अथवा चेतना के मर्म में, जो फाँक है क्या उसे पाटना सम्भव है? काव्यानुभूति का क्षण जो एक साथ ही अन्तर्वर्ती विस्तार के दो छोरों पर रखे हुए आईनों के साक्षात्कार का और इसीलिए अपने को ही दो हिस्सो में विभाजित पाने का क्षण है, इस काँपते हुए, डरे हुए, पिघलते हुए प्रश्न का भी क्षण है। यह तथ्य कि काव्यानुभूति के तल में प्रश्न है उत्तर नहीं है, शमशेर को छायावाद के निकट ले जाता है—विशेषत: महादेवी के, जिनमें भी काव्यानुभूति मुख्यत: प्रश्न का रूप लेती है। लेकिन महादेवी का प्रश्न शुद्ध प्रश्न है—वह शुद्ध 'मैं' का शुद्ध 'तू' के प्रति फेंका हुआ तीर है। दूसरी तरफ़ शमशेर का प्रश्न, प्रश्न की शुद्धावस्था नहीं है; वह मैं का ऐसे तू के प्रति फेंका हुआ तीर है जो प्रश्न के पहुँचते-पहुँचते मैं में ही परिवर्तित हो जाता है। शमशेर के प्रश्न के छोर पर उत्तर की सम्भावना झिलमिलाती है। वस्तुत: वह प्रश्न नहीं है, उत्तर भी नहीं है : उत्तर की सम्भावना है। मेरे लिए यहाँ उदाहरण देना सम्भव नहीं है लेकिन मैं आप विद्वज्जनों से प्रार्थना करूँगा कि जहाँ-जहाँ शमशेर की कविताओं में 'कौन?' न जाने कौन आदि प्रश्नवाची व्यंजनाएँ प्रयुक्त हुई हैं, उनकी आप महादेवी के 'कौन', 'न जाने कौन' आदि से तुलना करें तो समानता और अन्तर दोनों स्पष्ट होंगे। महादेवी का 'कौन' एक खुले हुए असीम की स्थापना करता है; शमशेर का 'कौन' भी असीम की स्थापना करता है, लेकिन यह असीम, घिरा हुआ असीम है। आशा करता हूँ कि 'घिरे हुए असीम' की कल्पना सिर्फ़ शाब्दिक उलटवाँसी नहीं लगेगी, लेकिन आप देखेंगे कि यह वही है जिसे पहले दरार, फाँक या अन्तर्वर्ती विस्तार का नाम दिया गया।

प्रश्न के छोर पर उत्तर की जो सम्भावना झिलमिलाती है वही बिम्बलोक है। यह सम्भावना मालार्मीय विडम्बना के बीच कल्पना के अनुग्रह की दुर्लभ घड़ियों की तरह—कभी-कभी ऐसा होता है कि बिम्बलोक दरार को पूरा का पूरा भर देता है। सुन्दरता का अहैतुक अवतार, अनन्त और अपरम्पार लीला होने लगती है। यह यूटोपिया का वह क्षण है, जिसमें पूरा का पूरा काल, देश में परिवर्तित हो जाता है। अत्यधिक उल्लास, और चमकते हुए उत्साह के साथ, परिपूर्ति का

यह अनुभव कवि का साक्षात्कार एक नये तरह की निःसीमता—बन्धन-मुक्ति और स्वतन्त्रता की निःसीमता—से कराता है। क्योंकि यह सिर्फ़ उल्लास और आवेग का ही नहीं, बल्कि एक बहुत बड़ी विजय का भी क्षण है। यह पाश टूटना, उस संकोच और प्रतिरोध के पाश का टूटना है जो आत्मा और वस्तु की परस्पर उन्मुख गतियों को परस्पर विपरीत गतियों में बदलता रहता है। परिपूर्ति की यह धारासार बारिश जो लगता है कि कोई भी खाली जगह नहीं छोड़ती, शमशेर की यूटोपियन कविताओं में व्यक्त हुई है। मैं पहले कह चुका हूँ कि यूटोपिया भविष्य की भविष्यता नहीं, बल्कि उसकी वर्तमानता है। अर्थात् यूटोपियन दृष्टि भविष्य का निषेध नहीं करती, भविष्य और वर्तमान के बीच जो अन्तराल है उसका निषेध करती है। तब उस 'घिरे हुए असीम' का क्या होता है? क्या वह घिरा हुआ या असीम नहीं रह जाता? घिरा हुआ असीम वह तब भी रहता है, फ़र्क इतना ही है कि जो कुछ पहले अभाव या रिक्तता की तरह लगता था वह सहसा भाव या परिपूर्ति में बदल जाता है। शून्य अवस्था घन अवस्था में बदल जाती है। क्या इस रिक्तता को जो अलग करती दिखती थी, इस तरह नहीं देखा जा सकता कि वह दोनों आईनों को जोड़ती हुई दिखे? शमशेर की यूटोपियन कविताओं में ही उनके बिम्ब सर्वाधिक सघन, ठोस और अपारदर्शी मालूम पड़ते हैं। या यों कहें कि वे कम से कम बिम्ब रह जाते हैं और अधिक से अधिक प्रतिच्छवि मालूम पड़ने लगते हैं। उनकी वह गहराई जो उन्हें एक बिम्बलौकिक चमक देती है, विलीन होने लगती है। यूटोपिया की तलाश हाशिये की लिखावट की तलाश है। अर्थात् जैसे-जैसे कवि यूटोपिया की ओर बढ़ता है, वह अपनी मृत्यु की ओर बढ़ता है। क्योंकि यूटोपिया की अन्तिम परिणति मार्क्सवाद है, (कम से कम शमशेर के लिए अब तक रही है) और मार्क्सवाद वह हिस्सा है जो काव्यानुभूति के बाहर पड़ता है। वह शुद्ध वस्तुपरकता है जहाँ कवि मर जाता है। कवि ही क्यों, यथार्थ भी मर जाता है। हाथ आता है सिर्फ़ एक मरा हुआ वर्तमान और मरा हुआ भविष्य।

आख़िरकार यूटोपिया का मतलब क्या है? वह लोक जिसका अस्तित्व नहीं है। इस तरह उसके अस्तित्व में ही अनस्तित्व की शर्त है। उसका संकल्प जितना शुद्ध जितना उन्मुक्त होगा, उतना ही वह निषिद्ध एवं वर्जित होता जायेगा। इसी कारण यह बिम्बलोक है। सरहद के पार यूटोपिया की स्पृहा अपने अन्तिम रूप में मृत्यु की स्पृहा की तरह महसूस होती है—

> ''आईनो, रोशनाई में घुल जाओ और आसमान में
> मुझे लिखो और मुझे पढ़ो।
> आईनो, मुसकराओ और मुझे मार डालो।
> आईनो, मैं तुम्हारी ज़िन्दगी हूँ।''

लेकिन शमशेर की कविता के हाशिये पर सिर्फ़ मार्क्सवाद का नाम नहीं लिखा है। दूसरी तरफ़ एक और हाशिया है जिस पर एक और इबारत है, जो एक दूसरे अर्थ में वर्जित है। उस इबारत का नाम शमशेर देते हैं—सुर्रियलिज़्म या अतियथार्थवाद। यह पहली इबारत की ठीक उलटी इबारत है। धन का ऋण पक्ष है। अतियथार्थ वस्तुतः इतिहास में क्या था या क्या है, यह उतना प्रासंगिक नहीं है जितना यह कि उसका निजी इस्तेमाल शमशेर क्या करते हैं। उनके लिए अतियथार्थवाद शुद्ध आत्मपरकता है, जिस तरह मार्क्सवाद शुद्ध वस्तुपरकता है। रेखाचित्रों की शक्ल में वह 'कुछ कविताएँ' नामक संग्रह में 'घनीभूत पीड़ा' शीर्षक कविता में हाशिये पर मौजूद है—और ये चित्र

'चीन' नामक कविता के चीनी अक्षरों की भाँति—कविता की 'पहुँच के बाहर' होते हुए भी कविता के 'अभिन्न अंग' हैं। बहरहाल, मुख्य बात यह है कि दोनों हाशियों की तरफ़ कवि का रुख एक जैसा नहीं है। मार्क्सवाद या वस्तुपरकता वह है जिसका कवि क़ायल है, लेकिन जिसे वह काव्यानुभूति में ला नहीं पाता। अतियथार्थवाद वह है जो बरबस काव्यानुभूति में फूटा पड़ता है लेकिन कवि जिसका क़ायल नहीं है और जिसे दबाकर, निकालकर कविताओं में से अलग कर देना चाहता है। एक तरफ़ अपने को वायवी बनाकर असम्भव ऊँचाई को छू लेने की स्पृहा है, दूसरी तरफ़ अपने को पत्थर की तरह ठोस बनाकर उमड़ती हुई वायवीयता को दबा देने की कोशिश है। इन दोनों हाशियों के बीच शमशेर की काव्यानुभूति एक व्याकुल शान्ति की तरह स्थिर है। मूलत: वह जिसे हम जीवन कहते हैं दो अतियों अथवा सीमान्तों के बीच गति और प्रतिगति का एक झीना, झिलमिलाता हुआ और बेचैन सन्तुलन है।

मार्क्सवाद की तरह अतियथार्थवाद भी एक यूटोपिया की सृष्टि करता है। यह यूटोपिया एक तरह का निषेधात्मक यूटोपिया है। धन बिम्बलोक के मुक़ाबले में ऋण बिम्बलोक है। 'कुछ और कविताएँ' में दी हुई दो कविताएँ 'सींग और नाख़ून' तथा 'शिला का ख़ून पीती थी' इस निषेधात्मक, या यों कहें, निषिद्ध यूटोपिया का चित्र प्रस्तुत करती है। यहाँ भी काल पूर्णत: देश में समाहित हो जाता है—जैसे समय का प्रवाह पत्थर होकर रुक गया हो। इसके आगे राह नहीं है। अर्थात् घिरा हुआ असीम यहाँ भी पूरा का पूरा भर गया-सा लगता है—

"शिला का ख़ून पीती थी
वह जड़
जो कि पत्थर थी स्वयं
सीढ़ियाँ भी बादलों की झूलतीं
टहनियों-सी।
और वह पक्का चबूतरा
ढाल में चिकना :
सुतल था।"

आप देखेंगे कि वह बेचैन छटपटाहट जो गति और प्रतिगति के बीच सन्तुलन खोजती हुई 'अमन का राग' में उन्मुक्त हो गयी थी, यहाँ आकर ठोस, बिलकुल जड़ हो गयी है। इन कविताओं के बिम्ब भी उतने ही सघन, ठोस और अपारदर्शी हैं। लेकिन इस ध्रुवान्त पर वे सबसे अधिक दुरूह लगते हैं। 'अमन का राग' या 'चीन' में अर्थ जो शब्दों की सतह पर तैरता दिखता है, यहाँ आकर 'गुम' हो गया है। पूरी कविता के भीतर एक विशाल अनुपस्थिति की व्यंजना होती है। इस निषिद्ध यूटोपिया के पास पहुँचने पर भी बिम्ब अपनी बिम्बलौकिकता खोने लगते हैं; वे बिम्ब नहीं रह जाते, वे प्रतीक हो जाते हैं। ये प्रतीक किसके प्रतीक हैं? ये प्रतीक हैं—'कुछ नहीं' के। अक्षरश: 'कुछ नहीं' के। यह पीड़ा की वह अवस्था है जहाँ उसमें से स्पृहा, उच्छ्वास, तड़प, बेचैनी सब कुछ अनुपस्थित हो जाता है और दर्द एक जड़ चिकनी चट्टान की तरह जम जाता है। हाशिये की इस ऋण दिशा में भी कविता जैसे-जैसे बढ़ती है, अपनी मृत्यु की ओर बढ़ती है।

इसलिए कि इसके आगे पागलपन, मानसिक विक्षिप्तता की स्थिति है जो चेतना की मृत्यु का पर्याय है। घबरा-घबराकर शमशेर इस प्रतीकात्मक अतियथार्थ से यदि वापस लौटते हैं तो कोई आश्चर्य नहीं। वह अपने होशो-हवास की दुरुस्ती को बनाये रखने के लिए ही संघर्ष करते हैं।

सीमान्तों तक जाकर इस खाईं को नहीं पाटा जा सकता। फिर आदमी क्या करे? हारकर, हताश कातरता के साथ शमशेर उस घिरे हुए असीम के बीच में सन्तुलन की तलाश करते हैं। यह मध्यता एक फाँक, अटकाव, की तरह महसूस होती है : जैसे कुछ ऐसा है जो हमेशा के लिए चंगुल में फँस गया हो। मध्य का यह फाँसदार सन्तुलन निष्क्रिय नहीं है। वह मुख्यत: गति है—"ओ सुदूरपन, ओ केवल लयगति।"

लेकिन मध्य का यह सन्तुलन एक विधायक, सक्रिय, स्वयम्भू उत्स की तरह नहीं जन्म लेता, जैसा कि अज्ञेय के काव्य में है। इसके विपरीत यह सन्तुलन दो निषेधों के आपसी निषेध से पैदा होता है। शमशेर मूलत: अतिवादी हैं, ऐसे अतिवादी जो अपने ही अतिवाद से सहमकर वापस लौटने की चिरन्तन मुद्रा में गिरफ़्तार हो गये हैं। यही है जो उलझी हुई भावनाओं का रूप ग्रहण करता है। दो पहाड़ों को ठेलकर उभरते हुए आदमीवाली कविता में भी, जो उनकी दूसरी कविताओं के मुक़ाबले इस सन्तुलन को अधिक से अधिक विधायक रूप देती दिखती है—अन्त में बादलों के दो तार निषेध करनेवाली दो गतियों की तरह उस फाँस की याद दिला ही देते हैं।

इस प्रकार यथार्थ की तह में निषेध है जो बिम्बलोक को जन्म देता है। यह निषेध मालार्मे की तरह सिर्फ़ रिक्तता की सृष्टि न करे इसलिए इसको ज्यों का त्यों आत्मसात् करना सम्भव नहीं है। दूसरी तरफ़, इसकी सत्ता से इनकार करना धन या ऋण यूटोपिया में पहुँचना है, जो मृत्यु का ही दूसरा नाम है। अत: इसके प्रति सहमा हुआ-सा, कातर, निरीह वैष्णव भाव ही एकमात्र उपाय है। जैसे ही यह भाव उदित होता है, बिम्बलोक एक बेचैन सन्तुलन की भाँति जन्म लेता है।

शायद अब आप देखेंगे कि शमशेर सचमुच कितनी साँसत में हैं। उनकी स्पृहा की समस्या इस निषेध को विधेय रूप में आत्मसात् करने की है। बिना तट पर पहुँचे हुए ही तटस्थ होने की है। चेतना के सीमान्तों को चेतना के मध्य में महसूस करने की है। इसी कारण इतनी ऐंठन, इतना उलझाव, इतना पेचो-ख़म है—और उनके ऊपर तैरती हुई निरीह, मौन, आर्द्र सरलता है। ख़ास बात यह है कि यह मुख्य स्थिति भाव या वस्तुओं के तमाम रूपों में छिपकर अलग-अलग नहीं आभासित होती है, बल्कि भावों या वस्तुओं के मर्म में मौजूद यह एक ही स्थिति दिखती है। इसी को शमशेर बारम्बार घुलना या घुलाना कहते हैं—और इसीलिए काव्यानुभूति यथार्थ के जिस हिस्से को पकड़ती है, शीर्षकों के बावजूद एक ही कविता का निर्माण करती दिखती है।

'घिरे हुए असीम' के निषेधों की यह भावभूमि बारम्बार उन बिम्बों को जन्म देती है जो अपनी विविधता के बावजूद एक ही हैं—

(1) रह गया सा एक सीधा बिम्ब
चल रहा है जो
शान्त इंगित-सा
न जाने किधर।

(2) मैं सुनूँगा तेरी आवाज़
परती बर्फ़ की सतहों में तीर-सी।

(3) एक दरिया उमड़ कर पीले गुलाबों का
चूमता है बादलों के झिलमिलाते
स्वप्न जैसे पाँव।

(4) मौन आहों में बुझी तलवार

(5) कठिन प्रस्तर में अगिन सूराख

(6) ग़रीब के हृदय, टँगे हुए

(7) सुर्मई गहराइयाँ, भाव में स्थिर

(8) पूरा आसमान का आसमान है एक इन्द्रधनुषी ताल

(9) मोह मीन गगन लोक में बिछल रही

(10) मैं खुले आकाश के मस्तिष्क में हूँ

(11) कई धाराएँ खड़ी हैं स्तम्भवत् गति में

(12) उषा के जल में सूर्य का स्तम्भ हिल रहा है

(13) धुँधली बादल-रेखा पर टिका हुआ आसमान

(14) क्षितिज के बीचोबीच खिला हुआ फूल

(15) अन्धकार के चमकीले निर्झर में, तुम्हारे स्वर चमकते हैं

(16) ख़ून बजता है हवा में। आदि-आदि।

ये सारे बिम्ब निषेध की प्रक्रिया में सन्तुलित हैं। उनका अस्तित्व लगभग घुलकर रिक्त होने जाने के क्षण में है। उनकी चमक, उनकी पारदर्शिता और उनकी गत्यात्मकता इसी से उपजती है। इसके अलावा वे उसी घिरे हुए असीम में अटके हुए हैं; अन्धकार का चमकीला निर्झर उस असीम में गिर रहा है, लेकिन उसमें चमकता हुआ स्वर उसे पूरा का पूरा नहीं भरता। इस सन्तुलन में एक थरथराहट है। यह थरथराहट एक गति में फँसी हुई प्रतिगति है। बिम्ब न सही तो थरथराहट, झिलमिलापन उस असीम को भरता हुआ दिखता है। घिरे हुए असीम को भरती दिखती हुई बिम्बों के साथ की थरथराहट, या चमक ही उनकी बिम्बलौकिकता है। इस बेचैन, छीजते हुए सन्तुलन को हम पदार्थों की रेडियो-प्रक्रिया के दृष्टान्त से समझ सकते हैं।

मैंने 'बिम्बलोक' शब्द का प्रयोग किया है। बिम्ब और बिम्बलोक के अन्तर को स्पष्ट करना यहाँ आवश्यक है। यह लगभग उसी तरह का अन्तर है जो विष्णु और विष्णुलोक में है। विष्णुतत्त्व और विष्णुलोक में अन्तर है। उसी तरह बिम्ब के बिम्बतत्त्व और बिम्बलौकिकता में अन्तर है। शमशेर की कविता में घिरे हुए असीम को बिम्ब की बिम्बात्मकता नहीं, उसकी बिम्बलौकिकता भरती है। अन्तिम रूप में शमशेर की काव्यानुभूति बिम्ब की नहीं, बिम्बलोक की अनुभूति है। इसी का निर्माण वे बार-बार करते हैं, और विविध बिम्बों के बावजूद एक ही कविता लिखते हैं। अन्ततः इस बिम्बलोक में बिम्ब का भी पर्यवसान हो जाता है। लेकिन बिम्ब का पर्यवसान उस लोक का भी पर्यवसान है।

निषेध का अन्त नहीं है। विधेय रूप में निषेध को आत्मसात् करने पर भी वह निषेध ही बना रहता है। उसका अन्त नहीं होता। निषेध का अन्त वहाँ है जहाँ से विधायकता का आरम्भ होता है। शमशेर का बिम्बलोक कब तक इस निषेधात्मक यूटोपिया से घिरा रहेगा? अवतार को लीला रूप में देखने की कोशिश तात्त्विक दृष्टि से घटित होने को केवल होने के रूप में देखना है। आप देखेंगे कि यही समस्या भक्तिकाल की दार्शनिक समस्या है। यूरोप के अस्तित्ववादी दार्शनिक यास्पर्स ने कहा है कि असली प्रश्न यह है कि क्या नास्तिक सन्त होना सम्भव है? यास्पर्स का दर्शन इस प्रश्न का उत्तर देने की कोशिश है। शमशेर की काव्यानुभूति के मौन विस्तार में भी यही प्रश्न मँडराता रहता है।

काव्यानुभूति की इस बनावट का शिल्प के स्तर पर एक नतीजा यह निकलता है कि शब्द जो जड़ थे, सहसा पोले पड़ने लगते हैं। शब्द की जड़ अवस्था वह है जो उनको रूढ़ अर्थों के पाश में बाँधती है। शब्द और अर्थ का सम्बन्ध एक अचल स्थिरता की तरह परिभाषाबद्ध हो जाता है। उनके पोले पड़ने का मतलब है कि अर्थ को परिभाषा के तात्त्विक कैवल्य की भाँति नहीं बल्कि प्रक्रिया की तरह देखा जाये। तब शब्द के पाश टूटने लगते हैं, और वे परिभाषा का अर्थ नहीं, जीवन की अनुभूति का अर्थ देने लगते हैं। शब्द की अर्थशक्ति में इतना बड़ा परिवर्तन हिन्दुस्तान में एक बार और हो चुका है जब गुमनाम ध्वनिकार ने व्यंजना शक्ति का आविष्कार किया। उस समय शब्दों के पास टूटने की अनुभूति हुई होगी। ध्वनि सिद्धान्त तत्त्वत: घटित को अस्तित्व की तरह फैलता हुआ देखने का प्रयास है। क्या ध्वनि सिद्धान्त और बाद में विकसित होनेवाले विशिष्टाद्वैत और शुद्धाद्वैत में कोई असंलक्ष्यक्रम रिश्ता है? आप विद्वज्जनों के सम्मुख मैं इस ख़तरनाक क्षेत्र में प्रवेश करने की मूर्खता नहीं करूँगा। इस गुत्थी को खोलना समर्थ व्यक्तियों का काम है। मैं केवल इतना कहना चाहता हूँ कि शब्दों के प्रति शमशेर की, और समूची नयी कविता की दृष्टि हिन्दुस्तान की पुरानी उपलब्धियों से अलग नहीं है, बल्कि ठेठ उनके मध्य में स्थापित है। आज की कविता की समस्या लगभग उसी शक्ल में सामने आती है, जिस तरह वह ध्वनिकार के सामने आयी थी। उसमें पहले की सभी दृष्टियों का समाहार हो गया। शमशेर की कविता, या समूची नयी कविता को ठीक-ठीक देखने के लिए नयी कविता के प्रतिमान की ज़रूरत नहीं है, बल्कि कविता के नये प्रतिमान की ज़रूरत है।

जब एक बार शब्दों को जकड़े हुए अर्थों के पाश टूट जाते हैं, तब उनकी इस नयी मुक्ति की अवस्था में, उन्हें नये-नये रिश्तों में जोड़ना सम्भव होने लगता है। शमशेर के शब्दों में—

> ''जो कि सिकुड़ा हुआ बैठा था, वो पत्थर
> सजग-सा होकर पसरने लगा
> आप से आप।''

ऐसी अवस्था में ऐसे-ऐसे शब्द साथ-साथ आने लगते हैं, जिनके साहचर्य की कल्पना पहले नहीं की गयी थी, और 'साँस की गंगा', 'हलकी मीठी चा-सा दिन', 'हँसी का फूल', 'मौत के रंगीन पहाड़,' 'अगोरती विभा,' 'काग़ज़ी विस्मय', 'सुलगता हुआ पहरा', 'मोतियों को चबाता हुआ गुल' जैसे प्रयोग सिर्फ़ चौंकानेवाले करिश्मे नहीं लगते, बल्कि एक गूँजते हुए अर्थ से भर जाते हैं। कविता शब्दों और शब्दों के संयोग से नहीं बनती, बल्कि शब्दों का जाल जो यथार्थ पर

फेंका जाता है उससे बनती है। यह फेंका हुआ जाल ही अर्थ है। और अगर यथार्थ स्थिरता नहीं, गत्यात्मक प्रक्रिया है तो शब्दार्थ को भी गत्यात्मक प्रक्रिया होना पड़ेगा। यही शमशेर के शिल्प की समस्या है।

मैंने आपके सम्मुख काव्यानुभूति की बनावट प्रस्तुत की। ऐसे बहुत-से सवाल हैं जो मैंने छोड़ दिये हैं। इस बनावट से कवि का जो स्पृहात्मक सम्बन्ध है उसकी प्रकृति क्या है? यह 'सौन्दर्य' की तरह क्यों आभासित होता है? इस समूचे अस्तित्व का हमारे रोज़मर्रा के जीवन से क्या सम्बन्ध है? छायावाद या हिन्दी काव्य की परम्परा से इसका किस तरह का रिश्ता है? सबसे बढ़कर वह भावात्मक अवस्था जो इस बनावट को ऐन्द्रिकता देती है उसका व्यापार किस तरह का है, यह सब मैंने छोड़ दिया है। इनमें से कुछ प्रश्न तो ढाँचे की इस विवेचना के बाहर हैं, और कुछ का उत्तर देना शमशेर के ही शब्दों में मुझसे ज़्यादा 'ऊँच रुचि और मति' वाले विद्वानों का काम है।

इसलिए शायद आपको लगे कि काव्यानुभूति की बनावट की इस विवेचना में मैंने शमशेर की कविता के रेशे-रेशे बिखेरकर रख दिये और कविता की इहलीला समाप्त हो गयी। आख़िरकार विश्लेषण कविता की जगह तो नहीं ले सकता। क्षमा याचना के रूप में मैं आपके सामने शमशेर की दो बहुत मार्मिक कविताएँ 'सागर तट' तथा 'लौट आ ओ धार' आपके सम्मुख रखकर इस विवेचना को समाप्त करूँगा। इन कविताओं में जो अवतरित होता हुआ सौन्दर्य है, यथार्थ पर थपेड़े मारता हुआ चेतना का जो स्पन्दन है, यदि उसकी धड़कन को कुछ अधिक गहराई के साथ आप महसूस कर सकेंगे तो मैं अपने इस प्रयास को सफल समझूँगा : आपके प्रति भी और कवि शमशेर के प्रति भी।

●

शमशेर बहादुर सिंह

एक पर्सनल ख़त जो निबन्ध होते-होते बच गया *

सवाल यह है कि

"क्या सवाल है?"

सवाल यह है कि—मैं ख़त क्यों नहीं लिखता? इसलिए कि ऐसा करने से मुझे कुछ सहूलत और आराम हासिल हो जायेगा? (जब कि सहूलत और आराम मेरे स्वभाव को बिगाड़ देगा : क्योंकि वह मुझे नॉर्मल बना देगा?))।

(हाँ)। ख़त लिखने में क्या ज़ोर पड़ता है? क्या नुक़सान होता है, यानी कौन-सा बड़ा सुख छिन जाता है, समझ में नहीं आता। ज़रूर कोई बहुत बड़ा चैन और आराम छिन जाता होगा··· और वह है अपने अकेलेपन, अपने निसंगपन का 'सुख'। (वाह!)

दूसरी बात··· बहुत गुप्त, बहुत सीक्रेट,—यह, कि दोस्तियाँ उस्तवार हो जायेंगी, उन्सियत बढ़ जायेगी··· ग़र्ज़े कि मैं 'बँध' जाऊँगा। (वाह, वाह, वाह!) तीसरी बात यह है कि

मेरा फ़लसफ़ा है कि

हर चीज़ न सिर्फ़ एक-दूसरे से बँधी और जुड़ी हुई है, बल्कि : अन्दर से एक ही है। मिसाल :—

1. मेरा दोस्त x मैं हूँ। उसको पुकारना अपना नाम पुकारना है। वह इस बात को न जाने, न जाने।

2. ख़त लिखना शेर लिखना है। यानी गद्य लिखना कविता लिखना है। धोबी का हिसाब लगाना एक ख़ूबसूरत (जानवर या इन्सान की) तसवीर बनाना है। दूसरे को प्यार करना ख़ुद को चिढ़ाना। ख़ुद खाना दूसरे को खिलाना है। दूसरे का (उधार) पैसा खर्च करना अपना पैसा खर्च करना है। दूसरे को प्यार करना खुद एक डकार-सी लेना है। ख़त न लिखना बिलकुल ख़त ही लिखना है।

3. जी हाँ। मैं हूँ नहीं : गोया कि मैं हूँ। फिर सवाल यह है कि फिर मैं यह ख़त क्यों लिख रहा हूँ : जिसमें सवाल यह है कि क्या यह मैं ख़त लिख रहा हूँ?

जवाब : मैं ख़ुद से बातें कर रहा हूँ। और वही आप सुनना चाहते हैं और वही मैं बताना नहीं चाहता। मगर आप चाहते हैं कि मैं बताऊँ ही बताऊँ यानी कि ख़त लिखूँ ही लिखूँ।··· चुनाँचे मैं

---

* तीसरा सप्तक : अज्ञेय

(अपने-आप से चिढ़कर) लिख रहा हूँ। खत। अगर्चे ऐसा करने में बातें धीमी होते-होते बन्द, बन्द-सी हो जाती हैं; और आख़िर में सिर्फ़ दस्तख़त करने को मन होता है—'तुम्हारा शमशेर'।

("बुरा मान गये, मेरी जान?") ("अरे कोई नाँ, कोई नाँ!!")

2

लोग, मेरे करमफ़र्मा, मुझसे थीसीज़ चाहते हैं (ख़ामख़ाह)। (मैं कोई हनुमानजी हूँ, पहाड़ उठाऊँ?) ख़ामख़ाह चाहते हैं, बनूँ! क्यों बनूँ? क्यों खुश करूँ किसी को? कोई नाराज़ होना क्यों नहीं चाहता? ए काश, कोई चाहता, मैं उसे नाराज़ करूँ! वाह री मोहब्बत, वाह रे इश्क! (अरे वाह रे!) वह क्या ग़ज़ल है 'ज़फ़र' की? 'बस, अजी बस'?

दिल मेरा लेके किया आपने वापस—अजि बस!
हौसला देख लिया आपका : बस, बस!—अजि बस!!
नासहा, कीजिए यह पन्दो-नसीहत मौक़ूफ़!
बस में दिल और के है। मेरा नहीं बस। अजि बस!
हम भी रखते हैं ज़बाँ, मुँह को सँभालो अपने!
गालियाँ दे चुके इक बोसे पे दस-दस! अजि बस!
ख़ैर। हमें किसी की गालियाँ नहीं सुननीं!
—'शम्स' मज़े में है कि हम इश्क में मुब्तिला नहीं!

3

साफ़-साफ़ कहा जाये तो, तो देखिए, हमारी-आपकी ज़बान नहीं मिलती। मैं कुछ कहूँगा, आप कुछ समझेंगे। और समझने की बातें कही जाती नहीं, समझी जाती हैं। वहाँ नस्र और नज़्म नहीं। यानी न गद्य न पद्य। जी हुज़ूर, वहाँ तो दिल की बातें हैं। सो, उन पर, मेहरबान मन, दिल के कान लगाओ। यों क़िस्से सुनाने को बहुत हैं।

मान लीजिए, मैंने लिखा—मैं आपके दुश्मन से आज मिला था। क्या आप मुझे जवाब में ख़त लिखेंगे कि 'ख़ूब किया? कोई हर्ज नहीं, आदमी वह भी है!' हर्गिज़ नहीं। मैं फ़ौरन आपकी नज़र में दुश्मन के दूर के रिश्ते का भाई हो जाऊँगा और आपके अन्तरंग से बाहर। बस, समझिए, कान पकड़कर निकाल दिया गया। (इस काम को शराफ़त से करने के बहुत-से ख़ूबसूरत तरीक़े हैं; मैं सब जानता हूँ।)

और

मान लीजिए, मैंने लिखा कि जनाब की चीज़ तो मुझे पसन्द नहीं आयी। दरअस्ल, मैंने पढ़ी नहीं। मगर हाँ, आपकी छोटी बहन मुझे आज मिली थीं, या आपकी बीवी साहबा, वह मुझे बेहद अच्छी लगीं। क्या आपका प्यार मेरे लिए उमड़ने लगेगा एकदम? मुझे शक है।

दरअसल एक बड़ा ख़ालिस और निख़ालिस यथार्थवादी फ़ल्सफ़ा—जिसे विजयदेव नारायण साही ने बहुत थोड़े-से और बहुत पुर-असर शब्दों में बयान करके रख दिया है : और वह यह है—

"सब से अकलमन्द मैं हूँ, दुनिया-भर में।"
"किसी का कहना मत मानो : सबसे इन्तहाई
ऊँचा धर्म यही है दुनिया-भर में।"

मैंने शायद कुछ-कुछ अपने शब्दों में उनके शब्दों को रख दिया है। कारण इसका, यही फ़ल्सफ़ा है। मैं जानता हूँ कि इस फ़ल्सफ़े के सब क़ायल हैं। मगर कोई न कहेगा। सिवाय मेरे और विजयदेव नारायण साही के। हम दो में-से ही कोई सबसे ज़्यादा अक़्लमन्द है दुनिया-भर में। शायद विजयदेव नारायण साही ही हैं। मगर वह इस बात को न मानेंगे—वह इस क़दर पक्के हैं अपने फ़ल्सफ़े के।

अब मुझे एकाएक सर्वेश्वरदयाल सक्सेना की याद आ गयी है, जिनका कलाम 'तीसरे सप्तक' के आख़ीर में मय उनकी भूमिका के, जिसे 'वक्तव्य' कहा गया है, शामिल है। क्या उनकी कविता उनका वक्तव्य नहीं है? फिर, देखिए, विजयदेव नारायण साही ही सबसे अक़्लमन्द साबित हुए! उन्होंने अपनी भूमिका को 'पच्चीस शील'—जिनमें वह 'पाँच' नहीं हैं, मैंने खूब ग़ौर से देखा है; हाँ तो—'शील' कहा है। शील यानी सज्जनता का नियम। यों कोई दो लफ़्ज़ एक मानी नहीं रखते। इसलिए एकदम सज्जनता भी उसे नहीं कहेंगे; और उसका नियम भी नहीं। लफ़्ज़ के मानी को हमेशा उसका अनुवाद ही समझना चाहिए, 'मूल' का जुड़वाँ बिरादर नहीं।

अहाहा! हम्टी-हम्टी कहता है: 'रात को (बारह बजे के बाद) लफ़्ज़ (यहाँ वह अँगरेजी लफ़्ज़ों की बात कर रहा है। हाँ तो) लफ्ज़ रात को उसके पास अपनी पगार लेने आते हैं, यानी मजूरी। काहे की? बहुत-से मानी और मतलब (=अर्थ) ढूँढ़ने पड़ते हैं। हम्टी-हम्टी उनसे बहुत भारी-भारी काम लेता था। जैसे अरबी और संस्कृत के लफ़्ज़ों से आजकल भारत और पाकिस्तान में लिया जाता है। (मैं तो भई किसी से कोई भारी काम नहीं लेता, कभी। खुद से भी नहीं।) हाँ तो मैं यह कह रहा था कि—देखा, आपने? सबसे अक़्लमन्द निकले श्री वि. दे. ना. साही। लेकिन सबसे बड़ा अक़्लमन्द सबसे बड़ा कवि भी होगा, यह 'पच्चीस शीलों ' में कहीं नहीं मिलता। चुनाँचे इसके लिए और आगे-पीछे देखिए। मगर मैं क्यों देखूँ, श्री वि. दे. ना. साही देखें; और फिर वह भी क्यों देखें? यह कोई अक़्लमन्दी का काम होगा?

तो मुझे सर्वेश्वरदयाल सक्सेना की याद एकाएक आ गयी थी। क्यों? उन्होंने एक दिन देहली की एक हलकी-हलकी बीमार साँझ के किनारे मुझसे कहा था कि "मैं ग़ज़ल लिखकर तुम्हें भेजूँगा : इस्लाह तुम कर देना।" मैंने कहा था—"भाई, यह काम मुश्किल है। मगर तुम ग़ज़ल लिखो ज़रूर, और मैं शौक़ से उन्हें देखूँगा। और वह बग़ैर कहे ही बार-बार कह रहे थे कि "देहली कितना बोर शहर है!" आज मैं सोचता हूँ तो इस पंक्ति क़ा मतलब साफ़ समझ में आने लगता है। यानी कि शहर देहली की नाक बहुत ऊँची है। आप कुतब मीनार पर चढ़कर उसे छू सकते हैं। सर्वेश्वरदयाल सक्सेना मेरे दोस्त हैं।

(अदबी दोस्त = 'साहित्यिक मित्र')—बताइए, वह बात कहाँ रही जो 'दोस्त' और 'अदबी दोस्त' में है! मैं इन्हें चारुमित्र के ज़माने में नहीं ले जा रहा। और मैं कोई किताब नहीं लिख रहा हूँ—(= पाठ्य पुस्तक), ख़त लिख रहा हूँ। अगर ख़त समझिये तो। वर्ना बातें कर रहा हूँ। एकतर्फ़ा। यानी मोनोलॉग। हाँ तो, सर्वेश्वरदयाल। सर्वेश्वरदयाल ख़ीझकर व्यंग्य कहते हैं। और

जितना ही खीझते हैं, उतना ही अपना बाल नोचते हैं, और उतना ही कसकर व्यंग्य कहते यानी लिखते हैं। ख़ुदा करे वह और खीझें, और यह दुनिया उन्हें और खिझाये। (मेरे दुआ न करने से क्या वह कम खिझायेगी?) हद है, कि उनकी परछाईं तक उन्हें चिढ़ाती है। हाय हाय! उनकी बीवी को कितना बुरा लगता होगा। इसी झींखने पर उन्होंने खुद एक पड़ोसिन, बेहद समझदार हमदर्द पड़ोसिन से कहलवाया है, और बार-बार कहलवाया है :

चुपाय मारो दुलहिन!

इतना मन का दुबला आदमी मैंने नहीं देखा। गुस्सा करते-करते आदमी का दिल बहुत कमज़ोर हो जाया करता है। कुछ भी उसे अच्छा नहीं लगता। न अपने नाखून, न कैंची, न अख़बार, न क़लम, न गौरैया का बच्चा, न खुद अपनी जमुहाई, न शान्ति, न जंग (यानी अगर 'कॉमन नाऊन' हैं तो। वर्ना 'जंगबहादुर' और 'शान्तिदेवी' से एक-सा ऐक्टिवन्यूट्रल रवैया है : जो कि दफ़तर के काम की तरफ़ न्यूट्रल ऐक्टिविटी का-सा रवैया है। दोनों फ़ल्सफ़ी के नज़रिये से एक ही हैं, लगभग।) बहरहाल। तो सर्वेश्वरदयाल सक्सेना ऐसी मामूली-मामूली चीज़ों पर कविताएँ ऐसी-ऐसी ग़ैर-मामूली लिखते हैं कि मैं हैरत से देखता या सोचता ही रह जाता हूँ कि इसकी क्या वजह है कि वह इतने मोटे होते जा रहे हैं यानी इतने इम्पॉर्टेण्ट। भूमिका में इनके महज़ खीझ है जिसके लिए इन्होंने सोसायटी के समान और विरोधी क्लबों को धन्यवाद दिया है जिन्होंने उन्हें कविता करने पर मजबूर किया। 'तीसरे सप्तक' से यह भी कुछ-कुछ पता चलता है कि आप गद्य भी अच्छा और क्यूबिस्ट क़िस्म का (अर्थ के लिए देखिए 'साहित्य कोश', ज्ञानमण्डल। न भी देखें, तो कोई हर्ज नहीं।) लिखते हैं।

अब मैं मुख्तसर तौर से श्रीमती कीर्ति चौधरी की तरफ़ आऊँगा और पहले उनके गद्य की दाद दूँगा। सजीला और शर्मीला गद्य है वैसे : बिलकुल जैसे खुला और स्निग्ध उनका काव्य है। फूलों को छूकर बहती हुई अयानी मुक्त हवा-सा जो बाग़ के छोर तक पहुँचकर, यानी कविता की आख़िरी पंक्तियों में घुलकर, ख़ासी सयानी लगती है। कीर्ति चौधरी एक सच्ची कवि है। उसके पास खुला हुआ सच्चापन है और उसके पास जो एक रंगीन हृदय है, उसमें बड़ी मोहक सादगी है।

(मगर थॉट। थॉट की कमी है। एँ? कविता से क्या उसका कोई क़रीबी रिश्ता है? आधुनिक कविता से है : ऐसा कुछ बहुत समझदार लोग कहते हैं। वाज़े रहे, कि मैं नहीं कहता। कीर्ति चौधरी मेरी राय में, थॉट को छानकर, चाय की पत्ती की तरह, अलग कर देती हैं। वह हलकी नीट टी पेश करती हैं, एक शिष्ट पिकनिक की बेतकल्लुफ़ी के साथ।)

अब मैं अपने फ़ेवरिट कवि का ज़िक्र करता हूँ। वह है मदन वात्स्यायन। जियो, कवि! तुमने मेरी तबियत खुश कर दी है। भूमिका से अलग और कविताओं से अलग। मैं उन्हें हमेशा, हर रोज़ पढ़ सकता हूँ। (यह नहीं कि पढ़ता हूँ, पढ़ सकता हूँ।) तुमको देखा था तुम्हारे छोटे-छोटे-से बाजू और इकहरा यों-ही सा जिस्म। तुम्हारे अन्दर वह ताक़त कहाँ छिपी हुई है, जो मशीनों का दिल हिलाती है, और मशीनें चलानेवालों को देखनेवालों को एक अजीब कैफ़ और खुमार में सुलाती (मगर दरअस्ल जगाती) है। फ़ोक गीत को भाषा का आधुनिक जामा पहनाया गया है और जो उन पर फबता है। सर्वेश्वर के पास तुम्हारी बहुत-सी कविताओं के जवाब में एक ही लाइन

है। (अगर्चे वह ग़ज़ब है)—''चुपाय मारो दुलहिन!'' मगर तुम तो कविता में ड्रामा कण्डक्ट करते हो। वह ड्रामा तुम्हारा है। हम अगर्चे उससे बहुत दूर हैं, मगर वह हमारा भी है, न जाने कैसे!—और इसी को मैं तुम्हारा जादू मानता हूँ। तुमने आज की कविता पर बहस भी एक, खुली आँखों और खुले दिलो-दिमाग़ से शिल्प और भावना के कच्चे माल को परखनेवाले की हैसियत से की है। बारीक बहसों को बड़े साफ़ और मोटे ढंग से क़रीब-क़रीब तै कर दिया है। मुझे पूरा यक़ीन होता है कि विद्यार्थियों को 'मशीन और मनुष्य' और दूसरी ऐसी ही दो-चार कविताएँ ज़बानी याद करानी पड़ेंगी। मगर विद्यार्थियों को बिला शुबह उनमें बड़ा मज़ा आयेगा। ऐसी चीज़ें हिन्दी में कहाँ हैं। और, और बाहर भी खोजिए। शायद बँगला में हों। योरॅप में तो होंगी ही। अरागों ने 'एस. एस. एस. आर. रेलवे' का सफ़र आवाज़ों के इशारे में इस तरह बाँधा है कि आपके सामने एक नयी सोसायटी का बनता हुआ नक़्शा फ़िल्म की तरह गुज़रता चला जाता है। उर्दू में मजाज़ की 'रेल और रात' भी पढ़ने से ताल्लुक़ रखती है। मगर वह बहुत रोमानी गूँज और गरज की नज़्म है; बहुत रोमानी। जबकि मदन वात्स्यायन के यहाँ यथार्थ के सामाजिक विश्लेषण ड्रामायी असर के साथ हैं। हिन्दी में कभी सैयद मुत्तलबी की मशहूर नज़्म ''हैया! हैया!'' ('जोर लगाओ हैय्या!!') छपी थी। बहर कैफ़।

केदारनाथ सिंह पर इसलिए कम-से-कम कहना चाहता हूँ कि काफ़ी लोकप्रिय वह हैं, और उन पर ख़ास तौर से काफ़ी लोग लिखेंगे, और लिखना भी चाहिए। सपना और उच्छ्वास और एक युवक के आदर्शों की पवित्र रंगीनी उनके यहाँ ख़ास तौर से मिलेगी। आपको रवीन्द्रनाथ और येट्स के स्वर, कुछ आधुनिक स्वर, नये—केदार के अपने—साँचे में ढले हुए मिलेंगे। युवकों के वह प्रिय कवि हैं। एक टटकापन उनके, प्रकृति के रोमानी-से चित्र में मिलेगा। शब्दों की मधुरता पर वह ख़ास ध्यान देते हैं।

प्रयागनारायण त्रिपाठी मेरे लिए नये निकले। एकदम बिलकुल नहीं। मगर असली मानों में बिलकुल नये। इनका जीवन पढ़ने के क़ाबिल है। इन्होंने अपनी कविता की बुनियाद ठोस ज़मीन पर रखी है। आधुनिक, ख़ासकर अज्ञेयजी के रंग को उन्होंने ख़ूब-ख़ूब समझा है और उससे अपनी शैली को पुष्ट किया है। अभी इनके अपनेपन में उभार नहीं आया है, पूरा-पूरा। मगर आयेगा; शायद आयेगा। एक चीज़ होती है र्‌हेटॅरिक। बड़े काम की चीज़। शब्दों के शिल्प की जान। द्विवेदी युग में इसी लाठी को मज़बूती से पकड़कर कविता के नदी और नाले को भावुक यात्री पार करते थे। इस लाठी से बहुत-से करतब भी दिखाये जा सकते हैं। यह द्विवेदी युग के ज़रा बाद देखने को मिला। बिहार के मशहूर कवि 'दिनकर' को जिन्होंने पढ़ते सुना होगा, मुग्ध हुए बिना न रहे होंगे। र्‌हेटॅरिक में एक ही ख़राबी होती है, कि हर-कोई ख़ूब मेहनत और मश्क़ से इसके हाथ दिखा सकता है। इसकी बहार ही अलग है। इसके 'शो' से जो बचा, या अपने को बचा ले गया, वही उस्ताद है। जिसने चमत्कार दिखाया; वह चमत्कार में गया। मैं यही कहना चाहता था कि श्री प्रयागनारायण त्रिपाठी, शुक्र है, अपनी भावनाओं और अनुभूतियों के ज़ोर पर ही शब्दों को कुशलता से सजाते हैं।

अब कौन रहा? कोई नहीं। हाँ ... श्री अज्ञेय की भूमिका।

उन्होंने 'विषय' और 'वस्तु' का भेद ध्यान में रखने के लिए कहा है। यह उनकी बड़ी ज़्यादती

है। दोनों का घपला बहुतों को मशहूर किये हुए है। उनका क्या होगा? बारीकियों को जनता पसन्द नहीं करती और आलोचक लोग ऐनक की पॉवर बदलना नहीं चाहते। मेरी भी राय नहीं कि वह बदलें। सबकी राय मिल गयी तो क्या मज़ा रहा! मिर्ज़ा असदुल्ला ख़ाँ ग़ालिब कहते हैं—

"यार से छेड़ चली जाय 'असद'
कुछ नहीं है तो अदावत ही सही।"

नयी कविता कोई उत्तू कराने की चीज़ तो नहीं। नयों को नया पसन्द है और पुरानों को पुराना। इसमें बहस क्या। पुराने लोग नयी कविता के फेर में पड़ते ही क्यों हैं। उनकी समझ में न आयेगी। न इसका अच्छा पहलू, न बुरा। इस पर नयों को ही झगड़ने के लिए छोड़ दिया जाये तो अच्छा। नयों की गरमागरमी ज़्यादा अच्छी होती है। पुरानों के मुँह में अपशब्द शोभा नहीं देते। यह नयों को ही फबते हैं। मगर मेरी नाचीज़ राय यह है कि खुद कवियों को ज़्यादा आलोचना (नयी कविता की) नहीं पढ़नी चाहिए। उससे नुक़सान ही ज़्यादा होगा, और फ़ायदा कम। वह आलोचकों के बजाय दर्शन, इतिहास, मनोविज्ञान, प्राचीन श्रेष्ठ साहित्य (देसी और विदेसी दोनों) पढ़ें। (मेरी कुछ 'गलत'-सी राय यह है कि साहित्य और कला में देसी-विदेसी का भेद कुछ जात-पाँत की तरह की चीज़ है। यद्यपि मैं इसका भी क़ायल हूँ कि जात-पाँत के माननेवालों को कभी नहीं टोकना चाहिए। न उनसे कभी भूल से भी बहस करनी चाहिए, सिवाय उनसे सहमत होने के इरादे से। चुनाँचे मैं घोषित कर सकता हूँ कि हिन्दी संसार की सर्वश्रेष्ठ भाषा और हिन्दी साहित्य सर्वोच्च साहित्य है। (केवल संस्कृत ही, उसकी माता होने के कारण, उससे ऊँची है।) खैर, कहने का मतलब यह कि नयी कविता का अपना नया युग है। वह पुराने युग से क्यों झगड़े। नये लोग पुरानों से केवल शिल्प और सिद्धान्त सीखें और उन्हें समझें, (यह मतलब नहीं इसका, कि वह उन्हें मान लेने को बाध्य हैं।) उससे फ़ायदा उठायें, और आगे चलें, आगे देखें। इसकी शानदार मिसाल मदन वात्स्यायन ने पेश की है। इसकी स्पिरिट अज्ञेय की सभी अच्छी कविताओं में मिलती है। मेरा मतलब यह नहीं कि कवि की हैसियत से दोनों वात्स्यायन औरों के लिए मॉडेल हैं। क़तई नहीं। व्यक्तित्व हरेक को अपना-अपना ही बनाना, उठाना और पुष्ट करना है। मगर उसकी दृष्टि और परख से बहुत फ़ायदा उठाया जा सकता है। और उनकी सीमाओं के अध्ययन से भी।

आइडियॉलॅजी। कविता का सम्बन्ध आज इस लफ़्ज से सगा-जैसा है। मगर एक बात हमें हमेशा याद रखनी है कि अगर अच्छी आइडियॉलॅजी हमें अच्छा कवि बनाने के बजाय किसी वजह से दम्भी, पूर्वग्रही, संकुचित (बायें पहलू से या दायें) और भोंडा कवि बनाती है, तो उससे अच्छी वह 'आइडियॉलॅजी' जो कवि की वाणी को धार और असर दे। ज़ाहिर है, यहाँ अनैतिकता का समर्थन नहीं किया जा रहा है, मगर 'अच्छी कला का जिसका असर दीर्घकाल तक रहे, उसका। पैसा घिसा हुआ भी हो तो चल जायेगा, असली ताँबे का उसी वज़न का टुकड़ा उसकी जगह नहीं ले सकता।

मुझे याद आया। एक नाम भूल गया हूँ। कुँवरनारायण। शायद इस भूलने की वजह यह हो कि मैं कभी अलग से उन पर लिखने की इच्छा रखता हूँ। कह नहीं सकता। मुझे यह मानने में कोई ताम्मुल नहीं कि वह आज के एक बहुत अच्छे कवि हैं। मगर अपनी कमज़ोरी भी बयान कर दूँ, कि मैं उनकी कविता में अधिक रस नहीं ले पाता; इसलिए मैं उनके साथ इन्साफ़ भी नहीं कर

सकूँगा। उनकी भूमिका भी एकाडेमिक और कुछ लेबोरेटरी की चीज़ है : जो कवियों के लिए तो काम की है, मगर शायद पाठक के लिए नहीं। शायद मैं ग़लती पर हूँ।

यह 'तीसरा सप्तक' उस कड़ी को पूरा कर देता है जो 'तार सप्तक' से शुरू हुई। इन तीनों सप्तकों ने जो नमूना नयी कविता और उसकी तरक़्क़ी के जो ज़ीने हमारे सामने रखे हैं, उन पर चढ़कर पिछले 15 साल का बहुत अच्छा सर्वे किया जा सकता है। यह कहा जा सकता है कि आज की कविता के यहाँ भाषा में जो सहजता है, अभिव्यक्ति में जो आत्मविश्वास है, अनुभूतियों में जो शिल्पगत सच्चाई के अलावा जीवन की भी प्रचुर सच्चाई है, वह इस संग्रह को अकसर ही और बार-बार उठाकर पढ़ने और आनन्द लेने की चीज़ बना देती है—केवल अनुशीलन की नहीं। इस वाक्य को अगर अक्षरशः न लिया जाये तो काफ़ी भले लोग मुझसे सहमत होंगे, ऐसी (चाहे ख़ामख़ाह ही) मुझे उम्मीद है। आमीन!

●

सुरेन्द्रकुमार दीक्षित

लोक-संवेग की सम्बद्धता *

यह कविताएँ सन् 1951 में जब 'प्रतीक' में प्रकाशित हुईं तब इन्होंने अपने नयेपन से सबका ध्यान आकर्षित किया था। वह हिन्दी-कविता के गतिरोध का काल था। पुराने कवि अपनी पुरानी सफलताओं को दुहरा रहे थे और नये कवि प्रेरणा के नये स्रोतों को खोज रहे थे। जिन कवियों ने पुराने का मोह छोड़ विकास की पीड़ाओं को सहन कर आगे बढ़ने का प्रयत्न किया, उनमें ठाकुर प्रसाद सिंह भी हैं। ठाकुर प्रसाद सिंह को यह नया उद्वेग सन्थाल-जीवन में प्राप्त हुआ और उन्होंने तब इन कविताओं को ('पाठकों और श्रोताओं की सुविधा के लिए') सन्थाल गीतों का अनुवाद कहा, जिनकी प्रामाणिकता को लेकर काफ़ी बवण्डर उठाया गया। परन्तु जैसा पुस्तक की भूमिका में स्पष्ट है, उन्होंने अनुवाद नहीं किया था, केवल 'सन्थाली गीतों के ताप में अपनी कविता का परिष्कार किया था।' आजकल शहरों में, शासकीय और अर्द्ध-शासकीय स्तरों पर, लोक-कला और लोक-संस्कृति का जो मज़ाक़ बनाया जा रहा है, जन-जीवन से दूर रहकर केवल किताबी-ज्ञान के सहारे उसका जैसा भोंडा प्रदर्शन किया जा रहा है, उसके रहते लोक-जीवन से अनुप्राणित किसी भी रचना को शंका की दृष्टि से देखा जाता है। किन्तु 'वंशी और मादल' को पढ़ने से ज्ञात होता है कि कवि का ज्ञान केवल सतही नहीं है। उसने अपने शहरी भोंडेपन को छिपाने के लिए लोक-संस्कृति का लबादा नहीं ओढ़ा और न ही फ़ैशन के मुताबिक़ कुछ शब्द कविताओं में ठूँस दिये हैं। इसके विपरीत उसने उस जीवन से एकमेक होकर, गहरी सम्पृक्ति से ये कविताएँ लिखी हैं। शहरी संस्कृति को लोक-संस्कृति के निकट लाने और लोक-संवेग से सम्बद्ध करने के लिए ठाकुर प्रसाद सिंह बधाई के पात्र हैं।

ऊपर लिखी बातों का अर्थ नहीं, प्रस्तुत पुस्तक लोक-जीवन से सम्बन्धित है, इसलिए पढ़ी जाये। मैं ज़ोर देकर कहना चाहूँगा कि 'वंशी और मादल' कविता पुस्तक पहले है, बाद में कुछ और। कवि ने चाहे जिस विवशता से इन गीतों को पहले सन्थाली गीतों का अनुवाद कहा हो, पर इससे इनके वास्तविक मूल्यांकन में बाधा ही पहुँची है। कवि ने जिस संसार की रचना की है, वह उसकी अपनी सृष्टि है। उसने पूरब के आदिवासियों के जीवन को देखा और उसे पूरी ईमानदारी से उतारा। कवि के पास वह तीव्र दृष्टि है जो किसी वस्तु को अलग करके उसके स्वतन्त्र व्यक्तित्व और सौन्दर्य को दिखा सकने की अद्‌भुत क्षमता रखती है। संग्रह की अधिकांश कविताएँ छोटी हैं, पर उनका एक अपना विशिष्ट सौन्दर्य है। सारी रचनाओं में एक ऐसा कठोर अनुशासन है कि

---

* वंशी और मादल : ठाकुर प्रसाद सिंह

जो कुछ भी कविता के एकान्त प्रभाव को नष्ट करता है, उसे केन्द्र-च्युत करता है, बाहर ही रह गया है, एक उदाहरण लीजिए—

आधी रात
बाग़ में पिड़कुल
कुकुर डुबुर स्वर
आधी रात
यहाँ मैं आकुल
तुम आओ घर

अपने बिम्ब-विधान, संकेतात्मकता और संक्षिप्तता में यह कविता जापानी कविताओं की याद दिलाती है। और ऐसी अनेक कविताएँ (दूर कहीं अकुशी है चिल्हकती, मेरे घर के पीछे चन्दन है, फूला इचाक्, अरी मेरी लालसे, मैं वंशी आदि) इस संग्रह में हैं।

'वंशी और मादल' के गीतों की सबसे बड़ी विशेषता उनकी सहजता है। प्रत्येक कविता अपने पूर्णरूप में ही अवधारित की गयी है और प्रत्येक बिम्ब का रंग पूरे प्रभाव पर निर्भर करता है जो हर एक पद में बनता जाता है; इस प्रकार सारे पद एक-दूसरे से सम्बद्ध हो प्रभाव की एकता का निर्माण करते हैं। आजकल हिन्दी में लिखे जानेवाले अधिकांश गीतों की सबसे बड़ी कमज़ोरी यही है कि उनमें प्रत्येक पद स्वतन्त्र होकर पूरी रचना में बिखराव पैदा करता है और प्रभाव की तीव्रता को नष्ट करता है। 'वंशी और मादल' में इस दोष का नितान्त अभाव है और ऐसे सुगठित गीत हिन्दी में आज दुर्लभ हैं।

इन गीतों की दूसरी विशेषता यह है कि ये तुकों से परिचालित नहीं होते। कवि ने बड़ी सतर्कता से सभी अनावश्यक तत्वों को अलग कर अपनी बात सीधे तरीक़े से कही है और वह बात सीधे दिल तक उतर जाती है।

कवि ने नितान्त घरेलू वातावरण और पारिवारिक परिस्थितियों से लेकर विशाल परिवेश और बृहत्तर जीवन के अनेक चित्र उपस्थित किये हैं। 'नदिया का घना-घना कूल' और 'पर्वत की घाटी का जल चंचल', 'फूला इचाक्' और 'आछी के वन', 'जंगल में आग' और 'पर्वत-पर्वत पर सरसों', सभी को उसने देखा है और पूरे रंगों में उभारा है। उसने अकुशी को चिल्हकते, पिड़कुल को सूनी दोपहर जगाते, बजती फ़सलों और यूकैलिप्टस का स्वर सुना है और इसके सुनने में उससे कभी भूल नहीं हुई। कविताओं की विषय-वस्तु वह भूमि ही है जो उसके सामने थी; उसका प्राकृतिक सौन्दर्य, उसके रस्म-ओ-रिवाज, उसके चरित्र और उनके साथ कवि का अपने जीवन से सम्बन्ध। कवि प्रकृति का निरीक्षण करता है, पर उसे बदलने के लिए और न उस पर अभियोग लगाने के लिए, वरन् उसकी शक्ति और सौन्दर्य से आनन्दित होने के लिए। पूरे संग्रह में स्थान-स्थान पर प्रकृति का मुक्त उल्लास और रहस्यमय विलक्षणता मिलती है। उदाहरण के लिए—

झर झर झर झर
जैसे यूकिलिप्टस के स्वर
बरसो बादल बस एक प्रहर

ओरी मेरी बरस रात भर
नन्हे छत्रक दल के ऊपर
इन्द्रदेव तेरा गोरा जल
मेरे द्वार विहँसता सुन्दर
तेरे स्वर के बजते मादल
रात रात भर ···

या 'पर्वत की घाटी का जल चंचल' आदि कविताएँ ली जा सकती हैं। इन कविताओं की गति और शब्द-विन्यास, कवि की सूक्ष्म निरीक्षण-क्षमता और ध्वनि-संगीत की पहचान का परिचय देती है।

विभिन्न ऋतुओं के रंगों, ध्वनियों और 'मूड्स' को लेकर अनेक कविताएँ इस संग्रह में मिलती हैं। इन गीतों में आकृतियों और लालसा-आकांक्षाओं की भीड़ है जो हमारे साथ रहती हैं और हमें एक-दूसरे से सम्बद्ध करती हैं। अनेकानेक उपमानों और चित्रों से ये गीत समृद्ध हैं। "बिंधे फूल-सा मन, जामुन-सी काली भौंहें, बूँदों की झालर पहने हवाएँ, सेंदुर का पेड़, लता काजल की, मँहमँह का पथ" आदि कितने ही नये प्रयोग इस संग्रह में भरे पड़े हैं। पानी के ही अनेक रूपों का ['इन्द्रदेव तेरा जल', 'फिर है नदिया का गोरा जल जामुनी', 'झरने का दूध धवल' आदि] वर्णन इन गीतों में है!

ठाकुर प्रसाद सिंह ने चित्रों द्वारा ऐसी वस्तुओं के गुणों (या वातावरण) के बीच समानता स्थापित की है जो पहली दृष्टि में बिलकुल अलग-अलग मालूम पड़ते हैं। एक कविता है—

झरती है तुलसी की मंजरी
निखर रहे पात रे
बजती है पियवा की बंसरी
सिहर रहे गात रे

यहाँ पहली और अन्तिम दोनों पंक्तियाँ बिलकुल असमान होते हुए भी पूरी कविता सुसम्बद्ध, संगठित और अपने में सम्पूर्ण है। ऐसी ही और कविताएँ हैं 'नहीं छूटते सूख गये पत्ते खिजूर के' और 'गाँव के किनारे है बरगद का पेड़'। इस प्रकार अप्रत्याशित ढंग से असम्बद्ध और असमान वस्तुओं को एक साथ रखकर साधारण वस्तुओं में (जिन्हें हम शायद देखते भी नहीं) नया जीवन भर दिया गया और कविताओं को नयी अर्थवत्ता दी गयी है।

'वंशी और मादल' की अधिकांश कविताओं में प्रेम (या उसकी सजग अनुपस्थिति) ही कवि का स्थायी भाव है और दोनों स्थितियों में उसने मार्मिक कविताएँ लिखी हैं। कवि को सबसे अधिक सफलता उन स्थितियों में मिली है जहाँ लालसा के बाद का पानी निथरकर शान्त हो चुका होता है और स्मृति स्वयं अपने लिए नये-नये बिम्ब बनाती है। 'पाँच-जोड़ बाँसुरी', 'नदिया का घना-घना कूल है', 'अब मत सोचो प्रिय रे' ऐसी ही प्यारी रचनाएँ हैं।

आज जब अधिकांश लेखन या तो ठण्डा और बौद्धिक हो गया है, या फिर अनिश्चित और बचकाना है, ठाकुर प्रसाद सिंह उन कवियों में अद्वितीय हैं जिनकी रचनाओं में ताज़गी और नये

राग-बोधों के साथ एक ऊष्मा भी मिलती है। यह निर्विवाद रूप से कहा जा सकता है कि वे खुली हवा में अपनी क़लम से लिखते हैं न कि पुस्तकालंय के घुटते वातावरण में टाइपराइटर का इस्तेमाल करते हैं और इसलिए उनकी रचनाएँ साँस लेती हैं। मैं ज़ोर देकर कहना चाहूँगा कि इन कविताओं को आंचलिक बनाकर किसी भौगोलिक परिवेश में नहीं वरन् ऐतिहासिक सन्दर्भ में रखकर देखा जाये। वास्तव में 'वंशी और मादल' पिछले दशक के काव्य-साहित्य की अत्यधिक महत्त्वपूर्ण कृति है।

●

स० ही० वात्स्यायन

कनुप्रिया : राग-सम्बन्धों की वैचारिक पृष्ठभूमि *

जिस युग में सभी कुछ का नये सिरे से मूल्यांकन हो रहा है, क्योंकि पुराने और प्रतिष्ठित मूल्य सन्दिग्ध हो गये हैं, उसमें प्रेम के मूल्य का अन्वेषण हो, तो कोई आश्चर्य नहीं है। और जिस युग में सभी रस मिश्र-रस हों, उसमें यदि राग-सम्बन्धों को भी एक वैचारिक पृष्ठभूमि दी जाये, तो वह भी अकल्पनीय नहीं है।

किन्तु 'कनुप्रिया' में धर्मवीर भारती ने कृष्ण के प्रति राधा के प्रेम को जिस नये रूप में देखा है या दिखाना चाहा है उसका आधार केवल पुरानी बात को नये मुहावरे में ढालने का प्रयत्न-भर नहीं है। भारती का उद्देश्य इससे बड़ा है, क्योंकि वह राधा-कृष्ण के प्रेम को भी एक बृहत्तर रूप में देखते हैं—ऐसा रूप, जिसे देश-कालातीत कहा जा सकता है, क्योंकि वह सार्वदेशिक और सार्वकालिक है।

पौराणिक चरित्र ऐतिहासिक नहीं होते—या कि निरे ऐतिहासिक नहीं होते। उनके ऊपर जो प्रतीकत्व आरोपित हो जाता है, वह वास्तव में एक जाति के गहनतम विश्वासों, आदर्शों या कामनाओं का प्रतिरूप होता है। राम और कृष्ण, सीता और राधा और मन्दोदरी, रावण और हनुमान् ऐसे ही प्रतीक-चरित्र हैं, जिनके माध्यम से भारतीय जाति अपनी मूल प्रतिभा को मूर्त्त रूप देती है। गोकुल का नटखट ग्वाल बालक और महाभारत का परम कूटनीतिज्ञ—जिस कृष्ण में ये दोनों रूप समन्वित होते हैं, वह केवल राधा का प्रेयस् या वैष्णव सम्प्रदाय का उपास्य नहीं है, बल्कि समूची भारतीय प्रतिभा का शलाका-पुरुष है।

'कनुप्रिया' में कृष्ण के इस रूप को लिया गया है अवश्य; लेकिन भारती पुराणकार नहीं हैं, आधुनिक कवि हैं, इसलिए उन्होंने इस पौराणिक चरित्र के माध्यम से एक समकालीन विसंगति को भी विराट् रूप में देखने का प्रयास किया है। ऐसा प्रयास नया नहीं है; हमारे युग में भी नया नहीं है; पुरानी कहानी को निरन्तर नया सन्दर्भ देकर ही कवि-प्रतिभा सफल होती है और उस देश-कालातीत राग-तत्त्व तक पहुँच सकती है जो कवि-सत्य को उसकी गहराई देता है।

'कनुप्रिया' पाँच खण्डों में बँटी है : 'पूर्व राग', 'मंजरी परिणय', 'सृष्टिसंकल्प', 'इतिहास' और 'समापन'। इनके द्वारा भारती ने प्रयत्न किया है कि राधा के सहज तन्मयता के क्षणों का संकेत करें, और फिर कृष्ण के महान् और आतंककारी इतिहास-प्रवर्त्तक रूप का इंगित देकर राधा के

---

* कनुप्रिया : धर्मवीर भारती

आन्तरिक संकट को पाठक के सम्मुख ले आयें। इतिहास-पुरुष का यह महाकाय रूप, राधा की सहज कैशोर्यसुलभ आत्म-विभोरता से मेल नहीं खाता। किन्तु राधा का आग्रह है कि वह अपने प्रिय को इसी सहजता के स्तर पर समझेगी और ग्रहण करेगी—क्योंकि प्रेम का आयाम सहजता का ही आयाम हो सकता है; दूसरे सब आयाम प्रेम के नहीं, बुद्धि के हैं—राग के नहीं, चिन्तन के हैं।

सहजता या हार्दिकता के इस आग्रह को कोई भी वैष्णव समझ सकता है। लेकिन भारती के आग्रह और राधा के आग्रह में अन्तर है। भारती रागाश्रित सहजता को एक बौद्धिक के नाते ग्रहण करते हैं। "जीवन के मूल विपर्यय का कोई हल निरी बुद्धि से, निरे ऐतिहासिक चिन्तन और विश्लेषण से नहीं निकल सकता, मानवता की समस्याएँ मानव की जिस अखण्ड एकता के स्तर पर हल की जा सकती हैं, वह विज्ञान अथवा तर्क का स्तर नहीं बल्कि सहज रागात्मक सम्बन्ध का स्तर है", यह भारती की बुद्धिगत उपलब्धि है; जिसे वह काव्य में प्रतिष्ठित करना चाहते हैं क्योंकि वह आधुनिक कवि हैं—कवि होते हुए भी आधुनिक हैं।

इस प्रकार भारती ने अपने समक्ष जो लक्ष्य रखा है उस तक पहुँचना कठिन तो है, परन्तु असम्भव नहीं। उसकी चुनौती को कवि ने स्वीकार किया है तो उसकी प्रशंसा ही होनी चाहिए, इसलिए और भी अधिक कि वह चुनौती किसी दूसरे की दी हुई नहीं है। कवि अपना अन्तर्भूत संघर्ष हमारे सम्मुख रखकर अपना प्रयास हमें देखने देता है, हमें साक्षी बनाकर अपनी हार-जीत कुछ भी हमसे नहीं छिपाता, तो वह हमारी गहरी सहानुभूति का पात्र है और उसकी प्रगति के हर पग की हमें दाद देनी चाहिए।

'अन्धा युग' में भी भारती मूलत: इसी समस्या से उलझ रहे थे। लेकिन 'अन्धा युग' का स्तर अधिक बौद्धिक था। राग-तत्त्व की प्राथमिकता रागात्मक ढंग से ही प्रतिष्ठित की जाये, कवि के लिए यह प्रगति है और इस दृष्टि से मानता हूँ कि 'कनुप्रिया' 'अन्धा युग' से एक चरण आगे है। उसकी कल्पना अधिक स्पष्ट है, उसकी दृष्टि अधिक गहरी और उसकी मानवीयता अधिक पूर्ण। इसलिए कहना चाहिए कि उसका काव्यत्व भी अधिक उन्नत है। (यह शास्त्रीय आलोचना नहीं है; लेकिन मैं कोई लाचारी नहीं देखता हूँ कि केवल शास्त्रीय आलोचना करूँ : शास्त्रीय आलोचना का अपना एक स्थान अवश्य है लेकिन वहाँ आसन जमाने की मेरी कोई आकांक्षा नहीं है।)

लेकिन मैं कहूँ कि 'कनुप्रिया' में जहाँ कुछ बहुत मर्म-स्पर्शी और द्रावक स्थल हैं, और कुछ अंशों का संयत और उदात्त स्वर हृदय पर एक गहरी छाप छोड़ जाता है, वहाँ बहुत-कुछ ऐसा भी है जिससे निराशा या झल्लाहट होती है। भले ही झल्लाहट का कारण यह हो कि हमारी आशाएँ ही असन्तुलित थीं।

कवि से यह माँग तो नहीं की जा सकती थी कि वह स्वयं वैष्णव हो; किन्तु जब वह राग और बुद्धि की विसंगति हमारे सम्मुख रखना चाहता है तब यह आवश्यक हो जाता है कि वह हमारे सम्मुख राग-पक्ष को भी उतना ही यथार्थ संवेद्य बना सके। इसके लिए वह कृष्ण के उस रूप का आश्रय लेता है जो परम्परा से राधा-द्वारा देखा गया रूप माना चला आता है, तो उसमें अनुचित कुछ नहीं है; लेकिन वह इसको अनिवार्य बना देता है कि कवि वैष्णव संस्कार को हमारे सम्मुख जीवन्त रूप में खड़ा कर सके।

इसके लिए जितनी जानकारी चाहिए वह भारती के पास है, इसमें सन्देह नहीं। लेकिन उसे हमारे सामने जीवित मूर्त रूप देने के लिए जो भाषा अपेक्षित है वह 'कनुप्रिया' में नहीं है। यही मेरी समझ में उसकी मुख्य कमज़ोरी है, और इसी के कारण हम भावना के उस स्तर तक नहीं पहुँच पाते जिस पर ले जाना कवि का अभीष्ट है—या जिस पर पहुँचना काव्य के रसास्वादन के लिए आवश्यक है। भारती की भाषा का संस्कार रोमानी है; उनके शब्द-चित्र हमें न केवल वैष्णव संस्कार की ओर नहीं ले जाते बल्कि उससे दूर खींचकर एक पश्चिमी संस्कार की ओर ले जाते हैं। (उस पश्चिमी संस्कार के मूल में भारत की भी देन रही है यह अप्रासंगिक है।) मूल विपर्यय यह है कि वैष्णव-संस्कार भावना के सागर में डूबने की माँग करता है; और रोमानी संस्कार कल्पना के आकाश में उड़ने की।

फिर भारती की भाषा का संस्कार एक मिश्र संस्कार है। मैं भाषा के क्षेत्र में शुद्धिवादी नहीं हूँ; लेकिन यह मानता हूँ कि ऐसे स्थल होते हैं जहाँ पर शब्द-धातु का विचार करना पड़ता है। यों तो हर शब्द का अपना संस्कार होता है, और सुकवि उस संस्कार का उपयोग अर्थ-पुष्टि के लिए करता है। पर 'कनुप्रिया' जिस कथा-वस्तु को लेकर चली है, उसमें तो इसका विचार और भी प्रयोजनीय हो सकता है। भारती अपने काव्य में साधारण बोल-चाल के जिन उर्दू शब्दों का प्रयोग करते हैं, वे उनके रोमानी गीतों में तो न केवल खप जाते हैं बल्कि अतिरिक्त प्रभावशाली होते है; राधा-कृष्ण के प्रसंग में उनका प्रभाव विनाशकारी होता है क्योंकि जिस देश-काल को कवि हमारे सामने मूर्त्त करना चाहता है उसका वे खण्डन करते हैं और 'अनन्याश्चिन्तयन्ती' राधा के साथ जो भावैक्य पाठक का होना चाहिए, एक झटके से उसकी सम्भावना को मिटा देते हैं। तत्सम और देशज के जोड़ भी ऐसा ही प्रतिकूल प्रभाव रखते हैं। कुछ उदाहरण लीजिए—

"शोख चंचल विचुम्बित पलकें, आम्र-बौर, महासागर मेरे ही निरावृत जिस्म का उतार-चढ़ाव है, निर्वसना जलपरी, शिथिल गुलाबतन, साबित मणिजड़ित दर्पण, तुम्हारी बावरी मित्र, तुम्हारी मुँहलगी जिद्दी नादान मित्र, वह मेरी तुर्शी है जिसे तुम मेरे व्यक्तित्व में विशेष रूप से प्यार करते हो।"

राधा का परियों या जादू की बात करना मेरी दृष्टि में उतना ही असंगत है जितना हमारा कृष्ण के 'हरम' की बात करना—इन शब्दों से, और इनको अर्थ देनेवाली संस्कृति से हमारा परिचय उस काल के हज़ारों वर्ष बाद हुआ जिसमें कवि हमें ले जाना चाहता है। और राधा का अपने को 'सखी' न कहकर 'मित्र' कहना तो हमें बीसवीं सदी में ले आता है ('गर्ल फ्रैण्ड!')।

और भी शब्द-प्रयोग हैं, जिन्हें कम से कम मैं स्वीकार नहीं कर पाता। जैसे सम्बोधन-रूप 'राधन्'। भारतीजी अगर कृष्ण-द्वारा राधा को 'रद्दू-बुद्धू' भी कहलाते तो मुझे वह उतना असंगत नहीं लगता, क्योंकि प्यार के नाम अर्थहीन तो हो ही सकते हैं। किन्तु ऐसा पुंवाची नाम क्यों? निःसन्देह प्रेमी ऐसा भी नाम रख सकते हैं, लेकिन किसी चीज़ का सम्भव होना ही यथेष्ट नहीं, वह सम्भावना ऐसी भी होनी चाहिए कि उस पर विश्वास हो सके।

मैं राधा के मुख से यह भी न कहला सकता कि "कनु मेरा लक्ष्य है, मेरा गन्तव्य।"

"तुम्हारे जादू-भरे ओठों से रजनीगन्धा के फूलों की तरह टप-टप शब्द झर रहे हैं।"

रजनीगन्धा के फूल झरते नहीं, डाल पर ही सूख जाते हैं। झरते भी—जैसे बकुल या शेफाली के झरते हैं—तो उस झरने की नीरवता ही लक्ष्य होती।

ऐसे उदाहरण और भी दिये जा सकते हैं, किन्तु उसकी आवश्यकता नहीं है।

अन्त में एक बार फिर कहूँ कि 'कनुप्रिया' में मुझे जो अच्छा लगता है, वह है परिकल्पना का साहस; राधा-कृष्ण के व्यापक प्रेम को नया सन्दर्भ देने का, और इस प्रकार आधुनिक संकट को गहराई का एक नया आयाम दे देने का प्रयत्न। इस साहस-कर्म में उन्हें सम्पूर्ण सफलता नहीं मिली है, तो भी हमारी सहानुभूति उनके साथ है; तो भी 'कनुप्रिया' रोचक और पठनीय है।[1]

●

---

1. इस समीक्षा के सम्बन्ध में लेखक श्री वात्स्यायनजी का एक पत्र सम्पादक को प्राप्त हुआ था। लेखक की इच्छानुसार उक्त पत्र को ज्यों का त्यों हम यहाँ दे रहे हैं : "...आपका पत्र मिला है। जैसे मैं निवेदन कर चुका हूँ, 'कनुप्रिया' वाली उस टिप्पणी को मैं समीक्षा नहीं मानता हूँ। भारतीजी के नाम एक निजी पत्र का वह अंश उन्होंने छपा दिया; यह मेरे लिए ही विस्मय की बात थी—मैं उसे अब भी 'समीक्षा' के नाम पर प्रकाशन योग्य नहीं समझता क्योंकि उस 'ईक्षा' को 'सम' करने के लिए और कुछ होना चाहिए। फिर भी आप उसे छापने (दुबारा छापने!) पर ही तुले बैठे हैं तो लीजिए यह पत्र विधिवत् अनुमति का पत्र है! उस टिप्पणी को आप चाहें जितनी बार छपाइए; बल्कि साथ में इस पत्र को भी सनद के लिए छपाते चलिए तो और भी अच्छा!..."

रघुवंश

आधुनिक संवदेना के स्तर *

हिन्दी साहित्य के इधर के दशकों में आधुनिक भाव-बोध के स्तरों में भारी व्यतिक्रम और परिवर्तन परिलक्षित होता है। विशेषकर यह स्थिति काव्य में अधिक है। इसका कारण है कि आधुनिक हिन्दी काव्य, विकास की अनेक सरणियों को सीमित अवधि में पार करने में प्रयत्नशील रहा है। उसका यह प्रयास भाव-बोध के व्यवधान को दूर करने में जितना संलग्न रहा है उतना ही शैली, शिल्प और अभिव्यक्ति के क्षेत्र में भी सक्रिय देखा जा सकता है। यद्यपि इस विकास-काल के संहति (कॉम्प्रेस) करने की प्रक्रिया पाश्चात्य काव्य-धाराओं की संवेदनाओं के समवर्ती होने के कारण अधिक सक्रिय है, पर मुख्यत: इसकी मूल प्रेरणा कवि को अपने युग के सन्दर्भ में विकसित होते भाव-बोध से मिली है। हमारा जन-जीवन भले ही संसारव्यापी मानवीय मूल्यों के संकट, उनकी संक्रान्ति और नये मूल्यों के अन्वेषण की छटपटाहट से अपरिचित रहा हो, पर हमारा उद्‌बुद्ध साहित्यकार इनके प्रति जागरूक ही नहीं है, संवेदनशील भी हुआ है। पाश्चात्य काव्य में भाव-बोध के विकसित होने में और काव्य उपलब्धि के रूप में उसके प्रतिष्ठित होने में अपेक्षाकृत समय लगा है, यद्यपि आधुनिक युग में वहाँ भी वैज्ञानिक प्रगति के साथ सामाजिक मूल्यों के संक्रमण की जो स्थिति रही है, उससे काव्यानुभूति में क्षिप्र और तीखे अन्तर आते गये हैं। किन्तु हमारे साहित्य में केवल ऐसा ही नहीं हुआ कि वह सारा क्रम कम अवधि में प्रतिघटित हुआ हो, इसमें अनेक स्थितियाँ काव्य-बोध के एक ही स्तर पर सक्रिय हुई हैं।

ऐसा इसलिए भी हुआ क़ि हमारे युग-जीवन में योरॅप के सम्पर्क के कारण विकास की अनेक स्थितियाँ अनेक स्तरों पर एक साथ आभासित हुई हैं। पर हमारे कवि ने अपने युग-जीवन की शिथिल प्रक्रिया से कहीं व्यापक परिवेश से अपनी काव्य-प्रेरणाएँ ग्रहण की हैं। इस कारण उसके काव्य में यह भाव-बोध के संक्रमण की स्थिति विषम रूप से मिलती है। इसके परिणाम-स्वरूप एक ओर हिन्दी नये काव्य के भाव-बोध का स्तर सामान्य युग-जीवन के स्तर के आगे का है, जिसका सहभोग कवि के समान अधिक प्रखर संवेदनवाले पाठक ही कर पाते हैं; और दूसरी ओर काव्य-प्रवृत्ति को निश्चित भाव-बोध के स्तर पर उपलब्ध होने का पूरा अवसर नहीं मिल पा रहा है। नयी कविता में जितनी शीघ्रता से इन स्तरों और आयामों का परिवर्तन देखा जा सकता है उतनी ही सरलता से अपने लिए अपनी रूढ़ियाँ बनाने की स्थिति भी देखी जा सकती है। यह उसकी प्रक्रिया का ही जैसे अंग हो गया हो।

---

* काठ की घण्टियाँ : सर्वेश्वरदयाल सक्सेना

कुछ विचारक हिन्दी के प्रयोगशील काव्य और जिसको अब नया काव्य कहने लगे हैं, इनमें अन्तर करना पसन्द नहीं करते। प्रयोग की सम्भावनाओं की दृष्टि से इस काव्य में प्रयोगशीलता की स्थिति आज भी परिलक्षित है, क्योंकि जिस क्षिप्रता से काव्य में भाव-बोध के नये आयामों को उद्घटित करने का कवि प्रयत्न कर रहा है, उसी के अनुसार उसे शैली तथा शिल्प के अन्वेषण में संलग्न रहना भी है। परन्तु एक अन्तर हिन्दी के ऐतिहासिक स्थिति-प्राप्त प्रयोगशील काव्य और आज के नये काव्य में ज़रूर है। यह अन्तर किन्हीं विशिष्ट कवियों से कुछ कवियों को अलग करके देखने के लिए महत्व का नहीं है, क्योंकि वे विशिष्ट कवि इस काव्यान्दोलन के साथ आज भी सम्पृक्त हैं। यह हिन्दी काव्य के मनोभाव को समझने के लिए ही अधिक सार्थक है।

छायावादी काव्य की काल्पनिक आदर्शोन्मुखी गम्भीरता और गरिमा तथा छायावादोत्तर रोमैण्टिकों और प्रगतिवादियों को यथार्थोन्मुखी अगम्भीर तथा काल्पनिक भावावेश से मुक्त होकर सहज और यथार्थ काव्यभूमि का अन्वेषण पहले प्रयोगशीलों की दिशा थी। उद्देश्य की महिमामयी गम्भीरता, यथार्थोन्मुखी आदर्श की स्थापना, तथा काल्पनिक यथार्थवादिता और शक्तिहीन भावावेश की स्थितियों से काव्य को व्यक्ति और युग के जीवन पर प्रतिष्ठित करने का आग्रह भी इस प्रयोगशीलता का प्रधान लक्षण था। इसी कारण प्रयोगशीलों में सभी मतों और विश्वासों के कवि अन्वेषण की दिशा में एक साथ चल सके थे।

परन्तु नयी कविता में अन्वेषण की दिशा के साथ नये क्षितिज आविर्भूत हुए हैं, यथार्थ की नयी दृष्टि विकसित हुई है, संक्रमण के बीच नये मूल्यों की सम्भावना का आभास मिला है। इतना ही नहीं, नया कवि भाव-बोध के इन नये स्तरों और आयामों को उद्घाटित करने के उपयुक्त भाषा, शैली तथा शिल्प का अन्वेषण करने में सफल भी हुआ है। इस स्थिति को इस प्रकार भी रखा जा सकता है कि जब आधुनिक काव्य, प्रयोगशीलता की दिशा में इस सीमा पर पहुँचता है तो उसे 'नयी कविता' कहा जाने लगा है।

सर्वेश्वर का काव्य-व्यक्तित्व 'नयी कविता' के इन तत्त्वों को समझने में पूर्णत: समर्थ है। वस्तुत: सर्वेश्वर की कविता प्रयोगशील काव्य के इस नये मोड़ का प्रतीक है, उसने प्रयोगशीलता को वहाँ से ग्रहण किया है जहाँ से वह काव्य की नयी भाव-भूमियों में प्रवेश करती है। यह ठीक है कि काव्य की दृष्टि में मूल्यों का अन्वेषण और उनकी उपलब्धि, दिशाओं की खोज और क्षितिजों का आविर्भाव, भूमियों की खोज और उन पर संचरण, समान महत्त्व रखते हैं। पर काव्य-परम्परा को समझने के लिए यह अन्तर ध्यान में रखना होगा। सर्वेश्वर तथा उन-जैसे कुछ कवियों के काव्य के आधार पर इस अन्तर या मोड़ को समझा जा सकता है और एक प्रकार से नये काव्य-तत्त्वों का विकास इन्हीं कवियों में प्रत्यक्षत: देखा जा सकता है।

सर्वेश्वर ने 'काठ की घण्टियाँ' में अपनी कविताओं के चयन के बारे में मोह से काम लिया है। कवि के संघटित व्यक्तित्व की दृष्टि से शायद इससे कुछ हानि हो, पर उसके विकास-क्रम को समझने के लिए दृष्टि भी मिलती है। सर्वेश्वर की प्रारम्भिक काव्य-भूमि रोमैण्टिक भावावेश के भ्रम टूटने से शुरू होती है। छायावादोत्तर रोमैण्टिकों ने भावावेश का बड़ा बवण्डर बाँधा था जो वर्तमान युग की कठोर यथार्थ भूमि से टकराकर गैस निकल जाने के बाद पिचके गुब्बारे के समान लगता है। रोमैण्टिक भावावेग की इस परिणति में कवियों के मन का रोमैण्टिक मनोभाव

विषाद, अवसाद, निराशा तथा खिन्नता से मुक्त हो गया। हिन्दी के गीतकारों ने जिस प्रकार उस रोमैण्टिक भावावेग को एक छिछले स्तर पर ग्रहण किया था उसी प्रकार वे इस मन:स्थिति का ऊपरी स्पर्श मात्र कर सके। इससे अधिक उनसे आशा की भी नहीं जा सकती थी, इनकी रूढ़ियों का विकास वे भले ही आज भी करते आ रहे हैं।

परन्तु रोमैण्टिक अवसाद का यह मनोभाव आधुनिक युग के कवियों में वैयक्तिक जीवन की यथार्थ विषमता से उद्भूत है, युग-जीवन की कठोरता से व्यक्ति की कोमल भावनाओं की टकराहट का परिणाम है। सर्वेश्वर ने रोमैण्टिक मनोभावों को निर्भ्रान्ति (डिस्-इल्यूज़नमेण्ट) की इसी स्थिति से ग्रहण किया था। प्रारम्भ में यह भ्रम टूटने की स्थिति आधुनिक जीवन के यथार्थ सम्पृक्त दृष्टि का परिणाम थी जो वस्तुओं और स्थितियों के प्रति काल्पनिक मोह तथा आकर्षण से मुक्त करने में सहायक हो सकती है। परन्तु प्रयोगशील तथा नये कवियों में अधिकांश के मन में यह निर्भ्रान्ति स्वत: अपने मोह तथा आकर्षण में रोमैण्टिक मनोभाव में प्रतिघटित हो गयी है। इस क्षेत्र में सर्वेश्वर की स्थिति बहुत-कुछ ऐसी है और यह मनोभाव निरन्तर उसके काव्य में लगा चला आ रहा है, जैसे कवि को इससे मुक्ति नहीं। ऐसा लगता है जैसे कवि अपने इस भाव से मुक्त होना चाहता भी नहीं।

कहीं-कहीं इस रोमैण्टिक मनोभाव के घने अवसाद में मृत्यु-जैसा ठण्डापन और निर्ममता है (ये तो परछाईं है, मैंने आवाज़ दी है⋯, यह साँझ, आदि)। कहीं यह अवसाद, मात्र अतृप्ति और निराशा की व्यंजना करता है (यह भी क्या रात, सुहागिन का गीत, विवशता)। वस्तुत: 'बीसवीं शताब्दी के एक कवि की समाधि पर' नामक कविता में ऐसे ही रोमैण्टिक कवि की असफल भावनाओं की व्यंजना है—

"फिर उस युग के कवि!
दर्द दर्द जिनकी कविता,
गोधूली की थी महज़ गर्द
जिनकी कविता।"

प्यार की पीड़ा और निराशा का स्वर भी मुखर हुआ है (एक प्यासी आत्मा का गीत, फुलझरियाँ छूटीं)। और उसकी स्मृति तथा उसकी क्षणिकता की कसक भी बार-बार कवि को खिन्न करती है—

"प्यार का उन्मेष कितना प्रबल
पर कितना क्षणिक है। (शान्त ज्वालामुखी-सी तुम)"

इसी प्रकार 'एक नयी प्यास' 'चाँदनी से कहो' तथा 'प्रेम नदी के तीरा' आदि कविताओं में बीते प्यार की मधुर कसक जैसे कवि को निरन्तर आकर्षित किये हुए है।

सर्वेश्वर का प्रकृति सम्बन्धी दृष्टिकोण भी रोमैण्टिक भावना से अनुप्राणित है। जिन कविताओं का ऊपर उल्लेख किया गया है, उनमें प्रकृति के वातावरण का सहारा लिया गया है। 'सन्ध्या का श्रम', 'भोर' तथा 'कल रात' जैसी कविताओं में आरोपगत वैचित्र्य ही प्रधान है। पहली दोनों कविताओं में आरोप भी परम्परागत नारी के रूप का है, तीसरी कविता में भाव-बोध तथा प्रतीक योजना नवीन है।

यहाँ तक सर्वेश्वर के काव्य की वह भावभूमि है जिसका सम्बन्ध पिछले युग से है, पर यह उनकी कविता की वास्तविक भूमि नहीं है। यह अलग बात है कि उनकी कविता में इस बीते युग की गूँज-अनुगूँज आती रहे। समसामयिकता का दायित्व तथा लोक-सम्पृक्ति का भाव सर्वेश्वर की कविता में जिस आधुनिक संवेदन के स्तर पर व्यक्त हुआ है वैसा आज के किसी कवि में नहीं मिलता। और इन दोनों प्रधान तत्त्वों के अनुरूप सर्वेश्वर की भाषा और शैली भी है। इस क्षेत्र में वस्तु और शिल्प का इतना पूर्ण सामंजस्य कवि की प्रधान उपलब्धि है।

वस्तुत: समसामयिक होना-भर आधुनिकता नहीं है, और कुछ विचारक समसामयिकता को मात्र इतिहास मानकर काव्यानुभूति के स्तर पर स्वीकार करने में हिचकिचाते हैं। इसका कारण है कि प्रगतिशील लेखकों ने सामाजिक यथार्थ के नाम पर समसामयिकता के संवेदन को विकृत किया है। परन्तु समसामयिक जीवन और उसकी समस्याओं की ओर आकृष्ट होना, व्यक्तिगत संवेदन अथवा सामाजिक परिवेश के रूप में, आधुनिक दृष्टि है। यह आधुनिक भाव-बोध का अंग तभी बन पाता है जब कवि उसको भावावेश अथवा अतिरिक्त दायित्व के रूप में न ग्रहण कर अपने काव्यानुभव का अंग बनाने में समर्थ हो। कवि के व्यक्तित्व में संवेदन और भाव-बोध का परिवर्तन और विकास अपने युग-जीवन के सन्दर्भ में होता है। यह अलग बात है कि बदले हुए या नये भाव-बोध को अपने काव्यानुभव के रूप में सम्प्रेषित करने में कवि समसामयिकता से बँधकर रह न जाये। पर उसके अनुभव की सीमा विस्तार के लिए आवश्यक नहीं है कि युग-जीवन के सन्दर्भों से काव्य को अलग रखा जाये। केवल आवश्यक है कि इन सन्दर्भों को गहन आत्मानुभव के स्तर पर ही ग्रहण किया जाये।

सर्वेश्वर समसामयिक होकर भी अपने युग-जीवन की गहरी सम्पृक्ति को गहन अनुभव के स्तर पर ग्रहण करने में समर्थ हो सके हैं, नये काव्य में उनकी यह बहुत बड़ी सफलता है। उनके अनुभव में व्यक्ति और युग जीवन इस प्रकार सम्पृक्त हैं कि चरम अनुभूति और संवेदन के क्षणों में भी युग-जीवन के स्पन्दन सम्मिलित हो गये हैं। 'ताँबे के फूल' तथा 'नीला अजगर' जैसी कवि की व्यक्तिगत अनुभूतियों को व्यक्त करनेवाली कविताओं में यह भाव व्यंजित है। 'नये वर्ष पर' लिखी गयी कविता में व्यक्तित्व के गहनतम अनुभवों को सामाजिक सन्दर्भ के घने वातावरण के साथ इस प्रकार प्रस्तुत किया गया है कि व्यक्ति के संवेदन में युग का व्यापक संवेदन समाहित हो गया है।

आज के युग में व्यक्ति अपने व्यक्तित्व के प्रति जागरूक है। यह व्यक्तित्व का बोध सर्वेश्वर में भी मिलता है, पर कवि ने कभी अपने व्यक्तित्व को समाज के, युग के परिवेश को चुनौती देनेवाले दर्पपूर्ण अहं के रूप में नहीं देखा है। अपनी सारी आत्मचेतना में भी कवि अपने व्यक्तित्व को समष्टि की व्यापक चेतना की अभिव्यक्ति का माध्यम स्वीकार करता है। 'काठ की घण्टियाँ' में अपने व्यक्तित्व का इसी का माध्यम बनने के लिए आवाहन है :

> "जितनी भी ध्वनि शेष है
> इन सूखी रगों में,
> तजो
> ओ काठ की घण्टियो,
> तजो।"

'आत्मसाक्षात्कार'-जैसी कविता में कवि अपने व्यक्तित्व का जो पुन: अन्वेषण करता है उसमें सामाजिक भावना से संघटित और स्पन्दित व्यक्तित्व ही उभरता है।

युग-जीवन की सम्पृक्ति के कारण सर्वेश्वर में दायित्व का सक्रिय अनुभव मिलता है। यद्यपि उसने कभी इस दायित्व को अपनी सर्जन-प्रक्रिया से भिन्न नहीं माना। नयी कविता की यह दृष्टि कवि का प्रथम और अन्तिम दायित्व कवि-कर्म में ही है, सर्वेश्वर में दायित्व की भावना को इसी स्तर पर संघटित करती है। उसने अपने संवेदन और आत्माभिव्यक्ति के मूल में ऐसे ही मूल्यों का स्रोत माना है जो बाह्यारोपित न होकर व्यक्तित्व का सतत अन्वेषी अंश है और वस्तुत: युग-युग की मानवता का प्रतीक है। यही है जो व्यक्त होकर कभी पूर्णत: व्यक्त नहीं हो पाता और मानव का व्यक्तित्व उसकी अनुकृति मात्र है :

> ''सब कुछ कह लेने के बाद
> कुछ ऐसा है जो रह जाता है,
> तुम उसको मत वाणी देना।
> × × ×
> वह मेरी कृति है
> पर मैं उसकी अनुकृति हूँ,
> तुम उसको मत वाणी देना।''

कवि युग-यथार्थ को ग्रहण करना अपना कवि-धर्म मानता है। रोमैण्टिकों की भाँति 'मर्म सहला कर व्यथा सुला देना' या 'पिचके गुब्बारों को गैस भर कर फुला देना' वह अपना कवि-कर्म स्वीकार नहीं करता (मैंने कब कहा)! वह सत्य की 'गहरी चोट का अनुभवी नया कवि' है। 'प्लेटफ़ॉर्म' के बिखरे हुए चित्रों और बिम्ब-विधान से संवदेन की जो सघनता उत्पन्न हुई है उसका संकेत और व्यंजना व्यक्तित्व के मूल्य-वाहक होने की ही है। वह सघनतम क्षणों में अपने व्यक्तित्व की सार्थकता इसी में मानता है कि :

> ''अनुभव करूँगा—
> इन सबके साथ
> कहीं मैं भी बँधा था,
> कहीं मेरा भी योग था।''

इस प्लेटफ़ॉर्म के व्यापक अनुभव से ही उसका व्यक्तिगत अनुभव पूर्ण हो सका है। अपनी अभिव्यक्ति की आकांक्षा के चरम क्षणों में भी कवि ने अपने पंखों की माँग ऐसे सर्जन के लिए ही की है—

> ''ढाँक मैं जिससे सकूँ जलते हुए सम्पूर्ण वन को,
> छाँह जिससे दे सकूँ, बेदम परिन्दों को, गगन को,
> फिर न पलकें गिरा, आँसू छिपा, गरदन मोड़,
> कहूँ 'इस तूफ़ान ने मेरे दिये पर तोड़।''

सर्वेश्वर ने विसंगत बिम्ब-विधान या प्रतीक-योजना का आश्रय मर्म-स्थलों पर लिया है। पर 'कॉफ़ी हाउस में एक मेलोड्रामा' में इसी स्तर पर वह आधुनिक मानव-मूल्यों की व्यंजना करने में समर्थ हुआ है।

सर्वेश्वर ने नयी कविता के साथ जीवन की दृष्टि जिन मूल्यों के आधार पर संघटित करने की चेष्टा की है उसमें यथार्थ का उल्लेख किया जा चुका है। यह यथार्थ वस्तुत: सारे जीवन का मौलिक भाव-बोध प्रस्तुत करता है। इस स्थिति में पुराने मूल्यों का विपर्यय भी दिखाई देता है। 'सुबह हुई' में सुबह और शाम के दो चित्रों के माध्यम से प्रगति के दृष्टिकोण के अन्तर को व्यक्त किया गया है। सुबह गौरैया के बच्चे का प्रयत्न है और शाम को पीठ पर चारा लादे ऊँट है। सुबह और शाम की प्रगति के दृष्टिकोण को कवि यों रखता है—

"आप इसे प्रगति कहें?
मेरे लिए
स्वावलम्बी गौरैये का बच्चा ऊँट हो गया"

इसके अतिरिक्त अस्तित्व की सार्थकता (थरमस), सत्य का अन्वेषण (दो अगर की बत्तियाँ), दर्द से मँजकर सार्थक होना (आज पहली बार) तथा 'सहना ही जीवन स्वीकार करना' (तुम कहो) आदि ऐसे मूल्यों की व्यंजना है जो अपने संवेदन में आधुनिक हैं और सन्दर्भ में नये हैं।

आज का युग संक्रान्ति का है, अत: इसमें अनेक विरोधाभास, असंगतियाँ और विकृतियाँ हैं। युग-जीवन से सम्पृक्त नया कवि इनका संवेदन बहुत गहराई से करता है। सर्वेश्वर में न केवल समसामयिकता के भाव-बोध के गहनतम स्तर उद्घाटित हुए हैं वरन् उसमें इस युग की समस्याओं के प्रति साहसिक जागरूकता है। और क्योंकि इन समस्याओं, स्थितियों और प्रश्नों को कवि ने कवि-कर्म के अन्तर्गत संवेदन तथा अनुभव के स्तर पर ही ग्रहण किया है, अत: इसमें निहित असंगतियों, विकृतियों तथा विरोधाभासों का विसंगतिजन्य व्यंग्य ही प्रधानत: उभरा है। इसी स्तर पर वह समसामयिकता को व्यापक आधुनिक काव्यानुभव बनाने में समर्थ हुआ है।

आज की दुनिया में मूल्यों का विपर्यय हो गया है। वह 'विवशता नहीं कुतूहल ख़रीदती है', 'शोख़ चेहरों के आँसुओं पर दया' करना पसन्द करती है और ऊपरी दिखावटी संवेदना पर विश्वास करने लगी है। आज की दुनिया में 'विवशता, भूख और मृत्यु' आकर्षक बनाकर सजाने पर ही पहचानी जाती हैं। इस सारी स्थिति को अन्त में कवि व्यंग्य के साथ अधिक संवेदित कर देता है:

"ओछी नहीं है दुनिया
मैं फिर कहता हूँ
महज़ उसका
सौन्दर्य-बोध बढ़ गया है।" (सौन्दर्य-बोध)

इसी प्रकार 'दो नेक सलाहें' में कवि आज की प्रतियोगिता की दिशा पर व्यंग्य करता है। 'सरकण्डे की गाड़ी', 'आटे की चिड़िया', 'बेबी टैंक', 'कलाकार और सिपाही', 'पीस पैगोडा', तथा 'घास काटने की मशीन' जैसी कविताओं में सर्वेश्वर ने युद्ध, शान्ति, स्वातन्त्र्य, साम्यवाद-जैसी युग की ज्वलन्त समस्याओं को ग्रहण किया है, मात्र समस्याओं के रूप में नहीं। इसी कारण

अपनी शक्ति-संवेग और संवेदन की सघनता में ये कविताएँ भाव-बोध के स्तर पर उसकी उत्कृष्ट रचनाओं में हैं।

भाषा और शिल्प के क्षेत्र में सर्वेश्वर की उपलब्धि नयी कविता में महत्त्वपूर्ण है। भाषा तथा शिल्प शैली के बाह्य उपकरण हैं और शैली का आन्तरिक सम्बन्ध भाव-बोध के स्तर से होता है। इस कवि की लोकसम्पृक्ति से उसकी भाषा और शिल्प का गहरा सम्बन्ध है। साधारण भाषा को, उसके सामान्य प्रचलित शब्दों तथा प्रयोगों को कवि ने काव्यानुभव के स्तर पर उठा दिया है। भाषा की यह सरलता और बोधगम्यता जीवन की साधारण से साधारण और सहज से सहज स्थिति को काव्य-वस्तु के रूप में स्वीकार कर लेने के कारण सम्भव हो सकी है। और इन स्थितियों को काव्यानुभव के स्तर तक उठा देने के कारण इस भाषा में व्यंजना तथा सम्प्रेषण की नयी शक्ति आ गयी है। सर्वेश्वर के प्रतीक नये हैं, पर वे साधारण जीवन से लिये गये हैं। उनमें चमत्कृत करके आकर्षित करने के भाव के स्थान पर परिचय तथा सहजता की मार्मिक अनुभूति अधिक है। इस कवि ने विसंगति के स्थान पर परिचित अनुभवों की मार्मिकता को अधिक ग्रहण किया है, इस कारण इसका बिम्ब-विधान परिचय तथा निकटता के आधार पर संघटित है। जीवन की परिस्थितियों की सहजता और भाषा तथा शिल्प की इस सरलता को नये काव्य की विशिष्टता के रूप में स्वीकार कर अन्य नये कवियों में कुछ कवि आधुनिक भाव-बोध के नये आयाम उद्घाटित करने में समर्थ हुए हैं और कुछ में यह स्वयं एक रूढ़ि बन गयी है। वे इनको सर्वेश्वर के काव्यानुभव के स्तर तक उठाने में असमर्थ रहे हैं।

●

अशोक वाजपेयी

जीने के कर्म की परिभाषा *

आप कविता के पास—यदि अब भी आपके पास उसके लिए रुचि और समय है—क्यों जाते हैं? और ख़ासकर उस कविता के पास जो किसी व्यक्ति के सुख-दु:ख और संघर्ष—उसके अनुभव के नाटक की कविता है। उसके पास उसकी लिखी व्यथाएँ (और उनकी व्यापकता) हैं, उसके हर्ष के अवसर हैं, उसका प्रेम है, उसके जीवन की अपनी विशिष्ट दीप्ति और ऊष्मा है, उसकी वसन्त की धूप और आदर्श मौसम है—पर यह सब तो आपके पास भी है, आपके अपने ढंग से। आप फिर जब उस व्यक्ति की कविता पढ़ते हैं (और हो सके तो पसन्द भी करते हैं) तो क्या सिर्फ़ इसलिए कि वह आपके अनुभव के ड्रामे की भी कविता हो जाती है, सम्प्रेषण के समय और आप अपने जीवन को उस कविता के माध्यम से—उसकी भाषागत गति के माध्यम से पहचानते और समझते हैं? आंशिक रूप से यह उत्तर सही है पर क्या पूरा उत्तर यह नहीं होगा कि आप (जो जीवन-व्यापार में कवि की ही तरह संलग्न व्यक्ति हैं) ऐसी कविता से अपने जीवन का मूल्य-सौन्दर्य देख पाते हैं, उसका सामाजिक उपयोग ही नहीं देखते, उसकी आन्तरिक शक्ति और सम्भावना भी अनुभव करते हैं। क्या ऐसी कविता आपके जीवन को एक ऐसी गति के रूप में प्रस्तुत नहीं करती जिससे या तो आप अनभिज्ञ थे या किसी अस्पष्ट रूप में जिसे महसूस-भर कर पाते थे? और इससे भी आगे ऐसी कविता क्या आपके क्षुद्र और अव्यवस्थित और यान्त्रिक लगते जीवन और तत्सम्बन्धी संघर्ष को उसकी वास्तविक गरिमा, व्यवस्था और मानवीयता से आलोकित नहीं कर देती?

रघुवीर सहाय की कविताओं के पास जाते कुछ वैसा प्रश्न उठता है जैसा कि मैंने आरम्भ में उठाया है और कविताओं के कतिपय अनुभव-वृत्तों में-से गुज़र जाने के बाद बहुत-कुछ उस उत्तर के समीप होता है जो मैंने ऊपर सुझाया है।

पहले कविता के सम्बन्ध में हम जो सोचते थे उसमें इस बात का कुछ-न-कुछ महत्त्व होता था कि कविता और जीवन का क्या अन्तर्सम्बन्ध है, कविता जीवन के जिस क्षेत्र या भाग से सम्बद्ध है या होने का दावा करती है उसकी अभिव्यक्ति कवि कितनी ईमानदारी और कितनी दक्षता से कर सका है। पर इस बात का कम महत्त्व होता था कि धारणाओं और विचारों के अतिरिक्त उस महान् कार्य में जिसे हम जीना कहते हैं, कवि कितनी गहराई, शक्ति और साहस और ईमानदारी के साथ लगा हुआ है। जीने के कर्म और कविता में कोई सीधा पर नाटकीय सम्बन्ध देखना

* सीढ़ियों पर धूप में : रघुवीर सहाय

अप्रासंगिक नहीं तो आवश्यक नहीं माना जाता था। अब हमारा आग्रह शायद धीरे-धीरे इस पर अधिक होता जाता है कि कविता को कवि के अमित जीने (इम्मेन्स लिविङ्) का साक्ष्य होना चाहिए। यह एक बड़ी माँग है पर ऐसी दुनिया में जहाँ जीवन अधिकाधिक उथला, अर्थहीन और मूल्यच्युत होता जाता है और ऐसे समाज में जहाँ फ़िल्मी गीतों से उसके अधिसंख्य लोग वे दोनों मनोरंजन सुविधापूर्वक पा लेते हैं, जो पहले कभी उन्हें कविता और संगीत से मिलते थे, कविता यदि जीने के कर्म को उसकी मानवीयता और गरिमा में शक्तिपूर्वक प्रस्तुत और परिभाषित नहीं करती तो उसका और कौन-सा कर्त्तव्य हो सकता है? यदि संसार के विनाश के विरुद्ध रचनात्मक कर्म ही एकमात्र बचाव है (जैसा कि अमरीकी कवि-समीक्षक केनेथ रेक्सरॉथ ने कहा है) तो कवि के लिए सबसे अधिक रचनात्मक क्या यही नहीं हो सकता कि वह मानव-अस्तित्व के अन्तःसलिल हो रहे उत्सों को फिर से प्रकाश में लाये; हम ऊबे और थके और उखड़े-हुओं को अपने जीने की क्रिया की गहराई और विशदता पर कविता के माध्यम से बल देकर हममें उस कर्म के लिए नया रस, नया महत्त्वबोध उत्पन्न करे ताकि हम जीवन में अर्थ, उद्देश्य और मूल्य की खोज और प्रतिष्ठा कर सकें।

ऐसे बहुत-से कवि नहीं हैं जो रघुवीर सहाय की तरह अपनी कविताओं में प्रायः सर्वत्र ही किसी-न-किसी रूप में ऐसा साक्ष्य प्रस्तुत करते हैं। 'सीढ़ियों पर धूप में' के कविता-खण्ड की रचनाओं से प्रचुर उदाहरण दिये जा सकते हैं—

वह अनाहत जिजीविषा लिये अकुण्ठित मन से संघर्ष के लिए तैयारी हो—

"शक्ति दो, बल दो हे पिता
जब दुःख के भार से मन थकने आय
पैरों में कुली की-सी लपकती चाल छटपटाय
इतना सौजन्य दो कि दूसरों के बक्स-बिस्तर घर तक
पहुँचा आयें
कोट की पीठ मैली न हो, ऐसी दो व्यथा—
शक्ति दो।"

या अपने 'एक और जीवन' और उसके अकेलेपन के गहरे बोध के बाद भी तादात्म्य की यह भावना—

"सारे संसार में फैल जाएगा एक दिन मेरा संसार
सभी करेंगे—दो चार को छोड़—कभी न कभी प्यार
मेरे सृजन, कर्म-कर्त्तव्य, मेरे आश्वासन, मेरी स्थापनाएँ
और मेरे उपार्जन, दान-व्यय, मेरे उधार
एक दिन मेरे जीवन को छा लेंगे—ये मेरे महत्त्व।
डूब जायेगा तन्त्रीनाद कवित्त-रस में, राग में रंग में मेरा यह मनत्व।
जिससे मैं जीवित हूँ।
मुझ परितृप्त को तब आकर वरेगी मृत्यु—मैं प्रतिकृत हूँ।"

या तृष्णा के ज्वार का यह निर्भर आह्वान—

"तट पर रखकर शंख-सीपियाँ
चला गया हो ज्वार हमारा
तन पर मुद्रित छोड़ गया हो सुख के चिह्न विकार हमारा
जब सब कर, हम चुके हुए हों, सह सब, चुके हुए हों
जब हम कह सब, चुके हुए हों—
तब तुम, तब तुम ज्वार हमारी तृष्णा के फिर आना
इस जहाज़ को बन्दर में पहुँचा जाना फिर आकर।"

या प्रेम के ऐसे अद्वितीय आलोककण हों—

"वह छवि मुझ में पुनरुज्जीवित कभी नहीं होती है
वह मुझ में है। है। वह यह है
मैं भी यह हूँ
मेरे मुख पर अक्सर जो आभा होती है।"

और

"तुममें कहीं कुछ है
कि तुम्हें उगता सूरज, मेमने, गिलहरियाँ, कभी-कभी का
मौसम
जंगली फूल-पत्तियाँ-टहनियाँ—भली लगती हैं
आओ उस कुछ को हम दोनों प्यार करें
एक दूसरे के उसी विगलित मन को स्वीकार करें।"

या मन में पानी के अनेक संस्मरण—

"कौंध। दूर घोर वन में मूसलाधार वृष्टि
दुपहर : घना लाल : ऊपर झुकी आम की डाल
बयार : खिड़की पर खड़े, आ गयी फुहार
रात : उजली रेती की पार; सहसा दिखी
शान्त नदी गहरी"

या वैभव और सुख के साधन चले जाने के बाद भी रचनात्मक सम्भावना का यह प्रत्यय—

"दिन यदि चले गये वैभव के
तृष्णा के तो नहीं गये
साधन सुख के गये हमारे
रचना के तो नहीं गये"

या त्रुटिहीन, तालबद्ध, सधी हुई लय में बँधी हुई दुनिया में लोगों के बाहुल्य का वह उल्लेखनीय चित्र—

"लोग कुछ नहीं करते जो करना चाहिए तो लोग करते क्या हैं
यही तो सवाल है कि लोग करते क्या हैं अगर कुछ करते हैं

लोग सिर्फ़ लोग हैं, तमाम लोग, मार तमाम लोग
लोग ही लोग हैं चारों तरफ़ लोग, लोग, लोग ···"

या तीव्र संवेदनशीलता का ऐसा सहज पर असाधारण क्षण—

"किसी ने दोस्त से अपने कहा, "कुछ चेंज कम पड़ गयी है;
क्या है!"
दुखी मैं भी खड़ा था, कहा, "है, पर आप क्या मुझसे
भला लेंगे?
न मेरा आप दु:ख जानें
न मैं दु:ख आपका जानूँ।"

या जीवन के एक नये आरम्भ का स्वच्छ और सीधा अनुभव—

"आज एक छोटी-सी बच्ची आयी, किलक मेरे कन्धे चढ़ी
आज मैंने आदि से अन्त तक एक पूरा गान किया
आज फिर जीवन शुरू हुआ।"

या रचना की एक अपूर्ण धड़कन का यह अंकन—

"जो पंक्ति आधी याद थी
उस पर घुमड़ कर खिल गयी एक नयी तितली,
धूप और फूल सहित सम्पूर्ण
और एक शब्द भूले हुए शब्द की जगह रच गया जो
कवि देखता तो कह नहीं पाता कि वह उसका नहीं है।"

या वासना का यह उद्दाम पर सहज गीतकल्प आवेग—

"यह आतुर तन उस में धँसता जाये
थक जायें
थक जायें तेरे कुच मेरे सीने पर धक्-धक् करके
फड़क
फिर रह जायें गुम्फित जंघाएँ
हो जाये वह क्षण जीवन-मरण विशाल सखी"

या नयी कविता की वे सुविख्यात उपलब्धियाँ 'धूप' और 'दे दिया जात हूँ' शीर्षक कविताएँ जिनमें सर्वत्र जीने में और जीवन में गहरे डूबे व्यक्ति की संसक्ति संयत काव्यरूपों में प्रतिफलित हुई है।

रघुवीर सहाय के पास, संकलन के सम्पादक श्री वात्स्यायन के शब्द उधार लिये जायें, "सहज प्रवहमान भाषा" है। ऊपर उद्धृत सभी कविताएँ या कवितांश किसी-न-किसी रूप से भाषा की सम्पूर्ण और सफल क्रियाएँ हैं। किसी भी कविता से सच्चा सम्पर्क तब तक स्थापित नहीं हो सकता जब तक कि पाठक उस तक "भाषा की लयात्मक क्रिया के आनन्द के माध्यम" के द्वारा न पहुँचे। रघुवीर सहाय की भाषा जनभाषा-सी तो है पर वह उसका एक सांस्कृतिक परिष्कार भी है। यही

परिष्कार करते हुए कवि जीने के कर्म को, उसकी कष्ट-व्यथा, क्षुद्रता और महिमा को और उसकी मौलिक आभा को प्रशंसनीय कौशल के साथ परिभाषित करता चलता है। इसी क्रम में वह अपनी नाटकीय प्रतीक-व्यवस्था उपलब्ध करता है और उसकी भाषा में एक विशिष्ट तात्कालिकता, एक निजी लय-विधान और गति आ जाती है। समकालीन कविता में जो कुछ थोड़े-से तुरत पहचान लिये जानेवाले मुहावरे और लय-विधान हैं, उनमें निस्सन्देह रघुवीर सहाय के भी लय-विधान और मुहावरे हैं। वस्तुत: वे उन थोड़े-से कवियों में-से हैं जिनका निजी और पूर्णत: प्रेषणीय मुहावरा विकसित हो चुका है। उपयुक्त भाषा, सहज किन्तु सुनियन्त्रित ताल और लय तथा तीव्र भावना-शक्ति से भरे और धड़कते हुए जीवन की एक रचनात्मक अन्तर्क्रिया से उत्पन्न उनकी कविताएँ सचमुच जीने के कर्म की एक समृद्ध परिभाषा हैं। वे दैनन्दिन जीवन-व्यापार का, कवि के ही शब्दों में कहें, एक "शान्त कायाकल्प" हैं : शान्त क्योंकि वे चौंकाती या भड़काती नहीं हैं और कायाकल्प क्योंकि क्षुद्र लगते गुणों और भावनाओं को वे एक सच्ची गरिमा में रच देती हैं।

व्यक्तियों में "एक मानवीय सम्बन्ध है यानी एक सम्बन्ध है जिसको लेकर (वे) वहाँ एकत्र होते हैं, फिर उस सम्बन्ध में बाधा आती है, वह विकल होता है, बदलता है, अचानक दूसरा हो जाता है। यह सम्बन्ध का बनना ही घटना है, यह घटना ही कहानी है।" इन शब्दों में रघुवीर सहाय ने 'जीता जागता व्यक्ति' शीर्षक कहानी-खण्ड की अन्तिम कहानी 'कहानी की कला' में कहानी की व्याख्या की है। यद्यपि यह दूसरों की कहानियों के लिए भी सही और उपयोगी हो सकती है, सबसे अधिक सही वह उनकी अपनी कहानियों के लिए है। संग्रहीत दसों कहानियों में उनके पात्रों के बीच एक मानवीय सम्बन्ध है जो कहानी के दौरान किसी तरह से बाधा में पड़ता, विकल होता है और अचानक दूसरा हो जाता है—कहानी समाप्त और पूर्ण हो जाती है। उदाहरण के लिए 'एक जीता-जागता व्यक्ति' शीर्षक कहानी में एक व्यक्ति (जो कहानी कह रहा है) सड़क पर कोलतार के कीचड़ में फँसी एक चिड़िया को, जो छुटकारा पाने के लिए संघर्ष कर रही है, मुक्ति देने उस तक जाता है पर उसके सहायक होने के पहले ही चिड़िया अपनी कोशिश से कीचड़ से छूट जाती है। साधारण अर्थ में लें तो कुल इतनी-सी 'घटना' होती है पर ग़हरे देखें तो इससे बहुत अधिक कुछ घटता है और ऐसे नहीं जैसे ऊपर के सारांश-वाक्य में कहा गया है बल्कि भाषा की उसी उपयुक्तता और लय-ताल की तैयारी के साथ, उसी तीव्र संवेदनशीलता और सहज, जीवन्त किन्तु नाटकीय भंगिमाओं के साथ जैसा कि उनकी कविताओं में होता है। दरअसल ये सभी कहानियाँ निर्विवाद रूप से कविता हैं। इलियट ने बताया है कि सभी अच्छी कविता अच्छा गद्य भी होती हैं। इसका प्रतिलोम भी उतना ही सच है। रघुवीर सहाय की कहानियाँ अच्छा गद्य हैं : रचना-सौष्ठव के कोण से, भाषा उपयुक्त प्रयोग के कोण से, तीव्र मर्मदृष्टि के कोण से, अनुभव की परिपक्वता के कोण से। वह उनके काव्य का ही विस्तार है और इसीलिए ही नहीं कि उनमें कविताओं की-सी सहज आनन्ददायी उष्णता है, और लय-ताल का वैसा ही त्रुटिहीन रचाव जैसा कि एक कहानी के इस बिलकुल अन्तिम अंश से स्पष्ट होगा—"नहीं, मैंने कहा, कोशिश मत करो, ऐसी ही रहो जैसा तुम हो, सुन्दर और उज्ज्वल और बिना वह जानते हुए जो मेरे अन्दर हुआ है। तुम नहीं जानती हो कि मैं किस तरह टूटने से बच गया हूँ, पर तुम सुन्दर हो और यह क्या काफ़ी नहीं है, उतना ही जितना कि मेरा कृतज्ञ होना है। पूछो मत, न मैं बताऊँगा और न तुम्हें जानने की ही ज़रूरत है क्योंकि इस समय तुम ऐसे ही सुन्दर हो, अकेली और बिना जाने हुए

और बिना जानने की कोशिश किये हुए कि मेरे अन्दर क्या हुआ है।''—बल्कि इसलिए भी कि उसके पीछे वही काव्य-अन्तर्दृष्टि है जो जीने के कर्म को पहचानती-परिभाषित करती चलती है। वे कोई 'सामूहिक या कामचलाऊ स्तर' स्वीकार नहीं करते और उनकी कहानियों में अनुभव के अन्तरतम स्तरों तक पहुँचने की स्मरणीय चेष्टाएँ हैं। उनके सभी पात्र मानवीय हैं, 'निरपेक्ष मानवीय' हैं—और उसी स्तर पर वे सक्रिय होते हैं। प्राय: उनका सामाजिक, आर्थिक या नैतिक परिवेश हमें नहीं बताया जाता, और यदि बताया भी जाये तो उससे कहानी के आनन्द या समझने में कोई सहायता नहीं मिलती क्योंकि ऐसी सूचना वहाँ अप्रासंगिक है। कोई स्वाभाविक घटना घटने पर लेखक उसमें रत मानवों के पारस्परिक सम्बन्ध को तुरन्त देख सकने का यत्न करता है और निस्सन्देह अपनी भाषा और उपयुक्त शिल्प तथा मानसिक तैयारी से सफल भी होता है। वह 'जीवन की सहज मानवीयता' को पहचानता है और कहानियाँ उसकी यह मार्मिक पहचान हम तक पहुँचाती हैं। वे एक तरह से मानवीयता, निरपेक्ष मानवीयता के—जहाँ उसे सामाजिकता, नैतिकता आदि के वर्ग-विभाजन में नहीं देखा जा रहा है—तात्कालिक अनुभवों की एक संक्षिप्त माइथॉलॅजी हैं—आधुनिकता की धारणा में मानव की समग्रता और सम्पूर्णता का जो आग्रह है उसे अपनी कहानियों में अपने ढंग से रूप देनेवाले रघुवीर सहाय पहले कहानीकार हैं। उनके यहाँ कहानी सचमुच 'नयी कहानी' है।

पुस्तक के तीसरे खण्ड में 'लेखक के चारों ओर' शीर्षक से कुछ लेख संकलित हैं। कवि-कर्म और लेखक-कर्म की निजी व्याख्याएँ सबके लिए प्रामाणिक नहीं हो सकतीं। किन्तु रघुवीर सहाय की नोटबुक से लिये गये अंशों और जब-तक की टिप्पणियों में ऐसा बहुत-कुछ है जो नये साहित्य की रचना-प्रक्रिया और संघर्ष को अधिक निकटता और सहानुभूति से समझने के लिए आपको तैयार कर सकता है। इस खण्ड में, जो मुख्यतया आलोचनात्मक या विचारात्मक गद्य है, कहीं भी रूखापन या नीरसता नहीं है : वह यदि कठोर गद्य नहीं है तो लिजलिजा या भावुक भी नहीं है। सुव्यवस्थित और सुचिन्तित होते हुए भी उसमें एक लचीलापन, एक तरह की सुखद गरमाई है जो रचनाकार की सच्ची पहचान है। लेखक की रचना की प्रक्रिया के प्रति जिस 'ऐंग्ज़ायटी' का उल्लेख पुस्तक के कृती सम्पादक ने किया है वह सबसे अधिक स्पष्ट रूप से ''समय-समय पर टीप लिये गये अन्तरावलोकित वाक्यों में बार-बार लक्षित'' होती है।

पूरी पुस्तक व्यक्तित्व की एक उल्लेखनीय समग्रता प्रस्तुत करती है। वह एक जीवन्त पुस्तक है जिसकी कहानियों, कविताओं और लेखों से गुज़रते हुए आपको नया जीवन-रस और स्वाद मिलता है, आप कुछ सुन्दर पाते हैं और चले आते हैं और दु:खी नहीं होते। बल्कि क्या आप में एक नया उत्साह नहीं काम करने लगता, एक नया आह्लाद नहीं जान पड़ता?

नामवर सिंह

नये नाम के अनवरत अन्वेषण में *

केदारनाथ सिंह की कविताओं का कलन 'अभी, बिल्कुल अभी' वहाँ ख़त्म होता है जहाँ से "न रास्ता कहीं मुड़ता है, न सड़कें कहीं जाती हैं।" और आलोचना वहीं से शुरू होती है, जहाँ कविता ख़त्म होती है।

कविता सड़क नहीं है। हो भी तो फ़िलहाल मुझे कहीं जाने की जल्दी नहीं है। चौराहे पर तैनात भी नहीं हूँ कि रास्ता बताने की चिन्ता हो। लेकिन 'अभी, बिल्कुल अभी' की कविताएँ हैं कि रह-रहकर उस चौराहे पर ले जाती हैं जो "मन की सारी राहें विवश छीन लेता है।" आगे 'प्रश्न-भरी मुद्रा का कुहासा' दिखायी पड़ता है जिसमें 'बहुत-से अधूरे पथ' हैं; लक्ष्यहीन मोड़ हैं; आकाश में उड़ती हुई 'दिशाहीन चिड़िया' है। इस पूर्व-परिचित चौराहे का इतिहास यह है कि यहीं से 'दिग्विजय का अश्व' भी गया है किसी अनजान पथ की ओर और 'झुटपुटे में' फिर कहीं बिला गया। फिर भी केदार के साथ यहाँ हम उस 'अनागत' की प्रतीक्षा करते हैं 'जो न आता है, न जाता है।' लेकिन यहाँ तक भी जो हम आ गये तो कौन ले आया? प्रश्न, संशय, दुविधा, अनिश्चय, अस्पष्टता आदि का मिला-जुला बोध जगाना भी कुछ होता है या नहीं? केदार की कविताएँ यदि यह युग-बोध जगाती हैं तो यह भी एक उपलब्धि है। सार्थकता का एक सोपान यह भी है।

'लक्ष्यहीन मोड़', 'अनदेखी छापहीन राहें', 'अजन्मे पुल' वग़ैरह देखकर प्राय: कविताओं को अस्पष्ट कह दिया जाता है। शायद केदार की कविताएँ भी कहीं-कहीं अस्पष्ट कही गयी हैं। स्वयं कहनेवालों के मन में अस्पष्टता का अर्थ कितना स्पष्ट है, मुझे नहीं मालूम; किन्तु इतना तो स्पष्ट किया ही जा सकता है कि अस्पष्टता का बोध जगाना अस्पष्टता नहीं है। इसके बाद भी यदि अर्थ अस्पष्ट रह जाता है तो कविता के गद्यार्थियों (विद्यार्थियों नहीं) से निवेदन है कि चित्रों के आनयन के लिए थोड़ा प्रयत्न करना पड़ता है—समझ में आने से पहले कविता श्रवण में आती है और नयन में भी!

कविता के लिए श्रवण हो तो शब्दों का संगीत भी अर्थपूर्ण हो सकता है और नेत्र हों तो अस्पष्ट लगनेवाले चित्र की सूक्ष्म रेखाएँ भी आकार धारण कर सकती हैं।

केदार के अस्पष्टता-बोधक चित्रों में ऐसी अनेक सूक्ष्म रेखाएँ हैं जो बोध को विशेष अर्थ प्रदान करती हैं। उनके लक्ष्यहीन मोड़ों पर खिंचे हुए रोली के हलके इशारे हैं। 'दिशाहीन चिड़िया' के पर में 'आकांक्षा के जीवित रेशे' हैं। अनागत है तो 'हाथ उसके हाथ में आकर बिछल जाते'

---

* अभी, बिल्कुल अभी : केदारनाथ सिंह

हैं। पुल अजन्मे हैं लेकिन हवाओं में तैरते हैं। अर्थ यदि भविष्य है तो केदार के लिए वह कोई काल्पनिक स्वप्न नहीं बल्कि वर्तमान के बीच उद्भासित होनेवाली रेखा है। इस अनिश्चय में भी उन्हें इतना निश्चय तो है ही कि वह आस-पास यहीं-कहीं है—यहाँ तक कि 'हर नवागन्तुक उसी की तरह लगता है।'

इस प्रकार केदार का युग-बोध अनिश्चयवादियों से भिन्न है। अनिश्चयवादी संकट का नारा लगाते हैं, संक्रान्ति की घोषणा करते हैं, मूल्यों के अनिश्चय का प्रचार करते हैं। उनकी अस्पष्टता दूसरे प्रकार की है। वे अपनी दिमाग़ी उलझन को सारे ज़माने के नाम से चालू करना चाहते हैं, उन कविताओं में अस्पष्टता का पर्याय उलझन है: दिमाग़ी उलझन जो शिल्प की सपाटता के बावजूद उलझन ही बनी रहती है। यह उलझन जो 'दर्द' पैदा करती है, पाठक में सिर-दर्द और कवि में दिल का दर्द। क्रमशः यह दर्द शब्दों की हद के पार चला जाता है और रहस्यवाद बन जाता है। यह मौन की अस्पष्टता है और, पाठक तो दरकिनार, स्वयं कवि के लिए भी अबूझ है।

इस मौन से केदार का मौन भिन्न है। वह सूर्योदय है जो किसी के लिए ख़ाली गुलदस्ता है, तो किसी के लिए आघातहीन ताज़ा समाचार, लेकिन निस्सन्देह वह एक 'हलका-सा उत्तर है।' यह हलका-सा उत्तर इतना हलका है कि 'चुप' का भ्रम हो जाता है, लेकिन यह रहस्यवाद नहीं है। यह मौन अर्थपूर्ण होते हुए भी इतना सहज है कि बच्चे सुनते हैं, क्योंकि बच्चे इस ज़माने के नये इन्सान हैं और इसलिए सचाई को सहज ही समझते हैं। बच्चों को इस मौन में भी शब्द सुनाई पड़ते हैं। इस प्रकार इस मौन में भी 'हर शब्द किसी नये ग्रहलोक में जन्मान्तर' है। कहाँ दर्द का रहस्यवादी मौन और कहाँ सूर्योदय के जन्मान्तर के शब्द!

अस्पष्ट यह हो सकता है लेकिन ज़माना ही कुछ ऐसा है कि दो टूक साफ़ बात ही पहेली बन जाती है। सीधी बात का सामना करने के लिए नैतिक साहस की ज़रूरत होती है। सचाई कभी इस तरह सामने आती है कि एकबारगी सिर चकरा जाता है। बादलों से सहसा निकलकर सूरज आँखों को चौंधिया देता है। कविता में एक अस्पष्टता वह भी होती है जिसे बच्चे भी समझ लेते हैं और गहन विद्वान् चकरा जाते हैं, जैसे कि अँगरेज़ी के कवि ब्लेक तथा हिन्दी के कवि कबीर की कुछ कविताएँ!

केदार की कविताएँ इतनी सहज नहीं हैं, क्योंकि वे नये कवि हैं; किन्तु नयी कविता के अर्थ-पथ पर कुछ दूर तक चलनेवाले देख सकते हैं कि वे अपनी अस्पष्टता में भी सबसे अलग हैं; वैसे इस विषय पर अभी और विचार करने की आवश्यकता है।

नये भावबोध के नाम पर एक अरसे से ख़ास तरह की 'दर्द की अनुभूति' का हवाला दिया जा रहा है, लेकिन नयी पीढ़ी की कविताओं के आलोक में दर्द की वह अनुभूति भी पुरानी हो गयी—यही नहीं बल्कि उनका 'परायापन' भी क्रमशः स्पष्ट होता जा रहा है। नवीनता का निरूपण भविष्य के सन्दर्भ में ही हो सकता है। नयी पीढ़ी के कवियों ने भविष्य के सन्दर्भ में वर्तमान का जो चित्र उपस्थित किया है, वह नवीन भावबोध की नयी परिभाषा है। हिन्दी कविता में यह पीढ़ी केदारनाथ सिंह के साथ है और इसमें केदार का योग सर्वाधिक है।

अपनी पीड़ा की अभिव्यक्त करना आसान है; अपने परिवेश में अपनी पीड़ा को व्यक्त करना कठिन है; और भविष्य के सन्दर्भ में अपने परिवेश के साथ अपनी पीड़ा का चित्रण करना उससे

भी कठिन है। दायरे के विस्तार के साथ कवि-कर्म की जटिलता भी बढ़ती जाती है। इस आत्म-संघर्ष में नये-नये अनुभव्न होते हैं; नयी स्थितियों से साक्षात्कार होता है। अनुभूतियों के दायरे बदलते हैं; दायरे बनते हैं, टूटते हैं और फिर नये बनाने पड़ते हैं। समझौते भी किये जाते हैं और तोड़े जाते हैं। ये सब नवीन भाव-बोध के ही विविध पहलू हैं। कविता की सीमा में केदारनाथ सिंह ने इस अनुभव के कई चित्र उपस्थित किये हैं।

एकाकी कवि कभी अपने 'कमरे के दानव' से लड़ता है तो कभी झरोखे-रोशनदान और द्वार खोलकर 'अन्धड़ की प्रतीक्षा' करता है; कहीं 'जीने की दैनिक शर्तों पर हस्ताक्षर' करता है तो कभी क्रमश: सभी ओर से लौटकर 'अन्तरतम के किसी कोण पर झुका हुआ' समुद्री दस्तक सुनता है। ये तमाम चित्र उस मन:स्थिति के सूचक हैं जो अपने दायरे को तोड़कर व्यापक वास्तविकता का सामना करने की आकुलता जगाती है। यह सही है कि चित्रों का सौन्दर्य आँखों को आगे बढ़ने से रोक देता है और लोग मानने लगते हैं कि कवि में तीव्र अनुभूति की कमी है। लेकिन इन चित्रों की तह में वह धड़कती हुई धमनी है, शिराएँ उपशिराएँ हैं जिनमें एक 'नीला पत्थर' छटपटा रहा है। इस दर्द के बाद भी कवि गाता है तो यह दर्द पर विजय है। पीड़ा की 'अभिव्यक्ति' पीड़ा पर विजय है। लेकिन कविता पीड़ा को 'व्यक्त' करने में है, 'अभिव्यक्त' करने में नहीं। परिपक्वता और भावुकता में यही अन्तर है। भावुक कवि पीड़ा को अभिव्यक्त करते हैं, प्रौढ़ कवि चित्रों में उसे व्यक्त करते हैं जो पाठक को अनुभूति-विकल कर देते हैं।

केदार की कविताओं को मासिक 'कवि' में प्रस्तुत करते हुए मैंने लिखा था कि केदार मद्धिम संवेगों के कवि हैं; लेकिन यह मेरा भ्रम था। वस्तुत: जैसा कि वैलरी ने एक प्रसंग में कहा है, "कवि का कार्य काव्यात्मक स्थितियों को स्वयं अनुभव करना नहीं बल्कि दूसरों में उन्हें उत्पन्न करना है।" केदार में अनुभूति की जो कमी दिखायी पड़ती है वह इसलिए कि वे अपने विषय में यही आभास देते हैं और यह आभास उत्पन्न करना उनके काव्य-संयम का सूचक है। स्वयं को अनुभूतिहीन दिखलाते हुए भी वे अभिप्रेत अनुभूति का प्रभाव उत्पन्न कर ले जाते हैं। इस प्रभाव का साधन है चुना हुआ यथातथ्य बिम्ब या चित्र। केदार भाव को अभिव्यक्त नहीं करते, बल्कि चित्र में व्यक्त करते हैं, जो आचार्य शुक्ल के शब्दों में 'विभावन व्यापार' है तथा इलियट की प्रसिद्ध संज्ञा 'ऑब्जेक्टिव कोरिलेटिव।'

केदार को यदि अपनी बेचैनी प्रकट करनी है तो वह यह नहीं कहेंगे कि मैं बेचैन हूँ। वे एक बेचैन गति-चित्र प्रस्तुत करेंगे। जैसे—

> मुट्ठी में प्रश्न लिये
> दौड़ रहा हूँ वन-वन
> पर्वत-पर्वत
> लाचार!

घबराहट, बेचैनी और आकुलता के चित्रों की संख्या केदार में सबसे अधिक है, जो उनकी मानसिक स्थिति को व्यक्त करने के साथ ही सम्भवत: इस युग की सामान्य 'बेचैनी' को भी चित्रित करती है। यह बेचैनी उनकी काव्य-लय के माध्यम से व्यक्त होती है जिससे लय को एक विशिष्ट गति प्राप्त हो गयी है और जो कहीं भी पहचानी जा सकती है।

इस बेचैनी की विशेषता यह है कि यह रचनात्मक है। पर्वत-पर्वत वन-वन दौड़नेवाले शिशु की बेचैनी यह है कि "मैं अपना नन्हा गुलाब कहाँ रोप दूँ।" यहाँ भी केदार की बेचैनी दर्दवादियों की निरर्थक बेचैनी से भिन्न है।

रचनात्मक आकांक्षा की विशेषता यह है कि दर्द के आत्मघाती प्रभाव से कवि को बचाती है। इससे कवि का सौन्दर्य-बोध कुण्ठित नहीं होने पाता और जीवन तथा प्रकृति की रूप-तरंगों तक उसकी दृष्टि का अबाध प्रसार सम्भव होता है। आकस्मिक नहीं जो केदार ने नयी कविता को प्रकृति के इतने अछूते सौन्दर्य-चित्र दिये। उनकी कविता में 'पहले बौर की गन्ध' है, 'फलों पर चढ़ते सुनहरे रंग' हैं, 'चिड़ियों के धूपगन्धी पंख' हैं, 'अभी-अभी धुले नये चावल का गन्ध भरा पानी' है, 'हल्दी के पानी-सी फैली जलहँसी' है, 'बनसुग्गों की पाँखें' हैं; और 'धूप का गुच्छा' जो उन्होंने फेंका है उसे तो बहुतों ने अपना आभूषण ही बना लिया है।

ये चित्र विकसित सौन्दर्य-बोध के सूचक हैं और इनकी सामर्थ्य उसी कवि में हो सकती है जो "खुली संवेदना से दिशाओं को सूँघकर पहचान" सकता हो।

केदार के सौन्दर्य-चित्रों में एक ओर ताज़गी और टटकापन है तो दूसरी ओर सूक्ष्म सौन्दर्य-बोध-सूचक पंख-जैसे हलके हाथों की कला है। शुरू में रंगों की शोख़ी ज़रूर ज़्यादा थी और शायद रंग भी कई आते थे लेकिन धीरे-धीरे रंग हलके होने लगे और रेखाओं में बारीकी आ गयी। चित्र क्या है कि "ओस भरे कँपते गुलाब की टहनी पर तितली के पंखों-सी सटी हुई धूप"! केदार झकझोरते नहीं बल्कि "जमको हलके कँपाते हैं।" एक हलका कम्प, एक हलका स्पर्श—यही उनकी अभिरुचि है और शायद यही उनका 'मिजाज़'!

केदार की यह सुरुचि शब्दों के चयन और काव्य-संगीत में भी प्रकट हुई है। सुघड़ शब्द-योजना और लोचयुक्त लय—शब्द-योजना द्वारा निर्मित लय तथा लय-द्वारा निर्धारित शब्द-योजना—उनकी विशिष्टता है। ऐसी शिल्प-सिद्धि नये कवियों में कम को ही प्राप्त हुई है। एक हद तक परम्परागत रूप-विधि का अनुशासन मानते हुए भी केदार ने नये रूप-प्रयोग का प्रयत्न किया है। गीत और मुक्त छन्द में समान सफलता केदार ही दिखला सकते हैं। लोक-बोली के शब्द भी उनके रचे-पचे आते हैं। "दूरगन्धी तिथि" और "जल-हँसी" जैसे नवनिर्मित शब्द भी अटपटे नहीं लगते। अर्थ, सन्दर्भ, अस्तित्व, सम्भावना, ध्रुवान्त-जैसे गद्यक्षेत्रीय शब्दों को भी अनुभूतियों के सन्दर्भ में रखकर केदार ने काव्यात्मक रूप दिया है। जैसे—

"इस छोटे जीवन के
अनगिनतो
अनाघ्रात अर्थों तक
जाना है।"

अथवा

"सन्दर्भ से छूटे हुए
ये साथ मेरे तैरते से
घर, मुहल्ले, गाँव।"

केदार उन दो-तीन कवियों में हैं जिन्होंने नयी कविता को चलने योग्य नये शब्द दिये हैं और जिन्हें सचमुच ही समकालीनों ने अपना लिया! और अपनी पीढ़ी को शब्द देना मामूली बात नहीं है।

'अभी, बिल्कुल अभी' की कुछ कविताओं से पता चलता है कि केदार किसी नये मोड़ की ओर उन्मुख हैं। परन्तु 'अभी, बिल्कुल अभी' में इस परिवर्तन की रचना-प्रक्रिया-सम्बन्धी मानसिक स्थिति ही व्यक्त हुई है। "रचना की आधी रात", "आत्मचित्र" आदि रचनाएँ सूचित करती हैं कि कवि 'आत्म-सजग' हो गया है और अपने भीतर रूप-ग्रहण करनेवाली रचना की एक-एक बारीकी का निरीक्षण कर रहा है। चाहें तो कह लें कि यह भी अनुभूति का एक आयाम है—बल्कि नया आयाम। परन्तु आत्म-सजगता के ख़तरे भी हैं; यदि आत्म-सजग कवि देर तक अन्तर्मुखी रह गया तो कविता नया मोड़ लेने की जगह अन्दर ही एक दायरे का चक्कर लगाती रह सकती है। 'अर्थ-परिवर्तन की अबूझ प्रक्रिया' में जाकर कवि स्वयं अपने लिए तथा पाठकों के लिए भी अबूझ बन सकता है! लेकिन मुझे पूरी आशा है कि केदार की 'आत्म-सजगता' जल्दी ही यह दायरा भी तोड़ देगी। क्योंकि उन्होंने 'अपनी छोटी बच्ची के लिए' ही नहीं बल्कि व्यंजना से नयी कविता तथा नयी वास्तविकता के लिए भी 'इससे भी सीधे, और इससे भी प्यारे, और इससे भी अर्थ-भरे किसी नये नाम के अनवरत अन्वेषण में', सारी आयु चुक जाने की प्रतिज्ञा की है!

●

गजानन माधव मुक्तिबोध

उर्वशी : दर्शन और काव्य *

भगवतशरणजी उपाध्याय ने 'कल्पना' के अप्रैल 1962 के अंक में 'उर्वशी' की जो आलोचना प्रस्तुत की है वह बाहर से भीतर की ओर यात्रा है; और इस प्रकार की यात्रा के जो ख़तरे होते हैं वे भी उसमें हैं। सामाजिक प्रतिष्ठा के ज़ोर से साहित्यिक प्रतिष्ठा प्राप्त करने के जो आडम्बरपूर्ण दृश्य हमें यत्र-तत्र दिखाई देते हैं, उनसे विचलित होकर वह आलोचना प्रस्तुत की गयी है। इसीलिए, भगवतशरणजी के लेख का अपना अतिरिक्त महत्त्व है।

लेख अत्यन्त रोचक, पाण्डित्य-पूर्ण और प्रखर है। उसकी मूल आत्मा से मेरी अनायास सहमति हो जाती है; किन्तु अपने विचारों को या अभिमत को सिद्ध करने के लिए जो उदाहरण या प्रमाण उन्होंने प्रस्तुत किये हैं वे सब जगह सही नहीं मालूम होते। वे अनुचित भी मालूम होते हैं। भगवतशरणजी बाहर से भीतर की यात्रा के पूर्व या अनन्तर यदि सावधानी से भीतर से बाहर की यात्रा भी कर लेते तो उनकी आलोचना में कमज़ोरियाँ न आ पातीं।

उदाहरण के लिए, 'उर्वशी' के कथा-तत्त्व या कहिए ऐतिहासिक पक्ष को हम लें। माना कि दिनकर ने बहुत समारोहपूर्वक अपनी कृति 'उर्वशी' के चारों ओर एक ऐतिहासिक-सांस्कृतिक आलोकवलय स्थापित करने का प्रयत्न किया है। किन्तु, इससे 'उर्वशी' ऐतिहासिक काव्य नहीं हो जाता। दिनकर का प्रयत्न यह है कि वह एक पुरानी सांस्कृतिक परम्परा से अपने को जोड़ें। किन्तु, वेदपुराण-कालिदास आदि के पास उस काम-रहस्य (मेरा मतलब रहस्यवादी दर्शन से है) के सूत्र नहीं हैं जो 'उर्वशी' में पाये जाते हैं। निस्सन्देह प्राचीन संस्कृति के सम्बन्ध में मेरा ज्ञान अत्यन्त सीमित है। किन्तु जहाँ तक मुझे मालूम है प्राचीन आध्यात्मिक, सांस्कृतिक और कलात्मक जगत् में, परम तत्त्व के साक्षात्कार के लिए काम-मार्ग नहीं चुना गया, और यह सिद्धों और तान्त्रिकों की, और उनसे प्रभावित अन्य मार्गों की देन है। दिनकर ने कालिदास की कृतियों, पुराणों और वेदों से न केवल कथा-तत्त्व या ऐतिहासिक पक्ष लिया, वरन् एक काव्य-संस्कृति ग्रहण करने का आभास उत्पन्न किया, और उस प्राचीन सौन्दर्यपूर्ण सांस्कृतिक उन्मेष के साथ-ही-साथ, मध्ययुग के सूर्योदय-काल में उपस्थित सिद्धों-तान्त्रिकों की काम-साधना ली और फिर इन दोनों को एकभूत करने का प्रयत्न कर दिया। सिद्ध और तान्त्रिक ऐश्वर्य नहीं चाहते थे। दिनकर ऐश्वर्यपूर्ण विलास चाहते हैं, जिसका सम्मोहक आलोक-मण्डल उन्हें प्राचीन काव्य-संस्कृति में दिखाई

---

* उर्वशी : दिनकर

दिया। किन्तु, उन्हें प्राचीन कवि-मनीषियों के पास साधना का कोई काम-मार्ग नहीं मिला। सिद्धों और तान्त्रिकों में उन्हें वह दिखाई दिया। इसलिए, कविस्वभावानुसार उन्होंने दोनों को मिलाकर 'उर्वशी' का रूप-स्वरूप तैयार किया।

ऐसा उन्हें क्यों करना पड़ा? कौन-सी वह मूल वृत्ति है जिसके फलस्वरूप उन्हें प्राचीन और मध्ययुगीन उत्सों की ओर जाना पड़ा? वह है दुर्दम, ऐश्वर्य-पूर्ण काम-विलास की व्याकुल इच्छा, और उसकी तृप्ति के औचित्य की स्थापना की आकांक्षा। चूँकि इस प्रकार की इच्छापूर्ति के औचित्य का सर्वोच्च विधान आध्यात्मिक-रहस्यवाद ही हो सकता है, इसलिए उन्होंने सिद्धों के 'महासुखवाद' का पल्ला पकड़ा।

पुरूरवा-उर्वशी के कथानक ने लेख की कल्पना को झकझोर दिया। उस कथानक ने एक बृहद् कल्पना-स्वप्न प्रदान किया, जिसमें दिनकर की मूल इच्छा-वृत्तियों का परितोष होता था। 'उर्वशी' एक बृहद् कल्पना-स्वप्न है, जिसके द्वारा और जिसके माध्यम से, लेखक अपनी कामात्मक स्पृहाओं का आदर्शीकरण करता है और उन्हें एक सर्वोच्च आध्यात्मिक औचित्य प्रदान करता है। कथानक की ऐतिहासिकता केवल एक भ्रम है।

यहाँ यह आपत्ति की जायेगी कि पुरूरवा-उर्वशी की कथा वस्तुतः एक चौखटा है, एक ढाँचा है। उसे कल्पना-स्वप्न कहना निराधार है। किन्तु मैं अपने पाठकों का ध्यान इस तथ्य के प्रति आकर्षित करना चाहता हूँ कि कोई भी कथा—अपने कथा-रूप में—लेखक को (अपने विशेष उपयोग के लिए) आकर्षक तब प्रतीत होती है जब वह एक कल्पना-स्वप्न बनकर उसके मनश्चक्षुओं के सामने तैर उठती है—एक ऐसा कल्पना-स्वप्न जिसमें उसकी (लेखक की) आत्म-वृत्तियों को तृप्ति और सन्तोष प्राप्त होता हो। इस विशेष अर्थ में, मैं किसी भी कथा को—विशेषकर आत्मपरक काव्य के रचयिता-द्वारा अपने उपयोग के लिए चुनी गयी कथा को—एक बृहद् कल्पना-स्वप्न कह देता हूँ, भले ही 'कामायनी' की कथा हो या पुरूरवा-उर्वशी की। हाँ यह सही है कि काव्य में उसी कथा को उपस्थित करते हुए उसे स्व-बाह्य वस्तुपरक रूप और आभा प्रदान की जा सकती है, की जाती है; किन्तु मूल रूप में वह केवल एक कल्पना-स्वप्न ही रहता है। जिसमें लेखक की आत्म-वृत्तियों का परितोष और परिपोष तथा विश्व-बोध प्रकट होता है। और लेखक उस कल्पना-स्वप्न या कथा के द्वारा अपना अन्तर्जगत् और उस अन्तर्जगत् में संचित विश्व-बोध प्रकट करता है।

'उर्वशी' की रचना इतिहास-शास्त्रीय दृष्टिकोण से नहीं की गयी है। उसका उद्देश्य प्राचीन आनन्द जीवन के वस्तुतथ्यों के भूगोल-इतिहास को, दिक्-काल को, उपस्थित करना नहीं है। वह एक ऐसा काव्य है, जिसमें प्राचीन जीवन के मनोहर वातावरण की कवि-प्रणीत कल्पना को बृहद् रूप देने का प्रयत्न किया गया है।

ऐसी स्थिति में भगवतशरणजी की यह आपत्ति कि उसमें 'अयस्कान्त' और 'शरभ'-जैसे शब्द, जो उस समय प्रचलित नहीं थे, प्रयुक्त क्यों किये गये, हमें युक्तियुक्त प्रतीत नहीं होती। इस आपत्ति का आधार केवल यही हो सकता है कि 'उर्वशी' का कवि 'संस्कृति के चार अध्याय' नामक पुस्तक का लेखक होने के कारण अपने को इतिहासशास्त्री बनाने का आडम्बर भी तो करता है। 'उर्वशी' में स्वाभाविकता के स्थान पर, शब्द-जाल और आडम्बर होने के कारण दिनकर के

प्रति इस प्रकार के सन्देह की पुष्टि होती है। सामाजिक प्रतिष्ठा और प्रभाव के परिचालन-द्वारा साहित्यिक प्रतिष्ठा और प्रभाव के विकास और प्रसार के दृश्य हिन्दी में खूब ही हैं, रहे हैं। ऐसी स्थिति में दम्भ और आडम्बर का उद्घाटन और निराकरण करना भी एक कार्य हो जाता है। मैंने सुना है 'उर्वशी' किसी विश्वविद्यालय के पाठ्यक्रम में भी गौरवपूर्ण स्थान प्राप्त करने जा रही है। अगर यह सच है तो उसे ऐतिहासिकता की दृष्टि से सुसंगत काव्य माननेवाले भी कम नहीं रहेंगे। इस सम्भावना को ध्यान में रखकर हम इसी नतीजे पर पहुँचते हैं कि 'उर्वशी' के तथाकथित ऐतिहासिक पक्ष की भगवतशरणजी ने जो आलोचना की है वह महत्त्वपूर्ण और अत्यन्त उपयोगी है।

'उर्वशी' का मूल दोष यह है कि वह एक कृत्रिम मनोविज्ञान पर आधारित काव्य है। कामात्मक इन्द्रिय-संवेदनाओं के जाल में खो जाने के क्षणों में उनका आध्यात्मिकीकरण नहीं किया जा सकता। न किसी दार्शनिक भावना का, न ही धर्म-भावना का बोध हमें उस समय होता है। हमारा समाज इस समय न मोहन्जोदड़ो के युग में है न वज्रयानियों के युग में, जहाँ यौन अनुभव के क्षणों को धार्मिक-मनोवैज्ञानिक रूप दिया जा सके। हाँ यह सही है कि एक फ़्रान्सीसी उपन्यासकार ज्यूल रोमे के 'बॉडीज़ रैप्चर' (अँगरेज़ी में अनुवादित) नामक उपन्यास की नायिका सम्भोग की नग्नावस्था में पुरुष की नग्नावस्था के प्रतीक को (भारतीय) शिवलिंग मानकर रति-विधान करती है। किन्तु एक क्षण-भर के लिए उसका वह रहस्यवाद जीवशास्त्रीय प्रगाढ़ सुख का साधन है, न कि साध्य, लक्ष्य या आदर्श। क्षण-भर के लिए उसकी कल्पना का वह खेल था।

किन्तु यहाँ बात उलटी है। लेखक ने यह स्थापित करना चाहा है कि कुछ "प्रज्ञावान भोगियों के लिए" ऐन्द्रिक सुख के चरम क्षणों की परिणति अतीन्द्रिय सत्ता की उपलब्धि में होती है। क्या उनका मतलब सिद्धों और तान्त्रिकों से है? इस समय वे कहाँ हैं? क्या इस प्रकार की उपलब्धि पुरूरवा और उर्वशी को हुई थी? क्या सचमुच हुई थी? और यदि हुई थी तो उससे दिनकरजी ने क्या ग्रहण किया? वे क्या स्थापित करना चाहते हैं?

और यदि ऐसी उपलब्धि सचमुच हुई होती तो भारत के विभिन्न मार्गों (धर्मों) में जितेन्द्रियत्व का इतना महत्त्व न होता। फिर, प्रश्न यह उठता है कि आख़िर दिनकर इस 'लाइन' की पैरवी क्यों कर रहे हैं? क्या उनकी मन्शा पर शक करना ग़लत है? कौन हैं वे प्रज्ञावान भोगी जिन्हें रति-सुख की चरम परिणति में अतीन्द्रिय सत्ता से साक्षात्कार होता है? क्या वे इस समय भारत में उपलब्ध हैं? और क्या उनके लिए काव्य का सृजन किया जाना चाहिए, किया जा सकता है। राष्ट्रकवि दिनकर जवाब दें।

रति-सुख की समुत्तेजित कल्पना-द्वारा, पुरूरवा और उर्वशी, कामात्मक संवेदनाओं में पुनः-पुनः खो जाते-से, उन संवेदना-जालों में बार-बार उलझते-से उद्दीप्त कल्पना के आकाश की रंगीनियों में उड़ते-से, (वे प्रतीकों में भी बात करते हैं) वागाडम्बर-द्वारा, शब्द-सुख-द्वारा, रति-सुख का पुनः-पुनः बोध करते-से, सांस्कृतिक ध्वनियों और प्रतिध्वनियों का निनाद करते हैं, मानो पुरूरवा और उर्वशी के रतिकक्ष में भोपू लगे हों जो शहर और बाज़ार में रति-कक्ष के आडम्बरपूर्ण कामात्मक संलाप का प्रसारण-विस्तारण कर रहे हों।

वैसे तो मैं कल्पना भी नहीं कर सकता कि रति-सुख की विविध संवेदनाओं की बारीकियाँ

और गहराइयाँ नर और नारी के बीच चर्चा का विषय हो सकती हैं। यही क्या, नर भी सम्भवत: उन्हें भूल जाता होगा। फिर भी, अगर यह मान भी लें कि रति-सुख के स्मरण-चित्र उसके मन में उपस्थित होते हैं तो उसके साथ यह भी जोड़ना होगा कि उन स्मरण-चित्रों में उसे अतीन्द्रिय सत्ता की प्रतीति नहीं हो सकती। वह उन स्मरण-क्षणों में रत रहते हुए इतना विरत नहीं हो सकता कि ऐन्द्रिक सुख के चरम क्षणों के चित्र उपस्थित होते ही उसे अतीन्द्रिय सत्ता की उपलब्धि का मार्ग दिखाई दे। संक्षेप में, न वास्तविक कामोत्कर्ष के क्षणों में न रति-सुख के स्मरण-चित्रों में डूबे होने की अवस्था में, अतीन्द्रिय सत्ता—परमतत्त्व का बोध हो सकता है। यह कहना कि कुछ प्रज्ञावान भोगियों के लिए ऐसा होता है या हो सकता है, कोई मतलब नहीं रखता, क्योंकि सामान्य मनुष्य के लिए आज जो स्थिति अप्राकृतिक है वह सम्भवत: केवल अस्वस्थ मनोदशावाले के लिए ही प्राकृतिक हो सकती है।

दूसरे, काम-सुख के उद्दीप्त स्मरण-चित्र इतने सतत-गति, इतने प्रदीर्घ, इतने विस्तृत नहीं रह सकते—उनका अयन-क्रम इतना नहीं रह सकता—कि उनसे उमड़े भाव-समुदायों पर घण्टों बात की जा सके। किन्तु पुरूरवा और उर्वशी समुत्तेजित कल्पना-द्वारा रति-सुख के क्षणों को ऐन्द्रिक संवेदनाओं पर प्रदीर्घ वार्तालाप करते हैं, करते रहते हैं, मानो वाक्-सुख-द्वारा देह-सुख प्राप्त करते हुए अदेह होना चाह रहे हों। यह कैसी विचित्रता है।

लेखक का संवेदनात्मक उद्देश्य यह बताना है कि (कुछ प्रज्ञावान भोगियों के लिए ही क्यों न सही) काम-संवेदनाओं का चरम उत्कर्ष अतीन्द्रिय सत्ता के बोध में संक्रमित होता है। अतएव 'उर्वशी' की रचना के दौरान उसे इन्द्रियसंवेदनाओं की आतिशयिक सुखात्मकता और तीव्रता के स्तर पर, विधायक कल्पना के स्वर्गीय जगत् में टिके रहना पड़ता है। किन्तु क्या इस तरह कामात्मक प्रसंगों के मनश्चित्रों की दीर्घकालीनता सम्भव है? क्या वे चित्र बार-बार खो नहीं जाते?

और चूँकि वे बार-बार खो जाते हैं इसलिए लेखक कल्पना-शक्ति को बलात् समुत्तेजित करता है। किन्तु इस प्रकार बलात् उत्तेजित कल्पना अधिकाधिक वायवीय और आकाश-विहारी बनती है। कल्पना का आकाश-विहारी होना लेखक के संवेदनात्मक उद्देश्य की पूर्ति के लिए आवश्यक भी है, क्योंकि उसे काम-संवेदनाओं को दिव्य स्पर्श भी तो देना है। नतीजा यह होता है कि कल्पना कभी-कभी इतनी समुत्तेजित हो जाती है कि वह जड़ होकर मात्र अलंकरण बन जाती है। भावोच्छ्वास बार-बार समाप्त हो जाता है, अतएव पुन:-पुन: प्राप्त उस अभाव की पूर्ति के लिए सांस्कृतिक शब्दों का आडम्बर और मनोरत्यात्मक प्रवचन का सहारा लिया जाता है।

सच तो यह है कि लेखक को, सिर्फ़ एक बात को छोड़कर, और कोई ख़ास बात नहीं कहनी है। उसके पास कहने के लिए ज़्यादा कुछ है ही नहीं। और जो कहना है वह यही कि कामात्मक अनुभवों के माध्यम से आध्यात्मिक प्रतीति सिद्ध हो सकती है। किन्तु यह कहने के लिए उसने व्यापक आयोजन किया है, वह उसे पूरे समारोह के साथ, अपना समय लेते हुए, कहना चाहता है।

किन्तु, काव्य-कृति के रूप में यह प्रस्तुत करने के लिए, काम-संवेदनातिरेकों के चित्रों-द्वारा, उनके माध्यम से ही, वह यह कह सकता है। इसलिए उसे अतिरेक के स्तर पर खुद रहना पड़ता है। कोई भी सामान्य मनुष्य अतिरेक के स्तर पर अधिक काल तक रह नहीं सकता, पर लेखक

ने तो दीर्घ समारोह का आयोजन किया है और इसीलिए, उसे बलात् मनोरति का श्रम करना पड़ता है। कल्पना को बलात् समुत्तेजित करना पड़ता है। भावों की पुनरावृत्ति होती है, और प्रतीत होता है कि लेखक किसी मनोवैज्ञानिक काम-ग्रन्थि से पीड़ित है। कामात्मक अनुभवों-द्वारा आध्यात्मिक अनुभव की सिद्धि को प्रस्थापित करने के लिए लेखक को जिस अतिरेक के स्तर पर रहना पड़ता है, वही अतिरेक अस्वाभाविक होने के कारण, (क्योंकि इस प्रकार का कोई भी मनोरत्यात्मक अतिरेक दीर्घकालीन स्थिति नहीं रख सकता) प्रयास-सिद्ध होने के कारण, वह भाषा को भी आयास-सिद्ध और जड़ बना देता है। कवि दिनकर के प्रथम उत्कर्ष काल में उसकी काव्य-भाषा ऐसी जड़ नहीं थी। उसमें स्वाभाविक रूमानी चपलता थी, स्वाभाविक गीतात्मक स्वर था।

भगवतशरणजी ने लेखक की इस मूलभूत मनोवैज्ञानिक कृत्रिमता पर ध्यान नहीं दिया है, यद्यपि उन्होंने कुछ स्थानों पर उसके कुछ भावों का उल्लेख अवश्य किया है। उन्होंने 'उर्वशी' की तथाकथित दार्शनिकता की भी कठोर आलोचना की है; किन्तु वे इस बात पर प्रकाश नहीं डाल सके कि आख़िर दिनकर को दर्शन की आवश्यकता क्यों पड़ गयी। आतिशयिक कामात्मक अहं अपनी औचित्य-स्थापना के लिए दर्शन का सहारा ले रहा है। इस प्रकार, वह दार्शनिक भाव-क्रम, वस्तुत:, औचित्य-स्थापना का मनोविज्ञान है।

सबसे दुर्भाग्यपूर्ण बात जो भगवतशरणजी ने की, वह 'कामायनी' के सम्बन्ध में है। उन्होंने राह चलते 'कामायनी' की निन्दा कर डाली। उन्होंने कहा कि 'कामायनी' में काव्य-सौन्दर्य नहीं है, उसमें तो केवल दर्शन है और दर्शन के ग्रहण के लिए कोई भी 'कामायनी' की तरफ़ नहीं जायेगा। उनके कुछ वाक्य इस प्रकार हैं—"कामायनी काव्य की दृष्टि से घटिया कृति है, और जहाँ तक दर्शन की बात है, मुझे ऐंगेल्स की बात दुहरानी पड़ेगी। वैसे, दर्शन पढ़ने के लिए 'कामायनी' की अपेक्षा दर्शन की दिशा में सर्वथा शून्य व्यक्ति ही करेंगे।"

इसके पूर्व, भगवतशरणजी ने यह मान्यता प्रस्तुत की थी कि "मुझे लगता है कि काव्य यदि दर्शन के कारण विशिष्ट है तो निश्चय ही उसका काव्यत्व निकृष्ट है, वैसे ही यदि दार्शनिक कृति अपने काव्यगुण के कारण विशेष प्रशंसित है तो निश्चय ही उसका दर्शन निकृष्ट है। दर्शन की ही तथाकथित विशिष्टता प्रसाद की 'कामायनी' का मानदण्ड बन गयी है। उसके दर्शन की ही अधिक, काव्य की कम, चर्चा हुआ करती है।" इसलिए भगवतशरणजी के मत से, " 'कामायनी' काव्य की दृष्टि से घटिया कृति है।"

उपर्युक्त सारी स्थापनाएँ असंगत, अनुचित, निराधार एवं दुर्भाग्यपूर्ण हैं। वे दर्शन और कला इन दोनों को परस्पर पृथक् परस्पर-असंपृक्त श्रेणियों में बाँटकर चलती हैं, और इन दोनों के बीच पारस्परिक प्रभाव के तथ्य को दृष्टि से ओझल करती हैं।

हाँ, यह सही है कि शास्त्रीय दर्शन, जो तर्क के सहारे, मूल सत्ता का व्याख्यान करता है, अन्य दार्शनिक धाराओं का खण्डन करता है, मनुष्य के परम लक्ष्य का बोध करता है तथा मूल्य-व्यवस्था प्रस्तुत करता है—वह शास्त्रीय दर्शन अपनी शास्त्रीय दृष्टि के कारण शास्त्रीय रूप में काव्य में प्रस्तुत नहीं हो सकता। काव्य में किसी भी प्रकार की शास्त्रीयता, शास्त्रीय रूप में, चल नहीं सकती। किन्तु उस दर्शन के तात्त्विक निष्कर्ष तथा मूल स्थापनाएँ काव्य में ग्रहण कर ली जाती हैं। मध्ययुगीन भारतीय साहित्य का एक भाग इसका ज्वलन्त प्रमाण है। इस सम्बन्ध में, मैं एक बात भगवतशरण जी के सामने रखना चाहता हूँ। वे इस पर सोचें।

'ज्ञानेश्वरी' मराठी का एक प्रसिद्ध काव्य-ग्रन्थ है। वह असल में गीता की टीका है। और इसलिए उसमें (एक हद तक) शास्त्रीयता भी है। किन्तु वह न केवल दार्शनिकता के लिए वरन् रसमय काव्यात्मकता के लिए भी प्रसिद्ध है। यदि सम्भव हो सके तो मराठी के साहित्य-मर्मियों से वे इस विषय पर चर्चा करें, और इस विषय की थाह लगायें।

किन्तु यह सही है कि ऊहापोहपूर्ण तर्क-प्रधान शास्त्रीयता काव्य नहीं बन सकती। (भगवतशरणजी शायद यही कहना चाहते हैं।) काव्य में जो दर्शन प्रस्तुत होता है, वह इस प्रकार शास्त्रीय पद्धति से नहीं होता। दर्शन की कुछ स्थापनाएँ कवि अपनी मूल भावधारा में अनायास ग्रहण कर लेता है। इस प्रकार वह कवि के आभ्यन्तर संवेदनात्मक ज्ञान का अंग बन जाता है। अथवा यह भी होता है कि जीवन-समस्याओं का काव्यात्मक चित्रण करते हुए लेखक अनायास उन समस्याओं के निराकरण का मार्ग बताता है—यह निराकरण का मार्ग ही उसका दर्शन है। ('कामायनी' में ऐसा हुआ है।) यह भी सम्भव है कि अपनी किसी विशेष प्रवृत्ति की औचित्य-स्थापना के लिए, लेखक दर्शन का सहारा ले (जैसा कि 'उर्वशी' में हुआ है)। यह भी सम्भव है कि कोई दर्शन कवि को विशाल विश्व-स्वप्न प्रदान करे, और वह विश्व-स्वप्न उसकी अनुभूति का अंग बन जाये। इस प्रकार का दर्शन कवि की भावना के नेत्र बन जाता है। दूसरे शब्दों में, दर्शन तरह-तरह से, काव्य में प्रकट होता है, एक काव्य-कृति में दर्शन एक विशेष बात की पूर्ति के लिए, तो दूसरे में केवल औचित्य-स्थापना के लिए, तीसरे में किसी भिन्न रूप से।

किन्तु सबमें एक बात सामान्य है और वह यह कि दर्शन—जीवन के ही आयाम के रूप में, जीवन की ही एक अनुभूति के रूप में, एक मनोवैज्ञानिक प्रक्रिया के रूप में प्रकट होता है। वह ऊहापोहपूर्ण खण्डन-मण्डन-प्रधान तर्क-संचालित शास्त्रीयता के रूप में प्रकट नहीं होता। 'कामायनी' में भी वह शास्त्रीय ढंग से प्रकट नहीं हुआ है। जीवन-समस्याओं के निराकरण के रूप में ही उसे उपस्थित किया गया है। वह मनोवैज्ञानिक रूप से, अनुभूति के ढंग पर, सत्य-स्पर्शी भावना के रूप में, प्रकट किया गया है, बौद्धिक ऊहापोह के रूप में नहीं।

हाँ, यह सही है कि दार्शनिक भावना भी एक विशेष प्रकार की भावना होती है। और बहुतों को उसमें नीरसता दिखाई देती है, यदि वह भावना संवेदनात्मक ज्ञान और ज्ञानात्मक संवेदनाओं का प्रकाश-रूप है, तो वह हृदय-स्पर्शी होगी ही, बशर्ते कि पाठक उसके ज्ञान-तत्त्व को वास्तविक ज्ञान मानकर चले। यदि ऐसा नहीं हुआ तो उस दार्शनिक भावना में (उस पाठक के लिए) हृदय-स्पर्शी गुण का अभाव होगा।

हिन्दी के साहित्य-पण्डित भले ही 'कामायनी' की दार्शनिकता के कारण, उसे महत्त्व दें, इससे यह सिद्ध नहीं होता कि 'कामायनी' उत्कृष्ट काव्य न होकर 'निकृष्ट', 'घटिया' काव्य है। (भगवतशरणजी के उक्त कथन को मैं अत्यन्त दुर्भाग्यपूर्ण समझता हूँ।)

'कामायनी' अपनी काव्यात्मकता के लिए, जीवन-समस्याओं के काव्यात्मक चित्रण के लिए, हमेशा प्रसिद्ध रहेगी। उसमें उत्कृष्ट काव्यात्मकता है। उसका दर्शन जीवन-समस्याओं पर अनवरत चिन्तन के फलस्वरूप है। अतएव वह जीवन-समस्याओं के निराकरण के रूप में प्रस्तुत हुआ है। उस दर्शन में, उस दर्शन के चित्रण में, कोई दोष नहीं है। उसमें आडम्बर नहीं है। उसमें दार्शनिक दम्भ नहीं है। और बहुत-से स्थानों पर, आधुनिक सभ्यता की कुछ मूल विषमताओं पर,

कठोर और प्रखर काव्यात्मक आक्रमण है। संक्षेप में, प्रसादजी की दार्शनिक अनुभूति उनकी भावना के नेत्र हैं।

प्रसादजी की 'कामायनी' का दोष यह नहीं है कि उसमें दार्शनिकता प्रधान है। दोष यह है कि जीवन-समस्याएँ जिस स्तर और क्षेत्र की हैं उस स्तर और क्षेत्र का उसका दार्शनिक समाधान नहीं है (उसकी दूसरी कमज़ोरियों पर प्रकाश डालने का यहाँ स्थान नहीं है) किन्तु यह कहना कि 'कामायनी' में काव्यात्मकता नहीं है, तत्सम्बन्धी अपने घनघोर अज्ञान का ही प्रदर्शन करना है।

'उर्वशी' का दर्शन वस्तुत: कामात्मक संवेदनाओं की आध्यात्मिक परिणति के द्योतन के लिए उपस्थित एक दार्शनिक आडम्बर है। वह कामात्मक अहं की गतिविधियों के औचित्य-स्थापन का प्रयास है। भगवतशरणजी कहते हैं कि वह अप्रासंगिक है। वह अप्रासंगिक नहीं, पूर्णत: प्रासंगिक है। वह ऐश्वर्यवान् सम्पन्न श्रेणी की अनर्गल काम-स्पृहाओं को आध्यात्मिक औचित्य प्रदान करना चाहता है। यह आकस्मिक बात नहीं है कि पुरूरवा की विवाहिता स्त्री को केवल तपस्या का उपदेश दिया गया; किन्तु उसके प्रति दिनकर के हृदय में विशेष करुणा नहीं है।

यदि हम उपर्युक्त सभी स्थापनाओं को एक साथ ध्यान में रखें तो पायेंगे कि आख़िर दिनकर की भाषा विचित्र और बोझिल क्यों है। वे कामात्मक मनोरति और संवेदनाओं में डूबना-उतराना चाहते हैं; साथ ही इस गतिविधि को सांस्कृतिक-आध्यात्मिक श्रेष्ठत्व प्रदान कर, उस श्रेष्ठत्व का प्रतिपादन—हाँ प्रतिपादन—करना चाहते हैं। अतएव उन्हें काव्यात्मक स्थिति के बाहर जाकर भी सोचना पड़ता है। इसीलिए भाषा में बोझिल गुण हैं, विचित्र-विचित्र प्रयोग हैं, शब्दों की तोड़-मरोड़ है, ठूँस-ठाँस है। भाषा का अनायास प्रांजल, निर्मल, सरल, चपल प्रवाह देखने को भी नहीं मिलता। भाषा भी समारोह-पूर्वक चलती है, बृहत् आयोजन के साथ; इसीलिए उसकी प्रदीर्घ पंक्तियों में सांस्कृतिक ध्वनियों और प्रतिध्वनियों का निनाद है, और बहुत-से स्थानों पर अर्थ की वायवीय शून्यताएँ हैं। कामात्मक ऐकान्तिक क्षणों की आत्मीयता का स्वर तो भाषा में है ही नहीं। वहाँ तो हर चीज़ प्रदर्शनीय है, भड़कीली है।

●

कुँवरनारायण

एक बृहत्तर माध्यम की खोज *

विषय की दृष्टि से अज्ञेय का काव्य कुछ परिचित मानसिक अवस्थाओं को व्यक्त करनेवाले शब्दों से संकेतित होता है। उन अवस्थाओं की पहली सफल अभिव्यक्ति 'हरी घास पर क्षण भर' में हुई—और उसी संग्रह में कुछ ऐसे आधार-शब्द सामने आये जो प्रत्यक्ष या परोक्ष रूप से अज्ञेय की मूल काव्य-प्रकृति के द्योतक हैं, जिनकी अनुगूँज 'बावरा अहेरी', 'इन्द्रधनु रौंदे हुए ये', और 'अरी ओ करुणा प्रभामय' से होती हुई 'आँगन के पार द्वार' तक विभिन्न—बहुत विभिन्न नहीं—मन:स्थितियों से प्रतिकृत होती चली आयी है। कवि का भोक्ता, स्रष्टा, 'मैं' उन शब्दों के मनन-द्वारा मानो कभी अपने को विराट् के सन्दर्भ में खोजता है, कभी अपने से विराट् को सन्दर्भ देता है। 'आँगन के पार द्वार' की मुख्य काव्यावस्थाओं का आदि साँचा 'हरी घास पर क्षण भर' से निकाला जा सकता है—

> "किन्तु जो भी हो, निजी तुम प्रश्न मेरे · · ·
> मेरा कर्म, मेरी दीप्ति, उद्‌भव-निधन, मेरी मुक्ति,
> तुम मेरी पहेली हो!
> क्यों करूँ आराधना उस देवता की
> जो कि मुझको सिद्धि तो क्या दे सकेगा—
> जो कि मैं ही स्वयं हूँ।
> एक मौन ही है जो अब भी
> नयी कहानी कह सकता है;
> मौन ही है गोद जिसमें
> अनकही कुल व्यथा सोती है।
> केवल मैं ही चिर-संगी हूँ
> क्यों कि अकेला हूँ उतना ही · · ·
> दे कर
> देते-देते चुक जाने पर
> वही प्रेरणा देती है—मैं दे सकने को
> और नया कुछ रचूँ! फिर रचूँ!

---

* आँगन के पार द्वार : अज्ञेय

दुःख सबको माँजता है
और—
चाहे स्वयं सब की **मुक्ति** देना वह न जाने, किन्तु—
जिनको माँजता है
उन्हें यह सीख देता है कि सबको **मुक्त** रखें।
समर्पण लय, कर्म है संगीत;
टेक करुणा—सजग मानव प्रीति।

('हरी घास पर क्षण भर' से)

काले टाइप के शब्द; प्रतीक रूप से, एक निश्चित भाव-कोण का बोध कराते हैं, और किसी गहरी संवेदना की छाप या पूर्वाभास की तरह अज्ञेय की कविताओं में प्रकट होते रहे हैं। इसी ज़मीन के कई अन्य शब्द भी हैं जिनसे उनकी कविता निदेशित होती है। जैसे 'आलोक', 'अर्थ', 'शब्द', 'किरण' आदि, जिनमें अज्ञेय ने जगह-जगह नया उन्मेष भरने की कोशिश की है। अज्ञेय से कम कुशल शब्द-शिल्पी के हाथों में ये शब्द कब के निर्जीव हो चुके होते—(अब शायद उनके ही काव्य में रूढ़ हो भी चले हैं) लेकिन इतने समय तक भी यदि वे इन, या ऐसे, शब्दों को सतेज रख सके तो इसका कारण वह भावोद्रेक है जो प्रकाश के घेरे की तरह जिस वस्तु पर पड़ता है उसे चमका देता है।

'चक्रान्त शिला' में 'मौन के माध्यम से विराट् से जुड़ने की प्रक्रिया है' अवश्य, लेकिन इस प्रक्रिया में 'मौन' ऐसा कोई नया आयाम नहीं पाता जो पहले ही अज्ञेय के काव्य में इससे अधिक ऋजुता से व्यक्त न हो चुका हो। 'चक्रान्त शिला' में, लगता है, कवि केवल एक गझिन माध्यम से एक अधिक विरल माध्यम में पहुँच रहा है। उसकी स्वाभाविक एकान्तपरायणता धीरे-धीरे उन प्रतीकों तक से अलग होती जा रही है जो कवि के अन्तर्जगत् को वस्तु-जगत् से जोड़ते हैं। "तुम पर्व हो अभ्रभेदी शिलाखण्डों के गरिष्ट पुंज···"—जैसे अंशों के आगे 'चक्रान्त शिला' का 'मौन' जिस फीकी अनुभूति तक पहुँच पाता है वह अकसर छायावादियों की याद दिलाता है—

"नीचे यह महामौन की सरिता
दिग्विहीन बहती है।
मैं एक, शिविर का प्रहरी, भोर जगा
अपने को मौन नदी के खड़ा किनारे पाता हूँ :
मैं, मौन-मुखर, सब छन्दों में
उस एक अनिर्वच छन्द-मुक्त को
गाता हूँ।
वन के सन्नाटे के साथ मौन हूँ, मौन हूँ—
क्योंकि वही मुझे बतलाता है कि मैं कौन हूँ,
एक चिकना मौन
जिसमें मुखर-तपती वासनाएँ"

('चक्रान्त शिलाखण्ड' से)

इसी संग्रह की अन्तिम कविता—'असाध्य वीणा'—अज्ञेय की अब तक सबसे लम्बी कविता

है, और वर्णनात्मक कविता की दिशा में भी उनकी पहली देन। कथावस्तु का जहाँ तक सवाल है, अज्ञेय ने उसे न्यूनतम रखा है—विषय किसी हद तक आध्यात्मिक क्षेत्र का ही है—जब कि सफल वर्णनात्मक काव्य के लिए शायद कथातत्त्व का ठोस आधार आवश्यक है। 'असाध्य वीणा' में 'प्रियंवद', 'राजा', 'रानी', 'वज्रकीर्ति', 'गण' आदि केवल नाम हैं। इन नामों में जितना कहानीपन है, कथानक की शायद उससे अधिक माँग होती है। साधक प्रियवंद का राज-दरबार में आना, राजा का उनके सामने असाध्य वीणा का रखवाना, और प्रियंवद का उपयुक्त आत्मसन्धान के पश्चात् उसे वांछित राग दे सकने में सफल होना—आधार-कथा है, जिसमें कवि के साधक-धर्म की बुनावट है—

> "पर उस स्पन्दित सन्नाटे में
> मौन प्रियंवद साध रहा था वीणा—
> नहीं, स्वयं अपने को शोध रहा था।
> सघन निविड़ में वह अपने को
> सौंप रहा था उसी किरीटी-तरु को।
>
> महाशून्य
> वह महामौन
> अविभाज्य, अनाप्त, अद्रवित, अप्रमेय
> जो शब्दहीन
> सब में गाता है।"

('असाध्य वीणा' से)

इस कविता की लय सोलह मात्राओं पर आधारित है, जिसमें काफ़ी प्रबन्ध-रचना हुई है, लेकिन वर्णन में शायद कथा-तत्त्व के अभाव के कारण, थोड़ी एकरसता मालूम पड़ती है। इसमें सन्देह नहीं कि 'असाध्य वीणा' की धीमी, मननशील लय बहुत-कुछ इसी छन्द के कारण सम्भव हो सकी है, लेकिन वर्णन में कथा जितनी भी है, ठीक से नहीं उभर पाती। कथातत्त्व और अधिक होता तो शायद यह एकरसता दब जाती, लेकिन जिस रूप में 'असाध्य वीणा' है उससे यही लगता है कि भावों और स्थलों के अपेक्षाकृत हलके-भारी निर्वाह के लिए लय अत्यधिक समतल है। सम्भव है इस लम्बाई की कविता के लिए वर्णिक छन्द अधिक उपयुक्त रहता, अधिक उन्मुक्त लय में, हो सकता है, इस ढंग का 'वर्णनात्मक चिन्तन' बेहतर निभता। कविता के गहरे आध्यात्मिक रंग में कहानी, या वस्तुएँ, या लोग, ठीक से घुलमिल नहीं पाते, अलग तैरते हुए लगते हैं।

'आँगन के पार द्वार' किसी भी ऐसे पाठक को अज्ञेय का काव्य-व्यक्तित्व नये सिरे से आँकने के लिए प्रोत्साहित कर सकता है जो उनके कृतित्व में गम्भीर रुचि लेता रहा है। इस संग्रह में कई ऐसे स्थल हैं जो 'हरी घास पर क्षण भर' से भी पहले के अज्ञेय की याद दिलाते हैं; साथ ही 'चक्रान्त शिला' की काव्ययोजना तथा 'असाध्य वीणा' से ऐसा भी आभास होता है कि कवि—जिसकी काव्य-प्रतिभा अब तक केवल छोटी कविताओं के माध्यम से ही व्यक्त हुई है—अब एक बृहत्तर माध्यम की खोज में है। आवश्यक नहीं कि वह सुनिश्चित प्रबन्ध रचना ही करे, लेकिन प्रबन्ध की दिशा में चिन्तन भी उसकी काव्य-चेतना को एक नया मोड़ दे सकता है।

●

रणधीर सिन्हा

नलिन विलोचन शर्मा की कविताएँ *

नलिन विलोचन शर्मा की कविताएँ 'नकेन' अथवा 'नकेन के प्रपद्य' में संगृहीत हैं। इस संग्रह के नाम के आधार पर 'नकेनवाद' अथवा 'प्रपद्यवाद' की चर्चा की जाती रही है और नलिनजी की कविताओं को 'नकेनवादी' अथवा 'प्रपद्यवादी' कहकर एक अलग प्रकार की कविता-धारा में रख देने का आग्रह दिखाया जाता रहा है। वस्तुत: हिन्दी कविता में यह 'नकेनवाद' और 'प्रपद्यवाद' नाम की कोई चीज़ नहीं रही। ऐसी कोई कविता-धारा रही है तो वह प्रयोगवाद की है। नलिनजी और उनके सहधर्मी कवि अपनी कविताओं को प्रयोगवाद के संवाहक ही मानते रहे और हिन्दी कविता में प्रयोग की अवधारणा को उन्होंने पूरी तरह जमकर स्वीकार किया। वे कविता के लिए प्रयोग को आवश्यक ही नहीं मानते वरन् प्रयोग से परे कविता के अस्तित्व को ही नहीं स्वीकार करते। ऐसी स्थिति में हमें उनके लिए अन्य नामों का एकत्रीकरण नहीं करना चाहिए। प्रयोग के परिप्रेक्ष्य में रखकर ही उनकी कविताओं की विवेचना सही रूप से की जा सकती है। इसका कारण भी साफ़ है। आख़िर कोई कवि जब अपने को स्पष्टत: प्रयोगवादी कहता है और अपनी कविताओं को प्रयोग-प्रधान बतलाता है तब हम उसके कवि-व्यक्तित्व और उसकी कविताओं को प्रयोग की कसौटी पर रखकर ही क्यों न परखें? लेकिन 'नकेन के प्रपद्य' का मूल्यांकन उसके संग्रह के पूर्व कुछ इस ढंग की जल्दबाज़ी और हड़बड़ी में किया गया था कि उससे कोई निष्कर्ष नहीं निकाला जा सकता था और एक प्रकार से उसके प्रति कविता के आस्वादकों के बीच कोई धारणा ही नहीं बन सकी थी! यहाँ तक कि एक ही शिविर के दो विचारक परस्पर विरोधी मतों का प्रतिपादन उसके विषय में करते देखे गये। फिर जब प्रयोग-युग का एक दशक बीत गया और प्रयोगवाद की बात 'नयी कविता' की नयी चर्चा में दब गयी तब तो शायद इसकी आवश्यकता भी न समझी गयी कि सही अर्थ में प्रयोग-युग और प्रयोग-प्रधान कविता का विवेचन किया जाये।

यह साफ़ ज़ाहिर है कि नलिन विलोचन शर्मा ने कविता के लिए प्रयोग को अनिवार्य माना। प्रयोग उनके लिए साध्य था। इसी आधार पर उनके सहधर्मियों ने अपने को प्रयोगवादी घोषित किया और 'तार सप्तक' के सम्पादक अज्ञेय को प्रयोगशील। कारण अज्ञेय ने प्रयोग को साध्य न मानकर साधन के रूप में स्वीकार किया था। एक अर्थ में 'नकेन' के प्रपद्यकारों का तर्क समुचित भी लगता है कि जो काव्य के लिए प्रयोग को साध्य के रूप में स्वीकारता है वह प्रयोगवादी है क्योंकि प्रयोग से उसका सम्बन्ध कभी भी छूटने का नहीं है तथा जो कविता के लिए प्रयोग को

---

* 'नकेन के प्रपद्य' में संकलित नलिनजी की कविताएँ

महज साधक के रूप में स्वीकारता है वह प्रयोगशील है क्योंकि प्रयोग से उसका नाता एक दिन टूट जाने को भी है, विशेषकर वैसी स्थिति में जब उसे उपलब्धि हाथ लग जाती है। प्रयोग किसके लिए अनिवार्य था और किसके लिए आवश्यक, यह दोनों मतों के सम्यक् अध्ययन से स्पष्ट हो जाता है। इस माने में एक ग़लतफ़हमी के शिकार हिन्दी कविता के पाठक होते रहे हैं। जो प्रयोगशील था उसे प्रयोगवादी कहा गया और जो प्रयोगवादी था उसे नकेनवादी अर्थात् जिसके विषय में कोई धारणा बनाने की ज़रूरत तत्काल नहीं समझी गयी और पुस्तक के नाम पर कविता की परख होने लगी।

बहरहाल प्रयोग दोनों के लिए मान्य रहा—अज्ञेय के लिए भी और नलिनजी के लिए भी। 'तार सप्तक' के माध्यम से अज्ञेय के साथ और छह कवि सामने आये तथा नलिनजी के साथ दो। दो-एक कवि और थे जो इन दोनों से अलग थे। कुल मिलाकर इन्हीं आठ-दस कवियों की साधना से हिन्दी कविता में प्रयोग-युग का समारम्भ हुआ है, ऐसा हमें मानना होगा। कड़ी बीच में आकर इसलिए टूटने लगी कि प्रयोग-युग की स्वीकृति के लिए आन्दोलन खड़ा करने का प्रयास किया जाने लगा। साधना और आन्दोलन के इस घालमेल के विषय में यदि एक और बात कह दी जाये तो इससे स्थिति अधिक साफ़ झलक जायेगी।

प्रयोग-युग (सन् 1942-'52) के काल में प्रयोग को साध्य अथवा साधन के रूप में मानने के लिए जो भी वाद-विवाद होते रहे उनमें उतना गहरा मतभेद न था जितना मान लिया गया। दोनों मान्यताएँ एक-दूसरे को काटनेवाली न थीं और न परस्पर विरोध को क़ायम रखनेवाली थीं। दरअसल वे एक-दूसरे की सहवर्तिनी थीं और एक-दूसरे की सम्पूर्ति करनेवाली थीं। लेकिन वाद-विवाद का घेरा इतना अधिक फैला दिया गया था कि दोनों के परस्पर विरोध के प्रचार का वातावरण बनने लगा। यह वाद-विवाद पहले तो सिद्धान्त को सुडौल बनाने के लिए शुरू किये गये किन्तु बाद में चलकर उनके पीछे नेतृत्व की भावना काम करने लगी। प्रयोग-युग का नेतृत्व कौन करे इसके लिए विचार-विमर्श का सारा वातावरण ही बदल दिया गया।

महज़ नेतृत्व के लिए होनेवाले विवादों से आगे चलकर जो उलझनें पैदा हो गयीं उनसे आज हम सब भलीभाँति परिचित हो रहे हैं। यह भूल अब तो उस आन्दोलन के कई सिपाही भी स्वीकारने लगे हैं। दरअसल नेतृत्व का विवाद कोई विवाद न था। प्रयोग-युग की स्थापना में अज्ञेय का प्रमुख 'रोल' रहा और उसके साथ ही नलिनजी आदि कुछेक कवियों का भी। और इसी सम्यक् चिन्तन के आधार पर ही प्रयोग-युग की सम्भावनाओं पर दृष्टिपात किया जाना यथोचित है।

हमें किसी भी कवि की देन को अकारण नहीं ठुकरा देना चाहिए। यदि हम उसकी धारणा को न समझ पायें तो उसे समझने की कोशिश करें क्योंकि हिन्दी कविता में आज केवल लेखक की समस्याएँ ही नहीं हैं, वरन् समान रूप से उसके आलोचन और आस्वादन की भी समस्याएँ हैं। हम जो जानते हैं अथवा सोचते हैं वही एकमात्र सत्य नहीं है। सत्य अपने निजत्व के चिन्तन और अनुभूति तथा अन्य के विचारों के मनन के बीच से ही उत्पन्न होता है। विभिन्न मतों के आदान-प्रदान से जिस विवेक की उत्पत्ति होती है, वास्तविक रूप से ही सत्य है। यदि प्रयोग-युग के सत्य को भी हम पहले ही विवेकपूर्ण रीति से आँकने की चेष्टा करते तो आज हिन्दी कविता में इतनी उलझनें न होतीं जो व्यर्थ की हैं। कम-से-कम अनावश्यक और बेबात की समस्याएँ न पैदा होतीं

और जो समस्याएँ होतीं वे साफ़-सुथरी होतीं। हमने अपनी ग़लती से जैसे जानबूझकर बहुत-से पचड़े खड़े कर दिये हैं।

प्रयोग को साध्य के रूप में स्वीकार करनेवाले कवियों ने प्रत्येक कविता के लिए पृथक् स्थापत्य की आवश्यकता पर ज़ोर दिया। एक ही स्थापत्य पर, चाहे वह बिलकुल ही नया क्यों न हो, अनेक कविताएँ न लिखी जायें तथा हर कविता का अपना ख़ास स्थापत्य हो, इस प्रकार की धारणा रखने से 'नकेन' के कवियों की प्रत्येक कविता एक-दूसरे से कुछ अलग दिखलाई पड़ती है। यह धारणा कविता में आवृत्तिमूलक मनोवृत्तियों को प्रश्रय नहीं देती और प्रयोग का क्रम इससे टूटने भी नहीं पाता। 'नकेन' के कवियों के सामने छायावाद और प्रगतिवाद की पतनोन्मुखी काव्यधारा का प्रवाह था और इनसे बँधकर जिस प्रकार पिष्टपेषण की भावना से काव्य-जगत् तन्द्रामग्न हो रहा था उस तन्द्रा को तोड़ना उसका एक प्रमुख कार्य था। ऐसी बेहोशी के प्रति सजग और जागरूक इन कवियों ने झकझोरने की रीति का पालन किया, छायावाद की वैयक्तिकता के ख़िलाफ़ ठोस तथा पैनी वैयक्तिकता का और प्रगतिवाद की सामाजिक धर्मान्धता के ख़िलाफ़ एकान्तिक अर्थबोध का प्रयोग इन्होंने झकझोरने के लिए ही किया। इस दिशा में नलिन विलोचन शर्मा की निम्नलिखित पंक्तियाँ द्रष्टव्य हैं—

"जो पीछे रह गये, गये जो इधर-उधर
रहते होंगे, रहें।
क्या सैकड़ों कोस दूर
जो प्रिय-जन स्वप्न-प्राप्य
वे कल सुबह मिलेंगे?···
कलकत्—ताप्—अंजा—बमेल।"

('दूरी अजन्ता' से)

अन्तिम पंक्ति 'कलकत्ता पंजाब मेल' को इस ढंग से कहने का अर्थ महज़ युग की बेहोशी को तोड़ना था। बहनेवाले का काव्यास्वादक चौंकें और उनमें कुछ सोचने के लिए जीवन का संचार हो। एकान्तिक अर्थबोध तथा पैनी वैयक्तिकता का यहाँ सबल उदाहरण प्रस्तुत है। वैसे भले ही बेहोशी से उठनेवाले रसिकों को इससे दर्द और किंचित् रूखेपन का अनुभव हुआ हो मगर इससे उनकी चेतना मरी नहीं, जगी ही, जगती ही चली गयी। कहना न होगा कि आज की आधुनिकता से ही इस पद्धति की उत्पत्ति हुई है। आधुनिकता के प्रायः सभी आसंगों का उपयोग 'नकेन' के कवियों ने किया है। बिम्ब, चित्र, शिल्प, कथ्य, शैली आदि सभी को उन्होंने आधुनिकता के सन्दर्भ में ही चुना।

आधुनिकता के सन्दर्भ में चुने गये चित्र का उदाहरण नलिनजी की ये पंक्तियाँ हैं—

"सड़क का यकृत ख़राब था
उसे सुखण्डी हो गयी थी :
ठूँठ!"

('चित्राधान' से)

राजपथ के कोलाहलहीन वातावरण और सन्नाटे का चित्र आधुनिकता से कितना प्रभावित है, यह चित्र की मार्मिकता से व्यंजित है। इस चित्र के माध्यम से जिस प्रकार की क्लान्त की उदासीनता और एक दर्दनाक अवस्था का रूप सामने उभरकर आता है, वह नये ढंग से सोचने के लिए आस्वादक को बाध्य कर देता है। इसी प्रकार एक दूसरी कविता की आरम्भिक पंक्तियाँ नये बिम्ब को प्रस्तुत करती हैं—

"प्रत्यूष की नीली,
धब्बों भरी शान्ति,
क्षितिज की गंजी चाँद।" ('प्रत्यूष' से)

क्षितिज के सूनेपन में गंजी चाँद के बिम्ब का उभरना नये चिन्तन और नयी अनुभूति के कारण ही सम्भव है। विशेषकर उस काल में जबकि एक छायावादी क्षितिज को 'रंग-बिरंगे-चित्र' के रूप में और एक प्रगतिवादी उसे 'लाल आग' के रूप में देखता है। तुलनात्मक दृष्टि डालने पर इनका अन्तर अधिक स्पष्ट हो जाता है।

नयी अनुभूति, नयी संवेदना और नये सौन्दर्य-बोध को नये शिल्प के माध्यम से अभिव्यक्त करने का प्रयास नलिनजी ने जिस प्रकार किया है, वह प्रयोग-युग की विशिष्टता को उभारकर आस्वादक के सामने रखता है। उदाहरण के लिए उनकी एक पूरी कविता पर दृष्टिपात कर लेना समुचित होगा—

"बालू के दूह हैं जैसे बिल्लियाँ सोयी हुईं,
उनके पंजों से लहरें दौड़ भागतीं।
सूरज की खेती चर रहे मेघ-मेंमने
विश्रब्ध, अचकित।
मैं महाशून्य में चल रहा—
पीली बालू पर जंगम बिन्दु एक—
तट-रहित सागर एवं अम्बर और धरती के
काल-प्रत्न त्रयी मध्य से होकर।
मेरी गति के अवशेष एकमात्र
लक्षित ये होते :
सिगरेट का धुआँ वायु पर;
पैरों के अंक बालू पर
टंकित, जिन्हें ज्वार भर देगा आकर।"

('सागर-सन्ध्या' से)

इस कविता में अनुभूति, संवेदना और शिल्प का नयापन अपनी गहराई के साथ उभरा है। जीवन का एक साधारण क्षण भी अपने-आप में महत्त्वपूर्ण है—आज का नया कवि इसे खुलकर घोषित करता है और नलिनजी के कवि के लिए भी सागर के किनारे टहलकर ख़त्म कर दी जानेवाली साँझ अपने-आप में इतनी महत्त्वपूर्ण है कि वह कविता ही बन जाती है। नये बिम्ब और

उपमानों के माध्यम से उसका कवि नयी अनुभूतियों को बड़ी तीव्रता के साथ जागृत कर देता है। "हवा में उड़ता हुआ सिगरेट का धुआँ" और "बालू पर अंकित होने वाली पैरों की छाया" कवि की वैसी अकथित व्यथा के निशान हैं जो मिटकर भी नहीं मिटते। इतनी-सी अनकही बात पर कौन ध्यान देता है? "बालू के दूहों" पर "सूरज" और 'मेघ" के कार्यकलापों पर कभी छायावाद के कवियों का ध्यान भी गया था लेकिन उनकी दृष्टि का सन्दर्भ दूसरा था। यहाँ छायावादी और प्रगतिवादी कवियों से तुलना करने पर नयेपन के आकार का सहज ही बोध हो जाता है। सिगरेट के कश खींचते हुए टहल लेना यथार्थ है, नया यथार्थ ही कह लीजिए। यह यथार्थ छायावाद और प्रगतिवाद के दो यथार्थों से निश्चय ही भिन्न है। कविता की पूरी परिधि ही अपने पूर्व की कविता से दूर जा पड़ी है। इसीलिए कुछेक छायावाद के प्रशंसकों ने ऐसी कविता को कविता मानने से इनकार किया था लेकिन आज का आस्वादक ऐसा नहीं सोचता। यह उस काल का प्रतिनिधित्व करती है जब कविता में एक नया युग करवटें ले रहा था—सोचना इस ओर है।

इस बातचीत के दौरान 'नकेन' के कवियों की जो एक अन्य विशिष्टता है भाषा के प्रयोग की, उसके सम्बन्ध में भी कुछ कहना आवश्यक हो जाता है। भाषा के प्रयोग के मामले में वे बहुत सजग रहे हैं और विशिष्ट भी। प्रयोग को अभारतीय न कह दिया जाये इसकी ओर सतर्कता रखने का ध्यान उन कवियों का रहा है और वास्तव में उन्होंने जो कुछ भी लिखा उसके स्वरूप-निर्माण में, उसके स्थापत्य में, अभिव्यक्ति में, शैली में, भारतीयता से दूर जाने की अभिलाषा दृष्टिगोचर नहीं हुई। इस वजह से उनकी भाषा में भारतीयता के रंग भरपूर ढंग से मिलते हैं। सीधी-सादी बातचीत की भाषा के शब्द 'सड़क', 'दुनिया', 'रिक्शा', 'बिजली के खम्भे', 'टेबल', 'कोयला', आदि नलिनजी की कविताओं में मिलते हैं। नलिनजी ने उर्दू के शब्दों का भी खूब धड़ल्ले से प्रयोग किया है। 'मेज़बान', 'हाज़िर', 'किलबिल', 'क़लम', 'इतमीनान', 'चश्मा', 'नाप-जोख-वज़न', 'बुज़ुर्ग', आदि शब्द उनके प्रिय हैं। उनकी भाषा में किसी प्रकार की संजीदगी नहीं दीख पड़ती है। अँगरेज़ी के शब्द यथा 'ट्रेन', 'इण्टर का डब्बा', 'लाउड स्पीकर', 'ईज़ेल और बुरूश', 'कैनवस', 'लैण्डस्केप', 'सेक्रेटेरियट', आदि भी उनकी कविताओं में प्रयुक्त हुए हैं। और प्रकार की भाषा आज की कविता की भाषा है। ऐसी भाषा की उत्पत्ति प्रयोग-युग से ही हुई है जिसने भाषा के क्षेत्र में भी नये मोड़ को जन्म दिया। परन्तु नलिनजी की भाषा की इससे भी अधिक विशिष्टता यह है कि उन्होंने संस्कृत के शब्दों का प्रयोग भी ख़ूब किया है। संस्कृत शब्दों के प्रयोग के चलते उनकी भाषा औरों से कुछ भिन्न दिखलाई पड़ती है—स्वयं प्रयोग-युग के कवियों की भाषा से ही। संस्कृत शब्दों का प्रयोग हिन्दी कविता में निरन्तर और एक लम्बी अवधि से होता रहा है। छायावाद के कवियों की भाषा की विशिष्टता संस्कृत शब्दों की प्रधानता से सुरक्षित रही, प्रगतिवादी कवियों ने भी संस्कृत शब्दों का प्रयोग खूब किया है। तब आप पूछ सकते हैं कि नलिनजी की भाषा की विशिष्टता क्या रही?

नलिनजी ने भाषा की प्राञ्जलता के लिए बहुत-से ऐसे संस्कृत शब्दों का प्रयोग किया है जिनका उपयोग बहुत ही कम किया गया था और एक माने में वे अपरिचित-जैसे थे। 'बिब्बोक', 'धूलप', 'आन्वीक्षिकी', 'अनवद्य', 'संगीत-स्फार', 'मण्डोदक-कला', 'परिमृदित', 'साश्र',-जैसे शब्दों का प्रयोग कम ही हुआ है। नलिनजी ऐसे गरिष्ठ शब्दों को बड़ा ही संयत होकर अन्य

शब्दों के बीच सजाते थे ताकि उन्हें हलक़ के नीचे उतारने में कठिनाई न हो। इस दिशा में उनकी भाषा प्रबुद्ध चिन्तन को अपने में समाविष्ट कर लेती थी और यह छायावादी कवियों से बिलकुल अलग उनकी निजी विशिष्टता थी। 'नकेन के प्रपद्य' में संग्रहीत भूमिका 'पसपशा' शीर्षक से सम्बोधित की गयी है। यद्यपि 'पसपशा' शब्द अपने-आप में अकेला और सार्थक है, इसकी पूर्ति 'भूमिका' शब्द से नहीं हो सकती, किन्तु यह अभी बहुतों के हलक़ के नीचे नहीं उतर सका है।

एक पूर्वपरिचित सन्दर्भ में नलिनजी की कविताओं की कुछ विशिष्टताएँ भी देख ली जायें तो बात और सीधी तरह से समझ में आ जायेगी। व्यंग्य, व्यंजना, प्रवाह, लयात्मकता, भावनात्मक संवेग तथा विचारपटुता आदि की दृष्टि से भी उनकी कविताएँ कविता की परिभाषा में सहज ही गिनी जाने लायक़ हैं। व्यंग्य का उदाहरण देखिए—

"एक फिसड्डी चिड़िया,
अन्धकार में पथहारी;
जाके दूर घोंसले से कितनी,
भटकती हुई अँधेरे में
जैसे कलकत्ते में खो गयी पाँच साल की बच्ची।
मैंने देखा नहीं क्रौंच-वध,
सो मैं न तो लिख रहा अनुष्टुप में
और न रामायणी कथा ही।
पर हृदय उद्वेलित उतना ही
जितना होगा वाल्मीकि का :
दृष्टि में तटस्थता ज़्यादा।" ('गीता-दर्शन' से)

व्यंजना का उदाहरण इन पंक्तियों में मिलता है—

"धूल बहुत उड़ती है
शाम के अलावा भी,
गाय के बिना भी।" ('धूलप' से)

यहाँ सीधी-सादी रीति से व्यंजना की उत्पत्ति की गयी है। 'शाम' और 'गायों के बिना' शब्द ध्यान देने योग्य हैं जो व्यंजना को सूक्ष्म बना देते हैं। प्रवाह की दृष्टि से इन पंक्तियों का रूप देखिए—

"आज वर्ष भोग्य शाप का
अन्तिम दिवस है, किन्तु
कैसी उदासीनता हृदय में
कल अलका के लिए करूँगा
प्रयाण। प्राण नाचते नहीं क्यों
इन मयूरों के समान?
नयनों में प्रिय का रूप,
गति छटपटाती नहीं चरणों में।"

('रामगिरी' से)

यहाँ कविता की संगठन-पद्धति पर फिर ग़ौर किया जा सकता है।

लयात्मकता और भावनात्मक संवेग के उदाहरण-स्वरूप नलिनजी की एक पूरी कविता 'गीत' उद्धृत करना समुचित होगा। कविता है—

"दृष्टि जा पाये जहाँ तक
सामने हो भूमि ऐसी
सिर्फ़ बालू, धूल
जिसमें दूर-दूर बबूल
शूलमय दो-चार दीखें।
परम विरही के नयन-सी शुष्कता,
हृदय जैसी शून्यता
निबिड़; चारों ओर
हो रहा उपहास ज्यों
ऐसी उपेक्षा वायु में हो।···
सामने प्रतिपल रहो तुम,
सामने, या, भूमि ऐसी—"
और ऐसी ही दिशाएँ, वायु ऐसी!

इस कविता की पूरी सीमा लयात्मकता और भूमि पर खड़ी की गयी है, इसलिए इसका सारा स्थापत्य ही गीत और भावना-प्रधान हो गया है।

विचारपटुता को एक सरल-सी अभिव्यक्ति के माध्यम से इन पंक्तियों में देख लिया जाये—

"मैं ज़िन्दगी की पूँजी का
सूम हूँ। वासनाएँ
मरें नहीं, चाहता यही हूँ।
आनन्द उठा सकूँ और कुछ भी
देना न पड़े, नीयत है ऐसी।
लेकिन क़ीमत अदा करनी ही पड़ती है
दिल की धड़कनों के सिक्कों में
गिनने पर वे घटते हैं
मैं व्याकुल रोता हूँ,
कुछ और घट जाते हैं!"

('शान्ति' से)

यहाँ जीवन की नश्वरता को छायावादियों से सर्वथा पृथक्, एक नये शिल्प, नये कथ्य में अभिव्यक्त किया गया है।

नलिनजी की कविताओं का अध्ययन हम 'नयी कविता' की दृष्टि से नहीं कर सकते। खोज, सौन्दर्यबोध, मूल्य आदि के मामले में उनके युग की वह ऐतिहासिक पीठिका है जिसके बिना आज की बात ही नहीं की जा सकती। प्रत्येक युग की अपनी सीमाएँ होती हैं पर हमने जैसे उनके युग के विषय में सम्यक् ढंग से विचार ही नहीं किया। मैंने बातचीत का यह सिलसिला इसलिए रखा कि नलिनजी की कविताओं पर पुनर्विचार हो। इस बातचीत में मैंने नलिनजी की कविताओं की ख़राबियाँ नहीं दिखलायीं, वह इसलिए कि बातचीत के दौरान अब तक वैसी ख़राबियाँ ही दिखलायी जाती रही हैं—जो पक्ष छूट गया था मैंने उसे आपके सामने रखा है। मगर अब तक हम उनकी कविताओं पर बातचीत ही करते आये हैं, ज़रूरत है कि उन पर आलोचनात्मक निबन्ध लिखे जायें—उपलब्धियों और अभावों पर ध्यान देते हुए।

●

हरिनारायण व्यास

एक सुसम्बद्ध परम्परा का विकास *

नयी कविता इस अर्थ में नयी कही जा सकती है कि उसने 'पैटर्निज़्म' को समाप्त किया। आज तक कविता या तो पैटर्न में लिखी जाती रही है या फिर उसे पैटर्न में वर्गीकृत किया गया है। लेकिन आजकल लिखी जानेवाली हिन्दी कविता का अपना कोई पैटर्न नहीं। वह सम्भवत: अभी कोई पैटर्न बना नहीं सकी है।

पैटर्न तभी बनता है जब कि किसी बहुसम्मत विचारधारा अथवा अभिव्यक्ति-प्रणाली का प्रचलन हो। हिन्दी में यह पैटर्निज़्म प्रगतिशील-युग तक रहा। लेकिन देश की राजनीतिक परिस्थितियों के परिवर्तन और जनतन्त्र की स्थापना के कारण देश के लेखकों में किसी सूत्रबद्ध विचारधारा का जन्म नहीं हो सका और परिणामस्वरूप उसे कोई पैटर्न प्राप्त नहीं हुआ।

आज पूरे देश में इस प्रकार के पैटर्न के अभाव से जन्म लेनेवाला साहित्य सृजित हो रहा है।

नये पैटर्न को जन्म देने या पुरातन पैटर्न को पुनर्स्थापित करने के लिए अनेक लेखक प्रयत्नशील हैं और नये पैटर्न या किसी पुनर्स्थापित पैटर्न की स्थापना की पूर्वपीठिका के रूप में आजकल जो लिखा जा रहा है वह नये साहित्य के नाम से सम्बोधित किया जा सकता है।

अब नये लिखे जानेवाले इस आधुनिक साहित्य में पैटर्न को जन्म देने की क्षमता के सम्बन्ध में प्रश्न उठ सकता है। और इसके उत्तर के लिए हमें बदलकर आनेवाले तत्त्वों और स्थापित होनेवाले मूल्यों को एक बार जाँचना पड़ेगा।

'दिगन्त' में संग्रहीत कविताएँ पुराने पैटर्न में कोई नया योगदान देती हों (विचार की दृष्टि से) सो बात नहीं। व्यक्ति और समाज के बीच की पारस्परिक सम्बन्धवाली बात समाज में व्यक्ति की उपेक्षा और उसकी अपेक्षाओं का अनादर कोई नयी सत्यानुभूति नहीं है लेकिन टेकनीक और निवेदन की दृष्टि से 'दिगन्त' का अपना महत्त्व है। टेकनीक की दृष्टि से नयी कविता से पहले ही नये प्रयोग किये जा.चुके थे। भाषा और शैली के बदलने में प्रगतिवाद ने वह क्रान्ति कर दी जो नयी कविता का मार्ग प्रशस्त करने में सहायक हुई। लेकिन नयी कविता ने अपनी अलग शैली निर्माण न करते हुए भी आज की प्रचलित शब्दावली छन्दोरचना और अभिव्यक्ति-प्रणाली को आगे बढ़ाया है। इस दृष्टि से नयी कविता की एक विशेषता है कि राजनीति-प्रधान शब्दावली से उसने कविता को मुक्त किया और उसको जीवन की शब्दावली से सजाया।

---

* दिगन्त : त्रिलोचन शास्त्री

छन्दों की दृष्टि से कोई विशेष अन्तर और नयापन प्राप्त न होने के बावजूद भी नयी कविता की एक देन अवश्य है कि उसने नये छन्द की कृत्रिमता को हटाकर उसे स्वाभाविकता प्रदान की।

अलंकारादि वर्णन शैली में उसने काफ़ी योगदान किया है। लेकिन आज के युग में केवल टेकनीक को पैटर्न मानकर काम नहीं चल सकता। आज के युग की कविता में युग की सारी वास्तविकता का समावेश होने पर ही वह युग-वाहिनी हो सकती है।

'दिगन्त' की कविताएँ इसलिए महत्त्वपूर्ण नहीं हैं कि उनको कवि ने तथाकथित एक अँगरेज़ी छन्द 'सॉनेट' में लिखा है बल्कि वे इसलिए महत्त्वपूर्ण हैं कि उनमें कवि की अभिव्यक्ति बिना बौद्धिकता के मुलम्मे के ही खरा सोना बनकर चमक उठी है। उसकी अनुभूति की वास्तविकता की चोट से उत्पन्न होनेवाले विचार-स्फुलिंगों में दग्ध करने की शक्ति है। उसकी पंक्तियों में बाहरी जगत् की खरौंच से कुलबुला उठनेवाले मन की संवेदनाओं की तीव्रता है। त्रिलोचन विचारों को उलझाकर अस्पष्टता की ओट से शिकार नहीं करते। उनके मन पर वास्तविकता के सम्पर्क से जो परिणाम आये उन्होंने उनको बिलकुल बातों की तौर पर कह दिया और उनका यह कथन 'दिगन्त' की कविताओं का प्राण बन गया। 'नयी चेतना' का कवि जहाँ पर सूखे टटैरे की तरह खुड़खुड़ा उठता है, 'दिगन्त' का कवि उसी भूमि पर लहलहाने लगता है।

'दिगन्त' के 64 पृष्ठों में कवि के अनेक विषयों पर लिखे गये सॉनेट संग्रहीत हैं। व्यक्तिगत अनुभूति, राजनीतिक विचार, शब्दचित्र, घटनाएँ, स्मरण, प्रेम और प्रशस्तियाँ इस प्रकार कवि के इस संग्रह में विभिन्न प्रकार के अनुभवों का संकलन एक स्थान पर एकत्रित है।

आज की 'नयी कविता' में वैयक्तिक चेतना और मन की अन्तर्गुहा में आन्दोलित व्यक्तिगत समस्याओं की प्रधानता होती है। 'दिगन्त' में इस प्रकार के ऐकान्तिक अनुभूतियों के सॉनेट भी हैं। लेकिन वे 'नयी कविता' की विशेषताओं से भिन्न एकदम सीधे और एकदम सच्चे। उनमें विचारों का बोझ और अस्पष्टता का सर्वथा अभाव है। राजनीतिक सॉनेट में कवि का पूर्वग्रह झलके बिना नहीं रह सका है। कवि की राजनीतिक मान्यताएँ उसके निष्कर्ष का मार्ग बन जाती हैं और वह निर्वैयक्तिक रूप से समस्या को देखने से पहले ही अपनी मान्यताओं से आक्रान्त हो जाता है। इस प्रकार के प्रभावों से कविता की श्रेष्ठता में तो दोष आता ही है परन्तु साथ ही कवि को एक आत्मवंचना की भी चोट सहनी पड़ती है। कवि-कर्म और राजनीति अन्योन्याश्रित होते हुए भी दो भिन्न मार्ग हैं। राजनीति की सीमाओं में पनपनेवाले सामाजिक मन की वैयक्तिक विशेषताएँ उसकी मौलिक संवेदनाओं में होती हैं। व्यक्ति की सामाजिक समस्याओं के अलावा उसकी अपनी कुछ ऐसी समस्याएँ भी होती हैं जिनका सीधा लगाव राजनीति से होते हुए भी वह कवि की एकदम व्यक्तिगत समस्याएँ होती हैं तथा कुछ सामाजिक समस्याएँ ऐसी भी होती हैं जिनको कवि व्यवहार में अपने व्यक्तिगत ढंग से महसूस करता है। इस प्रकार की समस्याओं पर राजनीतिक मान्यताएँ अपना रंग इतना गहरा चढ़ा देती हैं कि वह यथार्थ से दूर यूटोपियन बन जाती हैं। 'दिगन्त' की इस प्रकार की कविताओं में यह दोष है। 'दिगन्त' में बहुत-से मनोरम शब्द और प्रभावशाली ध्वनिचित्र भी हैं। इन चित्रों को आँकने में कवि पूरी तरह सफल हुआ है। बरसात की रात में घिरकर घुमड़नेवाले मेघों में नृत्य-रता बिजली के ध्वनिचित्र, शिशिर की एकान्त रात्रि की नीरव बस्ती और रात्रि के सुनसान की आत्मा के चित्र कवि ने बड़े ही मनोहर ढंग से उतारे हैं।

कुछ सॉनेट केवल किसी घटना के चित्रण और स्मरण पर भी हैं, जो वास्तविकता के अत्यन्त निकट होने के कारण अत्यन्त सजीव, मार्मिक और संवेदनाओं की आर्द्रता से ओतप्रोत हैं। 'दिगन्त' की कविताओं में जब कवि गाता है तब कविताएँ उदात्त हो उठती हैं और जब राजनीति अथवा एक उपदेशक गाने लगता है तब कविताएँ घुटने के बल चलने लगती हैं। 'ईश्वर' है या नहीं; धर्म अफ़ीम की प्रतिक्रिया है। भूख और दरिद्रता का ज़िम्मेदार समाज है, ये सब पुराने नारे हैं। वैसे पुराने नारों में दृष्टि और अनुभवों की मौलिकता नयापन भरकर नयी कविताओं को जन्म देने की सामर्थ्य रखती है लेकिन पुराने नारों को केवल सूत्रों के आधार पर जाँचने से कवि की मौलिकता को गहरा धक्का लगता है और 'दिगन्त' की कविताओं में ऐसा हुआ है।

भारतीय 'काव्यशास्त्र' की कसौटी पर सॉनेट नामक छन्द एक नये छन्द के रूप में खरा नहीं उतरता क्योंकि भारतीय छन्दों की विभिन्नता उनके ज़माव, गति, यति और लय में है। पंक्तियों की संख्या और तुकों के जमाव और हेरा-फेरी से छन्द का रूप नहीं बदलता। अँगरेज़ी का सॉनेट भी ऐसा ही एक बोगस छन्द है। 'दिगन्त' में सब सॉनेट ही हैं और 'दिगन्त' के सॉनेट में कवि की प्रयोगशीलता काफ़ी खरी उतरी है। 'दिगन्त' के सॉनेट हिन्दी में लिखे जानेवाले अन्य सॉनेटों की अपेक्षा अधिक सफल हैं। भाषा और भाव में स्पष्टता, सुथरापन एवम् तरतीब है। कवि ने अपनी भाषा में भावों को ढाला है, भावों को भाषा पर हावी नहीं होने दिया है। बोलचाल के शब्दों में ऊँची क़िस्म की कविता लिखना टेढ़ी खीर है लेकिन त्रिलोचन शास्त्री को इसमें पूरी सफलता मिली है।

●

यथार्थ की पहचान

भगवतशरण उपाध्याय

सुन्दर पके फल में कीड़े *

'नदी के द्वीप' दो बार पढ़ चुका हूँ। दोनों बार इलाहाबाद से हैदराबाद की राह में। पहली बार प्राय: साल-भर पहले, दूसरी बार अभी, पिछली रात। दोनों बार मुझ पर उसका गहरा प्रभाव पड़ा। दोनों बार मैं 'भींगा', गहरा 'भींगा'। इस बार तो इतना कि, यद्यपि 'कल्पना'-सम्पादक को प्राय: साल-भर पहले ही इसकी आलोचना लिखने का वचन दे चुका था, लिखे बग़ैर न रह सका : यानी उसमें इतना 'भींगा'—'डूबा'। 'भींगा' शब्द विज्ञ पाठक समझेंगे, मेरा नहीं जैनेन्द्रजी का है जो उन्होंने श्री शिवदान सिंह चौहान को पत्र में लिखा और जो उन्होंने स्वयं मुझसे भी कहा था। चौहानजी ने उसे 'आलोचना' (वर्ष 1, अंक 2, जनवरी 1952) में छापा था। उसे पहली बार मैंने अभी-अभी पढ़ा है।

'नदी के द्वीप' अज्ञेय का दूसरा उपन्यास है। उनका पहला उपन्यास 'शेखर—एक जीवनी' मुझे बड़ा अच्छा लगा था, सिद्धान्तत: भी, क्योंकि उसकी वैयक्तिकता का व्यास बड़ा व्यापक है। मैं अज्ञेय के कृतित्व का, उनकी कला का क़ायल हूँ; उनके दृष्टिकोण का बेजोड़ विरोधी। इसमें किसी प्रकार का सन्देह नहीं होना चाहिए। कृति के दो पक्ष होते हैं : कला-पक्ष और सिद्धान्त-पक्ष। साहित्य या कला में केवल सिद्धान्त-पक्ष नहीं चलता, उसका आधार कला-पक्ष है। पर सिद्धान्त-विहीन कला-पक्ष हो सकता है, चल सकता है, सिद्धान्त-विरोधी कला-पक्ष भी। इसी दृष्टि से सिद्धान्तहीन अप्रगतिशील—प्रतिगामी तक—साहित्य (जैसे अतीत 'क्लासिक') की हम प्रशंसा करते हैं, उसमें रस लेते हैं। महान् साहित्य दोनों से बढ़कर है, वह जिसकी कलाकारिता का स्वर उदात्त-कल्याणकर सामाजिक सिद्धान्त हो।

सिद्धान्त के पक्ष में—मेरे सामाजिक दृष्टिकोण से—अज्ञेय में ह्रास हुआ है, कला के पक्ष में उत्तरोत्तर विकास। उनकी कला मँज गयी है। कला की व्यवस्था प्रयोग-प्रधान है, रूपायित होकर ही विकसित होती है, मँजकर ही प्रौढ़ होती है। उसमें 'मिनर्वा वॉर्न इन पेनोप्ली' का-सा कोई सिद्धान्त आचरित नहीं होता। 'शेखर—एक जीवनी' में दोनों पक्ष सबल हैं, वह कृति महान् है। पर सिद्धान्त-पक्ष नगण्य अथवा विद्रूप होने के कारण 'नदी के द्वीप' महत्तर तो नहीं ही हो सका, उस स्तर से विप्रस्थित भी हो गया, च्युत। उसका कला-पक्ष अधिक गठा है, अधिक कोमल, अधिक तरल, अधिक द्रव, अधिक मोहक है। यह मेरी 'प्रतिज्ञा' है। लेख का अगला भाग उसी की 'व्याप्ति' है, उसका निष्कर्ष उसी का 'निगमन'।

---

* नदी के द्वीप : 'अज्ञेय'

कला-पक्ष क्यों? साहित्य क्या कला है? परम्परया दोनों कुछ भिन्न हैं—'साहित्यसंगीतकलाविहीनः' पद में तीनों के पृथक्त्व का बोध है। क्योंकि तीनों की पृथक्-पृथक् भाव-सम्पदा है, भिन्न-भिन्न रसबोध है, अनेकतम दर्शन है। भाव-सम्पदा व्यंजना की वस्तु है, तीनों की अपनी-अपनी; रसबोध अन्तरंग-ज्ञापन, प्रवाह-प्रभाव, 'भींगने' की निष्पत्ति है, अपनी-अपनी; दर्शन आकृति की है, कोरण-रूपायन की, छन्द-राग-वर्ण की, अपनी-अपनी। यही आकृति, दर्शन, रूपायन साहित्य और कला में, फिर दोनों की संगति में भी, सान्निध्य स्थापित करते हैं। इसी से साहित्यकार कलाकार भी हो जाता है, समाधिस्थ ('शिथिलसमाधिदोष'—देखिए 'मालविकाग्निमित्र' और 'शुक्रनीति'—विरहित, शुद्ध) सफल कलाकार।

'नदी के द्वीप' को दोनों दृष्टिकोणों से देखने का प्रयत्न करूँगा, कला की दृष्टि से भी, सिद्धान्त की दृष्टि से भी। 'सत्य' और 'तथ्य' दोनों देखने का यत्न करूँगा, यद्यपि आलोचक दोनों को सदा देख नहीं पाता। आलोचक है न—उसके पैर नहीं होते, और दौड़ना सिखाता है। आलोचक की खामियों का समाधान और पूर्ति एक ही प्रकार से हो सकती है—भारतीय आलोचना की शास्त्रीय पद्धति को यथासम्भव अपनाकर। आलोचक 'जिज्ञासु' और 'सहृदय' होता है। जिज्ञासा की उसकी जागरूकता उसे मोहाविष्ट नहीं होने देती, उसकी चेतना को सजग रखती है, जिससे उसकी दृष्टि पंगु न हो जाये। 'सहृदयता' उसे पूर्वग्रह से आविष्ट नहीं होने देती, तादात्म्य स्थापित करने में सहायक होती है, तटस्थता की पुरुषता को संवेदना द्वारा स्निग्ध कर देती है। तादात्म्य और संवेदनशीलता उस साधारणीकरण के वाहन हैं जिसके द्वारा साहित्य मात्रा की असमता के बावजूद स्वच्छन्द वायु, चाँदनी, धूप, जल की भाँति प्रायः समान रूप से हमें सिक्त-आप्लावित करता है। साधारणीकरण साहित्य की व्यापक सत्ता का मानदण्ड है, उसकी परिधि का माप।

'नदी के द्वीप' में नदी कम है द्वीप अधिक है। नदी प्रवाह की प्रतीक है, अनन्त जलकणों की एकस्वरता की, सम्मिलित एकस्थ एकांगिक अनेकता की, 'इण्टिग्रेटेड' विविधता की। प्रवाहित जलराशि से कण उठाइए, प्रवाह-भिन्न अब वह 'जीवन' नहीं रहा। उसकी अब व्यक्तिबोधक संज्ञा है राशिभूत कणसंकुल परिवार से भिन्न, रसत्वहीन, सत्त्वहीन, जीवनहीन—क्योंकि प्रवाहहीन, गतिहीन, जड़। जनसंकुल संसार का असामाजिक नृतत्त्व, उद्दाम जीवन से विमुख एकान्तखोजी 'मैन फ्राइडे'। फिर द्वीप कि अपरिमित भू-भाग, 'आइल' कि 'मेनलैण्ड'?

उपन्यास के पात्र भी द्वीप हैं, कथा नदी की भाँति उनका स्पर्श कर उनकी संज्ञा सार्थक करती है, पर वे स्वयं उस प्रवाह के नहीं हैं, द्वीप की ही भाँति अमित जलराशि से जनराशि से, उदासीन हैं, अन्तर्निविष्ट, सावधि, मिथुन, परस्पर बदलते मिथुन का द्वित्व क़ायम रखते, प्रायः कभी अपनी संख्या दो से तीन न होने देते—'द्वयणु' से 'त्र्यणु' तक नहीं, क्योंकि अणुओं की परम्परा तब संसार का सृजन कर देगी। उपन्यास की आकृति का बाह्य रूप भी उसकी अन्तश्चेष्टा का ही प्रतिबिम्ब है, द्वीपवत्। उसके खण्ड पात्रपरक हैं, चरित्रसंज्ञक—'भुवन', 'चन्द्रमाधव', 'गौरा', 'रेखा', 'भुवन', 'चन्द्रमाधव', 'रेखा', 'गौरा'। और व्यक्तियों के 'बीच' का व्यवधान 'अन्तराल' के सेतुओं से पूरित, एक 'गौरा' और 'रेखा' के बीच, दूसरा 'रेखा' और 'गौरा' के बीच, दोनों भुवन की प्रियाओं के ही बीच, समान इष्ट की ओर बहती दो धाराओं के बीच, और अप्रत्याशित नहीं, शायद सचेत आयोजित।

मिथुन् की सम्पदा बाहर-भीतर सर्वत्र बिखरी है, भाव-प्रवाह में उपन्यास के कलेवर के भीतर, पुस्तक के ऊपर, आगे-पीछे, बाहर जहाँ उड्डीयमान, उन्मुख, स्रोत में निस्पन्द प्रवहमान हंस-मिथुन के चित्र अंकित हैं। युगल हंस, हंस-मिथुन, जो अपने द्वित एकाकीपन में कहीं व्यभिचार नहीं होने देते, उस ध्वनि से परे जिससे साहित्य मुखर है, जो चित्र-फलक पर एकाकी विरही दुष्यन्त का साध्य भी है, आदिकवि की प्रेरणा का प्रतीक भी। पर ऐसा क्रौंच-मिथुन, जिसे क्रूर व्याध नहीं मारता, स्वयं लुब्धक दुष्यन्त मारता है—बाणविद्ध रेखा, हिंसायोग से अशौच भी, रस का संचार करती ही है।

उपन्यासकार की भाव-सम्पदा का उद्घाटन उसकी अप्रतिम शब्द-शक्ति करती है। उसकी शब्द-सम्पदा इतनी व्यापक इतनी सम्पन्न है कि अपनी कंगाल भाषा भी निहाल हो उठती है। सूक्ष्म से सूक्ष्म अभिव्यंजना शब्द-वैभव से मूर्तिमान हो उठती है, भाव सनाथ, साकार। उसके कुछ अनुपम उदाहरण ये हैं—

"···उसने देखा था कि रेखा का हाथ अभी वैसा ही ऊपर उठा हुआ है, उँगलियों की स्थिति वैसी ही अनिश्चित है जैसे किसी एक क्रिया के पूरी होने के बाद दूसरी क्रिया के आरम्भ होने से पहले होती है—संकल्प-शक्ति की उस जड़ अन्तरावस्था में।" (पृ. 40)

"रेखा सहसा खड़ी हो गयी, यद्यपि अपने स्थान से हिली नहीं, न शेफाली की ओर से उसने मुँह फेरा। केवल उसका हाथ तनिक-सा मुड़कर ऊँचा हो गया, उँगलियों में एक हलका-सा निषेध या वर्जना का भाव आ गया।" (पृ. 53)

"कली का प्रस्फुटन उसकी (प्रेम के विकास की) ठीक उपमा नहीं है, जिसका क्रम-विकास हम अनुक्षण देख सकें : धीरे-धीरे रंग भरता है, पंखुड़ियाँ खिलती हैं, सौरभ संचित होता है, और डोलती हवाएँ रूप को निखार देती जाती हैं। ठीक उपमा शायद साँझ का आकाश है : एक क्षण सूना, कि सहसा हम देखते हैं, अरे, वह तारा! और जब तक हम चौंककर सोचें कि यह हमने क्षण-भर पहले क्यों न देखा—क्या तब नहीं था? तब तक इधर-उधर, आगे, ऊपर कितने ही तारे खिल आये, तारे ही नहीं, राशि-राशि नक्षत्र-मण्डल, धूमिल उल्का-कुल, मुक्त-प्रवाहिनी, नभ-पयस्विनी—अरे, आकाश सूना कहाँ है, यह तो भरा हुआ है रहस्यों से जो हमारे आगे उद्घाटित हैं! प्यार भी ऐसा ही है; एक समोन्नत ढलान नहीं, परिचिति के, आध्यात्मिक संस्पर्श के, नये-नये स्तरों का उन्मेष··उसकी गति तीव्र हो या मन्द, प्रत्यक्ष हो या परोक्ष, वांछित हो या वांछातीत। आकाश चन्दोवा नहीं है, कि चाहें तो तान दें, वह है तो है, और है तो तारों-भरा है, नहीं है तो शून्य-शून्य ही है जो सब-कुछ को धारण करता हुआ रिक्त बना रहता है···" (पृ. 87-88)

"तीसरे पहर फिर घूमने पहाड़ पर जाने की बात थी, शायद उस पार तक, पर दोपहर की संक्षिप्त नींद से उठकर उन्होंने देखा, बादल का एक बड़ा-सा सफ़ेद साँप झील के एक किनारे से उमड़कर आ रहा है। और उसकी बेडौल गुंजलक धीरे-धीरे सारी झील पर फैली जा रही है, थोड़ी देर में वह सारी झील पर छाकर बैठ जायेगा, और फिर शायद उसका फन ऊपर पहाड़ की ओर बढ़ेगा—" (पृ. 204)

"अवध की शामें मशहूर हैं, लेकिन हज़रतगंज में शाम होती नहीं, दिन ढलता है तो रात होती है। या शाम अगर होती है तो अवध की नहीं होती—कहीं की भी नहीं होती, क्योंकि उसमें

देश का, प्रकृति का, कोई स्थान नहीं होता, वह इनसान की बनायी हुई होती है : रंगीन बत्तियाँ, चमकीले झीने कपड़े, प्लास्टिक के थैले-बटुए, किरमिची ओठ, कमान-सी मूँछों पर तिरछे टिके हुए और ऊपर से रिकाबी की तरह चपटे फ़ेल्ट हैट··· और राह चलते आदमी जिनके सामने बौने लगने लगें, ऐसे बड़े-बड़े सिनेमाई पोस्टरोंवाले चेहरे—कितना छोटा यथार्थ मानव, कितने बड़े-बड़े सिनेमाई हीरो—अगर लोग सिनेमा के छायारूपों के सुख-दुःख के सामने अपना सुख-दुःख भूल जाते हैं तो क्या अचम्भा, उन छायारूपों के स्रष्टा ऐक्टर ऐक्ट्रेसों के सच्चे या कल्पित रूमानी प्रेम-वृत्तान्तों में अपनी यथार्थ परिधि के स्नेह-वात्सल्य की अनदेखी कर जाते हैं तो क्या दोष···यथार्थ है ही छोटा और फीका, और छाया कितनी बड़ी है, कितनी रंगीन, कितनी रसीली···''
(पृ. 244)

''किसी बेहया ने ठीक कहा है—अन्तिम समय में मानव को अनुताप होता है, तो अपने किये हुए पाप पर नहीं; पुण्य करने के अवसरों की चूक पर नहीं; अनुताप होता है किये हुए नीरस पुण्यों पर, रसीले पाप कर सकने के खोये हुए अवसरों पर···'' (पृ. 290)

''नदी बहुत चढ़ आयी थी और यद्यपि लोग उठे नहीं थे, वह मानो वहीं से उनके सहमे हुए भाव देख सकता था···उदास, मलिन, गन्दा, बदबूदार श्रीनगर, गँदली, मैला ढोनेवाली नदी, उदास मैला आकाश, जैसे म्रियमाण आबादी पर पहले से छाया हुआ क़फ़न! भुवन ने ऊपर बायें को देखा, शंकराचार्य की पहाड़ी भी उतनी ही उदास, केवल उस धुँधले तोते के पिंजरे मन्दिर के ऊपर की बत्ती टिमटिमा रही थी भोर के तारे की तरह धैर्यपूर्वक···'' (पृ. 308)

''मैं—मैंने तुम्हारे साथ आकाश छुआ है, उसका व्यास नापा है···'' (पृ. 309)

''वहाँ फूल थे, सुहावनी शारदीया धूप थी, और तुम थे! और मेरा दर्द था! यहाँ गरम, उद्गन्ध, बौखलायी हुई हरियाली है, धूप से देह चुनचुना उठती है : और तुम नहीं हो। और दर्द की बजाय एक सूनापन है जिसे मैं शान्ति मान लेती हूँ···'' (पृ. 325)

ऐसे स्थल 'नदी के द्वीप' में अनेकानेक हैं। अज्ञेय शब्दों का जादूगर है, जैसे भावों का भी। मैं उसके शब्द-वैभव का अभिनन्दन करता हूँ।

पात्र—भुवन, रेखा, चन्द्रमाधव, गौरा—प्रधान; हेमेन्द्र, रमेशचन्द्र, गौरा का पिता, चन्द्रमाधव की पत्नी—गौण। हेमेन्द्र का व्यक्तित्व है, स्पष्ट; प्रायः उतना जितना चन्द्रमाधव की पत्नी का। गौरा के पिता की पत्रमय छाया डोलती है, रमेशचन्द्र कथा के उपसंहार का अन्त्य विराम मात्र है, हमें छूता नहीं, वैसे ही जैसे काश्मीर के बाद की कथा नहीं छूती।

भुवन। गम्भीर, विचारशील, शिष्ट, व्यक्तिनिष्ठ, भावुक, कामुक, एकान्तप्रिय, कमज़ोर, लीकग्राही, असामाजिक। विचारशील पण्डित है। जटिल प्रश्नों पर विचार करता है। सत्य-तथ्य के अन्तर का विवेचन करता है। स्थिति की यथार्थता को तथ्य मानता है, उसके प्रति रागात्मक सम्बन्ध को सत्य। शायद सत्य की एक और भी परिभाषा हो सकती थी—जो इन्द्रियों से जाना जा सके या मस्तिष्क-द्वारा अनुमित हो सके—और तथ्य उसी का आंशिक अवान्तर-प्रकारान्तर। भुवन अपने को लीकग्राही कहता है, पर रेखा के अभिनन्दन में अपने को छोटा करके। परन्तु त्वचा हटा देने पर उसका यह रूप दीख जाता है। उसकी लोकग्राहिता ही उसे अन्ततः रेखा के प्रति उदासीन और प्रतिज्ञा-दुर्बल कर देती है। सदा से उसे गौरा के प्रति एक पतिसम्मत तृष्णा है। प्राजापत्य-जैसा

उसके प्रति आकर्षण है, जो अन्त में विवाह में ही प्रकट होता है, यद्यपि विवाह के प्रति उपन्यास में दूर का संकेत मात्र है। चन्द्रमाधव उसे विराट् अनुभूति के प्रति खुले रहने का श्रेय देता है, पर ऐसा है नहीं; क्योंकि न तो उसमें संकीर्ण सामाजिकता से निकलकर वश्य विराटता में समा जाने की निर्भीकता है और न प्रकृति की सूक्ष्म अथवा स्थूल सत्ता को ही अपने आकाश में प्रविष्ट होने देता है, उसके नित्य सान्निध्य के बावजूद। औचित्य से तथ्यत: उदासीन होने के कारण ही खुली प्रकृति के प्रांगण में भी वह 'नेमिवृत्ति' से 'मास्टरजी' से क्रमश: भुवन 'मास्टरजी' होकर 'भुवन दा' हो गया था, और उससे भी आगे 'शिशु' और फिर वह जिसकी अपने स्वच्छन्दताभास में वह तृष्णा बनाये हुए है। वह कहता भी है—"मैं मानता हूँ कि जब तक कोई स्पष्टतया मनोवैज्ञानिक 'केस' न हो, विवाह सहज धर्म है और है व्यक्ति की प्रगति और उत्तम अभिव्यक्ति की एक स्वाभाविक सीढ़ी।" निस्सन्देह अवसर मिलते भुवन स्वयं वह सीढ़ी चढ़ते नहीं चूकता। रेखा एक स्थल पर अपने दो पहलू बताती है—"एक चरित्रवान्, प्रकृत, मुक्त; एक सभ्य और चरित्रहीन"। वस्तुत: उसके पुरुष काउण्टरपार्ट भुवन के ये पहलू हैं—"सभ्य और चरित्रहीन"। वैसे इसी आधार पर चन्द्रमाधव है—असभ्य और चरित्रहीन, और गौरा सभ्य और चरित्रवान्। भुवन को वैज्ञानिक बताकर सर्वत्र उसके कॉस्मिक रश्मि-सम्बन्धी खोजों की ओर संकेत है, पर एक स्थल पर भी उसके प्रति उसकी निष्ठा का सही उद्घाटन नहीं है। उसके इष्ट से यत्र-तत्र भुवन के जाने की बात कही गयी है, पर सर्वत्र उसे रेखा अथवा गौरा परोक्ष या अपरोक्ष रूप से घेरे-घेरे फिरती है। लेखक के कहने-मात्र से पाठक को आभास होता है कि भुवन खोजी है, पर कथा के घटना-क्रम से उसे कभी उसका ज्ञान नहीं होता। उससे तो वह शुरू से अन्त तक अकेले और मिथुन रूप में सदा कामुक ही, यद्यपि एक समय एक के ही प्रति, लक्षित होता है। वस्तुत: उसका सत्य-तथ्य-विवेचन भी उसी इष्ट की तैयारी-सा लगता है, रेखा को प्रभावित करने के लिए। अनेक बार पाठक जैसे पूछ बैठता है : भुवन का इष्ट क्या है—रेखा (गौरा) या विज्ञान? और उसका स्वाभाविक निर्णय पहले के पक्ष में होता है। सारे उपन्यास में रेखा के साथ उसकी एकान्त चेतना सजग है—कुदसिया बाग़ में, जमुना के कछार में, नौकुछिया ताल के तट पर, काश्मीर की ऊँचाइयों पर, सर्वत्र उत्तरोत्तर कामुक। कहीं वह उसके गीले पलक चूमता है, कहीं होठ, कहीं उन्मुख स्तनों के बीच की गहराई, और कहीं वह रेखा में न केवल डूब जाता है वरन् कोककथा की पृष्ठ और अग्र-भूमि प्रस्तुत करता है। रेखा सही उसकी निश्छल ऋजुता के नीचे इतना भोला, इतना कौतुकप्रिय शिशुहृदय देखती है, पर वह सारा वस्तुत: 'सभ्य चरित्रहीनता' की तैयारीमात्र है। उसका रेखा को स्टेशन पहुँचाने आना और सहसा, यद्यपि स्वाभाविक रूप से, मुरादाबाद, नैनीताल, सप्तताल चला जाना कार्यशून्य व्यक्ति का उपक्रम है। शायद इसलिए कि वहाँ न कुदसिया बाग़ के चौकीदार की आँख हैं, न नैनीताल के होटलवाले का रजिस्टर और न ही सभ्य संसार के नैतिक-अनैतिक अवरोध का भय। वहाँ उसका मादक आदिम उष्ण स्पर्श रेखा को 'रीयल' लगता है, यद्यपि उसकी कौन-सी संज्ञा सब-कुछ कर चुकने पर भी अन्त्य इष्ट को रोक देती है, समझ में नहीं आता, न उसका रो पड़ना ही (क्योंकि उसका रोना ग्लानि का नहीं है—उसकी निष्पत्ति तुलियन की क्रीडा में देखते हुए)। 'सुन्दर से सुन्दरतर' की रक्षा भी नहीं हो पाती, क्योंकि आगे तुलियन है! उसके रो पड़ने का निराकरण रेखा उसके अपौरुषाभास के प्रति संवेदनशील होकर करती है! 'माँगती है,' नहीं पाती है, भुवन स्पष्ट करने का प्रयत्न करता है—यह इनकार नहीं, प्रत्याख्यान नहीं है। और भुवन

फिर उसे वहीं विकल छोड़कर भाग जाता है। असाधारण रेखा को भी उस निर्जन में छोड़ जाना, जाते समय उसके प्रबन्ध की बात तक भुवन का न पूछना कुछ अजब लगता है। अब वहाँ रेखा के अकेले रहने की बात स्वाभाविक नहीं है, कम-से-कम दोनों नैनीताल के होटल तक तो साथ आ ही सकते थे। और चूँकि फिर वहाँ ठहरना था इससे डबलबेडेड-रूम-सम्बन्धी असुविधाजनक प्रश्न का भी भय न था। फिर काश्मीर जहाँ 'ठिठुरे हाथ हैं,' 'अवश गरमाई' है, 'रोमांच' है, 'सिकुड़ते कुचाग्र' हैं, 'पर्पटियों का स्पन्दन' है, 'उलझी हुई देहों का घाम' है, 'कानों में चुनचुनाते रक्त-प्रवाह का संगीत' है; विज्ञान के उपक्रम का आभास है, क्योंकि वह कामप्रवीण कोका का देश है। और जब गौरा से वह कहता है, "हमारे प्रोफ़ेसर कहते थे, विज्ञान से जिसकी शादी हो जाती है, उसे फिर और कुछ नहीं सोचना चाहिए। वह बड़ी कठोर स्वामिनी है" तब वह सर्वथा व्यंग्य-सा लगता है, विशेषकर पृष्ठ 260 की स्थिति के बाद। भुवन का रेखा के प्रति उदात्त शरीरजन्य सम्बन्ध होना ही चाहिए था, उसमें कुछ भी अस्वाभाविक, अनुचित नहीं, पर विज्ञान के इष्ट की सापेक्ष्य मात्रा में ही, वरन् प्रश्न तो यह हो जाता है कि क्या सचमुच भुवन के पक्ष में प्रसंग की सचाई उसके इस वक्तव्य में है कि 'विज्ञान बड़ी कठोर स्वामिनी है'? शायद वह तो सर्वथा कोमल उपेक्षणीय है और स्वामिनी नहीं, ऐसी स्वकीया, जो विवाह होते ही उपेक्षित हो जाती है, जिसे 'खण्डिता' कहलाने का भी सन्तोष नहीं। शिव का वह दृश्य, जो कालिदास ने 'कुमार-सम्भव' के आठवें सर्ग में उद्घाटित किया है, साथ ही उसका सती की निर्जीव देह को कन्धों पर ढोये फिरना भी कुछ अनुचित-अस्वाभाविक नहीं; क्योंकि उसके नैतिक, सामाजिक, कल्याण-प्रधान जीवन का विस्तार उससे कहीं बड़ा है, अपेक्षाकृत अनन्त; पर भुवन का उपन्यासगत सारा जीवन ही विज्ञान-विरहित रेखा-गौरा के कोमल-मादक मोह से अभिभूत है। कोई बेजा बात न थी, यदि अपनी खोज के श्रम से विकल भुवन रेखा की तरलता ढूँढ़ता और शिव की भाँति एक पद गन्धमादन पर दूसरा कैलास पर रखता और अन्तराल को रेखा की कामस्पन्दित देह से भर देता, उस कामवल्लरी के अंगांग—अन्तरंगांग में उस आदिम बनेलेपन से प्रविष्ट होता जो वस्तुतः मानवता की कोमलतम व्यंजना है, अकृत्रिम सभ्य की उस मूलभूत मानवता की जब-तब याद, जो उसे क्षण-भर 'प्रकृतिस्थ' कर देती है, जिसकी परम्परा में पुरूरवा और विश्वामित्र हैं, पवन और दुष्यन्त हैं, शिव और शान्तनु, और जिनके पौरुष की परिणति हैं—ओजस्वी अयुस्, कोमल शकुन्तला, वीर्यवान् अंजनीकुमार हनुमन्त, सिंहविक्रम भरत, देवसेनानी स्कन्द, सत्यसन्ध भीष्म। शेष तो 'हरिणीखुरमात्रेण मोहितं सकलं जगत्'। भुवन के चरित का यह विज्ञानाभास ही उसके अविकसित मूल उदात्त जिज्ञासा पर धुन्ध की भाँति छाकर 'मास्क' बन जाता है—एक झूठा चेहरा जो उसके दोनों रूपों में प्रधान है।

भुवन रेखा का मुँह छूता है, उसके साथ विवाह की बात चलाता है जो पाठक के गले नहीं उतरती। साफ़ लगता है, झूठ है। दूर की गौरा उस प्रश्न पर व्यंग्य बन उठती है। फिर जब वह रेखा से भागता है, उसके पत्रों का उत्तर तक न देकर अत्यन्त क्रूरता और कमज़ोरी का आचरण करता है, तब अपनी उदासीनता की सफ़ाई रेखा पर 'अजात' की हत्या का आरोप लगाकर देता है। बीच में भुवन को कभी उसकी सुध न आयी, आज एकाएक क्यों? और पिता का मोह 'अजात' से नहीं 'जात' से होता है। यह सर्वथा 'अस्वाभाविक' है। पुरुष से पूछो—उसे प्रिया पुत्र से प्रियतरा होती है। नारी से पूछो—उसे पुत्र प्रिय से प्रियतर होता है। सो यह हानि वस्तुतः माँ की है, रेखा

की, भुवन की नहीं; और भुवन का यह नि:सन्तति पितृत्व का आक्रोश सर्वथा पोला हो उठता है, झूठा, बचाव मात्र। पर उदार रेखा उसे भी सह लेती है। 'साझे अनुभवों का संपुंजन' ही उनके बीच दीवार-सा कैसे खड़ा हो जाता है, समझ में नहीं आता; यदि हम यह न मान लें कि—लेखक के ही शब्दों में—"भुवन की प्रवृत्ति पीछे देखने की नहीं थी, हठात् कभी अतीत की किरण मानस को आलोकित कर जाये, वह दूसरी बात है।" फिर भला भुवन उदीयमान गौरा को न देखकर रेखा को क्यों देखे? तुलियन की ओर पीठ कर मसूरी के निबिड़ निशीथ के 'गर्भगृह' को क्यों न देखे, बंगलोर के लॉन को क्यों न देखे, जहाँ उसके समाजसम्मत प्राजापत्य का सफल प्रारम्भ है? इस झूठ से तो वही सच है जो लेखक ने स्वयं प्रसंगवश अन्यत्र कह दिया है—"स्त्री होते हुए भी उसने (रेखा ने) वह साहस किया है जो शायद भुवन में नहीं है।" रेखा भुवन की उस कमज़ोरी को, गौरा के प्रति उसकी साध को देख लेती है। वह उसके पृ. 352 पर छपे पत्र में अभिव्यक्त है। और 357 पर प्रकाशित अपने पत्र में तो वह जैसे उसका प्रच्छन्न अन्तरंग ही खोलकर रख देती है—"तुम्हारे जीवन-पट का एक छोटा-सा फूल (हूँ।) मेरे बिना वह पैटर्न पूरा न होता, लेकिन मैं उस पैटर्न का अन्त नहीं हूँ।" कैसे हो ओ जब आगे गौरा है और अभी अनबुने पट के विस्तार में जाने कौन-कौन? भुवन के "भीतर तो कुछ बराबर मरता जा रहा है और कुछ नया उसके स्थान पर भरता जाता है जो स्वयं भी मरा है या जीता है (स्वयं भुवन को) नहीं मालूम।" वह अब गौरा के "एक-एक उड़ते ढीठ बाल को आशीर्वाद-भरी दृष्टि से" गिनता है पर उसका यह "अवलोकन बिलकुल नीरव" होता हुआ भी, उसके वक्तव्य के बावजूद भी, "निराग्रह, नि:सम्पर्क" नहीं है। गौरा के साथ वह शायद अपने अन्तिम "पड़ाव" तक पहुँच गया है। उसके साथ फिर एक बार पुराने 'शिशु' और 'जुगनू' के आलोड़-प्रत्यालोड़ करता है, यद्यपि रेखा के विषाद के बाद उसकी स्वाभाविकता बर्बर हो उठती है। परन्तु पृ. 430 पर उद्घाटित उसकी मनोवृत्ति उस मनोदशा को नंगी करती है, यद्यपि तर्क-वचन के साथ (जो सर्वथा झीना है) कि भावुकता के अन्तराल में दोनों एक साथ समा सकते हैं, रेखा भी, गौरा भी, शायद और भी। "क्या हम एक के बाद एक नहीं, एक साथ ही एकाधिक जीवन नहीं जीते?" सही, पर हम उसे दो चेहरों का जीवन कहते हैं, जेकेल और हाइड का जीवन। फिर संयम क्या वस्तु है? 'इलाही कैसी-कैसी सूरतें तूने बनायी हैं'... मैं पूछता हूँ, फिर चन्द्रमाधव और भुवन में अन्तर क्या है? एक असभ्य चरित्रहीन है, दूसरा सभ्य चरित्रहीन। हमारे समाज पर दोनों की कामोदर छाया है, एक की नंगी जिससे हम सतर्क हैं, दूसरे की प्रच्छन्न जिससे हम मुग्धवंचित हैं। कौन अधिक घातक है, क्या मुझे कहना होगा?

रेखा गम्भीर, विचारशीला, शिष्ट, व्यक्तिनिष्ठ, भावुक, एकान्तप्रिय, साहसी, मनस्विनी, लीक की चुनौती, असामाजिक। साधारण नारी नहीं है। समाज में उसे ढूँढ़ पाना सहज नहीं—यदि उसकी अस्वाभाविक स्वच्छन्दता, आभिजात्य, औदार्य मिल भी जाये तो उसका साहस न मिलेगा, न तप, न चिन्तनशीलता, और सभी एकत्र तो शायद नहीं ही। विवाहिता-परित्यक्ता है, शाश्वत खण्डिता का परिताप वह अभागिनी हिन्दू नारी की साधना से सहती है। कोमल-हृदय है, कोमलांगी शकुन्तला, उसी की भाँति विरहविधुरा 'वसने परिधूसरे वसाना, नियमक्षामधृतैकवेणी... शुद्धशीला ... दीर्घ विरहव्रतं बिभर्ति'। परन्तु उसके जीवन में दुष्यन्त नहीं है। है, आया है, भुवन, पर वह महाभारत का दुष्यन्त है कालिदास का नहीं, जो उसकी साधना का समानधर्मा हो सके, तप से

सत्य को साधकर ऊपर का वक्तव्य कर सके, उसे प्रणत होकर अपना सके। रेखा उसे सब-कुछ दे देती है। अपना स्वत्व तक नहीं माँगती, पर पात्र की अपात्रता उसके औदार्य पर व्यंग्य बन जाती है, उसकी साधना पंगु, वर-विरहित। वह सीपी में बन्द है, समाज की नहीं है, उच्च मध्य वर्ग की पुत्तलिका होकर भी उसमें उसका चांचल्य नहीं, स्वभाव का गाम्भीर्य है, चिन्तन की शक्ति है, उस समाज का ओछापन, उसका छिछोरापन, फूहड़पन, आवरणमात्र से ढका कामुक भुक्खड़पन उसमें नहीं। वह सबको समझती है, चन्द्रमाधव को, गौरा को, भुवन तक को—एक की सक्रिय नीचता, दूसरी का आडम्बरहीन शुद्ध अविकृत मानस, तीसरे का सौजन्य, उसका साधारण-भिन्न व्यक्तित्व, उसकी कमज़ोरी और साहसहीनता भी। वह जानती और कहती है—"···दावँ दोनों (पुरुष और स्त्री) खेलते हैं। लेकिन हम अपना जीवन लगाती हैं और आप—हमारा।" सत्य है, कम-से-कम रेखा के जीवन में तो निश्चय। उसका जीवन निरन्तर दावँ पर लगता रहा, दूसरों ने लगाया, पुरुष ने—पहले हेमेन्द्र ने (जिसने 'पुं.-प्रिय' की रूपसमता के कारण उसे ब्याहा था), फिर भुवन ने (जिसकी क्षण की साधना की देन ने उसे यदि नष्ट न कर दिया तो निर्जीव तो कर ही दिया), और फिर रमेश के रूप में नियति ने (जिसने उसके व्यक्तिनिष्ठ व्यक्तित्व को आवरणहीन व्यक्तित्वहीन औदार्य की छाया दी)।

"···रेखा मानो एक शीतल आलोक से घिरी हुई, उसके आवेष्टन से सँची हुई, अलग, दूर और अस्पृश्य खड़ी है।" उसके शब्दों में, उसकी वाणी में, चित्रों को उभारकर सामने रख देने की अद्भुत शक्ति है! जो रास्तेवाले (लीकग्राही) हैं उन्हें रास्ते से एक इंच भी इधर-उधर नहीं ले जाना चाहती। उसकी अपनी बात दूसरी है। कहती है, 'मेरे आगे रास्ता ही नहीं है।' सच है, वह लीकग्राहिणी नहीं है, उसके आगे रास्ता सचमुच नहीं है। एक बार एक पुरुष ने उसे खोला है, फिर बन्द कर दिया है, दूसरे ने खोला है और सामने 'दीवार' खड़ी कर दी है, तीसरे ने फिर खोला है पर वह मन को समझाने का रास्ता है, रास्ता नहीं है, पड़ाव है, जहाँ वह अब बैठ गयी है, जीवन का अन्तिम पड़ाव। उसने "भविष्य मानना ही छोड़ दिया है। भविष्य है ही नहीं, एक निरन्तर विकासमान वर्तमान ही सब-कुछ है। ···पानी के फ़व्वारे पर टिकी हुई गेंद ···बस जीवन वैसा ही, क्षणों की धारा पर उछलता हुआ—जब तक धारा है तब तक बिलकुल सुरक्षित, सुस्थापित, नहीं तो पानी पर टिके होने से अधिक बेपाया क्या चीज़ होगी।" चन्द्र के शब्दों में रेखा "अत्यन्त रूपवती है, और उसका रूप एक सप्रभाव, तेजोमय पर्सनैलिटी के प्रकाश से दीप्त है, भले ही एक कड़ा रिज़र्व उस प्रकाश को घेरे है।" सही रेखा रूपवती है, पर उसका चरित्र, उसका साहस, उसकी चुनौती—उसके रूप के आकर्षण से कहीं उज्ज्वल है। भुवन ने रेखा के लिए ठीक कहा है—"एक स्वाधीन व्यक्ति जिसका व्यक्तित्व प्रतिभा के सहज तेज से नहीं, दुःख की आँच से निखरा है। दुःख तोड़ता भी है पर जब नहीं तोड़ता या तोड़ पाता तब व्यक्ति को मुक्त करता है।" यह सिद्धान्त रेखा के जीवन के अधिकांश में सही है। काश, यह उसके अन्त को भी सार्थक कर सकता! पर वस्तुतः वह अन्त रेखा के प्रकृत जीवन का है ही नहीं, लेखक का उस पर क़लम है, रेखा के जीवन और चरित्र में वह नहीं पनप पाता। रेखा कहती है—"असल में मेरे भी दो पहलू हैं : एक चरित्रवान्, प्रकृत, मुक्त; एक सभ्य और चरित्रहीन।" पर उसका चरित्रहीन होना लेखक की अपनी स्थापना है, रेखा के स्वभाव, कथा के प्रमाण से अप्रमाणित। वह चरित्रहीन होती तो उसके जीवन में हेमेन्द्र के अन्य मित्र होते, चन्द्रमाधव होता, कॉफ़ी हाउस के छैले होते, रियासतों

के घिनौने श्रीमान् होंते, समाज के पतित सभ्य होते, स्वयं रमेश होता। पर नहीं, उसके जीवन में इनमें कोई नहीं है, अव्यभिचारिणी निष्ठा के रूप में मात्र भुवन केवल उसी के स्पर्श से 'सकल मम देह—मन वीणा सम बाजे'···। वह चरित्रहीन नहीं, उसका बस एक पहलू है—"चरित्रवान् प्रकृत, मुक्त, सभ्य।" शेष आरोपित है, प्रकृत नहीं। कहती है—"मैं क्षण से क्षण तक जीती हूँ न, इसलिए कुछ भी अपनी छाप मुझ पर नहीं छोड़ जाता। मैं जैसे हर क्षण अपने को पुनः जिला लेती हूँ।" काश, यह हो पाता! प्रतिज्ञा सत्य न हो सकी। वह क्षण-क्षण नहीं जी पाती। प्रत्यक्ष यदि यह सत्य हो तो उन पत्रों का शब्द-शब्द झूठा है जो उसने कलकत्ते से भुवन को लिखे हैं। और वे पत्र अनेक हैं, थोड़े नहीं, और शब्द-बहुल हैं, व्यथित मथे अन्तरंग के वाहन। कहती है—"अब अगले महीने से श्रीमती रमेशचन्द्र कहलाऊँगी···मेरे लिए यह समूचा श्रीमतीत्व मिथ्या है, ···मैं तुम्हारी हूँ, केवल तुम्हारी, तुम्हारी दी हुई हूँ, और किसी की कभी नहीं, न·कभी हो सकूँगी···।" यह चरित्रहीनता का प्रमाण नहीं है, न क्षण-से-क्षण तक जीने का अवसाद, वरन् शुद्ध आत्यन्तिक अव्यभिचारी तप और साधना का अपराजित अज्ञेय विनिश्चय।

वह भुवन को भी पहचान लेती है पर उसका औदार्य उसे जैसे क्षमा कर देता है—"तुम सोओ। अपने स्वप्न के लिए तुम्हें नहीं जगाऊँगी। स्वप्न में मैंने तुम्हारे प्रिय किसी को देखा था, ···वह तुम्हें बहुत प्रिय थी। उसे देखकर मेरे मन में स्नेह उमड़ आया—ईर्ष्या होनी चाहिए थी पर नहीं हुई। भुवन, मैं तुम्हारे जीवन में आऊँगी और चली जाऊँगी।" भुवन का उसके पूछने पर बार-बार कहना कि वह उसे पहले से भी अधिक चाहता है, इस तथ्यात्मक वक्तव्य अथवा रागात्मक सत्य से कितना विनिन्दित हो उठता है! आगे की कथा जैसे रेखा की नहीं किसी और की है। उसका 366-68 पृष्ठवाला पत्र सम्हाल की बात करता है, न सत्य की न भावना की। और जब पृ. 369 पर वह कहती है—"मेरी सकत की दौड़ आगे नहीं है—पर तुम, तुम घूमो, महाराज, मुक्त विचरण करो, प्यार दो और पाओ, सौन्दर्य का सर्जन करो, सुखी होओ, तुम्हारा कल्याण हो···" तब उसका वक्तव्य प्रखर व्यंग्य बन जाता है।

रेखा 'नदी के द्वीप' की अक्षय कीर्ति है। समाज की वह नहीं है, साधारण समाज की। परन्तु जो है शक्तिम है। दूसरा चरित्र उस-सा उपन्यास में खोजता हूँ तो नहीं याद आता शायद इसलिए भी कि वह असामाजिक है, असामान्य है। पर एक बार जब उसका शक्तिम व्यक्तित्व ऊपर आता है तब जैसे उपन्यासकार उसे सम्हाल नहीं पाता, उसकी शक्ति लेखनी पर वहन नहीं कर पाता। उसका तेज लेखक को अभिभूत कर लेता है। उसकी दृष्टि पर धुन्ध छा जाता है और वह जैसे दिनमणि का तेज अपने उत्तरीय से ढँक न सकने के कारण उसे कूड़े पर फेंक देता है। रेखा का पिछला जीवन—कलकत्ते का रमेशवर्ती जीवन—उसी तेजोराशि का कूड़े पर फेंका जीवन है। एक हत्या रेखा ने 'अजात' को नष्ट करके की, दूसरी 'अज्ञेय' ने रेखा की हत्या की। साहित्य में इतने समर्थ चरित्र की इस अनिष्ठा से कभी हत्या नहीं हुई, विशेषकर जब वह चरित्र खुलने को पुकार रहा हो। रेखा को भुवन ने नहीं 'अज्ञेय' ने मारा, 'नदी के द्वीप' के लेखक ने, रेखा के स्रष्टा ने।

चन्द्रमाधव। असभ्य, चरित्रहीन, विषयी, वंचक, आचारहीन, कम्युनिस्ट, क्रूर। "चन्द्रमाधव ने सनसनी खोजी है? असल में उसने जीवन खोजा है, तीव्र बहता हुआ प्लावनकारी जीवन··· उसे मिली हैं यह छोटी-छोटी टुच्ची अनुभूतियाँ, चुटकियाँ···और चिकोटियाँ··· प्यार नहीं, बीवी-

बच्चे। स्वातन्त्र्य नहीं, तनख़ाह। जीवनानन्द नहीं, सहूलियत, घर जेबख़र्च, सिनेमा, पान-सिगरेट, मित्रों की हिर्स···।'' आज के अपने समाज के साधारण मानव के सभी लक्षण। 'प्यार नहीं, बीवी-बच्चे' तो अपने समाज की साधारण स्थिति है, अकेले चन्द्रमाधव की नहीं। वह 'एक्स्टैसी का जीवन' पसन्द करता है, वह 'क्षणिक भी हो तो उसे ग्राह्य' है—'उस पर सौ सेक्योर जीवन निछावर हैं।' रेखा को जीतने के लिए उस पर एहसान लादना चाहता है, जब उसकी रुझान भुवन की ओर देखता है तब ईर्ष्यावश गौरा को लिखकर, वस्तुतः सभी को एक-दूसरे के विरुद्ध लिखकर, अपनी तुष्टि करना चाहता है। इयागो की मूर्ति बन जाता है। रेखा नहीं मिलती, गौरा की ओर झुकता है, वह नहीं मिलती तो हेमेन्द्र को रेखा के विरुद्ध उभाड़ता है, फिर अपनी गृहस्थी सम्हालना चाहता है और जब उसमें भी कामयाब नहीं होता तो रेखा को फिर जीतना चाहता है। पर सर्वत्र उसकी हार है। इतना नीच है कि नौकरानी तक को छेड़ सकता है। उधर अपनी पत्नी के प्रति इतना क्रूर है, बच्चों के प्रति इतना उदासीन। जर्नलिस्ट है, सनसनी की खोज उसका पेशा है। ढोंगी, शब्द-बहुल कम्युनिस्ट है। उनके ही प्रतीक-शब्दों का उचित-अनुचित प्रयोग करता है। उसे किसी प्रकार के नैतिक अवरोध (स्क्रूपुल) नहीं हैं। झूठा, विनिन्दक, स्वार्थी है। 'जितना थोड़ा-सा सुख मिलता है उतना ही आतुर और कृतज्ञ करों से ले लेने' को तैयार है। कायर है। जब भुवन-विरोधी पत्र का समुचित उत्तर गौरा दे देती है तब वह घुटने टेक देता है। अपनी ही पत्नी का कन्यादान तक दे देने की बात पत्र में लिख सकता है।

परन्तु चन्द्र सामाजिक है। उसका सम्बन्ध सबसे है। उसका चरित्र साधारण 'विलेन' पात्र के रूप ·. ·ो कुछ बुरा नहीं है पर जिस सिद्धान्त की हँसी उड़ाने को उसका उपन्यासकार ने सृजन किया है वह उद्देश्य व्यर्थ हो जाता है। प्रगतिशील और कम्युनिस्ट दोनों के 'अज्ञेय' के ही साथ उस पर हँस सकते हैं क्योंकि ऐसे व्यक्ति साम्यवाद और प्रगतिवाद के 'वल्गराइज़र' (फूहड़ बनानेवाले) होने के कारण दोनों के शत्रु हैं। पृ. 246-47 और 332-33 पर अज्ञेय ने साम्यवाद और प्रगतिवाद पर पार्टिज़न का-सा प्रहार किया है जो स्वयं हास्यास्पद हो उठा है। इन विचारों के शत्रुओं का ही साम्यवाद और प्रगतिवाद के दल में भेजा हुआ चन्द्र भेदिया है, संहारक, जिसे वह दल स्वीकार नहीं करता। अच्छा होता यदि अज्ञेय ने उन पर प्रहार उनके सिद्धान्तों के माध्यम से किया होता, यदि साम्यवादियों के त्याग, तप, साधना, विचारसरणि, लोकचेतना, लोकहित पर अज्ञेय ने आघात किया होता। इससे उस शक्ति का केशलुंचन तक न होगा, ऐसा मेरा विश्वास है, फिर यह शिथिल अपेक्षाकृत फूहड़ आक्रोश उस सफल कृती की मर्यादा की ओर उँगली उठायेगा, मुझे डर है, क्योंकि मैं अज्ञेय के साथ भड़ैती या फूहड़पन का सम्बन्ध नहीं कर सकता। इससे मुझे पीड़ा तो होगी ही, जानता हूँ कि यह उसके स्वभाव में है भी नहीं। मैं विशेषतः यह कह देना चाहता हूँ कि कम्युनिज़्म की अपनी एक पॉज़िटिव प्रेरणा है, उस फ़िलिस्टिनिज़्म का वह शत्रु है जिसका उद्घाटन पृ. 408 पर हुआ है। चन्द्र का वह चरित्र जो पृ. 240 पर उद्घाटित है अपने ऊपर ही व्यंग्य बन गया है क्योंकि कम्युनिस्ट राष्ट्रों की नारी-सम्बन्धी चेतना के अंचल तक का स्पर्श उनसे इतर राष्ट्रों ने नहीं किया। यहाँ नारी को चन्द्र गालियाँ देता है। स्वयं प्रगतिशील इतना उदार है कि वह जापानी युद्ध-सम्बन्धी लेखक की पृ. 370-71 पर प्रकटित स्थापना को स्वीकार करेगा। पर प्रश्न यह है कि क्या इस सुविधानुकूल स्वानुष्ठित साम्यवादी चन्द्रमाधव और सीपीबद्ध रेखा-भुवन

के बीच कोई दुनिया नहीं है? चन्द्र की पत्नी और गौरा के पिता का कोई संसार नहीं है? मैं कहना चाहता हूँ कि उपन्यास पर छाया संसार कोने-कतरे का संसार है, संसार है ही नहीं, द्वीप मात्र है। उपन्यास में कहीं संकेत तक नहीं मिलता कि इनसे परे भी कोई दुनिया है।

गौरा। सभ्य, चरित्रवान्, सिद्धान्तप्रिय, सुन्दर। पवित्र धीर, शुद्ध प्राजापत्य की आकांक्षावाली, भावबन्धन प्रेम जिसका मार्ग है, प्रिय का अखण्डित प्रेम जिसका लक्ष्य। रूप जो छलता नहीं, गिराता नहीं, देखनेवाले को ऊपर उठाता है। संयम और सीमा उसमें साकार हुई है। वह पोटेन्शल वधू का कौमार्य है जैसे अतीत पोटेन्शल भविष्य का। "उसका व्यक्तित्व बहुत कोमल है, बहुत सम्पन्न भी।" भुवन मानता है कि "वह आदमी बहुत भाग्यवान् होगा जिसे गौरा-जैसी पत्नी मिलेगी।" उसमें साहस भी है और असम्मत विवाह को अस्वीकार कर देती है। वह रेखा और चन्द्र की पत्नी, दोनों से गुणत: भिन्न है। एक के उन्मुक्त स्वातन्त्र्य को उसने संयम से बाँधा है दूसरी की अमर्यादा वह अपने लिए नहीं सोच सकती। पर इस दूसरी का तप भी कुछ कम नहीं। वस्तुत: उपन्यास का नारी-पक्ष उसके पुरुष-पक्ष से कहीं सफल है।

यहाँ हम अब थोड़ा उपन्यास के सिद्धान्त-पक्ष पर विचार करेंगे। इस पक्ष की ओर ऊपर यत्र-तत्र हम संकेत कर आये हैं। लेखक ने अपने सिद्धान्तों को स्वाभाविक ही अपने पात्रों की जबानी रखा है। उसके प्रकाशन के लिए वस्तुत: उसने ध्वनि और संकेत का भी सहारा नहीं लिया है, वरन् स्पष्टतया क्षण और द्वीप के प्रतीकों के रूप में रखा है। "काल का प्रवाह नहीं, क्षण और क्षण और क्षण... क्षण सनातन है...छोटे-छोटे ओएसिस...सम्पृक्त क्षण...नदी के द्वीप...जो काल-परम्परा नहीं मानता, वह वास्तव में काल...कारण-परम्परा नहीं मानता, तभी वह परिणामों के प्रति इतनी उपेक्षा रख सकता है—एक तरह से अनुत्तरदायी है...पर इससे क्या? उत्तर माँगनेवाला कोई दूसरा है ही कौन? मैं ही तो मुझसे उत्तर माँग सकता हूँ? और अगर मैं अपने सामने अनुत्तरदायी हूँ, तो उसका फल मैं भोगूँगा—यानी अपने अनुत्तरदायित्व का उत्तरदायी मैं हूँ..." (पृ. 180)। "हम जीवन की नदी के अलग-अलग द्वीप हैं—ऐसे द्वीप स्थिर नहीं होते, नदी निरन्तर उनका भाग्य गढ़ती चलती है; द्वीप अलग-अलग होकर भी निरन्तर घुलते और पुन: बनते रहते हैं—नया घोल, नये अणुओं का मिश्रण, नयी तलछट, एक स्थान से मिटकर दूसरे स्थान पर जमते हुए नये द्वीप..." (पृ. 416)। "एक और दूसरा एक"... "सम्पूर्ण मेरे लिए केवल युक्ति-सत्य है—अपने-आप में कुछ नहीं, केवल और एक को अन्तहीन आवृत्ति से पाया हुआ एक काल्पनिक योगफल।" (पृ. 20) "मेरे लिए काल का प्रवाह भी प्रवाह नहीं है, केवल क्षण और क्षण और क्षण का योगफल है—मानवता की तरह ही काल-प्रवाह भी मेरे लिए युक्ति-सत्य है, वास्तविकता क्षण की ही है। क्षण सनातन है।" (पृ. 39)

दृष्टि असामाजिक है, कहना न होगा। और उसके बचाव में लेखक कोई सफ़ाई नहीं पेश करता, उसे सत्य मानकर साहस के साथ निरूपित करता है। निवेदन यह है कि स्थापना दोनों रूप से ग़लत है—तथ्य की सत्यता में भी, व्यावहारिक परिणाम में भी। और यही सिद्धान्त जो उपन्यास का भाव-कलेवर गढ़ता है उसे अकेला, अर्थहीन, उद्देश्यहीन कर देता है, अप्रयुक्त स्वर्णखण्ड की तरह। "काल का प्रवाह नहीं, क्षण और क्षण और क्षण...क्षण सनातन...सम्पृक्त क्षण।" क्या काल-प्रवाह से भिन्न क्षण का बोध है? क्या काल-प्रवाह से भिन्न क्षण का अस्तित्व है? क्या स्वयं

क्षण सत्यत: विश्लेषणत: इकाई (यूनिट) है? क्या उसके भीतर भी, आकार धारण करते ही, दृष्टि-बोध के पूर्व से ही अनन्त संघात-सम्पदा नहीं है? क्या संघात के रूप में क्षण (अपनी अणोरणीयान् इकाइयों में) के भीतर ही महतो महीयान् की संगति नहीं है? कणों का संघात अपने महतो महीयान् रूप में सृष्टि की संज्ञा (विश्व की) अर्जित करता है और यही विश्व अनन्त की यूनिट है, महतो महीयान् का अणोरणीयान्। उसी प्रकार वह यूनिट भी, वह कण भी, वह अणु भी, वह क्षण भी, अपने संघात रूप में, अणारणीयान् का महत् अथवा महतो महीयान् रूप है, परन्तु अपने भीतर भी वह अपने यूनिट के रूप में अणोरणीयान् को निहित रखता है, यानी कि यदि हम संघात (दृष्ट-परोक्ष) = महतो महीयान् का दर्शन करें (चाक्षुष् अथवा मानस), तो उसमें अणोरणीयान् की संज्ञा निहित होगी और अविभाज्य रूप में। सम्पूर्ण की स्थिति अणु से है पर बोध-रूप मात्र में, सम्पृक्त से अलग नहीं, विश्लेषण-मात्र के लिए अलग। क्षण काल-प्रवाह से अलग नहीं, उसकी सर्जक शक्ति-प्रवाह से भिन्न नहीं, उसका बोध भी वहीं है, प्रवाह में। प्रवाह का सावधित्व क्षण है, क्षणों की अनन्त सम्पृक्त संज्ञा प्रवाह है, पर सम्पृक्त संज्ञा—एक और एक और एक का जोड़ नहीं—एक का कारण एक, एक का कार्य एक, दूसरा एक पहले एक का कार्य, दूसरा स्वयं अगले एक का कारण, पहला एक पिछले एक का कार्य। दोनों कारण और कार्य, दोनों कार्य और कारण, कारणों की अटूट शृंखला। एक इसलिए कि दूसरा, दूसरा इसलिए कि एक। मानव अकेला परिणाम, स्वयं परिणाम का कारण, जनक, मानव-शृंखला से अभिन्न; शृंखला स्वयं ऐसी अनन्त प्राणवान्, सापेक्ष्य प्राणवान्, अप्राणवान् शृंखलाओं के समानान्तर, संकर, ओत-प्रोत, उनका अभिसृष्ट और सर्जक, इससे एकस्थ सम्पदा का परिचायक। और जहाँ क्षण, अणु, कण, मानव, काल-प्रवाह, संघात, जल-प्रवाह, समाज से भिन्न, वहाँ उसकी मृत्यु, सत्ता का अन्त, अस्तित्व की अगोचरता। पर यह भिन्नता की स्थिति क्या सम्भव भी है? ऊपर संकेत कर चुका हूँ, नहीं। मानव अकेला कैसा? वह प्रकृतिसिद्ध जलवायु का यथेच्छ सेवन करने में स्वतन्त्र है पर मानवसिद्ध अभिसृष्टियों के सेवन में नहीं, 'इकॅनॉमिक नीड्स'—आवश्यकताओं—की पूर्ति में नहीं क्योंकि आविष्कृत वस्तु-सम्पदा समाज की समवेत क्रिया-शक्ति का परिणाम है। अकेला मानव, काल-प्रवाह का क्षण, नदी का द्वीप वैसे ही निस्पन्द है जैसे मानव के स्वतन्त्र अवयव, अवयवों की स्वतन्त्र त्वचा, मज्जा, अस्थियाँ और उनके अपने-अपने स्वतन्त्र अणु। प्रकाश की भाँति समाज में मानव की इकाई है और जैसे प्रकाश का अणु प्रकाश की संज्ञा सार्थक नहीं कर सकता, द्वीप-मानव भी समाज का नहीं। वैसे वह केवल जमुना के कछार में 'मैन फ्राइडे' बनकर बालू के घर-मात्र बना सकता है, पलकें मात्र ही चूम सकता है। पर उन पलकों को जीवित रखने के लिए भी उसे उन स्थूल अकाल्पनिक उद्यमसाध्य समवेत मानव समाज क्रिया-जनित आवश्यकता-पूरक वस्तुओं की ओर देखना होगा, कॉफ़ी हाउस तक के लिए, कुदसिया बाग़ तक के लिए, नौकुछिया ताल तक के लिए, तुलियन तक के लिए, मसूरी, बर्मा, इण्डोनेशिया, बंगलोर तक के लिए भी, और उस विज्ञान की तो बात ही अलग है जिसका उपन्यास में आभास-मात्र मिलता है। आश्चर्य तो यह कि उपन्यास का सिद्धान्त रेखा के भ्रूण-विसर्जन और उसके परिणाम से रक्षा के लिए सर्वथा अवैयक्तिक नि:शेष सामाजिक चिकित्सा का उपयोग तो कर लेता है पर उसके प्रति अपने उत्तरदायित्व को नहीं सोचता। यह कृतघ्नता है। बालक से पूछिए, क्या खाते हो? कहेगा, रोटी। पूछिए, रोटी कहाँ से आती है? कहेगा गेहूँ से जो बाज़ार से आता है। पिता के कमाये रुपयों से। पूछिए। पिता कहाँ से कमाते हैं? कहेगा,

कमाते हैं, बस कमाते हैं। सच, बालक उत्तरदायी नहीं है; पर पिता है, क्योंकि सक्रिय समाज का वह अंग है, उस समाज का जिसके समवेत उद्योग की उपलब्धि पिता की कमाई है। उसके प्रति अनेक प्रकार से वह उत्तरदायी भी है और उसके अनुत्तरदायित्व का वह उससे ब्योरा भी ले सकता है। इससे जमुना के कछार और उसकी तुलियन में परिणति की सम्भावना सिद्ध करनेवाला समाज कहेगा कि हम उसके पृष्ठ पर हैं, हम उसके कारण हैं, और तुम बालक नहीं हो, तुम्हें अपने अनुत्तरदायित्व का उत्तर देना होगा। आख़िर अज्ञेय को बताना न होगा, चेरवान्तिस और डेनिस्लरिफ़ो भी अकेले नहीं हैं, उनके पीछे भी एक विस्तृत 'सम्पृक्त' समाज है।

दृष्टिकोण की यह खामी ही उपन्यासगत पात्रों-परिस्थितियों को असामाजिक और स्वार्थ-परक बना देती है। रेखा कहती है, "हम दोनों ऐसे आत्म-निर्भर, स्वत: सम्पूर्ण हैं कि सहज ही बहकर, सिमटकर अलग हो जा सकते हैं—अपनी-अपनी सीपियों में बन्द, अन्तरंग अनुभूति के छोटे-छोटे द्वीप और इस प्रकार बरसों जीते रह सकते हैं, मौन, शान्त, लेकिन एकांगी..." (पृ. 310) यह लोटस-ईटर्स की प्रमादपूर्ण निष्क्रिय स्थिति किसे ग्राह्य हो सकती है? और इसमें 'बहने' का भाव तो द्वीपस्थता के समक्ष कोई अर्थ ही नहीं रखता क्योंकि उसे यदि बहना हम कह भी सकें तो वह भँवर की तरह है, प्रवाह के भँवर की तरह, जो प्रवाह को गति तो नहीं देता, उसमें प्रवाह वाहित है। हाँ उसके अनिष्ट के रूप में पास आयी हुई चीज़ों को उदरस्थ अवश्य करता जाता है, प्रवाह से अपना इष्ट बेशर्मी से खींचता जाता है, और स्वार्थ-परिणति, क्षण-सुख, काम-निष्पत्ति को 'फुल्फ़िल्मेण्ट' (पृ. 207, 212) मानता है।

समाज-विमुख 'सीपीबद्ध' मानव अपने से बाहर की सत्ता स्वीकार नहीं करता और अपने फुल्फ़िल्मेण्ट के लिए एकान्त ढूँढ़ता है। उपन्यास एकान्त-खोज की एक अटूट शृंखला उपस्थित करता है। और यह एकान्त मिथुन का है। एकान्त में मिथुन की पारस्परिक अनुचेतना मैथुन की अभिसृष्टि करती है। कारण कि उन्हें अपने से बाहर तृतीय का बोध नहीं। जिसकी चेतना सामाजिक नहीं वह एकान्त में 'डेविल्स वर्कशॉप' का अनुष्ठान करता है, और मिथुन, सामाजिक सक्रियता से विमुख एक-दूसरे की ओर देखता है, उसी में अपनी इयत्ता मान, लक्ष्य के अभाव में एक-दूसरे पर प्रहार करता है, वह अन्योन्य रागाचरण करता है जिसे मैथुन कहते हैं। क्योंकि वहाँ तप नहीं है, केवल विलास है; परिणाम में रेखा है जो, यद्यपि अद्भुत रसपुंजमात्र है, बिखर जाती है। और जहाँ तप है, सामाजिक रूप है (चाहे सीमित अलक्ष्य रूप में ही क्यों नहीं), वहाँ व्यवस्थित गौरा का प्रादुर्भाव होता है जो उदीयमान है, सामाजिक व्यवस्था की सामाजिक इकाई है, जो आधार की ईंट बन जाती है।

एकान्त का विलास उपन्यास में इतना व्यापक हो उठा है कि लगता है यत्र-तत्र दार्शनिक विवेचना भी उसी की पुष्टि, उसी के बचाव के लिए है। अमित खुले विलास का विस्तार पुस्तक में आद्योपान्त है। विलास जीवन का कारण उसकी कोमलता का परिचायक है, पर मात्रा में अमर्यादित होकर वह 'विषय' और 'व्यसन' बन जाता है। स्वच्छन्द साहित्य के पोषकों के लिए चाहे वह काम का पेटूपन ग्राह्य हो पर समाजसचेत साहित्यिक उसे अशिव ही मानेगा। आदि से अन्त तक उस विलास की उपन्यास में प्यास है। उसी का बीज, उसी का अंकुरण-पोषण, उसी का पाक-पचन। विलासान्ध भुवन नौकुछिया के ताल में भी लखनऊ के वाजिदअली के तालाब

के जलप्रच्छन्न कक्षों की भाँति 'नौ कक्ष' ढूँढ़ता है (पृ. 167), अश्लील होते भी उसे देर नहीं लगती। तुलियन में रसाप्लावन के बाद रेखा जब चाँदनी में बैठती है तब उसे भुवन देखता है और वह लजा जाती है। पर खेमे में लौटकर कोक पण्डित की कथा कहते वह नहीं लजाती। यह अस्वाभाविक तो है ही। अश्लील भी है। मैं विलास की व्यापक सत्ता मानकर उसकी नंगी से नंगी स्थिति भी स्वीकार कर सकता हूँ पर कोक पण्डित की कहानी में जिस स्थिति की ओर संकेत है उसे मैं अश्लील मानूँगा। इसे और स्पष्ट करने के लिए कह देना चाहूँगा कि मैं पुस्तक की बाक़ी सारी विलास-सम्पदा को अश्लील नहीं मानता यद्यपि अज्ञेय की अश्लीलता की परिभाषा मुझे स्वीकार नहीं—(जो) "जीवन को उभारती है उसे अश्लीलता नहीं कहना चाहिए" (पृ. 289), पर जीवन-भर जो जीवन यानी विलास को उभारता रहे उसे क्या कहेंगे? और पुस्तक-भर में जीवन का दूसरा रूप तो प्रस्तुत है नहीं। विलास की यह मात्रा वस्तुत: इतनी बढ़ जाती है कि भुवन और रेखा पर 'धुन्ध' छा जाता है। वे डूबते सूरज का पीछा करते हैं, लय होते दिन का। ऋषि के शब्दों में पुकार उठने की इच्छा होती है, देखना कहीं पाश्चात्त्यता (नाश की संज्ञा, मरीचिका, अन्धकार) में न गिर जाना! मा मा प्रापत्प्रतीचिका! वरन् आगे रात है। "धुन्ध की दीवार : कहीं कोई दिशा नहीं, क्षितिज नहीं, दोनों धुन्ध में खो गये, केवल वे दोनों (निश्चय, केवल वे दोनों!) तम्बू का चँदोवा, और धुन्ध, धुंन्ध, व्यापक, धुन्ध···" (पृ. 205)।

अकेले-अकेले मिथुन बढ़ते जाते हैं, द्वीप से, खुले संसार में अकेले, कॉफ़ी-हाउस में अकेले, कुदसिया बाग़ में अकेले, जमुना की कछार में अकेले, नौकुछिया ताल में अकेले, तुलियन में अकेले, सर्वत्र अकेले, पानी के फ़व्वारे पर अपनी गेंद टिका निर्माण की सम्भावना असम्भव करते। और यह स्थिति कितनी ही बार तो इतनी बेजा हो उठती है कि भरे स्टेशन पर रेखा, चाहे जितना धीरे-धीरे, गाने लग जाती है।

द्वीप-द्वीप, मिथुन-मिथुन उपन्यास बढ़ता है। विराट् प्रकृति भी, तुलियन और नौकुछिया में भी, उनके भरे मन में प्रवेश नहीं कर पाती, उद्दीपक-साधक-मात्र बनकर रह जाती है। खुली प्रकृति के प्रशस्त प्रांगण में भी जैसे उच्च मध्य वर्ग का यह द्वीप, यह सीपीबद्ध जीवन जा पहुँचता है। जहाँ-तहाँ जब-तब इक्के-दुक्के जीव सीपी की राह में टकरा जाते हैं पर वे उसके नहीं हैं, वह उनकी नहीं है। 'शेखर—एक जीवनी' इससे कितना भिन्न है? ट्रेन की भीड़, कॉंग्रेस का अधिवेशन, जेल का कमरा, शेखर, शारदा, शशि, विद्याभूषण, सदाशिव, दादा सभी जीवित संसार के प्राणी हैं, प्रवाह के कण, उसके भँवर नहीं! 'नदी के द्वीप' में भुवन और रेखा संसार से दूर हट, समाज की सीमाकारिणी मर्यादा-तर्जनी की पहुँच से दूर, उसका सब-कुछ त्याग अपना नंगा विलास उसे दिखाते हैं। और उसका अन्त है नैराश्य। रेखा क्या कहती है?—"विद्रोह मुझमें नहीं है, सम्पूर्ण नैराश्य ही है, इतना सम्पूर्ण कि अब उसकी दुहाई कभी नहीं दूँगी···" (पृ. 356)। नैराश्य उस समाज-विमुख एकान्ध 'धुन्ध' का सहज निगमन है।

कलकत्ते की चिट्ठियों के बाद 'नदी के द्वीप' समाप्त हो जाना चाहिए था। बाद की कथा उपसंहारमात्र है, नीरस। उपन्यासकार को यह जान लेना चाहिए कि कृति में स्थिर कुछ नहीं, कथा में यदि कोई प्रसंग रस को बढ़ाता नहीं तो उसे वह घटाता ज़रूर है। वह अंश रेखा के चरित्र का विरोधी भी है। वस्तुत: इसी समय उसका सशक्त मानस चित्रण माँगता है। सुन्दर होता यदि

उपन्यासकार ने उसके नये संघर्ष का चित्र खींचा होता, गौरा के आडम्बर-हीन कल्याणकर गार्हस्थ्य का भी, चन्द्रमाधव की पत्नी के धीर तपशील उपेक्षित स्वीकृत है जीवन का भी।

कुछ लोगों को अज्ञेय की शैली में अवतरणों का बाहुल्य शायद खटके, मुझे नहीं खटकता। अवतरण बोलनेवालों की अनुभूति के अंग बन गये हैं, उनके मानस का उद्‌घाटन करते हैं। काश, लॉरेन्स का विद्रोह भी कहीं होता—'लेडी चैटर्लीज़ लवर' की सामाजिक भूमिका!

'नदी के द्वीप' की कला, जैसा पहले कह चुका हूँ, सफल है; उसका सिद्धान्त समाज-विरोधी, ग़लत। उपन्यास के रूप में उसका-सा अपने साहित्य में कुछ नहीं है। मैं उसे हिन्दी के छह सर्वश्रेष्ठ उपन्यासों में गिनता हूँ, जिनमें दो अज्ञेय के ही हैं। व्यंजना और बौद्धिक बारीकी उसमें गहरी है। भावों की बारीकी, उसका सहज विन्यास साहित्य की सुईकारी है। पर अफ़सोस कि उपन्यास पढ़कर 'सत्यनारायण' की कथा याद आ जाती है—सुन्दर पके फल में कीड़े!

नेमिचन्द्र जैन

हिन्दी उपन्यास की एक नयी दिशा *

यह स्वाभाविक ही है कि पिछले कुछेक वर्षों में हिन्दी के बहुत-से उपन्यासकारों ने प्रेमचन्द के बाद फिर से देहाती जीवन को लेकर उपन्यास लिखे हैं। शायद यह अनिवार्य ही था कि शहरी जीवन की कुण्ठा और घुटन से उकताने पर नये साहित्यकार गाँवों के अपेक्षाकृत सहज और अकृत्रिम जीवन के प्रति झुकते, अथवा उसमें रस और सुन्दरता की खोज करते। क्योंकि चाहे जिन कारणों से सही, आज के शहरी जीवन को, विशेषकर मध्यवर्गीय शहरी जीवन को, एकरसता और आत्माभिमुखता ने चारों ओर से घेर लिया है। इस एकरसता तथा आत्माभिमुखता को आप चाहे जैसे तीक्ष्ण, सूक्ष्म और संवेदनशील मन से परखें, उनमें जीवन के कवित्व के लिए स्थान नहीं, ऐसा उन्मुक्त खुला नीला आसमान नहीं कि मन निर्बन्ध उड़ जाये और शिखरों की खोज कर सके। इसलिए यदि खुलेपन और सहज रस-स्रोत की खोज में साहित्यकार देहात के जीवन की ओर मुड़े तो इसमें कोई आश्चर्य की बात नहीं।

किन्तु श्री फणीश्वरनाथ रेणु का उपन्यास 'मैला आँचल' इसी खोज की एक कड़ी होकर भी देहाती जीवन पर पिछले दिनों लिखे गये सभी उपन्यासों से भिन्न है, और विशिष्ट भी; क्योंकि अन्य अधिकांश उपन्यासकार देहात की ओर मुड़कर भी जैसे उसे ऊपर से ही देखते रहे अथवा देहाती जीवन की जड़ता अथवा बाहर से आरोपित संघर्षमयी परिवर्तनशीलता में उलझ गये। एक प्रकार से उन्होंने गाँव के जीवन को मूलतः शहरी दृष्टि से देखा और वे देहात की समस्याओं को शहर के चौखटे में रखकर काटते-छाँटते रहे। देहाती जीवन की आत्मा से उनका साक्षात्कार ही जैसे नहीं हुआ; न उसकी गहरी तिक्तता से, न उसके निर्झर-जैसे फूटते सरल काव्यमय सौन्दर्य से। इसी से इन अधिकांश तथाकथित ग्रामीण उपन्यासों में ज़िन्दगी की धड़कन नहीं महसूस होती, देहात के जीवन की अपनी गति के आभास की तो बात ही दूर की है।

'मैला आँचल' की सबसे अद्‌भुत विशेषता यही है कि उसमें मिथिला के निरन्तर बदलते हुए आज के एक गाँव की आत्मा की गाथा है। और यह गाँव सर्वथा विशिष्ट होकर भी केवल मिथिला का ही नहीं, जैसे उत्तर भारत का प्रत्येक गाँव है, जो सदियों से सोते-सोते अब जागकर अँगड़ाई ले रहा है। भारतीय देहात के मर्म का इतना सरस और भावप्रवण चित्रण हिन्दी में सम्भवतः पहले कभी नहीं हुआ। पिछले महायुद्ध और उसके बाद की घटनाओं ने, विशेषकर स्वाधीनता-

---

* मैला आँचल : फणीश्वरनाथ रेणु

प्राप्ति ने, जैसे हमारे देश को बहुत गहराई तक झकझोर दिया है, उसमें ऐसी उथल-पुथल मचा दी है कि जीवन के अनगिनती नये-नये पर्त उघड़कर सामने आ गये हैं, और नित-नयी गति से निरन्तर आते जा रहे हैं। इस गति के कारण होनेवाले सतही परिवर्तनों का चित्र हिन्दी की और भी कई रचनाओं में मिलता है; पर 'मैला आँचल' में उसके फलस्वरूप देहातों की आत्मा में होनेवाले आलोड़न और विक्षोभ की झाँकी है। मेरीगंज पुरैनिया अथवा पूर्णिया ज़िले का एक छोटा-सा गाँव है जिसमें तिरहुत के प्राकृतिक सौन्दर्य के बीच, धान के लहलहाते खेतों, कमलों से भरे हुए सरोवरों-पोखरों और ताड़ के वनों के साथ, कमला नदी के किनारे, उत्तरी भारत के अन्य सहस्रों ग्रामों की भाँति, जीवन अपनी परिचित गति से चलता रहता है। महायुद्ध और देशव्यापी स्वाधीनता-आन्दोलन की लहरों ने यहाँ के जीवन में कम्पन पैदा नहीं किया हो, यह बात नहीं। पर आधुनिक जीवन से मेरीगंज का पूरा और वास्तविक सम्पर्क तब होता है जब वहाँ मलेरिया-सम्बन्धी अनुसन्धान के उद्देश्य से डॉक्टर प्रशान्त एक अस्पताल खोलने के लिए आता है। अचानक ही मानो उस गाँव के सामाजिक, राजनीतिक, मानसिक, आध्यात्मिक जीवन की अनगिनती सतहें खुल पड़ती हैं। लगता है, जैसे बहुत दिन से रुद्ध जीवन एकाएक मार्ग पाकर हहराता हुआ दौड़ पड़ा हो। देहात की ऊपर से दीखनेवाली स्थिरता और शान्ति, बल्कि जड़ता तथा निष्क्रियता जैसे नष्ट हो जाती है। 'मैला आँचल' के लेखक ने इस विक्षुब्ध ज़िन्दगी के ही बहुत-से स्तर, बहुत-से पर्त, बहुत-से पहलू इस उपन्यास में प्रस्तुत किये हैं। और यही नहीं, ये तमाम स्तर और पहलू इस प्रकार कितने ही भिन्न-भिन्न दृष्टि-बिन्दुओं से दिखाये गये हैं कि जीवन एक साथ कई एक सिम्तों में हमारे सामने प्रस्तुत होता है, बहुत-कुछ चल-चित्र की भाँति समग्र होकर भी और अलग-अलग भी, दूर से भी और समीप से भी।

यही कारण है कि यह कहना पर्याप्त अथवा महत्त्वपूर्ण नहीं है कि लेखक का देहाती जीवन से परिचय बड़ा घनिष्ठ है। परिचय की इस घनिष्ठता से भी कहीं अधिक महत्त्वपूर्ण है वह दृष्टिबिन्दु, जिसके कारण जीवन एक नये गति-सूत्र से बँधा, खिंचता और बदलता हुआ दीखता है। सारे सामाजिक सम्बन्ध एक नये दृष्टिक्रम में दिखाई पड़ते हैं, टूटते, बनते, बिगड़ते, टूटते और फिर बनते। जीवन अपने मौलिक, सहज-प्रवाही रूप में यहाँ है। इसी से उसमें इतना रस है, इतना संगीत और कवित्व है, इतनी तीव्रता और इतना दर्द है। मठ पर नये महन्त को चादर मिलने का आयोजन, बिदा-पति नाच, होली का उत्सव और उस अवसर पर डॉक्टर प्रशान्त तथा कमली का परस्पर आत्मप्रकटीकरण, अपनी माँ को याद करते-करते डॉक्टर का आत्मविश्लेषण, सन्थालों का मेरीगंज के अन्य निवासियों से संघर्ष, बावनदास की मृत्यु आदि ऐसे अनगिनती स्थल हैं जिनमें सौन्दर्यबोध-मूलक संयम और अकृत्रिम सहज भावावेश का एक उत्कृष्ट सम्मिश्रण है जो सदा मर्मस्पर्शी कला को जन्म देता है। और इन स्थलों के चित्रण में लेखक सरसता और शक्ति, कलात्मक अभिव्यक्ति और व्यापक सहानुभूति के नये मान उपस्थित करने में सफल हुआ है। वास्तव में 'मैला आँचल' की विशिष्टता इसमें नहीं है कि उसमें देहाती जीवन का बहुत गहरा अध्ययन है, अथवा सामाजिक समस्याओं और उनके निदान के दार्शनिक आधार उसमें मौजूद हैं, अथवा युग-युग-व्यापी जीवन-सत्यों का उद्घाटन लेखक कर सका है। उसकी विशिष्टता है उस अपूर्व आत्मीयता में जिसके साथ लेखक ने गाँव के जीवन की समस्त कटुता और संगीत को, सरलता और विकृति को, स्वार्थपरता और सामाजिक एकसूत्रता को, अज्ञान और मौलिक नैतिक संस्कार को सँजोया

है। इतनी तरल भावावेशपूर्ण उत्कटता से शायद ही किसी ने ग्रामीण जीवन को देखा हो—शरद और प्रेमचन्द ने भी नहीं, ताराशंकर बनर्जी ने भी नहीं। 'मैला आँचल' की यह भाव-तरलता हिन्दी के श्रेष्ठतम व्यक्तिप्रधान उपन्यासों से—'शेखर', 'नदी के द्वीप', 'परख', 'त्यागपत्र', 'नारी' आदि सभी से—तुलनीय है। देहाती जीवन को लेकर लिखे जानेवाले साहित्य को इस उपन्यास की यह सबसे बड़ी देन है। देहात के जीवन को रेणु ने कर्त्तव्य-पालन की भावना से प्रेरित होकर नहीं देखा है। यह कहा जाता है कि मौजूदा युग भारतवर्ष में किसान-क्रान्ति का युग है, जिसमें क्रान्ति की मुख्य भूमिका किसान-वर्ग के हाथ में है। इस ज्ञान से लैस होकर बहुत-से नये प्रतिभावान (तथा प्रतिभाशून्य) हिन्दी लेखकों ने देहाती जीवन की ओर अपनी दृष्टि लगायी है और उससे प्रेरणा ग्रहण करके लिखने का यत्न किया है। दुर्भाग्यवश इनमें अधिकांश में कर्त्तव्य-बोध अधिक और सौन्दर्य-बोध कम प्रकट हो पाया है। उनमें सैद्धान्तिक और विचारधाराजन्य पुष्टता और प्रामाणिकता चाहे जितनी हो, साहित्य-सृजन के लिए अनिवार्य रूप से आवश्यक अनुभव की उष्णता का लगभग अभाव है। बहुत बार तो इन लेखकों के निजी व्यक्तिगत अनुभव को भी आत्मीयताहीन शुष्क सिद्धान्तपरकता ने विकृत और रसविहीन कर दिया है।

'मैला आँचल' इस दृष्टि से इस कोटि के सभी हिन्दी उपन्यासों से भिन्न है। उसके लेखक ने देहाती जीवन को अत्यन्त ही आत्मीय और कवित्वपूर्ण दृष्टि से देखा है। मैं बहुत जान-बूझकर इस दृष्टि को 'कवित्वपूर्ण' कहता हूँ। क्योंकि विशेषकर यथार्थवाद के नाम पर राजनीतिक मतवाद के दुराग्रह के फलस्वरूप पिछले दिनों में साहित्यकार सबसे अधिक वंचित होता गया है इसी कवित्वपूर्ण दृष्टि से, यद्यपि मूलत: यही साहित्यकार की अपनी दृष्टि है। जीवन के सत्य को पकड़ने में, उसमें और मनोवैज्ञानिक तथा इतिहासकार में भिन्नता इसी दृष्टि की ही भिन्नता के कारण है। वह मानव-आत्मा का शिल्पी इसलिए ही होता है कि वह जीवन के काव्य का, उसकी सरसता और सौन्दर्य का, विकृति और विसंगति के पंक के बीच से झाँकते-मुसकराते कमल का द्रष्टा होता है। मैं जीवन के इस सौरभ की पहचान को ही कवित्वपूर्ण दृष्टि कहता हूँ। 'मैला आँचल' का लेखक इस सौरभ से न केवल स्वयं उन्मत्त हुआ है, वह औरों को भी उससे उन्मत्त करने में सफल हो सका। स्पष्ट ही जीवन के प्रति यह दृष्टि नीरस और सतही तथाकथित यथार्थवादी दृष्टि से भिन्न है। उसमें यथार्थ के खोल पर आँख मूँदकर आग्रह नहीं है। बहुत बार इस खोल की कुत्सा में अथवा उसकी विषाक्त तिक्तता में बहुत-से लेखक अपना सन्तुलन खो बैठते हैं और उन्हें कुछ भी सुन्दर और मनोरम, सुकुमार और स्निग्ध कहीं दीखता ही नहीं। अथवा दीखता भी है तो वे उसे प्रासंगिक और भ्रामक मान लेते हैं, पथभ्रष्ट करनेवाली मृगमरीचिका की भाँति। 'मैला आँचल' के लेखक को जीवन की सुन्दरता से, बहुमुखी मनोरमता से प्यार है, उसकी भव्यता और महत्ता से प्यार है। इसी से उसके किसी भी पात्र के चित्रण में आवश्यक सिद्धान्तगत विद्वेष नहीं, दुराग्रहपूर्ण पक्षधरता नहीं है।

'मैला आँचल' के पात्रों को इसी से हम कई सिम्तों में देखते हैं और अन्त में गहरी मानवी सहानुभूति और आस्था की छाप वे हमारे मन पर छोड़ जाते हैं। बालदेव और कालीचरन, लक्ष्मी और महन्त सेवादास, तहसीलदार विश्वनाथ प्रसाद और बावनदास, सभी जीते-जागते पात्र हैं, जिन्हें हम आदर्श कहें अथवा न कहें, पर जिन्हें हमारी सहानुभूति अवश्य मिलती है। उनकी

दुर्बलताएँ मानवता के भविष्य में हमारी आस्था को कम नहीं करतीं। दूसरे भी जितने पात्र इस उपन्यास में आते हैं उनमें सदा एक अपना जीवित व्यक्तित्व मौजूद रहता है। उपन्यास-भर में ऐसे स्थल बहुत ही कम हैं जहाँ अतिनाटकीयता अथवा अतिभावुकता लेखक के विवेक पर हावी हो गयी हो। दूसरी ओर कहीं भी किसी ऊपर से थोपी हुई, दुराग्रहपूर्ण नैतिकता का सहारा लेखक नहीं लेता। ऐसी नैतिकता के सहारे कभी भी जीवन को संस्कार देनेवाले साहित्य का निर्माण नहीं होता। यद्यपि साहित्य को जीवन की प्रगति का अस्त्र माननेवाले साहित्यकार के लिए यही सबसे बड़ा ख़तरा है कि वह ऐसे ही किसी नैतिक चौखटे को प्रगति का पर्यायवाची मान ले और उसमें ही जीवन्त इन्सानों को ठूँस-ठूँसकर बिठाने का प्रयत्न करता रह जाये।

इस सिलसिले में 'मैला आँचल' की एक और विशेषता की ओर भी ध्यान दिया जा सकता है। वह है उपन्यास में राजनीति का समावेश। राजनीति और सृजनशील साहित्य का सम्बन्ध आधुनिक सौन्दर्यशास्त्र की बुनियादी समस्या हो गयी है। क्या राजनीति साहित्य में वर्जित है? राजनीति की समस्याओं को उठाने-मात्र से ही क्या साहित्य प्रचारात्मक हो जाता है? क्या साहित्य का प्रमुख धर्म यही है कि वह किसी-न-किसी राजनीतिक आन्दोलन का समर्थक पक्षधर हो? ये सब ऐसे प्रश्न हैं जिनसे आज साहित्य का पाठक तथा समीक्षक बच नहीं सकता।

यहाँ एक बात तो निस्संकोच कही जा सकती है कि जो स्थान मध्ययुग के जीवन में धर्म को, धार्मिक विश्वासों और धार्मिक मतवादों को प्राप्त था, लगभग वही आज राजनीति, राजनीतिक विश्वासों और आन्दोलनों को प्राप्त है। इसीलिए आज का सर्जनात्मक साहित्य राजनीति से बचकर चलने का दम्भ करे तो वह या तो झूठा सिद्ध होगा अथवा घातक। किन्तु यह बात भी सही है कि मध्ययुगीय जीवन में धार्मिक विश्वास जिस प्रकार की नैतिक-चारित्रिक दृढ़ता, निष्ठा और आस्था व्यक्तित्व को, विशेषकर साहित्यिक व्यक्तित्व को, प्रदान करता था, वैसी निष्ठा आज के राजनीतिक मतवाद से प्राप्त नहीं हो पाती। कारण शायद इसका यही है कि धार्मिक विश्वास, मतवादी असहिष्णुता और कट्टरता से जुड़ा हुआ होने पर भी मूलत: व्यक्ति की आत्मा का संस्कार कर पाता था और साहित्यकार को, तथा अन्य कलाकारों को भी, उससे एक ऐसी आध्यात्मिक दृष्टि प्राप्त होती थी, जिससे वह दूसरों के अन्तर को छूने और स्पन्दित करने में सफल होता था। दूसरी ओर आज के राजनीतिक विश्वासों का मौलिक सम्बन्ध समाज के बाहरी संगठन और व्यवस्था से है, आत्मा के संस्कार का प्रश्न गौण और केवल प्रासंगिक रूप में ही उसमें निहित रहता है। परिणामत: यह आशंका रहती है कि राजनीतिक विश्वासों और मतवाद पर आधारित आज का साहित्य जीवन के ऊपरी खोल से ही उलझकर रह जाये। पिछले पन्द्रह-बीस वर्षों के अपने ही नहीं, देश-विदेश के अन्य साहित्यों पर भी दृष्टि डालें तो इस बात की पुष्टि होगी। जीवन में राजनीतिक मतवाद का बढ़ता हुआ आग्रह अन्तत: बाह्य और रूपगत तत्त्वों की प्रधानता स्थापित करता है। साहित्य में उसके फलस्वरूप मानवीय सहानुभूति के ह्रास, आत्मीयता के अभाव और निष्ठाहीनता तथा आस्थाहीनता को प्रधानता मिलती है। राजनीति में इनसान को मूलत: टुकड़ों में बाँटकर देखने पर ज़ोर होता है, जब कि साहित्य का मूल स्वर मानव की मौलिक एकता ही है अथवा होना चाहिए। इसलिए आज के साहित्यिक कृतित्व में प्राण-प्रतिष्ठा के लिए यह सर्वथा आवश्यक है कि साहित्यकार राजनीति को जीवन के परिपार्श्व के रूप में, बाह्य व्यवस्था के रूप में, देख सके। राजनीतिक धारणाएँ, विश्वास, विचारधाराएँ, पार्टियाँ, संगठन या तो समाज-व्यवस्था

के ऐसे आधुनिकतम रूप हैं जिनमें होकर जीवित व्यक्तित्व का प्रवाह अनिवार्य है, अथवा वे आज के जीवन के नियामक अनुभव का अंश-भर हैं, सम्पूर्ण जीवन नहीं। यही नहीं कि समूचे समाज को आर्थिक-राजनीतिक विश्वासों और वर्गों में सीमित करके पूरी तरह नहीं देखा-समझा जा सकता, बल्कि किसी एक व्यक्ति को भी केवल राजनीतिक मान्यताओं में घेर रखना क़रीब-क़रीब असम्भव है। सतत प्रवहमान जीवन तमाम राजनीतिक विचार-धाराओं और व्यवस्थाओं को चीरता हुआ निकल जाता है। वह निश्चय ही अपेक्षाकृत अस्थायी राजनीतिक विश्वासों से कहीं बृहत्तर है।

राजनीतिक विचारधाराओं के प्रभाव में लिखे गये हिन्दी के उपन्यासों में प्राय: जीवन की विविधता और व्यापक संवेदनशीलता के स्थान पर केवल बौद्धिक शब्दजाल को प्रश्रय मिलता रहा है। उसमें बहुरूपी, बल्कि परस्पर विरोधी जीवन्त तत्त्वों से निर्मित सक्रिय इनसानों के स्थान पर विकलांग और कठपुतलियों-जैसे चरित्रों की भरमार रही है। 'मैला आँचल' में इस परिस्थिति को काटकर सजीव इनसानों की सृष्टि का शुभ और बहुत-कुछ सफल प्रयत्न है। 'मैला आँचल' में राजनीति जीवन की पृष्ठभूमि के रूप में ही है जो पात्रों के व्यक्तित्व को और भी उभारती है, चारों ओर से घेरकर उनका गला नहीं घोंटती। इस उपन्यास में विभिन्न राजनीतिक मतवाद, पार्टियाँ, संगठन, समस्याएँ यथास्थान मौजूद हैं और वे विभिन्न पात्रों के व्यक्तित्वों के नये-नये पक्षों को उजागर करते हैं, उन्हें एक ठोस भौतिक आधार प्रदान करते हैं, उनके सुख-दु:ख और आशाओं-विश्वासों को, उनकी मान्यताओं और मर्यादाओं को, वास्तविकता की एक नयी सिम्त प्रदान करते हैं। यह भी कहना अतिशयोक्ति नहीं होगी कि राजनीतिक मतवादों और वर्गगत संघर्ष के चित्रण में लेखक ने बड़े भारी आत्म-संयम से काम लिया है और यद्यपि उसकी अपनी निजी सहानुभूति की दिशा क़रीब-क़रीब स्पष्ट है, तो भी उसने किसी भी विचारधारा को अथवा अपने किसी संस्थागत पक्षपात को अपने जीवनबोध और सौन्दर्यबोध पर हावी नहीं होने दिया है। आप शायद सहमत हों कि हिन्दी के कथासाहित्य के मौजूदा दौर में यह बहुत बड़ी सफलता है।

वर्गवादी कट्टरता से बच सकने के कारण ही 'मैला आँचल' का लेखक मिथिला के इस अंचल की लोककला के, विशेषकर लोक-संगीत, गीत और नृत्य के वैभव को भी तन्मयता से प्रस्तुत कर सका है। भारतवर्ष की अतुलनीय लोक-संस्कृति की अपूर्व सम्पत्ति का इस पुस्तक में सर्वथा नवीन उपयोग है। वह कभी न थमनेवाले किन्तु सर्वथा संवेदनशील पार्श्वसंगीत की भाँति है जिसमें जीवन के रंगमंच पर चलनेवाले नाटक की हर बदलती भावदशा के अनुरूप नयी लय है, नया स्वर-विन्यास है, नये बोल हैं, नयी नृत्य-भंगिमाएँ हैं। अन्त तक लेखक ने अपने इस विवेक को बनाये रखा है कि जिनके जीवन में संगीत और लय है वे सुख में विभोर होने पर भी गाते और नाचते हैं और दु:ख से आक्रान्त होने पर भी। लोकजीवन में संगीत और नृत्य को एक नयी प्रतिष्ठा इस उपन्यास ने प्रदान की है जो निश्चय ही केवल आंचलिक नहीं है।

मूल भाववस्तु के साथ लेखक के सम्बन्ध की ये कुछेक विशेषताएँ 'मैला आँचल' में बेजोड़ हैं। इसलिए विस्तार से उनका उल्लेख आवश्यक हुआ है, क्योंकि निस्सन्देह उसने हिन्दी-उपन्यास के क्षेत्र में न केवल नयी मान्यताओं की प्रतिष्ठा की है, बल्कि नयी दिशाएँ खोल दी हैं, नयी सम्भावनाओं के क्षेत्र उजागर कर दिये हैं। बहुत दिनों से हिन्दी के उपन्यास एक घेरे के अथवा

एक से अधिक घेरों के भीतर चक्कर काटते जान पड़ते थे। 'मैला आँचल' ने बीच में पड़े हुए पत्थर हटाकर और झाड़-झंखाड़ों को तोड़कर एक नया मार्ग प्रशस्त किया है।

इसलिए यह लगभग अनिवार्य ही है कि उस मार्ग में न केवल अभी भी अनेक ऊँचे-नीचे प्रस्तरखण्ड पड़े मिलें, बल्कि वह स्वयं स्थान-स्थान पर इतना भटक गया हो कि बहुत बार सारा श्रम व्यर्थ और सर्वथा अनावश्यक जान पड़े। इसलिए मौलिक भाववस्तु के प्रति लेखक के दृष्टिकोण से हटकर यदि हम समूची कृति पर विचार करें तो लगता है कि कुल मिलाकर उसमें नये निर्झर की निर्मल स्वच्छता और चमक तो है पर जीवन की गहराई नहीं है। 'मैला आँचल' का एक भी पात्र ऐसा नहीं है, जिसे 'क्लासिक' कहा जा सके, जिसमें होरी, धनिया, शेखर, मृणाल, राजा रामनाथ की भाँति भारतीय जीवन के किसी-न-किसी अंश का प्रतीक बनने की क्षमता हो। बावनदास बालदेव और लक्ष्मी में ही कभी-कभी हल्की-सी ऐसी झलक दिखाई पड़ती है; पर वह भी इतनी क्षीण, दुर्बल और क्षणिक है कि उससे कोई अन्तर नहीं पड़ता। दूसरी ओर प्रशान्त, कमली, तहसीलदार विश्वनाथ प्रसाद आदि पात्रों के साथ लेखक का तादात्म्य इतना अधिक है कि उन्हें वह अन्त तक ठीक दृष्टि-क्रम में प्रस्तुत नहीं कर सका है। वे बहुत-सी भली-बुरी सम्भावनाओं के पुंज-भर हैं, सक्षम प्राणवान चरित्र नहीं। ऐसा निरन्तर लगता है कि अपनी स्वस्थ सहानुभूतियों के बावजूद लेखक अभी अपनी आस्था के आधार खोज रहा है। जितना जीवन की गति की तीव्रता का आभास 'मैला आँचल' में होता है उतना उसकी गम्भीरता और स्थिरता का नहीं। नये जीवन के दबाव ने मेरीगंज गाँव में उथल-पुथल मचा दी, जीवन के पुराने मान चरमरा उठे, ढहने लगे, नये सामाजिक तत्त्व ऊपर उभरे, नयी मान्यताएँ बनती-सी जान पड़ीं। पर फिर? लगता है लेखक को भी आगे का रास्ता नहीं मालूम। क्या यह वही रास्ता है जो प्रशान्त के लिए ममता और कमली ने तय कर दिया है—मेरीगंज छोड़कर पटना जाने का? तो फिर मेरीगंज? इसका कोई उत्तर नहीं है। यह ठीक है कि उसका उत्तर देने की अनिवार्य ज़िम्मेदारी लेखक पर नहीं है। यहाँ तक का हाल उसने जैसा बना वैसा कह सुनाया। साथ ही यह तो सर्वथा अनावश्यक था, बल्कि घातक होता, कि लेखक कोई उत्तर गढ़कर सामने रखता; किन्तु इससे इस बात की सचाई में कोई अन्तर नहीं पड़ता कि उसकी दृष्टि में जितनी सरसता और आत्मीयता है, जितना कवित्व है, उतनी प्रौढ़ता और परिपक्वता नहीं। इसी से अन्त तक पहुँचते-पहुँचते मेरीगंज की घटनाएँ जैसे लेखक के नियन्त्रण से बाहर चली जाती हैं और लगभग स्वतन्त्र-सी इधर-उधर टकराती रहती हैं। फलस्वरूप विस्तार बढ़ जाता है और शिथिलता आने लगती है।

कुल मिलाकर जो बात भाववस्तु के बारे में कही गयी है वही इस उपन्यास के शिल्प के बारे में भी सही है। उसके शिल्प में नवीनता है। विभिन्न भावों, मनोदशाओं और घटनाओं को तथा बहुत-से व्यक्तियों और समूहों के कार्यों और भावावेगों को एक नये ढंग से बार-बार 'टेलिस्कोप' करने की पद्धति से एक साथ ही गति का और स्थिरता का, दूरी का और समीपता का प्रभाव उत्पन्न होता है। पूरा उपन्यास एक फ़िल्म-जैसा लगता है जिसके पार्श्व-संगीत में मादल और ढोल और लोकगीतों के मादक स्वर निरन्तर सुनाई पड़ते रहते हैं; किन्तु विलक्षणता के बावजूद टेकनीक में प्रयोगात्मकता अधिक है और कोई प्रभाव टिकने नहीं पाता। एक तसवीर बनती है और मिट जाती है, फिर दूसरी बनती है और वह भी मिट जाती है। एक सीमा के बाद यह प्रक्रिया रस-

सृष्टि में बहुत सहायक सिद्ध नहीं होती। लगता है मानो समूचा उपन्यास अनगिनती रेखाचित्रों का पुंज हो, जो एक के बाद एक आते हैं और चले जाते हैं। कथाप्रवाह में सूत्र का अभाव लगता है। ऐसा लगता है कि विभिन्न भाव एक बड़े भारी वाद्यवृन्द के अलग-अलग वाद्य हों, जिनकी स्वर-संगति अपनी-अपनी जगह ठीक होते हुए भी उनके सम्मिलित प्रवाह में समन्वित नहीं है। लगता है, कुछ विवादी स्वर लग रहे हों, अथवा कुछ संवादी स्वर ध्वनियों की विविधता में कहीं खो गये हों। शायद यही कारण है कि बहुत-से पाठकों को पढ़ने में रोचकता का अभाव लगा है। कइयों ने शिकायत की है कि उसे अन्त तक पढ़ सकना कष्टसाध्य है, बीच में ही मन ऊब जाता है। साधारण पाठक की यह प्रतिक्रिया लेखक के लिए चेतावनी है कि शिल्प-विधान में नवीनता ही सब-कुछ नहीं है। इस बात का विवेक भी बहुत ही आवश्यक है कि नवीनता किस सीमा के बाद प्रेषणीयता को नष्ट करने लगती है।

शिल्प-सम्बन्धी चर्चा के सिलसिले में इस उपन्यास की भाषा और आंचलिकता पर भी थोड़ा-सा विचार आवश्यक है। इसमें तो कोई सन्देह नहीं कि लेखक वातावरण की विशिष्टता के निर्माण में सफल हुआ है। 'मैला आँचल' के मेरीगंज की आत्मा की कथा समूचे उत्तर भारत के गाँवों की प्राणगाथा होते हुए भी, बाह्य रूप की दृष्टि से मेरीगंज चाहे-कोई गाँव नहीं हो सकता; वह पूर्णत: एक विशेष गाँव ही है जिसका प्राकृतिक परिवेश जितना भिन्न है, उसके निवासियों का आचार-व्यवहार और भाषा भी उतनी ही भिन्न है। यह अपने-आप में एक महत्त्वपूर्ण सफलता है, क्योंकि यह स्थानीयता उपन्यास की व्यापक रसोपलब्धि में कहीं बाधा डालती है, ऐसा नहीं लगता।

भाषा-सम्बन्धी स्थानीय प्रयोगों को लेकर अवश्य एक आशंका है कि लेखक उसी में उलझकर अपने क्षेत्र को सीमित न कर ले। इस सम्बन्ध में शायद एक बात कही जा सकती है कि सीमित मात्रा में शब्दों के वे स्थानीय रूप तो स्वीकृत हो सकते हैं जो उनके शुद्ध रूप के अपेक्षाकृत इतने समीप हैं कि शुद्ध रूप पाठक को तुरन्त सूझ जाये, जैसे 'गन्ही महातमा', 'जवाहिरलाल', 'डागडर' इत्यादि। किन्तु जो रूप इतने स्थानीय हों कि उनको समझने के लिए पीछे दी हुई तालिका देखने की आवश्यकता पड़े, उनका प्रयोग यदि न हो तो शायद अधिक उपयोगी होगा। वैसे जो लोग देहात के जीवन से एकदम अपरिचित हैं उन्हें विभिन्न क्रियाओं और वस्तुओं के ही ऐसे अनगिनती शब्दों का सामना करना ही पड़ेगा जो उनके लिए सर्वथा अपरिचित हैं पर जिन्हें निकाला नहीं जा सकता। वास्तव में इस प्रश्न पर भी कोई नियम बनाना असम्भव है। लेखक का कलात्मक बोध ही उसकी कसौटी हो सकता है।

'मैला आँचल' हिन्दी-उपन्यास-जगत् में एक धूमकेतु की भाँति प्रकट हुआ है, इसमें तो कोई सन्देह नहीं। यह स्वाभाविक ही था कि उसके बारे में पहली प्रतिक्रिया बड़ी प्रबल हुई और अधिकांश पाठक और समीक्षक उसकी नवीनता के ज्वार में बह गये। इसलिए यह भी अनिवार्य था कि उसकी तुलना प्रेमचन्द और 'गोदान' से की गयी। इसी के फलस्वरूप शायद अब दूसरी प्रतिक्रिया यह है कि वास्तव में उपन्यास में इतना अपूर्व कुछ नहीं है। शायद ये दोनों ही धारणाएँ एकांगी और ग़लत हैं। मूलत: यह 'मैला आँचल' के लेखक के साथ भी अन्याय है और प्रेमचन्द के साथ भी। 'गोदान' और 'मैला आँचल' में साम्य केवल ऊपरी है। दोनों उपन्यासों का न केवल

युग भिन्न है बल्कि दोनों की मूल भाववस्तु भी भिन्न है। और दोनों के लेखकों के व्यक्तित्व की प्रौढ़ता में तो धरती–आसमान का अन्तर है। जैसा ऊपर ही कहा गया है कि 'मैला आँचल' में युगजन्य दबाव के फलस्वरूप तीव्रता से बदलते हुए ग्राम की गति का चित्र अवश्य है, पर उसमें 'गोदान'–जैसी वह 'क्लासिक' तसवीर नहीं है, जो युगों तक मिटती नहीं। 'मैला आँचल' के पात्र एक युग की उपज हैं जो जितनी तेज़ी से आते हैं उतनी ही तेज़ी से गतिचक्र में विलीन भी हो जाते हैं। 'गोदान' के होरी और धनिया अजन्ता के भित्तिचित्रों की भाँति हैं जो सैकड़ों वर्ष बाद भी उतने ही प्राणवान और जीवन्त बने हुए हैं, क्योंकि उनकी प्रेरणा का स्रोत क्षणिक नहीं, मौलिक और युग–युगव्यापी है।

वास्तव में 'मैला आँचल' का महत्त्व नये दिशा–दर्शन में है, हिन्दी के इस या उस लेखक से श्रेष्ठतर होने में नहीं। उसकी विशिष्टता इस बात में है कि वह राजनीतिक फ़ार्मूलों और सिद्धान्तों की मारामारी तथा खूनखच्चर से हटाकर फिर से हमें ग्रामवासिनी भारतमाता के मेले, धूल–भरे, श्यामल आँचल तले, आँसू से भीगी हुई धरती पर लहलहाते हुए प्यार के पौधों की ओर खींच ले चलता है जहाँ असाढ़ के बादल मादल बजाते हैं, बिजली नाचती है और पुरवैया के झोंकों के साथ खेतों में ज़िन्दगी झूम उठती है।

●

यशपाल

पकड़ के बाहर का यथार्थ*

'जयवर्धन' श्री जैनेन्द्रकुमार का पूर्वोदय प्रकाशन, दिल्ली-द्वारा प्रकाशित नवीनतम उपन्यास है। जैनेन्द्रजी ने हिन्दी-साहित्य में प्रखर औपन्यासिक प्रतिभा लेकर क़दम रखा था। उनकी आरम्भिक रचना 'परख' और तदुपरान्त 'त्यागपत्र' ने भी हिन्दी-कथा-साहित्य पर उनकी गहरी छाप दी थी। उन रचनाओं में विकास के अंकुर पाकर प्रेमचन्दजी तथा साहित्य के अन्य पारखियों ने जैनेन्द्रजी से बहुत ऊँचे स्तर का कथा-साहित्य पाने की सम्भावना प्रकट की थी। जैनेन्द्रजी कुछ-कुछ अन्तर और व्यवधान से लिखते ही रहे हैं। गत वर्षों में उनके छोटे उपन्यास 'व्यतीत' और 'सुखदा' प्रकाशित हुए हैं। उनके कृतित्व की फ़िलहाल अन्तिम सृष्टि 'जयवर्धन' है। जैनेन्द्रजी ने कैसी परिपक्वता प्राप्त की है और भविष्य में उनसे क्या सम्भावनाएँ हो सकती हैं, इस परिचय के लिए 'जयवर्धन' का विवेचन सहायक हो सकेगा।

जैनेन्द्रजी ने 'जयवर्धन' उपन्यास आज से लगभग पचास वर्ष आगे आनेवाले भविष्य की कल्पना करके लिखा है। भविष्य-कल्पना-द्वारा समाजिक कार्य-कलाप और व्यवहार का अनुमान करने का प्रयोजन कुछ सीमा तक कौतूहल उत्पन्न करना और समाज के विकास अथवा ह्रास की सम्भावनाओं के प्रति संकेत करना होता है। 'जयवर्धन' के लेखक का प्रयोजन कौतूहल उत्पन्न करना नहीं रहा। पूरे उपन्यास में पचास वर्ष पश्चात् औद्योगिक विकास से—यदि जैनेन्द्रजी उसे विकास न कहना चाहते तो—या यन्त्रों की सहायता से भारतीय समाज के जीवन-व्यवहार में जिन परिवर्तनों की आशा या आशंका की जा सकती है उनका पुस्तक में कोई परिचय नहीं दिया गया। 'जयवर्धन' के पाठक को आज से पचास वर्ष बाद की दिल्ली या बम्बई आज की दिल्ली या बम्बई से कुछ भी पृथक् नहीं जान पड़ेगी। भविष्य की कल्पना पर लिखे राहुल सांकृत्यायन, एच. जी. वेल्स और हक्सले के उपन्यास, 'बाईसवीं सदी', 'मैशीन ऐण्ड टाइम' और 'एप ऐण्ड एसेन्स' या 'दी ब्रेव यंग वर्ल्ड',-जैसे कौतूहल की सृष्टि करते हैं, उसका आकर्षण जैनन्द्रजी को नहीं रहा। जैनेन्द्रजी ने राहुल, वेल्स और हक्सले की भाँति भविष्य में भारतीय समाज के विचारों को बेचैन करनेवाली अथवा नयी विचारधारा को प्रोत्साहन देनेवाली आर्थिक, राजनीतिक और सामाजिक परिस्थितियों का कुछ इंगित करना भी आवश्यक नहीं समझा। 'जयवर्धन' को पढ़ते समय पाठक की कल्पना की पृष्ठभूमि में उसका आज का परिचित समाज ही रहता है परन्तु उसके पात्रों के सम्भाषण अवश्य विचित्र जान पड़ते हैं। लेखक ने अपने पात्रों के सम्भाषणों द्वारा ही अपनी

---

* जयवर्धन : जैनेन्द्रकुमार

रचना के प्रयोजन अर्थात् समाज के भावी विकास और ह्रास की सम्भावनाओं को व्यक्त करने का यत्न किया है।

पुस्तक के आरम्भ में पूर्वपरिचय या समर्पण के रूप में जैनेन्द्रजी ने लिखा है—''जयवर्धन पाठक के पास आ तो रहा है, पर कह नहीं सकता कितना वह उपन्यास सिद्ध होगा। राजनीति ने दुनिया को संकट में डाल दिया है। उसका कहना है, राज का यह रूप हो, नहीं तो दूसरे में पड़ना होगा, जैसे और त्राण न हो, यों तनाव फैलता है और युद्ध अनिवार्य होता जाता है। पंचशील काम की बात है पर शस्त्रास्त्र निर्माण के साथ उसका प्रकट अनमोल नहीं दीखता फिर वह रोग के निदान में भी नहीं उतरता। जो हो, और बातों के साथ मेरे मन पर वह संकट भी छाया रहा है।'' पाठक अनुमान करेगा कि समाज में शासन या राज को किसी-न-किसी रूप में आवश्यक समझा जाना जैनेन्द्रजी के लिए त्रास का कारण है। भिन्न-भिन्न देशों में शासनों या राज्यों का होना युद्ध को अनिवार्य बना रहा है। पंचशील बेकाम की बात तो नहीं, परन्तु वह शासन के किसी-न-किसी रूप को आवश्यक बनाये रखने और अन्तर्राष्ट्रीय संघर्ष उत्पन्न करनेवाले कारणों का निवारण नहीं कर पाता। इस संकट की छाया से प्रेरित होकर या त्रस्त होकर जैनेन्द्रजी ने 'जयवर्धन' उपन्यास में मानव-समाज के लिए राज्य को आवश्यक न समझे जाने के और अन्तर्राष्ट्रीय युद्धों के कारणों को दूर कर सकने के मार्ग की विवेचना कहानी के माध्यम से की होगी।

'जयवर्धन' उपन्यास की कहानी का शरीर एक अमेरिकन पत्रकार बिल्वर शोल्डन हूस्टन की 21 फ़रवरी 2007 से 15 अप्रैल 2007 तक भारत में लिखी डायरी है। हूस्टन भारत में उससे पूर्व दो बार संवाददाता के रूप में आ चुका है। तीसरी बार वह भारत के तत्कालीन राष्ट्राधिप 'जयवर्धन' पर एक पुस्तक लिखने के लिए भारत में आया है। हूस्टन का परिचय या हूस्टन की डायरी का परिचय देते हुए जैनेन्द्रजी ने कहा है कि पत्रकारिता के क्षेत्र में दार्शनिकता सुलभ नहीं होती, न उपयुक्त ही होती है; परन्तु हूस्टन दार्शनिक थे। अर्थात् पाठक 'जयवर्धन' उपन्यास में दार्शनिक दृष्टिकोण के लिए प्रस्तुत रहे। दार्शनिक हूस्टन ने 'जयवर्धन' का परिचय दार्शनिक के रूप में दिया है। इस प्रकार पुस्तक में गूढ़तर दार्शनिक विचारों की विवेचना और व्याख्याओं की सम्भावना बन जाती है।

हूस्टन भारत में संवाददाता की स्थिति में आता है। वह राजनीतिक अतिथि या कूटनीतिक सेवा में नहीं है परन्तु राष्ट्राधिप के भवन में अतिथि बन जाता है। भारत-सरकार के आधुनिक व्यवहार के अनुसार यह बात व्यावहारिक नहीं लगेगी। राष्ट्राधिप के भवन में एक व्यक्ति हूस्टन से मिलने आकर अपना विशेष परिचय दिये बिना उसे चेतावनी दे जाता है। ''जयवर्धन बे-रीढ़ का आदमी है। हर उन्नति का शत्रु वह है। वही असल बाधा है। प्रतिगामी शक्तियों के लिए एक सहारा है वह। वही प्रगति में अवरोध है।'' कहानी आगे जाकर बताती है इस व्यक्ति का नाम इन्दुमोहन है। वह एक अति सबल, आतंक मार्ग में आस्था रखनेवाले दल का प्रतिनिधि है।

हूस्टन देश में चारों ओर आन्दोलन की गरमी पाता है। जयवर्धन शान्त और तटस्थ है। जयवर्धन बहुमत के दल के नेता के रूप में राष्ट्राधिप है। इस दल का नाम 'राष्ट्रीय-महासभा' है यह केवल कहानी के अन्त में मालूम होता है। इस दल का कार्यक्रम क्या है, यह कहानी के अन्त में भी मालूम नहीं हो पाता। जयवर्धन के विरोधी तीन राजनीतिक दल हैं। इनमें से एक दल के प्रतिनिधि आचार्य

हैं जो हूस्टन के आने के समय जेल में हैं। आचार्य की पुत्री इला जयवर्धन के साथ राजमहल में रहती है। वह जय की सखी, संरक्षिका, प्रेमिका सभी कुछ है, परन्तु जय से उसका विवाह नहीं हुआ है।

उपन्यास में आचार्य के दल के संगठन, उसके नाम, कार्यक्रम अथवा उसके सार्वजनिक प्रभाव का कोई परिचय नहीं मिलता। आचार्य के विचारों की एक झाँकी वार्तालापों से मिलती है। आचार्य गान्धीजी की छाया हैं। वे जैनेन्द्रजी की भाषा में गान्धीजी के यन्त्र-विरोधी विचारों को प्रकट करते हैं। चरखा कातना आत्मिक शान्ति का उपाय मानते हैं। वार्तालाप में ऐसा भी आभास मिलता है कि जयवर्धन कभी आचार्य का शिष्य अथवा अनुगत रहा होगा। उदाहरण "जयवर्धन, हाँ भूला है। वह प्रपंच में पड़ गया है, सीखा था, भौतिक माया है, आत्मा ही है, सो है। राज पर पहुँचकर जयवर्धन यह भुला बैठा दीखता है। यह चरखा देखते हो, पर वह कातना भूल गया है। सुनता हूँ चरखा कातने की बात पर वह अब हँस भी लेता है। अंकों में वह रहने लगा है। इसलिए परिणाम में उसे मोह उपजा है।"[1]

आचार्य को गान्धीजी की भाँति प्रार्थना में अपार आस्था है—"माया में जो हम भूलते हैं, तो वह माया भी तो ईश्वर की आज्ञा से ही मोहजाल लेकर आती है, इसी से मैं यहाँ बैठा प्रार्थना करने और चरखा कातने के सिवाय और कुछ कर्म अपने लिए नहीं देखता हूँ।"[2] आचार्य गान्धीजी का ही रूप नहीं रह सके, क्योंकि आचार्य के गान्धीवाद में जैनेन्द्रजी के अकर्मवाद का भी पुट मिल गया है।

राजनीति और कूटनीति के व्यवहार का मामूली मोटा परिचय रखनेवाला पाठक आश्चर्य करेगा कि हूस्टन 21 फ़रवरी को दिल्ली पहुँचता है और 3 मार्च को जयवर्धन और आचार्य में समझौता करा सकने के लिए आचार्य से जेल में भेंट कर बातचीत करता दिखाई देता है। हूस्टन चाहे जितना दार्शनिक रहा हो, राष्ट्राधिप को देश में उसके अतिरिक्त और कोई व्यक्ति ऐसे काम के लिए लभ्य न होना विस्मय की बात है, जो कहानी के प्रति अविश्वास अथवा अयथार्थ का सन्देह उत्पन्न करती है। अस्तु—

हूस्टन जय और आचार्य के बीच विरोध का कारण भाँपने के लिए प्रश्न करता है—"आप उद्योगीकरण नहीं चाहते तो—"

आचार्य टोक देते हैं—"उद्योग कहते हो, प्रमाद क्यों नहीं कहते? आलस्य क्यों नहीं कहते? उद्योग मशीन पर डालकर खुद उद्यम से बचने का ही तो वह बहाना है। फ़ुरसत चाहिए, यह क्यों नहीं कहते, मौत चाहिए।"[3] जैनेन्द्रजी ने आचार्य को विचारों की मर्यादा के रूप में और जय को व्यवहार की मर्यादा के रूप में रखा है। इसलिए उपरोक्त विचार को जैनेन्द्रजी का संसार को त्राण दे सकनेवाला दर्शन माना जा सकता है।

जैनेन्द्रजी ने राजनीतिक और राज से समाज को त्राण का मार्ग सुझाने के लिए जिस दर्शन का अनुमोदन किया है उसके बौद्धिक या आध्यात्मिक पक्ष को भी आचार्य की वाणी में इस प्रकार

---

1. पृ. 35 ।
2. पृ. 36 ।
3. वही ।

दिया है—"शान्ति नकारात्मक ही है। हम नकार को ग़लत समझते हैं। पर जब हम नकार होते हैं, तब जो है वह मिट नहीं जाता, बल्कि वह खुला अवसर पाता है। हमारे यहाँ ध्यान है, योग है, यह सब एक तरह नकार की साधना है, पर वह हमारे जीवन में भारत के जीवन में वृथा नहीं हुआ है।"

हूस्टन शंका करता है—"क्षमा कीजिएगा, क्या यह मुँह फेरना नहीं है, पलायन नहीं है?"

आचार्य का उत्तर है—"है, लेकिन वह अशुभ नहीं, शुभ है।"[1]

जय का राज के उत्तरदायित्व से यह शुभ पलायन ही उपन्यास की परिणति है।

हूस्टन आचार्य से पूछता है—"पर क्या मैं कुछ नहीं कर सकता जिससे आपके बीच की दूरी दूर हो?"

आचार्य का उत्तर है—"पर तुम भूलते हो, भाई, वह दूरी नहीं है, निकटता है—निकटता न सह पाने पर कभी ज़बरदस्ती दीवारें बीच में खड़ी कर ली जाती हैं। कहा न कि ईश्वर की करनी है। हम तुम या कोई इसमें कुछ नहीं कर सकते।"[2] इसी निकटता के परिणाम में आचार्य जेल में हैं। इला भी कहती है कि जय के मार्ग में संकट न बनने के लिए ही आचार्य जेल में रहना चाहते हैं। जय अपने राजनीतिक दल के शासन के स्थान पर एक सर्वदलीय शासन और मन्त्रिमण्डल बना सकने की चिन्ता में है। बहुत ही शीघ्र 8 मार्च को हूस्टन को हम जय के अत्यन्त प्रबल विरोधी स्वामी चिदानन्द से जय और स्वामी के मत का विरोध दूर करने के लिए बात करते पाते हैं। 'जयवर्धन' की कहानी में यथार्थ की भ्रान्ति स्थापन करने के लिए पाठक को यह विश्वास करना होगा कि 2007 ईसवी में 21 फ़रवरी से 15 अप्रैल तक राज्य के लिए भारत में हूस्टन से अधिक भारत का हितकारी और सुलझा हुआ कोई दूसरा व्यक्ति न था।

स्वामी चिदानन्द भारत की आध्यात्मिक, नैतिक और व्यावहारिक परम्परा में ही भारत की आत्मा की रक्षा देखते हैं। वे हूस्टन से कहते हैं—"हर गति से स्थिति चलित होती है यद्यपि पुष्ट भी होती है। प्रतिकूलता से भारत कभी डरा नहीं है। हम खुलकर उस सबके प्रतिकूल हैं जो पदार्थोन्मुख है, आत्मोन्मुख नहीं है, हम मर्यादा-हीनता के प्रतिकूल हैं, भोगाचार के प्रतिकूल हैं, और क्या आप कह सकते हैं राज्य इस बारे में शिथिल नहीं है?"

चिदानन्द को जय की नीति से कहाँ विरोध है यह स्पष्ट नहीं, परन्तु उन्हें जय और इला का अविवाहित सम्बन्ध सह्य नहीं है। यही उनके विरोध का कारण जान पड़ता है। वे कहते हैं—"नैतिकता से अलग जीवन टिक नहीं सकता। यह सुविधा का प्रश्न नहीं है सनातन का प्रश्न है और नीति के स्रोत हमारे धर्म-शास्त्र हैं। समाज राज से नहीं चलता, धर्म से, धर्मज्ञ से, धर्म-शास्त्र से चलता है। यह निरा बुद्धि का प्रमाद है जो राज्य को सम्पूर्ण स्वत्वाधिकारी मानता है।"[3] चिदानन्द धर्मशास्त्र को अपौरुषेय, पुरुष-द्वारा निस्सृत, प्रणीत नहीं मानते हैं : उनका कहना है—"गो-ब्राह्मण-प्रधान संस्कृति ही भारतीय हो सकती है। तदनुकूल यहाँ की राजनीति हो, वैसी अर्थरचना—यह बात अत्यन्त स्पष्ट है। इससे जौ-भर इधर-उधर जाना नहीं हो सकता।"

---

1. पृ. 29 ।
2. पृ. 59 ।
3. पृ. 71 ।

चिदानन्द जय से किसी भी प्रकार समझौता सम्भव नहीं समझते। इला के विषय में उनका मत है—"वह अनिष्टकारिणी है, तब तक राज्य का क्षेम नहीं है। यह क्या दुस्साहस है कि न विवाह करती है, न साथ छोड़ती है, न लज्जित होना सीखती है। हमारा देश मर्यादा पुरुषोत्तम रामचन्द्र को जानता है। हमारा आदर्श रामराज्य है। मुझे यही विस्मय है कि भारतीय जन कैसे इस अधमाचार को एक क्षण के लिए भी सह सका और सह रहा है।...कलंक सिंहासन पर शोभा पा रहा है। यह विपर्यास जब तक समक्ष है, किसी सहयोग, किसी सम्भावना की बात ही नहीं उठती।"[1] इसमें वे किसी-किन्तु का अवकाश नहीं समझते। कहते हैं—"इला मेरी कन्या होती तो जीवित नहीं रह सकती थी।"

स्त्री के विषय में चिदानन्द का मत है, "स्त्री कोमल है क्योंकि वह बल चाहती है, बल का प्रयोग चाहती है, उसके बिना वह अशान्त है। सब ख़तरे को शान्त करने का उपाय है, स्त्री के लिए वह पुरुष है।"

जैनेन्द्रजी के चिदानन्द को प्रतिच्छाया भी आधुनिक भारतीय समाज में मिल सकती है। वहाँ उन्होंने अपनी दृष्टि से राष्ट्रीय स्वयंसेवक सेना के विचारों को अभिव्यक्ति दी है परन्तु उनके नेता को भी जैनेन्द्र प्रकृति का पुट दिये बिना नहीं रह सके हैं।

जय या जय के शासन का विरोधी तीसरा दल नाथदम्पति का है। नाथ की पत्नी एलिजाबेथ हंगेरियन है। इस दल का नाम अस्पष्ट तौर से जैनेन्द्रजी ने प्रगतिवादी दल दिया है और उसकी मान्यता इस प्रकार बतायी है—"यथार्थ और संगठन में उन्हें विश्वास है। उनके अनुसार मनुष्य मूलत: प्राण है और वहाँ अच्छा या बुरा नहीं है। अच्छे-बुरे की प्रणालियों को सुविधा के लिए समाज पीछे बनाता है। इसलिए आदर्श की ओर से चीज़ों को लेना छलना है। व्यक्ति पर इमारत बाँधना समष्टि को बिखराना है। उन्नति का यन्त्र संगठन है और संगठित कतिपय बिखरे असंख्य पर भारी पड़ते हैं। यह प्रकृति का नियम है और संस्कृति के नाम पर मनुष्य जो रचता है उसका मूल्य सर्वथा सापेक्ष और सामयिक है। वे रूढ़िवाद, धर्मान्धता और गुरुडम को उन्नति के लिए घातक समझते हैं।" नाथ का प्रगतिवादी दल राष्ट्र के लिए जय से भिन्न क्या रचनात्मक कार्यक्रम चाहता है जिसके कारण उसका जय से विरोध है, इसका उल्लेख नहीं है। दलों के राजनीतिक मतभेदों का कारण विधान या शासन-नीति में परिवर्तन अथवा राजनीतिक और आर्थिक अधिकारों की माँग होती है। दार्शनिक मतभेदों के आधार पर राजनीतिक संघर्ष नहीं चलते।

जय के दल की शासन-नीति के व्यवहार से नाथ के दल को विरोध यह है कि—"पुलिस शासन-विरोधी प्रदर्शनों की गुण्डागर्दी को नहीं रोकती। उनका कहना है कि आज की सरकार से हमारे तीव्र मतभेद हैं, लेकिन राष्ट्राधिप को अपमान और उपहास का पात्र बनाना किसी प्रकार के प्रशासन या अनुशासन के लिए सह्य नहीं। हमें पूछना है कि क्यों इन प्रवृत्तियों को यहाँ तक बढ़ने दिया गया कि वे सार्वजनिक शान्ति में विघ्न डालें?" इस रुख को जय का विरोध न कहकर जय के विरोध का दमन करने की ही माँग क्यों न मानें?"

जय के दल का नाम, रूप-रेखा और उसके कार्यक्रम का परिचय पुस्तक में स्पष्ट नहीं है।

---

1. पृ. 75 ।

उसे जय के व्यक्तिगत विचारों से ही समझना होगा। जय के ये विचार देश और समाज की परिस्थितियों के विषय में कम, उसकी व्यक्तिगत अनुभूतियों की अभिव्यक्ति ही अधिक हैं। अपने या अपने अस्तित्व के सम्बन्ध में जय कहता है—"शायद अन्त में हम सब पहेली हैं। कदाचित् इसी कारण हैं। समाधान एक ईश्वर है। बाक़ी उलझन है, प्रश्न है, क्योंकि खण्ड है। दीखने में है सो इसीलिए कि वह होने से कम है। है सो तो परोक्ष ही रहेगा। असल होना भाव में है। आकार में अंश ही होता है।" भाषा में भी अर्थ के अनुकूल उलझन मौजूद है।

इस उद्धरण की तुलना में आचार्य की एक अभिव्यक्ति को भी देखिए—"हम भगवान् को उपासना के लिए मानते हैं, पर हर दो के बीच वह हमेशा मौजूद है। नफ़रत में भी वह है। हर सम्बन्ध को वह थामता है। अलगपन ही है जो अनीश्वर है। पर ईश्वर के सिवाय और है कुछ नहीं, इससे निरा अलगपन भी कहीं नहीं है।" दोनों व्यक्तियों की अभिव्यक्तियों में ईश्वर एक समान है शायद इसलिए उनमें अलगपन नहीं है परन्तु यहाँ तो व्यक्तित्व भी नहीं जान पड़ते जिनमें विचार या व्यवहार का संघर्ष हो सके।

जय हूस्टन से मौलिक प्रश्न उठाता है—"कोई मुझे मारना चाहता है तो उसके हाथों मुझे मरने का अधिकार क्यों नहीं है? क्यों ज़रूरी है कि मैं बचाव करूँ?" अपने प्रति करुणा जगाने की इसी वृत्ति से जय शासक की स्थिति की व्याख्या करता है—"शासन के आसन पर आदमी प्रेम से और प्रेम के लिए नहीं पहुँचता। अहंकार के बल पर वहाँ पहुँचना और उसी के बल पर रहना होता है। इससे जो भीतर से सम्राट् है वह सिंहासन नहीं पाता, सूली पाता है। वहीं से फिर पूजा पाता है। जो राजासन पाता है वह वैर जगाता है। कोई कारण नहीं कि लोग मुझे प्रेम करें।"[1]

शासन के उत्तरदायित्व के प्रति जय की मनोवस्था उसके इन शब्दों से भी प्रकट है—"प्रतीक्षा की कि विद्रोह-जैसा कुछ उठे और मैं अपनी आत्मा को लेकर इस राज्य से फेंक दिया जाऊँ। तब इन आत्मिक प्रश्नों से सुलझने को ही रह जाऊँ। पर वह समय नहीं आया।"[2]

ऐसा व्यक्ति किन परिस्थितियों के कारण सिंहासनारूढ़ होने के लिए विवश हुआ यदि उपन्यास से जाना जा सकता तो उसे पढ़ने का श्रम सार्थक हो सकता था। कहानी यह भी नहीं कहती कि जय को राज्य का भार उत्तराधिकार के रूप में सँभालना पड़ गया था या तत्कालीन सम्राट् ने किसी तिथि-विशेष को प्रात: जय को सबसे पहले राज-मार्ग पर देखकर उसे राज्य सौंप दिया था और जय संकट से अपरिचित होने के कारण उसका शिकार बन गया। पुस्तक के सन्दर्भ में यह वर्तमान है कि जय दस वर्ष पूर्व निर्वाचन में बहुमत-द्वारा ही शासक बना था। उसके शासन-कार्य से उपराम होने के ज्ञान लाभ की घटना का भी कहीं उल्लेख नहीं है।

राज्य संस्था के विषय में जय का चिन्तन है—"मुझे लगता है, क्रमश: राज्य यान्त्रिक न रहेगा, वह स्थूल और भारी-भरकम होता जायेगा। आज की अमलदारी के रूप में नहीं बल्कि अन्त:प्राप्त दायित्व के रूप में वह व्याप्त होगा......ऐसा यदि नहीं है, राज्य है और वह व्याप्त नहीं केन्द्रित है, नैतिक नहीं कार्मिक है तो ऐसे राज्य के साथ अनिवार्य होकर युद्ध कैसे न लगा चलेगा। मैं नहीं समझता। उसे खर्च चाहिए और आय के साधन चाहिए। पूँजी चाहिए और मन्त्री चाहिए।"[3] राज्य

---

1. पृ. 111 ।
2. पृ. 113 ।
3. पृ. 120 ।

के सम्बन्ध में यह भावी कल्पना जैसी भी हो, कहानी में इस कल्पना को चरितार्थ करने के लिए जय के किसी प्रयत्न का उल्लेख नहीं है।

जय एक बार फिर कहता है—"सुनो, राज्य कुछ है तो दमन का यन्त्र है। अहिंसा में तुम कहते हो दमन है, निषेध है। उस अर्थ में तो राज्य अहिंसा में भी साधन हो सकता है। मत समझो मैं तुमसे असहमत हूँ। अपने विकास में ही मनुष्य ने राज्य संस्था का विकास किया है और विकास की दिशा अहिंसा है। फिर भी राज्य का तन्त्र और यन्त्र हिंसा का है। मुझसे ज़्यादा इसको दूसरा क्या जानेगा।"[1]

जय एक सार्वजनिक सभा में भाषण देता है—"वह (राज्य) आवश्यक बुराई समझा जाता है। हमें उसे अनावश्यक करना है। बुराई वह है इसलिए कि बेजान है, मशीन की तरह है। मन उसमें नहीं है···आप हम सब जानदार हैं, इसलिए किसी के अधीन नहीं स्वाधीन रहना चाहते हैं। स्वाधीनता सबका हक़ है, साफ़ है, राज्य एक अधीनता पैदा करता है। कह लो कि लोक-तन्त्र में वह अधीनता अपनी निज की है। यानी स्वाधीनता है, या चुनाव के गिनती के दिनों में जब हर आदमी से मत चाहा जाता है, वह भावना कुछ जगी दिखाई देती है, तब भी वह मुक्त नहीं होती बाद की तो बात क्या? आप सब लोगों को चाहना चाहिए कि जल्दी-से-जल्दी यह सब राजकीय काम जो बड़ा और ऊँचा और शानदार समझा जाता है, फालतू बन जाये।"

जैनेन्द्रजी की सहानुभूति और सराहना के पात्र या उनकी आत्मा और चिन्तन के प्रतिनिधि जय के व्यवहार को समझ लेने के लिए सहायक होगा कि पाठक जाने कि उस समय देशों में कैसी राज-व्यवस्था थी या 2007 में होगी, जिसमें जय ऐसा व्यवहार कर सकेगा ! जय के शब्दों में वह व्यवस्था लोकतन्त्र है जिसमें शासन के अधिकार का स्रोत चुनाव है, परन्तु वह व्यवस्था भारत के आधुनिक गणतन्त्र की भाँति नहीं है जिसमें शासन का उत्तरदायित्व मन्त्रिमण्डल के नेता प्रधान मन्त्री के कन्धों पर है और राष्ट्रपति केवल परिस्थिति-विशेष में ही शासन-अधिकार का प्रयोग कर सकते हैं। मन्त्रिमण्डल तो है, परन्तु प्रधान मन्त्री का उल्लेख नहीं है। पुस्तक-भर में केवल दो बार ही मन्त्रिमण्डल का उल्लेख मिलता है। इन दोनों स्थलों पर जय जो कुछ करता है उस पर मन्त्रिमण्डल बाद में स्वीकृति दे देगा। ऐसी ही चर्चा मिलती है। जैनेन्द्रजी की कल्पना है कि ई. 2007 में भारत का शासन अमेरिकन ढंग का होगा जिसमें राष्ट्राधिप (जिसे प्रेसीडेण्ट भी कहा जा सकता है) प्रधान शासक होगा। जय को हम अपने राजनीतिक दल या राष्ट्रीय महासभा से कभी किसी विषय में अनुमति लेने की आवश्यकता अनुभव करते नहीं पाते इससे यह भी समझा जा सकता है कि जैनेन्द्रजी की कल्पना में ई. 2007 में भारत का शासन अधिनायक-तन्त्र-द्वारा होगा।

जैनेन्द्रजी की कल्पना में ई. 2007 तक भारत में साम्यवादी और समाजवादी प्रयोग समाप्त हो चुके होंगे। हूस्टन 28 मार्च के पत्र में जय का वक्तव्य पढ़ता है—"हमारी परम्परा दूसरी, नीति दूसरी है। साम्यवादी समाजवादी प्रयोग हो चुके। उनकी जड़ में समग्र दर्शन कब था? हमें चाहिए ऐसी अर्थ-रचना और समाज-रचना जिसमें सम्भावनाएँ किसी की न घटें, बल्कि जुड़ती जायें।

---

1. पृ. 148 ।

इसलिए हम राज्य के ज़रिये सिर्फ़ वही करना चाहते हैं जिसमें औरों का बस न हो या रस न हो। इस तरह राज्य प्रतिद्वन्द्वी नहीं रहता, सहायक हो जाता है। राज्य सबका जहाँ हर कोई अपनी जगह राजा हो। प्रजा होने को अलग कोई रहे ही नहीं।''[1]

भारतीय राष्ट्र साम्यवादी और समाजवादी प्रयोग कर चुकने के पश्चात् किस व्यवस्था का प्रयोग 2007 ई. में कर रहा होगा जिसमें सबकी सम्भावनाएँ जुड़ रही होंगी और पूर्ण आर्थिक तथा राजनीतिक समता होगी और समग्र दर्शन भी उसमें होगा, यदि उसके आधारों का कुछ संकेत होता तो शायद बहुत बड़ी देन होती। अस्तु, यह भविष्यवाणी अवश्य है कि साम्यवाद और समाजवाद समस्या को सुलझा नहीं सकेंगे।

राज्य के ज़रिये वही करना चाहिए जिसमें औरों का बस या रस न हो। इस सुझाव का अर्थ उत्पादन के साधनों का राष्ट्रीयकरण न करके उन्हें व्यक्तिगत स्वामित्व और नियन्त्रण में रहने देना है, यह स्पष्ट ही है। जय न केवल साम्यवाद और समाजवाद के प्रयोगों को विफल बता रहा है, बल्कि उसके समय में लोकतन्त्र भी बीत चुका है। वह कहता है—''लोकतन्त्र के बीते आदर्श ने चुनाव का रोग ऐसा लगाया कि सब अपनी कक्षा छोड़ अधिकार और पद के लिए उचकना चाहने लगे। उस प्रतिस्पर्धा में एक आवेश का रस था। उसमें उन्हें प्रगति और उन्नति का चस्का-सा मिलता था, पर चीज़ वह थोथी थी और झूठी साबित हुई, वह खाद स्वयं उन्हीं के मुँह में, जिन्होंने उसे चस्के से चखा, पीछे कसैला हो गया।'' इन सब भ्रमों के दूर होने पर किस ज्ञान की कल्पना की जाये। लोकतन्त्र को अस्वीकार करने पर राजसत्ता या अधिनायक का ही शासन स्वीकार करना होगा। यह अद्भुत कल्पना है कि एक व्यक्ति या अधिनायक का राज्य सबका समान राज्य होगा, उसमें प्रजा होने को कोई शेष न रहेगा ।

जय के माध्यम से लेखक जो कहना चाहता है, वह स्वयं उसके अपने मस्तिष्क में स्पष्ट नहीं, यह जय के प्रेस-गोष्ठी में दिये वक्तव्य से स्पष्ट है—''प्रश्न है ख़ासकर उद्योगों के बारे में क्या नीति है। नीति यह है कि राज्य भरसक वही करेगा जो औरों के बस का या इच्छा का न होगा। सरकार से हमें सहकार पर जाना है—लोक-कल्याण-राज्य की एक कल्पना थी, वह बीत गयी। वह हमारी नहीं है उसमें सब-कुछ राज्य करने के लिए हो जाता था। हम राज्य के पास करने के लिए कम-से-कम छोड़ना चाहते हैं। आख़िर करनेवाले कौन हैं। लोग ही तो हैं, राज्य करता है यानी लोग करते हैं। सहकार के साथ एक उद्देश्य में जो मिल जाये, वे लोग और उनका समाज। तो इस तरह से समाज सब करता है। राज्य समाज के हाथ का यन्त्र है। यन्त्र ही है मालिक नहीं।''[2] जब लोक और राज्य, समाज और राज्य एक है, राज्य भी उनका प्रयत्न ही है तो फिर राज्य का आतंक किस कारण? लोक-कल्याण-राज्य की कल्पना से परे क्या लेखक विशिष्ट वर्ग के कल्याण में ही समाज और लोक का हित देखता है। लोक का स्वेच्छा से सहकारिता-द्वारा आत्म-निर्णय से रह सकना ही कम्युनिज़्म की सामाजिक विकास की कल्पना है, जिसे लेखक समाप्त हो चुका प्रयोग बताता है। स्पष्ट है कि लेखक समाजवाद और कम्युनिज़्म की विचार-धारा से अपरिचित है, वह सब-कुछ अस्वीकार करता है, स्वीकार क्या करना चाहता है शायद स्वयं नहीं जानता।

1. पृ. 219 ।

2. पृ. 260।

हम राज्य के पास करने के लिए कम-से-कम छोड़ना चाहते हैं इसका क्या अर्थ होता है? सरकार या सहकार सार्वजनिक शिक्षा, सार्वजनिक स्वास्थ्य, यातायात के मार्गों और बाढ़ से बचाव का काम करे या न करे? यदि करे तो उसके लिए साधन कहाँ से आये? ईश्वर की प्रार्थना और अकर्म से तो इन समस्याओं के हल हो सकने की सम्भावना है नहीं। राज्य और लोक के एकीकरण में या उनके परस्पर विलयन में लेखक को आपत्ति क्या है? राज्य के पास करने के लिए कम-से-कम छोड़ने या राज्य-द्वारा भरसक वही करने का, जो औरों के बस और इच्छा का न हो, का तात्पर्य उत्पादन के साधनों के राष्ट्रीयकरण का विरोध है तो जय या लेखक को उसे स्पष्ट रूप में कहने का साहस क्यों नहीं। यह अपरिग्रह और अकर्म का अति सूक्ष्म व्यवहार है या अज्ञान?

जय प्रेस-गोष्ठी में इतना तो स्पष्ट कहता है—"स्टेट कैप्टिलिज़्म कैप्टिलिज़्म का बुरे से बुरा रूप है·· तो इसमें-से उद्योगों के सम्बन्ध में हमारी नीति यह हो आती है कि सबकी सूझ-बूझ जगे और काम में आये, यानी उद्योगों पर किसी प्रकार की रोक-थाम न रहे।" उद्योगों पर राज्य-द्वारा रोक-थाम या नियन्त्रण जय या जैनेन्द्रजी को पसन्द नहीं, परन्तु बड़े-बड़े पूँजीपतियों और उद्योगों के इज़ारेदारों-द्वारा उद्योगों और उद्योगों की पैदावार पर नियन्त्रण के सम्बन्ध में क्या हो? उद्योग-धन्धे होंगे तो उनका नियन्त्रण और स्वामित्व किसी-न-किसी के हाथ में तो रहेगा ही। यदि समाज या राज्य के हाथ में नहीं तो व्यक्ति के हाथ में रहेगा। जैनेन्द्रजी उद्योग-धन्धों के राष्ट्र के अधीन होने पर सम्भावित विषमताओं से परिचित हैं परन्तु उद्योग-धन्धों पर पूँजीपतियों के स्वामित्व और नियन्त्रण के परिणामों से परिचित नहीं। इसे आध्यात्मिक यथार्थ का नमूना समझा जाये? वे नहीं जानते उद्योगों के इज़ारेदार सौदे की लागत या श्रम का मूल्य कम रखने के लिए किस प्रकार बेकारी बनाये रखते हैं और अपने सौदे का बाज़ार दाम ऊँचा रखने के लिए अपनी होड़ में उठते नये धन्धों को किस प्रकार समाप्त कर देते हैं। जय कहता है, स्टेट कैप्टिलिज़्म कैप्टिलिज़्म का सबसे बुरा रूप है, अर्थात् कैप्टिलिज़्म ही रहे। जय या जैनेन्द्रजी के विचार में राज-संस्था से मुक्ति का यह ही मार्ग है। वे अराज की कामना करते हुए पूँजीवाद की अराजकता का ही समर्थन कर रहे हैं।

उद्योगों के सम्बन्ध में जय की नीति का दूसरा अंग यह है कि श्रम का क्रय-विक्रय असम्भव हो जाये। समाज में श्रम का क्रय साधनों के ऐसे स्वामी ही करते हैं, जिसके पास निजी शारीरिक श्रम से उपयोग में आ सकने योग्य साधनों की अपेक्षा अधिक साधन होते हैं, जो श्रम का क्रय करके बड़ी मात्रा में पदार्थ उत्पन्न करके मुनाफ़ा कमाना चाहते हैं। शायद जय की कल्पना में मुनाफ़ा कमाने के लिए व्यवसाय समाज में नहीं रहने चाहिए, न साधनों के इतने बड़े स्वामी। अपने श्रम को वही लोग बेचते हैं जिनके पास श्रम से उत्पादन करने के साधन नहीं होते। जय की कल्पना के समाज में न तो उद्योग-धन्धों पर रोक-थाम होगी, न श्रम के क्रय से उद्योग-धन्धों को चलाने की स्वतन्त्रता होगी, न साधनों के स्वामी होंगे, न साधनहीन होंगे? सब ओर नकार-ही-नकार है, होगा क्या स्पष्ट नहीं। शायद आवश्यक भी नहीं, क्योंकि वह अकर्म में विश्वास करता है। इस अकर्म का यही अभिप्राय समझा जाये कि समाज में मौजूद पूँजीवादी अराजकता यथावत् बनी रहे।

जैनेन्द्रजी सम्भवत: यह जानते हैं कि आज के दिन हमारे समाज में पदार्थों का परस्पर विनिमय

सुविधाजनक नहीं रहा है। क्रय-विक्रय का सामाजिक प्रयोजन विनिमय होता है। श्रम का विनिमय भी क्रय-विक्रय-द्वारा ही होता है। क्या जैनेन्द्रजी को श्रम के विनिमय पर भी आपत्ति है। श्रम का विनिमय न होने पर लेखक को काग़ज़ बनाने से लेकर अपनी पुस्तक बेचने तक का काम ख़ुद ही करना होगा, यह उनकी कल्पना ने नहीं सोचा।

जय अथवा जैनेन्द्रजी इन सब उलझनों का उपाय सुझाते हैं—"कर्म से स्वार्थ पैदा हो सकता है, अकर्म निःस्वार्थ है और हमारी दृष्टि यह है कि अकर्म की निष्ठा समाज में सामान्यतया देर से भी आये, पर उसका वह उत्कृष्ट अंग जो राज-काज सँभाले, अवश्य अकर्म पर दृढ़ हो।"[1] जय या जैनेन्द्रजी समस्या को समझ सकने से अपनी लाचारी प्रेस-गोष्ठी में इस प्रकार प्रकट करते हैं—"सरकार रहेगी तब तक कोने भी रहेंगे जहाँ ग़रीबी रहे। रोज़गार सरकार से मिलेगा तो बेरोज़गारी को भी रहना होगा। सिक्के में अमीरी रहेगी तब तक ग़रीबी पूरी तरह नहीं जा सकती और नौकरी का रोज़गार जब तक है, बेरोज़गारी भी रहनेवाली है—लेकिन मेरी ओर से आपको सुभीता है कि आप इस सुनने को अनसुना कर दें।" यह शब्द स्पष्ट कर देते हैं कि जय और जैनेन्द्रजी समाज के आर्थिक विकास की प्रक्रिया और अर्थशास्त्र के सामान्य सिद्धान्तों से भी अपरिचित हैं।

जैनेन्द्रजी ने समाजवाद की भी एक नयी परिभाषा का आविष्कार किया है—"समाजवाद यह हुआ कि जो असामाजिक हैं, वर्ग या व्यक्ति, उन्हें नष्ट कर दो।" यह परिभाषा नयी ज़रूर है परन्तु यथार्थ नहीं है। इससे केवल समाजवाद के घोषित सिद्धान्तों का अज्ञान और आक्रोश प्रकट होता है। नष्ट करने की भावना और प्रक्रिया नकारात्मक-मात्र है। समाजवाद का प्रस्तावित कार्यक्रम और भावना सकारात्मक है। इसे यों भी कहा जा सकता था—असामाजिक भावना और तत्त्वों के लिए कारण न हों। जैनेन्द्रजी न केवल समाज की नयी परिभाषा देते हैं बल्कि आइन्स्टायन की भी एक नयी व्याख्या कर देते हैं—"आइन्स्टायन ने जो बताया उससे मालूम हुआ जड़ में चेतन है, यानी जड़ सब चेतन है। शक्ति चलाती है तो जिसे चलाती है वह भी शक्ति-पिण्ड ही है। सब एक ही माया है।" इन वाक्यों में वैज्ञानिक ध्वनि होने पर भी अज्ञान स्पष्ट है। वैसे ही वे अदार्शनिक वाग्जाल में दर्शन की ध्वनि का समावेश करने का भी यत्न करते हैं। उदाहरणतः—"पवित्र एक परमेश्वर है और वह सर्वव्यापक है—इससे अपवित्रता के लिए ठौर कहाँ?" एकमात्र ईश्वर को पवित्र कहकर जय अपवित्रता की भी भावना उत्पन्न करता है और स्वयं ही पूछता है अपवित्रता के लिए ठौर कहाँ? इसे यदि यों कहा जाता, ईश्वर पवित्र है और वह सर्वव्यापक है इसलिए अपवित्र कुछ नहीं तो शायद सीधी बात जान पड़ती और दर्शन की भ्रान्ति न हो सकती। दर्शन की ध्वनि से भ्रान्ति उत्पन्न करने का एक और उदाहरण यों है[2]—"स्त्री भिन्न है, मैं पुरुष हूँ तब तक यह भिन्न है। भेद सच नहीं हो सकता, क्योंकि एक ओर अखण्ड और अभिन्न परमेश्वर की सत्ता सब कहीं व्याप्त है। इसलिए स्त्री और पुरुष के बीच आकर्षण कभी समाप्त नहीं होनेवाला है।" आकर्षण का कारण भेद है जो सच नहीं हो सकता और आकर्षण कभी समाप्त होनेवाला भी नहीं है, क्या तर्क है?

राज-संस्था को अनिवार्य व्याधि समझने में अथवा इस संस्था से मुक्ति की कामना करने

---

1. पृ. 262 ।
2. पृ. 323 ।

में आचार्य भी जय के साथ हैं, वे भी कहते हैं—"हम सँभल बनेंगे तो राज्य का ही दोष दूर न होगा, बल्कि राज्य के स्वयं दूर होने का उपाय होने लग जायेगा। मूल में तो राज्य एक दोष ही है। वह दबाव है समय आयेगा कि वह काम एक सहयोग संस्था के ज़रिये हो जाया करेगा, अभी तो वह एक प्रभुसत्ता है।" पाठक यह समझने में असमर्थ रह जाता है कि जय और आचार्य के परस्पर इतने सहमत होने पर भी इला यह क्यों कहती है कि आचार्य जय के मार्ग के बाधक न बनने के लिए ही जेल में बैठे हैं। यह कह देना भी अप्रासंगिक न होगा यदि जैनेन्द्रजी विकास-द्वारा राज्य में एक सहयोग-संस्था में परिणत हो जाने की कल्पना करते हैं तो—यह कल्पना मैलिक नहीं, यह कम्युनिस्टों की, साम्यवादियों की कल्पना है जिनके प्रयोगों के वे 2007 ई. तक समाप्त हो चुकने की बात कह चुके हैं।

जो भी हो, उपन्यास में जय राज्य की अनावश्यक, दोषपूर्ण और दमन करनेवाली संस्था से मुक्ति का उपाय अपने राजनैतिक दल के स्थान पर एक सर्वदलीय सरकार की स्थापना-द्वारा करता है। इस परिवर्तन को हम शासक व्यक्तियों का परिवर्तन ही कहेंगे राज्य-संस्था का अन्त नहीं कह सकेंगे। पंचशील को अपर्याप्त बताकर, युद्ध के अनिवार्य होते जाने की विभीषिका और शस्त्रास्त्र के निर्माण के वेग को रोकने या अन्तर्राष्ट्रीय शान्ति को जिसकी चिन्ता से यह मौलिक उपन्यास लिखा गया है, जैनेन्द्रजी भूल ही गये हैं।

आचार्य जेल से मुक्त हो जाते हैं। उनका आश्रम शिवधाम में है। जय सर्वदलीय सरकार की स्थापना के लिए सब दलों की एक सम्मिलित सभा का आयोजन शिवधाम में करता है। स्वामी चिदानन्द और नाथ को ऐसी सभा से विशेष आशा नहीं है परन्तु वे सम्मिलित होना स्वीकार कर लेते हैं। इस सभा का आयोजन हो जाने पर एक नया रहस्य खुलता है—जय सर्वदलीय सरकार की स्थापना हो जाने पर राज्य-भार को त्याग देगा।

शिवधाम में सर्वदलीय सम्मेलन का आरम्भ होने के समय आचार्य, जो इस समय तक अपनी पुत्री इला को जय से विवाह करने की अनुमति नहीं दे रहे थे, अनुमति दे देते हैं। किस नवीन तर्क या ज्ञान-लाभ से आचार्य का विचार बदल जाता है। वह उनके शब्दों में यह है—"इतनी देर तक अपनी अनुमति रोककर मैं आज इस जगह आया हूँ कि जीवन के जनक होने के अधिकार से उस जीवन को स्वयं सम्पूर्ण होने देने से अधिक अधिकार पिता को नहीं पहुँचता।" जीवन-भर अनासक्ति और अकर्म के मार्ग की चिन्ता करके भी यह बात जानने के लिए आचार्य को इतने वर्ष लगे?

आचार्य की अनुमति न होने के कारण यद्यपि अनेक वर्ष तक जय और इला साथ-साथ रहते रहे, पर उनका विवाह न हो सका। अनुमति तो आचार्य के साथ रहने के लिए भी न थी। अविवाहित इला को साथ रखकर जय अपने प्रति विरोध की भावना के लिए अवसर देता रहा। इला ने यह स्वीकार किया है कि विवाह हो जाने से विरोध मिट जाता, परन्तु जय अपना विरोध मिटा देना या विरोध को निर्बल नहीं कर देना चाहता था केवल इसीलिए उसने इच्छा होने पर भी विवाह नहीं किया। विरोध में रस लेने की इस वृत्ति को उद्भ्रान्ति के अतिरिक्त और क्या कहा जा सकता है। इसे अनासक्ति कहें, अकर्म कहें या इसे साधना का कोई और नाम दें?

यह जानकर कि आचार्य ने इला को जय से विवाह कर लेने की अनुमति दे दी चिदानन्द

का भी विरोध समाप्त हो जाता है। सर्वदलीय सम्मेलन में यह रहस्य खुलता है कि जय राज के उत्तरदायित्व से उपराम हो रहा है, तो सभी विपन्न अनुभव करते हैं। सम्पूर्ण विरोध मिट जाता है, सभी जय से राज का उत्तरदायित्व सँभाले रहने का अनुरोध करने लगते हैं परन्तु जय किसी प्रकार राज का उत्तरदायित्व सँभाले रहने के लिए तैयार नहीं होता, क्योंकि उसे तो विरोध में ही रस मिलता है परन्तु इसका कारण वह बताता है—"मेरा मोह भंग हो गया है। राज्य की अनुरक्ति के लिए कहीं भी तनिक अवकाश नहीं छूटा है, इतनी विरक्ति हो गयी है।"[1]

स्वामी चिदानन्द जय को समझाना चाहते हैं—"राज्य भी एक कर्तव्य है और बिना मोह, बिना आसक्ति, उसका निर्वाह निश्चय ही कोई छोटी तपश्चर्या नहीं है।" परन्तु जय मोह में फँसे रहना स्वीकार नहीं करता। राज्य के मोह को त्याग कर वह इला से विवाह करना चाहता है और सर्वदलीय सम्मेलन के समय अवकाश पाकर सन्ध्या के अन्धकार और नदी-तट के सूने में एलिजाबेथ के शरीर को अंक में लेकर उसके जूतों की धूल अपने माथे पर लगा लेने की इच्छा के लिए व्याकुलता भी प्रकट करता है, यह जय के माध्यम-द्वारा जैनेन्द्रजी के विचार में वह अकर्म है जिसकी—"महिमा गीता ने बतायी है। उस मूल्य की पहचान से भारत का राज्य जब डिगा है, तब कठिनाई ही पैदा हुई है।"[2]

जय के राजसिंहासन त्याग के निश्चय से सभी लोग द्रवित हो जाते हैं। चिदानन्द तो अपने पूरे बल से उसके समर्थन का आश्वासन देता ही है परन्तु इन्द्रमोहन, जो हूस्टन को पहले दिन ही जय को बिना रीढ़ का आदमी और सम्पूर्ण प्रगति में बाधा बता गया था, जो हूस्टन-द्वारा जय की प्रशंसा और ख्याति फैलाने में भी देश और समाज की हानि देखता था और हूस्टन को भारत छोड़ जाने या गोली का निशाना बना दिये जाने की चेतावनी दे गया था, इस स्थिति से विकल हो जाता है। इन्द्रमोहन की सृष्टि कहानी में रहस्य, रोमांच और जासूसी कौतूहल का पुट देने के लिए की गयी है। वह राष्ट्राधिप-भवन के पहरों में, चलती ट्रेनों में अनायास ही आ-जा सकता है। वह जब आता है रिवाल्वर साधे बात करता है। जय या हूस्टन को किसी भी समय समाप्त कर देने में उसे विशेष आपत्ति नहीं है। जय इन्द्रमोहन के भय से हूस्टन को राष्ट्राधिप-भवन के निजी कक्षों में रखने का आदेश दे देता है परन्तु जय स्वीकार करता है कि वह इन्द्रमोहन की ही रचना है। वह हूस्टन को इन्द्रमोहन को बुला लाने के लिए भेजता है। हूस्टन महीने-सवा महीने में ही यहाँ जय के कूट रहस्यों और सम्बन्धों का विधाता बन गया है। बम्बई पहुँचकर हूस्टन को इन्द्र का दूसरा परिचय मिलता है। वह इतिहास का शोधक और महाविद्वान् है, उसका बहुत बड़ा निजी पुस्तकालय है, जहाँ वह "मानवता के उदय के साथ भारत की भाग्यरेखा को तत्सम होते देखने की खोज" इतिहास और फलित ज्योतिष दोनों के माध्यम से करता है। जय के पद-त्याग से वह इतना विकल हो जाता है कि रिवॉल्वर छोड़कर घटनाओं के 'पूर्वदर्शन' के लिए इला और जय की जन्म-कुण्डलियों को मिलाने में खो जाता है।

जैनेन्द्रजी ने 'समर्पण' में कहा है—"जयवर्धन पाठक के पास आ तो रहा है पर कह नहीं सकता कितना वह उपन्यास सिद्ध होगा।" परन्तु रचना पाठकों के सम्मुख मौलिक उपन्यास के

1. पृ. 384।

2. पृ. 261।

रूप में ही प्रस्तुत की गयी है। उपन्यास के द्वारा विचारों की अभिव्यक्ति को हम दोष नहीं मानते परन्तु कहानी का विश्वास-योग्य होना पहली शर्त होनी चाहिए। 'जयवर्धन' की कहानी पाठक का विश्वास पाने योग्य नहीं बनी। पहला कारण तो उसमें पृष्ठभूमि की नितान्त कमी है। वह वार्तालापों की डायरी-मात्र है, वार्तालाप विश्वासयोग्य रोचक कहानी नहीं बना सकते ऐसा नहीं कहा जा सकता। रवि बाबू का 'घर और बाहर' उपन्यास इसका अच्छा उदाहरण है। जी.बी. शॉ की तो शैली ही यह थी। कहानी के विश्वास और रोचकता उत्पन्न न कर सकने का कारण पात्रों का निर्जीव और प्राय: एक-सा होना है। आचार्य को गान्धीजी की छाया माना जाये तो उसकी भाषा जैनेन्द्रजी की है, जय पर नेहरूजी की छाया डाली गयी है परन्तु उससे अधिक उत्कट उसमें जैनेन्द्र हैं, चिदानन्द में श्री गोलवलकर का आभास है पर उस पर भी जैनेन्द्र छाये हुए हैं। इन्द्रमोहन आतंकवादी है परन्तु जैनेन्द्रमॉडल का। जैनेन्द्रजी का दार्शनिक और तटस्थ हूस्टन स्वयं जैनेन्द्रजी का प्रतिबिम्ब है। यहाँ तक कि इला भी जैनेन्द्रजी का ही नारी संस्करण है। इन सब पात्रों के सिद्धान्तों, व्यवहार और भाषा में ऐसी समानता है कि प्राय: उनके वाक्य भी एक-से हो गये हैं। पात्रों के एक-दूसरे के सम्पर्क और तुलना में आने पर उनका व्यक्तित्व निखरता है जिससे कहानी सजीव बनती है परन्तु इस उपन्यास में जैनेन्द्रजी ने जैनेन्द्र से जैनेन्द्र को तोला है तो फिर कहीं भी अन्तर कैसे दिखाई देता?

नारी-पात्र दो ही हैं, एक इला और दूसरी एलिजाबेथ। इला अनासक्ति और अकर्म की उपासक त्यागमयी भारतीय नारी का प्रतीक है। जय के साथ उसका, पिता की इच्छा के विरुद्ध अविवाहित अवस्था में रहना शायद इसलिए क्षम्य है कि उसने इन्द्रियों का ब्रह्मचर्य निभाया है परन्तु उसके चिदानन्द की अनुगृहीता रहने की बात जय कहता है और इला स्वयं इन्द्रमोहन से किसी रहस्य का संकेत कर देती है। एलिजाबेथ तो है ही हंगेरियन, पतिपरायणता और संयम की आशा उससे क्या की जाये? पर वास्तव में वह कहीं स्पष्ट, निष्ठावान् और रीढ़वाली बन पड़ी है, शायद इसलिए कि लेखक ने उस पर अपनी अनुकम्पा की छाया नहीं डाली। पूरे उपन्यास में नाथ और एलिजाबेथ ही दो पात्र हैं जो कहानी में तो कम आते हैं पर उनका अपना व्यक्तित्व है।

जैनेन्द्रजी ने प्रारम्भिक की अन्तिम पंक्तियों में इस बात के लिए क्षमायाचना कर ली है कि पुस्तक को विधिवत् उपन्यास का रूप नहीं मिल सका। उन्होंने इसे दुनिया को राजनीति के संकट से उबारने और राज के इस या उस रूप को स्वीकार करने की विवशता के संकट से त्राण देने के सुझाव के लिए प्रस्तुत किया है। राज्य के सभी रूपों को संकट समझकर उससे त्राण पाने के विचार मानव-समाज के लिए नितान्त नयी वस्तु नहीं हैं। पूँजीवाद और राज्य-सत्ता के दमन की प्रतिक्रिया के रूप में आज से सौ वर्ष पहले भी विचारकों ने मानव-समाज की मुक्ति के लिए अनार्किज़्म (अराजकवाद) के सिद्धान्तों की कल्पना की थी। यह विचारक (क्रोपेटकिन आदि) राज्य को व्यक्तिगत सम्पत्ति की संस्था और उसी की प्रशाखा-श्रेणियों की परस्पर होड़ का ही विकसित रूप मानते थे। समाज को राज्य के दमन से मुक्त करने के लिए सम्पत्ति का समाजीकरण पहला क़दम मानकर मानव-समाज को उत्पादन के साधनों के साझे स्वामी और श्रेणीगत होड़ से मुक्त कर एक विस्तृत-कुनबे के रूप में परिवर्तित हो जाने की कल्पना वे करते थे। वे राज्य को समाज का दमन इसलिए समझते थे कि राज्य एक वर्ग-विशेष का अधिकार और शेष समाज का दमन था। उनके विचारों का लक्ष्य वर्गों के अन्तर मिटाकर राज्य को सामूहिक हित की दमन-

रहित व्यवस्था-मात्र बना देना था। कम्युनिस्ट भी अपनी प्रणाली के उत्तरोत्तर विकास में राज्य या शासन के दमनकारी अंश के विलयन हो जाने का विश्वास करते हैं।

अराजकवाद एक सामाजिक समस्या है। जैनेन्द्रजी ने भी दुनिया को राज के संकट से त्राण देने के लिए ही पुस्तक लिखी है। जय भी अनेक स्थानों पर ऐसा ही विचार प्रकट करता है। "सोचता था राज के ज़रिये उसके होने की आवश्यकता से समाज को मुक्त कराने की राह कुछ सुगमता से प्रशस्त की जा सकेगी, वह भ्रम सिद्ध हुआ" पद-त्याग करते समय भी वह कहता है—"राज्य को एक दिन अनावश्यक बनाना है"[1] परन्तु उसका अन्तिम निर्णय है—"अन्त में जब मुझे यह मालूम हुआ कि मेरा दायित्व राज्य और लोक-कल्याण के प्रति जितना है उससे अधिक और प्रथम स्वयं अपने अन्तःकरण के प्रति है तो देखा कि मेरा असमंजस कट गया।"[2] जय को जो कुछ मालूम हुआ उससे दुनिया के राज्य के संकट और युद्धों की अनिवार्यता के त्रास से मुक्त हो सकने का क्या सम्बन्ध है? यह सामाजिक समस्या की उपेक्षा करके स्वरति की प्रवृत्ति में सन्तुष्ट हो जाना है या यह अनुमान करना होगा कि अराज की अवस्था प्राप्त करने के सामाज़िक लक्ष्य का उपाय जैनेन्द्रजी ने यह व्यक्तिगत साधना बतायी है कि जयवर्धन को आदर्श मानकर कोई भी व्यक्ति राज्य का उत्तरदाायित्व लेने के लिए प्रस्तुत न हो तो राज्य की संस्था स्वयं विलीन हो जायेगी? यह जयवर्धन के विचार पक्ष की प्रतिपत्ति है।

'जयवर्धन' पर इतने विचार की आवश्यकता इसलिए है कि 'परख', 'त्यागपत्र', 'कल्याणी' आदि जैनेन्द्रजी की आरम्भिक रचनाएँ सफल थीं और उनमें प्राप्त सफलता से अधिक जैनेन्द्रजी की सम्भावनाओं का संकेत था। उन रचनाओं के सफल होने का कारण जैनेन्द्रजी का पर्याप्त यथार्थ के आधार पर उन सामाजिक तत्त्वों को लेकर रचना करना था जिनका परिचय उन्हें अपने नित्य के जीवन से था। 'जयवर्धन' में उन्होंने दर्शन, राजनीति, समाजशास्त्र और अर्थशास्त्र के प्रसंगों के लेने की इच्छा की है जो स्पष्ट ही उनकी पकड़ के बाहर है। उन्हें यथार्थ का आधार कहीं भी नहीं मिला है।

जैनेन्द्रजी की विचार और कलात्मक शक्ति का परिचय इस खोखली रचना में भी जहाँ-तहाँ मिल सकता है। प्रसंग और वस्तु के सम्पर्क के बिना भी जहाँ-तहाँ विचारपूर्ण सूक्तियाँ आ गयी हैं यथा—"ईश्वर नहीं हो सकता जो मानव से विमुख हो, है तो वह मानव से। मानव से परे जो अपने लिए टिकाव चाहता है वह अविचार है" इस दृष्टि से जय के व्यवहार को क्या कहा जाये? "भारत में इसी को साधना मान लिया गया है कि यथार्थ को आदर्श से दाबे रखा जाय।" "आदमी में क्या सिद्धान्त ही सब कुछ होता है? क्या वह एक गाँठ नहीं जिसे हम खुद कस लेते हैं और सिद्धान्त का नाम दे देते हैं?" "क्या वह लकीर ही नहीं जिससे स्वदेश और विदेश बन जाते हैं और जिस पर युद्ध होते हैं, लकीर भी नक़्शे पर, असल में कहीं नहीं। फिर आदमी अपना और दूसरों का रक्त उत्सव और उल्लास के साथ बहाते हैं।" "प्रेम की गति न्यारी है, सुख उसमें नहीं है, पर जो दुःख है सुख के सुख से बड़ा है।" "विरह केवल पार्थक्य नहीं, मन का घनिष्ठ

1. पृ. 425 ।
2. पृ. 424 ।

पीढ़ी-सम्बन्ध है।'' ''इन्द्रिय-व्यापार की न्यूनता की साधना में से परिपूर्णता न सधेगी।'' आदि आदि।

'जयवर्धन' पढ़ने के श्रम को उसकी भाषा और भी कठिन कर देती है। भाषा सामाजिक अभिव्यक्ति का साधन है। उसे सुलभ और सुबोध बनाये रखने के लिए ही व्याकरण की आवश्यकता हुई है। भाषा के अन्य प्रयोगों और नियमों की अवहेलना अहं और स्वरति की उच्छृंखलता-मात्र है। यदि नागरिकता के साधारण नियमों—उदाहरणत: सड़क पर चलने के नियमों का पालन सामाजिकता के नाते आवश्यक है तो भाषा के नियमों की ही अवहेलना क्यों की जाये। जैनेन्द्रजी ने जनसाधारण की भाषा को ठुकराने के लिए भाषा के साथ जो मनमानी और अत्याचार किया है, उसके उदाहरण ऊपर दिये गये उद्धरणों की पंक्तियों में पर्याप्त देखे जा सकते हैं।

राजेन्द्र यादव

दो आस्थाएँ *

बंगला के अत्यन्त ही लोकप्रिय उपन्यास 'साहब, बीवी, गुलाम' के लेखक विमल मित्र से जब मैंने वही घिसा-पिटा सवाल किया, जो प्राय: संसार के हर लेखक से किया जाता रहा है—"क्या लिख रहे हैं आजकल?" तो कुछ खोये-खोये-से ढंग से वे बोले, "पूर्वी बंगाल से आये हुए शरणार्थियों पर नोट्स ले रहा हूँ।"—"क्यों, इन पर भी लिखेंगे कुछ?" "नहीं, अभी नहीं। दस-बारह साल बाद। जब सारा उद्वेग और उद्वेलन थम जायेगा। अर्थात् जब पानी निथर जायेगा।" और अपने तर्क की पुष्टि में उन्होंने अधिकांश उन लेखकों की रचनाओं के नाम गिना दिये, जिन्होंने सामयिक समस्याओं पर नहीं, बल्कि पीछे की घटनाओं पर लिखा है। इन पीछे की घटनाओं पर लिखी गयी चीज़ें प्राय: ही 'ऐतिहासिक' की कोटि में आ गयी हैं—या आते-आते रह गयी हैं। इसका सबसे बड़ा कारण यह है कि—आगे उन्होंने कहा था, "आठ-दस साल में हम किसी भी घटना को बड़े निर्वैयक्तिक और तटस्थ होकर देख सकते हैं, उसके महत्त्व का आकलन और मूल्यांकन कर सकते हैं। साथ ही वास्तविकता पर छायी हुई सामयिकता की धूल भी तब तक छँट जाती है।"

बात में वज़न तो ज़रूर था, लेकिन मन नहीं भरा। 'साहब, बीवी, गुलाम' कलकत्ते के दो सौ वर्षों का इतिहास है, और उसकी सफलता एवं लोकप्रियता देखते हुए विमल बाबू को अपनी बात के सिलसिले में किसी भी प्रमाण की आवश्यकता नहीं है। जब-जब मैंने विमल बाबू की बात पर सोचा, मुझे अपने एक स्थानीय मित्र का ध्यान आया। युनिवर्सिटी में पुरातत्त्व लेकर पढ़ने ने वर्तमान की ओर से उनकी आँखों को कुछ ऐसा पलट दिया है कि न तो नये कपड़े को पाँच दिन सन्दूक़ में रखे बिना वे पहन सकते हैं, और न बिना दो हफ़्ते पेट में सिरका बनाये किसी बात को कह सकते हैं। रोज़ का अख़बार रोज़ पढ़ना भी उनके लिए यातना का एक विषय है। अख़बार को तीन दिन रखकर उसे ऐतिहासिक दृष्टि से पढ़ने में जो ब्रह्मानन्द की उपलब्धि होती है, वह रोज़-रोज़ पढ़ने में कहाँ? उनके लिए वह लेखक भी लेखक नहीं है, जिसके जीवन की साधना (अर्थात् उम्र) 75 वर्ष नहीं है, या जिसे 75 वर्ष के किसी बूढ़े से सर्टिफ़िकेट नहीं मिला है।

घटनाएँ थम जायेंगी, इतिहासकार उनके वास्तविक तथ्यातथ्य को सम्भावित व्याख्याओं के साथ निकालकर रख देंगे, उसके बाद हम उन्हें अपने उपन्यास के कथानक में गूँथेंगे, इस भावना

---

* बूँद और समुद्र : अमृतलाल नागर

के पीछे मुझे लेखक में आत्म-विश्वास की कमी लगती है। उसकी ईमानदारी और सत्य को पाने के आग्रह का भरसक आदर करते हुए भी मैं लेखक के दृष्टिकोण के प्रति शंकाशील अवश्य हो उठता हूँ। उपन्यासकार एक आदर्श नागरिक हो या न हो (और प्राय: नहीं ही होता), लेकिन आज के ज़माने में उसे सचेत नागरिक तो होना ही पड़ता है। यों घटनाओं को ठण्डी हो लेने-देने की प्रतीक्षा में यह तो हो सकता है कि हम तथ्यों को अधिक से अधिक वास्तविक रूप से प्राप्त कर लें या सुलभ कर दें; लेकिन यह प्रतीक्षा उस वैयक्तिक आवेग और अनुभूति की तीव्र प्रतिक्रिया से प्राय: रचना को वंचित कर देती है, जो घटनाओं की ताज़गी से ही उत्पन्न हो सकती है। शायद उपन्यास में—या किसी भी कृति में रोचकता और रस भी आवेग की गहराई और अनुभूति की तीव्रता से ही आते हैं। युद्ध क्षेत्र का जीता-जागता प्रथम अनुभूति का वर्णन और बाद में जन्म-मरण के आँकड़ों के आधार पर बुना गया, परिस्थितियों का ताना-बाना, रस और रोचकता की दृष्टि से प्राय: दो तरह की चीज़ें होंगी। एक के सामने सारे तथ्य-आँकड़े, सारे झूठ-सच उसकी कथा के लिए होंगे—दूसरे का ऐतिहासिक सत्य-आग्रह उसे बँधी-बँधायी गिनी-चुनी घटनाओं में से ही कहानी तलाश करने को विवश करता रहेगा। हर क्षण उसका दिल धड़कता रहेगा कि कहीं वह तथ्य की हत्या न कर डाले, या वह 'तथ्य' अगले किसी इतिहासकार के द्वारा झूठ न साबित कर दिया जाये कि उसके सारे किये-धरे पर पानी फिर जाये। सन् 1957 पर लिखनेवाला ईमानदार और निष्पक्ष इतिहासकार आज भी उसे व्यापक अर्थ में स्वतन्त्रता के लिए विद्रोह नहीं कह पाता; लेकिन इसके पक्ष में प्रमाण उसके पास ऐसे हैं कि वह इसे नज़रन्दाज़ भी नहीं कर सकता।

मैं ऐतिहासिक उपन्यासों के महत्त्व को ज़रा भी नहीं झुठला रहा और न कहने का मतलब यह है कि 'आज' में बीते हुए कल का कोई योग-महत्त्व नहीं है। ऐतिहासिक उपन्यास भी वर्तमान समस्याओं के हल या दिशा-संकेत दे सकते हैं। यशपाल के 'अमिता' को देखकर अपने मित्र के इस कथन से भी मैं सहमत नहीं हूँ कि—"देखो न, ये लोग कैसे बौद्धिक हो गये हैं। युद्ध नहीं होना चाहिए, इस बात को बोलने के लिए भी इन्हें अशोक और कलिंग के युग में जाना पड़ता है। ये लोग इसे जीते-जागते लोगों की समस्या के रूप में नहीं देखते।" पुराना इतिहास हमारा संस्कार बन जाता है। संस्कार सबसे कठोर बेड़ियाँ भी हैं—और आगे बढ़ाने के लिए सबसे बड़ी एड़ भी? संस्कारों का आवश्यक संशोधन सही कार्य और चिन्तन की दिशा में प्रेरणा और प्रोत्साहन बनता है। शायद सफल उपन्यास का सबसे बड़ा गुण भी यही हो सकता है कि वह वर्तमान को ऐसा सटीक बना दे कि ऐतिहासिक महत्त्व की चीज़ हो जाये, और इतिहास को ऐसा नया सजीव-सवाक् बना दे कि वह वर्तमान-जैसा लगे। बात थोड़ी व्याख्या चाहती है। परिस्थितियों और भावनाओं के क्रिया-प्रतिक्रियात्मक संकलन, सम्पादन तथा दोनों को चित्रित करनेवाले वैज्ञानिक दृष्टिकोण ने 'गोदान' को एक ऐतिहासिक उपन्यास की गरिमा दे दी है। एक विशेष युग में भारतीय जन-मन क्या था, इसे समझने के लिए अलमारियों-भरे गज़ैटियर, मैत्रोअर, आँकड़े, 'गोदान' की तरह हमें उस युग को हृदयंगम नहीं करा सकते। इसी तरह अमिता, चित्रलेखा या दिव्या रंगरूप में 'ऐतिहासिक' लगते हुए भी आधुनिकतम समस्याओं को हमारे सामने रखते हैं। हम उनके माध्यम से वर्तमान को देखते हैं। दोनों ही परिस्थितियों में आवश्यकता आँकड़ों और तथ्यों की इतनी नहीं है, जितनी उनके पीछे छिपे सत्य को पाने के आग्रह की है—उस 'सत्य' को पाने के आग्रह की,

जो म्यूज़ियम की शोभा नहीं बल्कि जीवन और जिजीविषा बन सकता है। दोनों की सीमाएँ चाहे हर क्षण टकराती हों, लेकिन मूलत: उपन्यासकार इतिहासकार नहीं है। इतिहास में मनमानी तोड़मरोड़ करने का अधिकार उसे निश्चय ही नहीं है लेकिन उसमें ग्रहण और वर्जन का अधिकार उसे अवश्य ही है। यहाँ विमल बाबू की अपनी बात की अपेक्षा उक्त उपन्यास की भूमिका में दिये गये ये शब्द उपन्यासकार के दायित्व को समझने में अधिक सहायक होते हैं··· "इतिहास के पंखों पर चढ़कर मेरी कहानी रस-विहार करे तो करे, लेकिन कहानी के पंखों पर चढ़कर इतिहास रस-विहार न करने पाये—इस ओर मेरी दृष्टि सतर्क रही है।"

इतने सब विवेचन के बाद जब निष्कर्ष के रूप में मैं यह कहता हूँ कि उपन्यास का काल-क्षेत्र कोई भी हो, सचेत उपन्यासकार कभी भी आज को नहीं भुला पाता, तब उसका अर्थ यह भी है कि वह हर आज को आनेवाले कल की दृष्टि से देखता है—देखे; तभी वह अपने कर्त्तव्य और उत्तरदायित्व की गरिमा का निर्वाह कर पायेगा। यह ठीक है कि जिस क्षण को हम जीते हैं, उसे समग्रत: तटस्थ होकर कभी नहीं लिख पाते, लिख उसी क्षण को पाते हैं जिसे जी चुकते हैं; विगत क्षण का मानसिक आकलन ही लिखने की प्रेरणा है। उस क्षण को कितनी गहराई तथा तीव्रता से आकलित कर सकते हैं, यह संवेदन-शक्ति के साथ-साथ कल्पना-प्रवणता पर भी निर्भर करता है। फिर भी उस क्षण के सारे प्रभावों से मुक्त होकर ही हम लिखें, या हठपूर्वक प्रतीक्षा करें कि वे सारे प्रभाव धुल जायें—यह बहुत अधिक बोधगम्य या 'कन्विन्सिग' तर्क नहीं है। हर 'आज' पिछले कल का समाहार, एक अविच्छिन्न विकास और अगले कल का आभास, पृष्ठभूमि है—यह इतिहासकार से अलग उपन्यासकार की दृष्टि है। एक के सामने भविष्य है और दूसरे के सामने भूत। एक के पैर आगे होते हैं दूसरे के पीछे की ओर मुड़े हुए। आनेवाले की छाया हमारे ऊपर पड़ती है—और गया हुआ स्वयं छाया होता है, उसकी कोई छाया नहीं होती।

लेकिन 'महान् अतीत' वाले साहित्यकारों और चिन्तकों की एकमात्र ट्रैजेडी यही रही कि उन्होंने अपने ऊपर पड़नेवाली छायाओं को तो सदैव ही प्रयत्नपूर्वक झुठलाया और विरूप-विकलांग छायाकृतियों के पीछे 'हे महान् अतीत, हे महान् अतीतो' की रट लगाते हुए बे-तहाशा भागते रहे हैं। हिन्दी में इस पराङ्मुखी दौड़ का सबसे दयनीय उदाहरण गुरुदत्त हैं। संसार के हर देश में यह 'महान् अतीत' का भूत विकास और उत्थान का सबसे बड़ा बाधक सिद्ध हुआ है। हर अतीत-गर्वी तीन हज़ार साल पीछे के जीवन को देखकर तो गर्व और दर्प से फूला नहीं समाया है कि हमारे पुरखे कितने महान् थे? लेकिन उसने कभी भी अपने तीन हज़ार साल बाद सोचने की तकलीफ़ गवारा नहीं की कि हम निकम्मों को आनेवाले किन शब्दों में याद करेंगे। हमारे पुरखों ने कुछ किया था, इसलिए हम उनके गीत गाते हैं; लेकिन उनके गीत गाने के अलावा हम और ऐसा क्या कर रहे हैं कि आनेवाले हमारे भी गीत गायें। आनेवाले सिर्फ़ हमें गाली देंगे।

अमृतलाल नागर के सम्बन्ध में लिखते हुए ऊपर विमल मित्र और उपन्यास तथा इतिहास के सम्बन्धों की याद मुझे इसलिए आयी कि नागरजी की तरह मित्र बाबू भी सुदूर अतीत की अपेक्षा एकदम निकट अतीत—अर्थात् हमसे ठीक पिछली पीढ़ी तक के अतीत के चितेरे हैं। नयी महाजनी सभ्यता, मध्यवर्ग की उठती रोशनी में राजा-रईसों के अन्तिम दिनों के दम-तोड़ते जीवन का चित्रण ही नागरजी के उपन्यासों की तरह विमल बाबू के 'साहब, बीवी, गुलाम' का विषय है। लेकिन 'क्या छोड़ें' 'क्या रखें' की समस्या ने विमल बाबू को क़तई वैसा आक्रान्त नहीं किया जैसा नागरजी

को। कॉरपोरेशन की ओर से भूतनाथ नामक एक ओवरसियर एक पुराने राजसी मकान को तुड़वाकर नयी सड़क निकालने के लिए नाप-जोख करते हुए फ्लैश बैक में सारी कहानी को देखता है। मकान पुराना है। इसलिए उसे तोड़े या न तोड़े, उसके सामने यह बात एक समस्या का रूप लेकर आती ही नहीं है—वहाँ तो सड़क बननी ही है। लेकिन 'बूँद और समुद्र' की ताई की विशाल हवेली को सज्जन मन्दिर की तरह पूजने को बाध्य है, उसे तोड़ने की बात सोचना भी उसके लिए पाप है। ज़्यादा से ज़्यादा वह यह कर सकता है कि उस हवेली में एक स्कूल खुलवा दे। बीते हुए के प्रति विमल बाबू का दृष्टिकोण, एक कामकाजी, व्यस्त और गतिवान् आदमी का दृष्टिकोण है; नागरजी जैसे म्यूज़ियम में एक-एक पत्थर की कनी को निहायत फ़ुरसत से बैठकर निहारने, निरखने, सपनों में डूबने-उतरानेवाले आदमी है। एक हलका-सा ख़याल उन्हें ज़रूर है कि, 'हाँ, यहाँ से जाना है, लेकिन अभी जल्दी क्या है, चले जायेंगे। एक से एक खूबसूरत नायाब चीजें, पता नहीं, आगे देखने को मिलेंगी भी या नहीं।' इस सबके सौन्दर्य और महानता से वे इतने प्रभावित और मोहाच्छन्न हैं कि जैसे उन्हीं में रमे रहना चाहते हैं—वहीं बस रहना चाहते हैं और अब स्थिति कुछ ऐसी आ गयी है कि 'इतिहास-मुग्ध' नागरजी को ध्यान दिलाया जाये कि "हे द्रष्टा, इतिहास आपका पड़ोसी जब था, तब था, अब तो आप स्वयं उसके घर-जमाई रह गये हैं।"

अमृतलाल नागर को समझने के लिए उनकी कहानी 'दो आस्थाएँ' का अन्तिम वाक्य सूत्र की तरह लिया जा सकता है : "नया युग पुराने युग से स्वेच्छा से बिदा हो रहा था; पर बिदा होते समय कितना प्रबल मोह था और कितना निर्मम व्यवहार भी···" यही अन्त उनके 'बूँद और समुद्र' का भी है। लेकिन बिदाई की रस्में इतनी लम्बी-चौड़ी हैं—(और उन्हें निभायें नहीं, यह नागरजी कर नहीं सकते) कि नवाबों के चूड़ीदार पाजामा पहनने की क्रिया की तरह समाप्त ही होने नहीं आतीं।

'गोदान' के बाद 'बूँद और समुद्र' को उत्तर भारतीय जीवन का दूसरा महाकाव्य कहा जा सकता है, और इसमें भी कोई अत्युक्ति नहीं है कि औपन्यासिक माइक्रोस्कोप से बूँद को ऐसी 'सामुद्रिक विराटता' शायद ही कभी मिली हो। 'वार ऐण्ड पीस' में पाँच सौ प्रमुख-अप्रमुख नाना वर्ग और वेश के पात्रों के माध्यम से पूरी एक शताब्दी बोलती है—हर पात्र का अपना व्यक्तित्व है, विशेषता है। एक शताब्दी तो नहीं, हाँ आधी शताब्दी निश्चित रूप से 'बूँद और समुद्र' में भी बोलती मिलेगी। ताई का चरित्र निःसंकोच रूप से भारतीय उपन्यास की एक विशेष उपलब्धि माना जा सकता है। 'जैहै बनि-बिगर न सागरता सागर की, बूँदता बिलैहै बूँद विवस विचारी की' की व्यक्तिवादी मान्यता को एक नयी सामाजिक परिभाषा जिस प्रभाव और परिवेश में मिली है, उसके पीछे गम्भीर चिन्तन और मानसिक श्रम है। व्यक्ति और समाज के जिन अछूते क्षणों और कोणों को प्रस्तुत उपन्यास में वाणी मिली है—उसके लिए असन्दिग्ध रूप से अद्वितीय प्रतिभा की अपेक्षा है। सचमुच इस उपन्यास में गलियाँ बोलती हैं, दीवारें बातें करती हैं और मुहल्ले जागते हैं। जगह-जगह कथोपकथन, नाटकीय स्थितियों का चित्रण और मानसिक ज्वार-भाटों का वर्णन पढ़-पढ़ कर मेरे मन में ईर्ष्यामयी 'हूक' उठी है : काश, मैं एक पन्ना ही ऐसा लिख पाता।

इतना सब होते हुए भी डॉ० रामविलास शर्मा के इस कथन में तथ्य है कि उपन्यास को काफ़ी छोटा किया जा सकता था। आज के पाठक को इतना धैर्य नहीं है, जितना बालज़ाक के पाठक को

था और उस पर सॅमरसेट मॉम ने जो आरोप लगाया है, वह कई जगह नागरजी पर भी लगाया जा सकता है : "अपने इन विवरणों में वह स्पष्ट ही इतना रस लेने लगता है कि अकसर आपके जानने की इच्छा से बहुत अधिक बता देता है।" नागरजी भी चाहते तो मथुरा, वृन्दावन, बिहार, महिपाल के आत्मचिन्तन, बाबारामजी की 'बहकों' पर थोड़ा अंकुश लगा सकते थे। इससे कथानक कुछ गठ जाता। चेख़व ने गोर्की के 'फ़ोमा गॉर्गियेव' के बारे में कहा था, "उपन्यास लिखने में सबसे अधिक जानने की ज़रूरत है, 'लॉ ऑव सिमेट्री'—ढेर या समूह में-से सन्तुलन और समतोल। उपन्यास तो एक महल है, पाठक को आप स्वतन्त्रता दीजिए कि वह उसमें जहाँ चाहे जाये ! जैसे किसी अजायबघर में ले आये हों, इस तरह उसे उबाइए या चौंकाइए मत।"

असल में नागरजी को समझने के लिए उस युग की कुछ प्रवृत्तियों को समझना होगा, जब दुनिया की किसी सच्चाई को लोग बिना भारतीयता का सर्टिफ़िकेट दिलाये, ग्रहण नहीं कर सकते थे। यथार्थवाद बिना सांस्कृतिक नमक के गले नहीं उतरता था, और धीरे-धीरे वह नमक कुछ ऐसा मुँह लग गया कि उसकी हलाली करने में दीन-दुनिया का होश ही नहीं रहा। जिधर देखिए, उधर नमकीन। नमक ही जीवन का परम सत्य है—यह आग्रह ऐसा दिलों में जमा कि जगह-जगह नमक बनने लगा। मार्क्स के गले में 'रघुपतिराघव' का रामनामी दुपट्टा और अरविन्दीमाला डाले, या (नागर जी के ही शब्दों में) 'कम्युनिज़्म को गांधीवादी अहिंसा का जनेऊ पहनाकर उसे भारतीय बनाये ('बूँद और समुद्र' पृष्ठ 103) बिना, रोटी-बेटी की तो बात ही क्या, उसे अपने घर की देहलीज नहीं लाँघने दी जा सकती थी।' नागरजी ने भी कम्युनिस्ट वनकन्या को सज्जन की सजनी बनाने में वही नमक-अदायगी की है। 'निर्वाणोन्मुख आदर्शों के अन्तिम दीपशिखोदय' कहकर कवि सुमित्रानन्दन पन्त ने जिस 'युग-पुरुष' की वन्दना की है—'बूँद और समुद्र' को समझने के लिए ठीक उसी मानसिक पृष्ठभूमि की आवश्यकता है। रात में गोमती के किनारे मन्दिर में महिपाल शिव के 'विरोधों का समन्वय' करनेवाले रूप की वन्दना करता है—मानो वह उपन्यास का पैटर्न दे रहा हो।

उपन्यास का नायक चित्रकार सज्जन, एक ही साँस में 'कम्युनिस्ट' वनकन्या और इलहामी बाबारामजी—दोनों का वरण किये हुए है। समग्रत: उपन्यास एक ऐसे बड़े कमरे की तसवीर सामने लाता है, जिसमें कहीं किसी कोने में बैठी ताई ननदों से घुस-फुस बातें करती, आस-पास मँडराते बिल्ली के बच्चों को झिड़कती, सिन्दूर में घीवाले तिल मिलाकर आटे के पुतले पर मारणयन्त्र साध रही है; कहीं कर्नल की हिरासत में महिपाल पत्नी की अदालत में पेश है; कहीं बाबारामजी अपने पागलों को लिये भंग घोट रहे हैं, और कहीं सज्जन और कन्या रास देख रहे हैं। वातावरण को प्रभाव देने के लिए और लोग आते-जाते रहते हैं। और सब मिलाकर यह कमरा सम्पन्न परिवार के सज्जन का मस्तिष्क है, जो तमाशाई दर्शक की तरह गली-मुहल्लों के जीवन का अध्ययन करने राजा द्वारकादास की पुरानी हवेली के एक कमरे में आकर रहने लगता है।

नागरजी के तीनों उपन्यासों के प्रमुख पात्र—सेठ बाँकेमल, मास्टर पाँचूगोपाल और सज्जन अपेक्षाकृत भोक्ता कम, श्रोता और दर्शक अधिक हैं। वे अपने व्यक्तिगत जीवन की तुलना में अपने आस-पास के जीवन को अधिक दिखाते-सुनाते हैं। आज के इस युग में जब उपन्यासकार ने उपन्यास को अपने ही अन्तर्मन की डायरी बना दिया है, यह बहुत क्रान्तिकारी बात है। नागरजी

के कान और आँख जितने तेज़, संवेदनशील और पैने हैं, शायद ही हिन्दी के किसी उपन्यासकार के उतने हों; लेकिन मैं ज़रा साहसपूर्वक उनसे कहूँगा कि वे बाबारामजी-जैसे सिद्धों के दर्शनों और प्रवचनों में अपनी इन दुर्लभ शक्तियों और हमारे धैर्य को न खोयें तो बड़ा उपकार हो।

जी हाँ, मैं बिना किसी लाग-लपेट के कहूँगा कि बाबारामजी का चरित्र इस उपन्यास में जिस रूप में लाया गया है, वह निहायत आपत्तिजनक है, और सन् 1957 में प्रकाशित होनेवाले उपन्यास के लिए सचमुच एक कलंक की चीज़ है। विज्ञान संसार की सभी बातों का जवाब देने का दम्भ नहीं करता, प्रयत्न करता है। आज भी बहुत-से चमत्कार हैं, जिनकी समुचित व्याख्या विज्ञान नहीं कर पाया है, लेकिन उन चमत्कारों को जानने से अधिक पूजना और श्रद्धा देना, या उनके चरणों में अपना मस्तिष्क चढ़ा देना ही एकमात्र सही रास्ता है, तो आइए हम लोग उड़न तश्तरियों को पूजें, हिममानव के चरण-चिह्नों को पूजें, पोटाशियम साइनाइड और तीन गोलियों से भी न मरनेवाले रासपुटीन को पूजें। ताई के टोने-टोटके को रुचि और आदर से देखने में हमें कोई आपत्ति नहीं है, महिपाल की सांस्कृतिक-पुरातत्त्वीय बहकों को जी कड़ा करके हम दरगुज़र कर दे सकते हैं; भुस-भरे मरे बच्चे को देखकर दूध से भर-भर आनेवाली भैंस की तरह, मथुरा-वृन्दावन की सड़ती लाशों को देखकर श्रद्धा-विगलित होकर रोनेवाले सज्जन पर भी हम तरस खा सकते हैं, लेकिन पहुँचे हुए सन्तों और अन्तर्यामी सिद्धों की पलटन की वन्दना में नागरजी भी अपनी 'वन्दना का एक स्वर और मिला दें', यह हरगिज़ सहनीय नहीं है। वैसे ही क्या कम ढोंग और भ्रम हिन्दुस्तान में हैं जो नागरजी को एक और बनवा देने की ज़रूरत पड़ी। जिस तरह के महिलाश्रम का भण्डाफोड़ सज्जन ने किया है, क्या वे भी एक दिन यों ही सदुद्देश्यों से प्रेरित होकर नहीं बने थे?

'दास्तान अमीरहम्ज़ा' में उमरू अय्यार जहाँ भी मुसीबत में फँस जाता है, फ़ौरन ही हज़रत ख़्वाज़ा ख़िज्र प्रकट होकर उसकी मदद करते हैं, उसे मुसीबत से निकालते हैं। उसे आवाज़ें सुनाई देती हैं : ''तेरे बायीं ओर के पत्थर के पीछे एक चोर दरवाज़ा है। उसे हटा...'' इत्यादि और अलिफ़ लैला में सिर का बाल जलाकर जिन और आसेव प्रकट होते हैं। क्या आज भी मानव-मस्तिष्क उसी युग में खड़ा है? उसी स्तर पर है? फिर यह सज्जन को सुनाई पड़ती आवाज़ें—बाबारामजी का समय-असमय प्रकट होना, अपने जादुई प्रभाव से मन की बातें जानना और सज्जन से लेकर ताई तक को बात-की-बात में लाखों रुपयों के त्याग के लिए प्रेरित कर देना, यह सब क्या है?

अगर अपनी सांस्कृतिक विरासत का मोह और इतिहास का प्रेम इस नतीजे और स्तर पर लाकर खड़ा कर दे, तो सचमुच हमें उस सबकी आवश्यकता नहीं है! हम—अर्थात् नया मस्तिष्क—उसे बेबाक़ उद्धत और अशिष्ट रूप से अस्वीकार कर देने को बाध्य हैं। हम अपने संग्रहालयों को संग्रहालय ही बना रहने देना चाहते हैं—जादूगर का कमरा नहीं। इतना तो नागरजी भी मानेंगे कि भगवान् ने शेष सारी दुनिया से अलग किसी ख़ास मिट्टी से हिन्दुस्तान के इन चमत्कारी पुरुषों को नहीं गढ़ा। हिन्दुस्तान के बाहर फिर ऐसे अवतार क्यों नहीं सुनाई देते? इस दृष्टि से तो सूँघते हुए भीड़ में छिपकर खड़े चोर के पास पहुँच जानेवाला मदारी का बैल सबसे अधिक 'पहुँचा हुआ सिद्ध' है। सचमुच इस मनोवृत्ति को क्या कहा जाये कि हम ठेठ कम्युनिज़्म की बात को भी इन चमत्कारी योगियों से सुनकर ही आनन्द-लाभ कर सकते हैं, वैसे वे त्याज्य हैं ही!

तो मैं कह यह रहा था कि नागरजी के निर्माण में उनके युग की वे 'टिपीकल' मध्यवर्गीय

प्रवृत्तियाँ रही हैं, जो एक ओर तो प्रचण्ड बुद्धिवादी, उग्र, प्रगतिशील होने का दम भरती थीं और फ़ौरन ही दूसरी ओर भाग्यवाद, पुनर्जन्मवाद, साधु-सन्त, पण्डे-पुजारी, तीर्थ इत्यादि के खूँटे से आस्था को बाँधे रखती थीं, इसलिए 'बूँद और समुद्र' का अच्छे से अच्छा पात्र मूलतः इन प्रवृत्तियों का शिकार है।

ख़ैर, इस आक्रोश का अर्थ कभी भी इस सत्य से इनकार करना नहीं है, कि 'बूँद और समुद्र' हिन्दी के श्रेष्ठतम उपन्यासों में-से एक है, अपने वर्ग और काल की बेजोड़ तसवीर है। अपनी इन सारी विशेषताओं के साथ वह उन लोगों का सफल प्रतिनिधित्व कर सकता है, जिनका इसमें चित्र है। इसे नागरजी ने भूमिका में 'मध्यवर्ग के नागरिक-समाज का गुण-दोष भरा चित्र' कहा है। 'मध्यवर्गीय नागरिक-समाज' के किन विशेष लोगों की यह तसवीर है, इसे नागरजी ज़रा और साफ़ कर देते तो इस सबकी आवश्यकता नहीं पड़ती—क्योंकि निश्चित रूप से यह मध्यवर्ग वह नहीं है, जिसमें हम अर्थात् आज की पीढ़ी जीती है, यह मध्यवर्ग वह है, जिसमें हम जी चुके हैं, अर्थात् जो हमारे सामने चुक रही है—समाप्तप्राय हो गयी है। चुनाव इत्यादि के नयेपन के बावजूद यह द्वितीय महायुद्ध से पहले का मध्यवर्ग है। सारे उपन्यास में प्रायः एक भी नौकरी-पेशेवाला आदमी नहीं है—सभी खाने-पीने की चिन्ता से मुक्त या फ़्री-लान्सर हैं। तारा का पति टी० एन० वर्मा भी 'प्रोप्राइटर अजन्ता रेडियो' ही है। खाने-पीने की नहीं दहेज इत्यादि की चिन्ता के लिए महिपाल पर आर्थिक कष्ट आता है—वह हार पाकर समाप्त हो जाता है। जिस मध्यवर्ग में वकील, डॉक्टर, प्रोफ़ेसर, विद्यार्थी, क्लर्क, एजेण्ट, बेकार—और ठीक उन्हीं के स्तर की राजनीति, मुहब्बत, खेल, सिनेमा, क्रिकेट, जीवित रहने का संघर्ष, महत्त्वाकांक्षाएँ, फ्रस्ट्रेशन घुटन, कुण्ठा, विकृतियाँ, बहसें—कुछ भी नहीं है, वह शायद हमसे पहले का मध्यवर्ग है।—पता नहीं क्यों, हर समय मुझे ऐसा लगता रहा जैसे यह जीवन की जद्दोजेहद से रिटायर्ड लोगोंवाला मध्यवर्ग है—जिनकी पेन्शनें आती हैं, किराये आते हैं, दूकानों पर नौकर काम करते हैं या जो अपने पेशे में भली प्रकार जमे हैं। उनके जीवन को झकझोरती हैं औरतें, डॉ० शीला स्विंग, चित्रा राज़दान। अपने जीवन में काफ़ी खेले-खाये प्रौढ़ों के रोमान्स की ये कहानियाँ हैं—उन प्रौढ़ों की, जो जीवन में अब जैसे-तैसे इस रूप में भी कहीं सैटिल हो जाना चाहते हैं। इस प्रयत्न में कुछ को जीवन से तलख़ी मिलती है। कुछ को झूठा-सच्चा सन्तोष। सारे उपन्यास के स्त्री और पुरुष अपने पारस्परिक सम्बन्धों में जैसे किसी भीषण पाप की छायाओं से आतंकित, त्रस्त और आन्दोलित हैं। उन्हें हमेशा लगता रहता है जैसे वे कुछ ऐसा कर चुके हैं, जो अवैध था, वर्जनीय था और जो नहीं होना चाहिए था—वे कुछ ऐसा कर रहे हैं, जिसे समाप्त हो जाना चाहिए, क्योंकि वह पिछले के नैरन्तर्य में है! कन्या और सज्जन को छोड़कर वे सभी एक ऐसी व्यवस्था के शिकार, और अवस्था में जीवित हैं, जिसके प्रति उन्होंने पूरी तरह आत्म-समर्पण कर दिया है, इसलिए उनकी स्थापनाएँ और विश्वास व्यावहारिक संघर्षों में नहीं आते—वे उन्हें आपसी बहस-मुबाहिसों में ही तय कर लेते हैं। व्यवहार में तो वे पुराने के प्रति समर्पित हैं ही, जो शीला स्विंग का ही बलिदान नहीं माँगता—महिपाल को भी पीस देता है।

'बूँद और समुद्र' का मध्यवर्ग उन लोगों का मध्यवर्ग है, जो गुज़रते राजा-रईसों और जमते हुए सेठों के हर उत्तराधिकार को सँभालने को बाध्य है—कुछ को वह स्वीकार करता है, कुछ से पिण्ड छुड़ाने में असमर्थ है, कुछ से लड़ता है, कुछ को एकदम फेंक देना चाहता है, और कुछ

को सेवा और भक्ति में लगाकर जैसे प्रायश्चित्त करते हुए मुक्ति की साँस लेता है। चलो, पुरखों के पाप का हमने कुछ तो मार्जन किया। इसलिए इसमें दान, भक्ति, सेवा, आत्महत्या सभी कुछ हैं। और इस मध्यवर्ग की बोल-चाल, रहन-सहन, आचार-व्यवहार, संस्कार-संस्कृति का जैसा सजीव, सटीक, और सवाक् चित्र नागरजी ने दिया है, वह प्रथम श्रेणी की औपन्यासिक प्रतिभा और सूक्ष्म अन्तर्दृष्टि के बिना दे पाना असम्भव है। बोल-चाल के लहजे, भाषा के लटके, स्थान-स्थान की बोलियाँ, मानसिक उतार-चढ़ाव, शारीरिक चेष्टाएँ, चेहरे-मुहरे के हाव-भाव, नाटकीय परिस्थितियाँ जितने सुन्दर ढंग से नागरजी ने दी हैं—उन सबको इतना जमकर भारतवर्ष में कोई और उपन्यासकार दे पाया है या नहीं—मैं नहीं जानता। आजकल जीवन को ज्यों का त्यों चित्रित करने का यथार्थवादी आग्रह हिन्दी उपन्यासों में लोक-संस्कृति, लोक-जीवन और लोक-भाषा को अधिक से अधिक वास्तविक रूप में प्रस्तुत कर रहा है। नागार्जुन, फणीश्वरनाथ 'रेणु', उदयशंकर भट्ट ने अपने कुछ उपन्यासों में वार्तालापों की देशकालानुरूप भाषा पर विशेष बल देना शुरू कर दिया है, लेकिन मैं निस्संकोच रूप से कह सकता हूँ कि देश, काल, अवस्था, पात्र, मनोवृत्ति सभी रूपों में कथोपकथन की भाषा जितनी समर्थ नागरजी की है, शायद ही सफलता की उस ऊँचाई को किसी ने छुआ हो। कलकत्ता, बम्बई, मद्रास, दिल्ली, सभी की बोली तो आप को नागरजी की रचनाओं में मिलेगी ही, आगरा, लखनऊ, बनारस की भाषा के सूक्ष्म वर्ग और पात्रानुसार भेदोपभेद नागरजी की अपनी विशेषता है। यहाँ भी बुद्धिजीवी इण्टलैक्चुअल से सेठ-व्यापारी वर्ग की भाषा अलग है, नौकरों और जनसाधारण की भाषा अलग है, पण्डे-पुजारियों और 'जिजमानों' की बोली अलग है, उनमें भी बूढ़ों और जवानों की बोली, पुरुषों और स्त्रियों की बोली अलग सुनाई देती है। स्त्रियों की चेष्टाओं और बोलियों का नागरजी का अध्ययन सचमुच विश्वकोशीय है। सास, बहू और बेटी सब अपने ढंग से बोलती हैं। अगर इतना गहरा और सूक्ष्म अध्ययन न होता तो ताई-जैसा अमर चरित्र दे पाना असम्भव था। यों तो नन्दो, बड़ी, कल्याणी—सभी अपना सानी नहीं रखतीं।

सामन्तवाद की सिमटती-समाप्त होती संस्कृति, भाषा-बोली, रीति-रिवाज और समग्रत: वह जीवन नागरजी के कथाकार का प्रिय विषय रहा है। उसका अध्ययन उन्होंने बड़ी लगन और फ़ुरसत से किया है, बड़े स्नेह और चाव से उसकी बातें सुनी हैं। नागरजी को मैं इसीलिए भारत का अद्वितीय हास्य-लेखक मानता हूँ कि वे कभी हास्यास्पद परिस्थितियाँ नहीं गढ़ते। उनका हास्य एक विशेष संस्कृति और समाज में पली मानसिकता और मनोविज्ञान की वह मजबूरी है, जिस पर हम हँसते हैं। लेखक को हमारे हँसने पर कोई आपत्ति नहीं है, लेकिन वह उनकी मजबूरी से सहानुभूति रखता है, इसलिए खुद नहीं हँसता। चेख़व से जहाँ नागरजी की बहुत-सी बातें मिलती हैं, वहाँ हास्य का यह तरीक़ा भी मिलता है। रेल के बोल्ट उखाड़कर मछली पकड़ने की बंसी के काँटे में लगानेवाले भोंदू आदमी के तर्कों पर आप हँसें तो हँसिए—लेखक नहीं हँस सकता। लोगों के अनागरिक रवैये, लड़कियों के बेशऊरेपन, रात-रात-भर गाना, हँसना, इकट्ठे होना मिलिटरी के रिटायर्ड हवलदार के लिए तो जीवन और मरण की समस्या है, आप उस पर खिलखिला सकते हैं। यह टिपीकल 'चेख़वीय' हास्य है। यह उन दो पीढ़ियों का गम्भीर अध्ययन है जिनके लिए एक दूसरे के सारे तौर-तरीक़े हास्य का आलम्बन बनते हैं।

नागरजी के महाकाल के दयाल ज़मींदार और मोनाई दोनों विराट् होकर 'बूँद और समुद्र' में राजा सर द्वारकादास और लाला जानकीसरन के वेश में दिखाई देते हैं। दोनों ही अपने -अपने उपयुक्त रोल में हैं। इस बार इनके साथ यूनियन बोर्ड के सेक्रेटरी नहीं; गवर्नर और मन्त्री हैं और योजनाएँ चुनाव के प्रजातंत्रीय अस्त्र-शस्त्र हथियाने की हैं। इन दोनों महानुभावों और इनके या उनके पुरखों-द्वारा दी हुई संस्कृति-सभ्यता के हर रूप से नागरजी खूब परिचित हैं। वे उनकी हर नब्ज़ को जानते हैं। लगता है, उन्होंने इनकी सोहबतें की हैं, उन्हें भीतर तक देखा है। इस सारी प्रक्रिया में एक कमज़ोरी यह आयी कि उन दोनों का स्थान लेनेवाली शक्तियों को भी प्राय: उन्होंने उन्हीं के चश्मे से देखा है। इसलिए उनकी बौद्धिक सहानुभूति यदि कन्या की ओर (कन्या युवती, सुन्दरी और विदुषी है) भागती है, तो हार्दिक आस्था बाबारामजी की ओर (क्योंकि उनके पास वह सब है जिसे पीढ़ी-दर-पीढ़ी पूजने का आदेश हमें मिला है) और फल यह होता है कि 'कम्युनिस्ट' कन्या विचारों में क़तई प्रगतिशील नहीं है, वह 'राम भगतिनियों' में रह गयी है और रामजी सारे वादों से परे नये मानव के मसीहा—सुपरमैन।

लेख समाप्त करने से पहले कुछ सफ़ाई अपनी ओर से दूँ। इतनी समृद्ध-सामग्री और ऐसी पैनी अन्तर्दृष्टि से सम्पन्न अमृतलाल नागर निर्विवाद रूप से हम लोगों के बीच में 'जायण्ट' हैं, इसलिए यशपाल के प्रकाशक का यह विज्ञापन उनके ऊपर ज्यों-का-त्यों लागू होता है : "उसे उदीयमान समझकर इन कहानियों को परखने और आलोचना करते समय किसी लिहाज़ और मुरव्वत की जरूरत नहीं। पाठक कला के क्षेत्र में अपना राई-रत्ती उगाहने की आशा से इन कहानियों को पढ़ सकते हैं।"

व्यक्ति को समाज के सन्दर्भ और परिपार्श्व में समझने और इस सारे समाज के विस्तृत-विशद विहंगावलोकन के परिणाम-स्वरूप व्यक्तित्व को सामाजिक परिभाषा देने की दिशा में 'बूँद और समुद्र' अकेला है। यों बाल की खाल निकालने को हमारे यहाँ अच्छी दृष्टि से नहीं देखा जाता, लेकिन बूँद में सागर की विराट् भूल-भुलैया दिखाकर नागरजी सज्जन को किनारे ले आये हैं, यह ख़ुशी की बात है। अब किनारे पर बैठाकर वे ख़ुद उससे किनारा न कर जायें—यह मेरी उनसे व्यक्तिगत माँग है।

●

निर्मल वर्मा

कथाशिल्प का विशिष्ट प्रयोग *

जब किसी कृति पर विभिन्न प्रकार की विरोधी धारणाएँ व्यक्त की जा चुकी हों—यहाँ तक कि उसकी आड़ लेकर वैयक्तिक-स्तर पर अप्रासंगिक वाद-विवाद उठ खड़े हुए हों—तब ऐसी स्थिति में उस कृति पर सहज रूप से कुछ भी कह पाना कठिन हो जाता है। पुस्तक के सम्बन्ध में हमारी मौलिक प्रतिक्रियाओं के साफ़-सुथरे आइने पर बहस की धूल जमा हो जाती है और हम 'आलोचना के मानदण्डों' से इतने अधिक सन्त्रस्त हो जाते हैं कि हमें स्वयं अपनी अनुभूतियों पर अविश्वास होने लगता है। अत: यह आकस्मिक नहीं कि 'परती : परिकथा' पर मेरे अनेक साहित्यिक मित्रों ने समय-समय पर अपनी राय बदली है (या एक ही समय दो परस्पर-विरोधी धारणाएँ व्यक्त की हैं!)—यह कहना कठिन है कि ये 'विचार-परिवर्तन' हमेशा 'परिकथा' के आत्यन्तिक-महत्त्व के आधार पर ही हुए हों। यह उलझाव किसलिए?

ज़ाहिर है इसका कारण 'परिकथा' की कथावस्तु या शिल्प का उलझाव नहीं है, क्योंकि प्रस्तुत पुस्तक के सम्बन्ध में जो भी मतभेद रहा हो, उस पर दुरूहता या अस्पष्टता का आरोप शायद ही किसी ने लगाया है। वस्तुत: इस उलझाव का कारण 'परिकथा' में न होकर हमारी आज की आलोचना पद्धति, साहित्य के तथाकथित मानदण्डों में सन्निहित है। 'परती : परिकथा' के मूल्यांकन में उसकी प्रशंसा और भर्त्सना करते हुए जो अतिरंजित विशेषण प्रयोग किये गये हैं, उसे देखकर लगता है मानो उसके गुणदोषों का तो विश्लेषण कम हुआ है, आलोचकों ने उसे अपने सैद्धान्तिक मानदण्डों के अमूर्त चौखटों (ऐब्सट्रेक्ट केटेगेरीज़) में फ़िट करने का प्रयत्न ही अधिक किया है।

'परती : परिकथा' हिन्दी उपन्यासों की परम्परागत पद्धति से भिन्न है (हालाँकि 'मैला आँचल' के बाद रेणु के कथा-शिल्प में कोई विशेष परिवर्तन नहीं दिखाई देता)। उसके प्रति हमारा दृष्टिकोण भी पुरानी लीकों से हटकर होगा। समूचा उपन्यास पढ़ जाने के बाद लगता है जैसे हम किसी गाँव का अद्‌भुत विचित्र 'कार्नीवाल' देख आये हैं। अनेकानेक रंगों, गन्धों, सुरों की हहराती धारा हमारे बीच बहकर आगे बढ़ गयी है, अनेक व्यक्तियों की असंगतियों, सुख-दु:ख, हास-विलास से हमने अपने को सम्पृक्त किया है; किन्तु ये चेहरे, रंग और सुर अपने में महत्त्वपूर्ण नहीं हैं—महत्त्वपूर्ण है इस 'कार्नीवाल' की गतिमयता, अविरल प्रवाह की कलकल, हवा में उड़ते रंगों की आभा, एक मायावी लय जो समस्त व्यक्तियों और घटनाओं के बीच गुज़रती हुई हमारे मस्तिष्क और हृदय को आलोडित कर देती है।

---

* परती : परिकथा : फणीश्वरनाथ 'रेणु'

कहा गया है कि 'परती : परिकथा' में केवल कच्चा माल है, उसमें किसी प्रकार का जीवन-दर्शन नहीं, कोई शृंखलाबद्ध योजना नहीं, उसमें किसी केन्द्रीय-सूत्र का सर्वथा अभाव है। सहसा मन में प्रश्न उठता है—क्या ये तत्त्व 'मैला आँचल' में विद्यमान हैं? यदि नहीं, तो क्या हम यह मान लें (जो हमें मानना चाहिए, यदि हमारी समीक्षा-पद्धति तर्कसंगत है) कि 'मैला आँचल' उपन्यास के स्वीकृत मानदण्डों पर खरा नहीं उतरता।

लगता है अब तक 'मैला आँचल' की केवल भावुकतापूर्ण प्रशंसा की गयी है, उसके द्वारा 'रेणु' ने हिन्दी उपन्यास के रचना-विधान और कथा-शिल्प के क्षेत्र में जो परिवर्तन किये हैं, नये मोड़ लिये हैं, उनके आधार पर हमने अपने रूढ़िगत मानदण्डों को परिवर्तित या परिमार्जित करना उचित नहीं समझा। यदि ऐसा किया होता, तो 'रेणु' के 'कथा-शिल्प' के सम्बन्ध में जो बहस 'मैला आँचल' पर समाप्त हो जानी चाहिए थी, उसे नये सिरे से 'परती : परिकथा' पर आरम्भ करने की आवश्यकता अनुभव न होती।

औपन्यासिक कला-शिल्प, कथा-संयोजन तथा चरित्र-गठन के प्रति—हर सजग लेखक की तरह—'रेणु' का अपना विशिष्ट दृष्टिकोण और आग्रह है, जो 'मैला आँचल', 'परती : परिकथा' तथा उनके आगामी उपन्यासों में अवश्य मौजूद रहेगा, इस पर आपत्ति करना हर कलाकार के विशिष्ट कलात्मक व्यक्तित्व को ही अस्वीकार करना होगा। पहले उपन्यास की कथावस्तु, पात्रों की मानसिक उथल-पुथल, समस्याएँ तथा सम्वेदनाएँ दूसरे उपन्यास में बदल सकती हैं, उनके प्रति लेखक का विशिष्ट कलात्मक आग्रह अथवा शिल्पगत दृष्टिकोण नहीं (जब तक लेखक उसे स्वयं बदलने की आवश्यकता महसूस न करे)। इस दृष्टि से 'परती : परिकथा' को 'मैला आँचल' की पुनरावृत्ति कहना उतना ही निरर्थक जान पड़ता है, जितना यदि हम वर्जीनिया वुल्फ के 'टू द लाइट हाउस' को केवल इस आधार पर 'मिसेस डे लोवे' की पुनरावृत्ति कहें, कि दोनों उपन्यासों में एक ही प्रकार का कथा-शिल्प दिखाई देता है। क्या यह बात भी समझाकर कहनी होगी कि 'रेणु' ही दोनों उपन्यासों के रचयिता हैं, अतः दूसरे उपन्यास में कम-से-कम उसकी पुनरावृत्ति होना अनिवार्य है?

किन्तु जहाँ एक ओर दोनों उपन्यासों के रूप-विधान और रचना-गठन के बाह्य तत्त्व एक-दूसरे से मिलते-जुलते हैं, वहाँ 'परिकथा' का सामाजिक परिवेश न केवल 'मैला आँचल' से अधिक व्यापक है, बल्कि उसका स्वरूप और आन्तरिक प्रक्रियाएँ भी मूलतः भिन्न दिखाई देती हैं। राष्ट्रीय-आन्दोलन का ज्वार उतरने के बाद स्थायित्व के जिस वातावरण में परानपुर का ग्राम्य-जीवन चित्रित किया गया है, उसमें अनेक अन्तर्विरोधी तत्त्व विराजमान हैं, जो विभिन्न वर्गों और राजनीतिक दलों में एक गहरा तनाव-सा उत्पन्न करते हैं। इस तनाव के जो बीज 'मैला आँचल' में राष्ट्रीय-आन्दोलन की उच्छल प्राण-धारा तले दबे-से रह गये थे, वे 'परिकथा' में अधिक स्पष्ट और विकसित रूप में प्रकट हुए हैं। लैण्ड-सर्वे, कोसी-प्रोजेक्ट, सर्वोदय इत्यादि आन्दोलन जहाँ इस तनाव को अधिक प्रखर और सुनिश्चित रूप प्रदान करते हैं, वहाँ दूसरी ओर वे एक विशाल 'सीसमोग्राफ' के रूप में भी प्रयुक्त किये जा सकते हैं, जिसके द्वारा हम परानपुर के सामाजिक धरातल की परतों के भीतर छिपी वैयक्तिक स्वार्थों की टकराहट, राजनीतिक दलों की अवसरवादिता, और उच्च आदर्शों के पीछे दबी क्षुद्र, ओछी लिप्साएँ देख सकते हैं।

किन्तु इस कलह-क्लेश के बावजूद परानपुर में भी पूर्णिमा का चाँद उगता है। लाजमयी और मलारी का गीत-स्वर परती की सफ़ेद बालू पर पंख फड़फड़ाता हुआ उड़ता है। पाँचों कुण्डों में पाँच चाँद रात-भर झिलमिलाते हैं, शरद की चाँदनी में पहाड़ से उतरनेवाले पक्षियों की पहली पाँत उतरती है·· चाँदनी की यह स्वप्निल संगीतमयता 'परिकथा' में आद्योपान्त छायी रहती है।

इस तनाव और उल्लास के दो कूलों के बीच परानपुर के निवासियों की जीवन-धारा अविरल रूप से प्रवहमान है। श्री भवेशनाथ के कैमरे के 'व्यूफाइण्डर' से हम परानपुर गाँव का केवल धूसर, वीरान प्रान्तर, बन्ध्या धरती और बालुचरों की अन्तहीन शृंखला देख सकते हैं। वह सचमुच कैमरे की आँख है। किन्तु परती के आँचल तले पतले जनपद को, गाँवों के लोगों की आत्मा को कैमरे की आँख नहीं देख सकती, कलाकार की अन्तर्दृष्टि ही वहाँ तक पहुँच पाने में समर्थ हो सकती है।

'रेणु' की यह दृष्टि उपन्यासकार की दृष्टि है जो छोटी-छोटी घटनाओं को अद्भुत नाटकीयता प्रदान करती है। इन घटनाओं के माध्यम से 'रेणु' ने ठोस, जीवन्त कथा-पात्रों (फिक्शनल कैरेक्टर्स) की सृष्टि की है, और यह उनकी महत्त्वपूर्ण उपलब्धि है। साधारण, रोज़मर्रा क़ी घटनाओं के महीन सूत्रों-द्वारा कुछ गम्भीर सत्यों को उद्घाटित करना, उनके माध्यम से पात्रों की आकांक्षाओं और असंगतियों को अभिव्यक्त करना सचमुच एक कठिन समस्या है। हमेशा यह ख़तरा बना रहता है कि कहीं लेखक अपनी निरपेक्ष दृष्टि से च्युत होकर एक स्थूल, इतिवृत्तात्मक दृष्टिकोण न अपना ले। यह केवल हवाई ख़तरा नहीं है। पिछले वर्षों में हिन्दी उपन्यास का दुर्भाग्य ही यह रहा है कि लेखक अपने को 'सोशलॉजिस्ट' पहले समझता है—कलाकार बाद में। फिर चाहे उपर्युक्त दृष्टिकोण प्रच्छन्न रूप में मनोवैज्ञानिक अन्तर्द्वन्द्वों-द्वारा प्रदर्शित हो (नदी के द्वीप) या सामाजिक विषमताओं के सम्बन्ध में लम्बी सैद्धान्तिक बहसों के रूप में ('बूँद और समुद्र', 'जयवर्धन')। यह एक अजीब 'कॉम्प्लेक्स' है, जिससे न्यूनाधिक मात्रा में हर लेखक पीड़ित दिखाई पड़ता है। यथार्थ के प्रति यह विकृत, विक्टोरियन दृष्टिकोण अधिकांश उपन्यासकारों के कलात्मक व्यक्तित्व को कुण्ठित-सा कर देता है। बाहरी नियन्त्रण (एक्सटरनल रेज़ीमेण्टेशन) का विरोध किया जा सकता है, क्योंकि हम उसके प्रति सजग हैं, किन्तु यथार्थ के प्रति यह 'सैद्धान्तिक' दृष्टिकोण एक अन्दरूनी-विकार (इनर रेजीमेण्टेशन) उत्पन्न करता है, जो स्थूल रूप से दिखाई नहीं देता, इसलिए और भी अधिक घातक है।

इस सन्दर्भ में 'रेणु' से—एक कलाकार की हैसियत से कोई जीवन-दर्शन प्राप्त करने की माँग करना सर्वथा अनुचित और असंगत जान पड़ता है। हमारी आलोचना-पद्धति की 'ट्रेजेडी' ही यह रही है कि हम हर कलाकार से एक 'जीवन-दर्शन' की माँग करते हैं। एक उपन्यास (या कोई भी कलाकृति) हमारी अन्तर्दृष्टि की सम्भावनाओं को अधिक व्यापक और संवेदनशील बनाने में समर्थ हो सके—इसी में उसकी सार्थकता निहित है। उस व्यापक दृष्टि के सहारे हम अपना जीवन-दर्शन स्वयं खोज सकें—यह अलग बात है।

'परती : परिकथा' की सबसे बड़ी शक्ति शायद यही है कि सतही तौर से हमें जहाँ बिखराव या विशृंखलता दिखाई देती है, उसके पीछे परानपुर की समस्त विशेषताएँ और असंगतियाँ, हर छोटे से छोटे प्राणी का दु:ख-सुख, जीते-जागते, लड़ते-झगड़ते जीवित मनुष्यों की गाथा के दर्शन

होते हैं। मुंशी जलधारीदास, लुत्तो, मलारी, सामबीत्ती, पीसी-जैसे उपेक्षित नगण्य पात्रों के व्यक्तिगत झगड़ों, नैतिक कमज़ोरियों और आह्लाद-उल्लास के बृहत् कैनवास पर 'रेणु' ने ग्राम-जीवन का (एक मिनिएचर के रूप से) जो ठोस, संश्लिष्ट और विविध रंगों से गुम्फित चित्र प्रस्तुत किया है, वह अपने में अद्वितीय है। यहाँ तक कि भिम्मल मामा के अनर्गल प्रलाप-द्वारा हम गाँव के जिन मीठे-कड़वे सत्यों को देख पाते हैं, वे कदाचित् उन लम्बी, उबा देनेवाली सैद्धान्तिक बहसों से उपलब्ध नहीं कर पाते, जिनका बाहुल्य आज के अनेक हिन्दी उपन्यासों में दिखता है। ये चित्र इतने मांसल और उनकी समस्याएँ इतनी विश्वसनीय हैं, कि कभी-कभी यह भ्रम होने लगता है कि वे स्वत:चालित हैं, उनके पीछे कोई 'चालक-शक्ति' ही नहीं है। कला-कृति में यह भ्रम—इल्यूज़न—जिसके द्वारा हम 'चालक-शक्ति' को भूलकर अपने को हाड़-मांस के जीवन्त प्राणियों के दु:ख-सुख से एकीकृत कर सकें—शायद उसकी सबसे बड़ी सफलता है।

किन्तु इस सफलता के बावजूद क्या 'रेणु' अपने को समस्त आग्रहों से मुक्त रखने में समर्थ हुए हैं? लगता है जैसे जित्तन की सृष्टि करने में उनकी निरपेक्ष, कलात्मक दृष्टि लड़खड़ा गयी है—वह उनके उपन्यास की सबसे निर्बल कड़ी है। उपन्यासकार का प्राथमिक उद्देश्य जीवन्त, स्पन्दनशील पात्रों की सृष्टि करना है और उसमें 'रेणु' को अत्यधिक सफलता प्राप्त हुई है, किन्तु यह उसका केवल 'प्राथमिक उद्देश्य' है, सम्पूर्ण उपलब्धि नहीं। (यह बात दूसरी है कि हिन्दी के अनेक प्रमुख उपन्यासकार इस 'प्राथमिक-उद्देश्य' को प्राप्त करने में भी सफल नहीं होते)। किन्तु एक महान् लेखक इससे आगे जाता है—यथार्थ के प्रति एक गहन संवेदना तथा निर्वैयक्तिक और निरपेक्ष दृष्टिकोण की प्राप्ति के लिए अपने पूर्वाग्रहों से जूझता है; आत्म-संघर्ष के इस ऊँचे स्तर पर ही वह सही अर्थों में स्रष्टा बन पाता है—कला की यही सम्पूर्ण उपलब्धि है।

जित्तन को 'रेणु' की सहानुभूति प्राप्त हुई है, कलाकार ने उसके द्वारा अपनी संवेदनाओं को अभिव्यक्त करने का प्रयास किया है—यह अपने में बिलकुल उचित है। कथा-कृति के किसी एक केन्द्रीय पात्र की समस्याओं और संवेदनाओं के द्वारा हर लेखक अपनी समस्याओं को चित्रित करने में स्वतन्त्र है—'तॉल्स्तॉय के 'मियेर' और 'लेविन' इसके जीते-जागते सफल उदाहरण हैं। किन्तु इसके लिए कलाकार को अनिवार्य रूप से दो शर्तें पूरी करनी चाहिए। पहली—यह कि वह पूरी निर्ममता तथा तटस्थता से अपने इस 'केन्द्रीय पात्र' की निर्बलताओं, अन्तर्द्वन्द्वों तथा मानसिक उलझनों को चित्रित करे—उसके केवल एक या दो पहलुओं को उजागर करने में ही अपनी सार्थकता न समझ ले। दूसरे—अन्य प्राणियों के प्रति वह उतना ही संवेदनशील रह सके जितना वह अपने प्रिय पात्र के प्रति है।

कहना न होगा कि जित्तन के चरित्र-गठन में बहुत बड़ी सीमा तक 'रेणु' इन दोनों शर्तों को पूरा करने में असमर्थ रहे हैं। लुत्तो से लेकर मक़बूल तक जितने भी प्रतिस्पर्धी पात्र हमारे सामने आते हैं, वे जीवन्त और स्पन्दनशील प्राणी होने के बावजूद जित्तन बाबू की तुलना में विकलांग, निकृष्ट और विकृत दिखाई देते हैं। जित्तन का जितना गहरा लगाव, 'ट्रैक्टर' से है, उतना ही शायद वह परानपुर की धरती से दूर है। उसमें अभिजात वर्ग का सन्तुलन है, जो लुत्तन-जैसे निम्नवर्गीय, स्वार्थपरक व्यक्तियों में लुप्त हो चुका है, किन्तु यह सन्तुलन आत्म-मन्थन, मानसिक अन्तर्द्वन्द्वों अथवा सत्य-असत्य के नैतिक प्रश्नों के अनिश्चय से उत्पन्न हुए हत-आलोडन का परिणाम नहीं

है। वह तो जित्तन के चरित्र का 'एरिस्टोक्रेटिक ट्रेट' है, जिसके आधार पर 'रेणु' ने उसे धूल में सने लड़ते-झगड़ते प्राणियों के 'असन्तुलन' से उत्कृष्ट सिद्ध करने का प्रयास किया है।

'रेणु' ने जित्तन के इर्द-गिर्द जो स्वप्नजाल बुना है, उसके भीतर ताजमनी और इरावती-जैसी नारियों को गहन संवेदना के स्थान पर मिली है, 'रेणु' की कोरी भावुकतापूर्ण सहानुभूति, जिसके परिणामस्वरूप शरत् बाबू के नारी पात्रों की पीली छायाएँ-सी दिखाई देती हैं। जित्तन के इस स्वप्न जाल पर मिसेज़ रोडवुड की डायरी के पन्ने भी टँगे हैं जो उपन्यास के उत्तरार्द्ध को अत्यन्त भावुकतापूर्ण, निर्बल और अविश्वसनीय बना देते हैं।

किन्तु इन कमियों और दोषों के बावजूद 'रेणु' ने 'परती : परिकथा' में समाज के बदलते सन्दर्भ में व्यक्तियों की उत्तरोत्तर अधिक संश्लिष्ट होनेवाली मानसिक-प्रक्रियाओं और नैतिक दबावों का जो चित्रण किया है, सामाजिक-राजनीतिक आन्दोलनों के सूत्रों में मनुष्य की जिन आकांक्षाओं और दुर्बलताओं को पिरोया है, वह अपने में सराहनीय है।

'परती : परिकथा' का 'बिखराव' 'रेणु' के कथा-शिल्प का एक विशिष्ट प्रयोग है, जो उन्होंने ग्राम्य जीवन के वैविध्यपूर्ण, सर्वांगीण और परिवर्तनशील मानवीय सम्बन्धों को अभिव्यक्त करने के लिए अपनाया है—यही कारण है कि उपन्यास का हर पात्र, चाहे थोड़े समय के लिए ही हमारे सम्मुख आये, हमारे मानस-पटल पर अपने व्यक्तित्व की अमिट छाप छोड़ जाता है। 'कार्नीवाल' के कोलाहल में हम उनकी आवाज़ों को, लोगों की भीड़ में उनके चेहरों को आसानी से पहचान सकते हैं। हम उनके क्रिया-कलापों को अन्य व्यक्तियों और घटनाओं के सन्दर्भ में आसानी से परख सकते हैं। उनके जीवन के सूत्र हवा में ही नहीं लटकते रहते—परानपुर की धरती के इतिहास से उनके जीवन का वैषम्य, सुख-दुःख और संवेदनाएँ अन्तरंग रूप से जुड़ी दिखाई देती हैं। उनके भीतर 'टाइप' की समग्रता दिखती है, तो व्यक्तित्व का अलगाव भी मिलता है। अतः यह 'बिखराव' केवल एक शिल्पगत प्रयोग है। यदि वह उपन्यास में विशृंखलता या अराजकता न लाकर मानवीय-सम्बन्धों को अधिक गहन और स्पष्ट रूप में अभिव्यक्त करने में समर्थ होता है, तो उसकी उपयोगिता असन्दिग्ध है। यह बात दूसरी है कि हम उपन्यास के क्षेत्र में एक ही प्रकार के कथा-शिल्प को आदर्श मान बैठें और उसके प्रति हमारा आग्रह इतना प्रबल हो कि उपन्यास के रचना-विधान की अन्य समस्त पद्धतियाँ हमें निरर्थक और लक्ष्यहीन दिखने लगें।

'परती : परिकथा' में बिखराव है—मातीस के किसी चित्र के रंगों का-सा बिखराव! सतही तौर पर देखने से कैनवास पर इधर-उधर बिखरे रंग के धब्बों के अतिरिक्त कुछ भी दिखाई नहीं देता। लगता है जैसे इन धब्बों और टूटी-फूटी रेखाओं के पीछे कोई भी चालक-मस्तिष्क नहीं है, सब कुछ बेडौल और अनगढ़-सा दिखता है। किन्तु ज़रा ध्यान से देखें तो इन्हीं रंग-बिरंगे धब्बों और अनगढ़ रेखाओं के बीच एक अद्भुत 'सिम्फनी' की संगीतमय धारा उमगती दिखाई देती है। यह 'सिम्फनी' और कुछ नहीं, परती की ही धूल-धूसरित, स्नेहसिक्त गाथा है, जो जीवन की गतिमयता के संगीत से स्पन्दित परानपुर के धूसर, वीरान अन्तहीन प्रान्तर में दिन-रात बहती है।

●

ओमप्रकाश 'दीपक'

अनुभूति और विचार की असंगति *

ईसा के जीवन में 'मेरी' नाम की दो महिलाएँ थीं, एक उनकी माँ और दूसरी उनकी शिष्या मेरी मैग्दलीन। नामों के साम्य के बावजूद अगर किसी यूरोपी लेखक को इन दोनों का अन्तर न मालूम हो, तो निश्चय ही घटिया से घटिया प्रकाशक भी उसकी पाण्डुलिपि को रद्दी में फेंक देगा और अगर कहीं पुस्तक छप भी गयी तो लोग इतना हँसेंगे कि लेखक शायद आत्महत्या कर ले। लेकिन हिन्दुस्तान में लेखक होने के लिए शायद यह जानना जरूरी नहीं है कि रुक्मिणी और अर्जुन का सम्बन्ध क्या था।

श्री राजेन्द्र यादव जाने-माने लेखक हैं, उनके बारे में विशेष कुछ कहने की जरूरत नहीं है, और 'उखड़े हुए लोग' की चर्चा भी काफ़ी हुई है। पृष्ठ 68 पर आप फ़रमाते हैं, "आप सोच सकती हैं जया की स्थिति? अर्जुन की गोद में पड़ी रुक्मिणी की स्थिति?—पृथ्वीराज की छाती से चिपकी संयोगिता की मानसिक अवस्था?" सलहज और नन्दोई का रिश्ता मज़ाक़ का होता है, यह तो मालूम था लेकिन अर्जुन के साथ सुभद्रा नहीं रुक्मिणी भागी थी, यह बात नयी मालूम हुई। यादवजी ने शायद कोई नया 'महाभारत' पढ़ा हो, या कौन जाने, लिख ही डाला हो! (या सम्भवत: यह महाभारत की मार्क्सवादी व्याख्या है!)

जो बात आमतौर पर दस-बारह साल के बच्चे भी जानते हैं, जब वही बात यादवजी को मालूम नहीं, तो फिर यूरोपी लेखकों के बारे में अगर कोई भूल हो जाये तो उसे क्षम्य ही समझना चाहिए। यूँ अपनी क़ाबिलियत का यादवजी ने खुलकर प्रदर्शन किया है। जगह-ब-जगह दर्जनों यूरोपी विद्वानों की चर्चा है। उन्हीं में एक जगह पृष्ठ 195 पर आप लिखते हैं, "लेकिन सच पूछो तो मानसिक रूप से हम खड़े हैं वहीं, जहाँ आज से सौ साल पहले डी. एच. लारेन्स खड़ा था, और जैसे हम बैठकर बातें कर रहे हैं वैसे ही 'लेडी चैटरलीज़ लवर' में बातें होती थीं।" सौ साल पहले, यानी सन् 1855 के आस-पास! लेकिन बेचारा डी. एच. लारेन्स तो पैदा ही 1885 में हुआ था, और मरा 1930 में! मुमकिन है किसी पूर्वजन्म में दोनों लेखकों की मुलाक़ात हुई हो। लेकिन यादवजी तो शायद पूर्वजन्म का सिद्धान्त मानते नहीं। फिर तो इसका रहस्य वही जानें।

और इस पर जब यादवजी अपने 'बयान-इक़बाली' (जो कुछ भी सोचकर रखा हो, भूमिका का शीर्षक उपयुक्त है) में कहते हैं कि "इसे '54-'55 के पूरे दो वर्ष प्रतिदिन लिखा और सँवारा

* उखड़े हुए लोग : राजेन्द्र यादव

गया है," तो अचरज होता है कि इस सँवारने में क्या पाण्डुलिपि पर बेल-बूटे बनाये गये या अक्षरों पर दोबारा स्याही फेरी गयी या और भी कुछ किया?

जानकारी का स्तर यह है। और इसी बूते पर मार्क्स के ऐतिहासिक भौतिकवाद की भी चर्चा है, गांधी की अहिंसा पर फ़तवे हैं, और स्वतन्त्रता-प्राप्ति के बाद काँग्रेसी नेतृत्व के अधःपतन के ऐतिहासिक कारणों की खोंज है। आप कल्पना कर सकते हैं कि इन सबकी क्या दुर्गति हुई है।

लम्बे-लम्बे अर्थहीन भाषणों के बावजूद, शरद और जया की प्रणय-कथा रोचक है। वे एक-दूसरे से प्रेम नहीं करते, ऐसा नहीं है कि शरद के लिए जया का स्थान कोई अन्य लड़की न ले सकती हो, या जया के लिए शरद का स्थान कोई अन्य पुरुष न ले सकता हो। जया एक मध्यमवर्गीय लड़की है, अध्यापिका है। 'मुन्शी' घराने में अपने विवाह के प्रस्ताव से दुखी है। शरद उसका मित्र है। उसे इस दुःख से मुक्ति दिलाने के लिए 'सम्मिलित जीवन' का सुझाव रखता है। बस। लेकिन इस पर भी कथा रोचक है। इसलिए कि उनमें सहानुभूति है, समझ है, जो विवाहित जीवन को सुखमय न सही, सन्तोषमय बनाने के लिए पर्याप्त होता है। अधिकांश व्यक्तियों को सुख की तलाश नहीं होती, सुख की पीड़ा उनके लिए असह्य होती है। सुख के लिए जो विद्रोह, जो संघर्ष अनिवार्य होता है, वह समाज को भी असह्य होता है। शरद और जया को सुख की खोज नहीं समझ और सन्तोष की खोज है। जो परिचित है, जाना-पहचाना है, वही समझ और सन्तोष दे सकता है। मुन्शी घराने में विवाह करने से जया को शिकायत इस कारण नहीं है कि सम्बन्धित व्यक्ति को वह जानती नहीं अथवा यह कि वह किसी दूसरे व्यक्ति से प्रेम करती है। शिक्षा और शहर के अपेक्षाकृत स्वतन्त्र जीवन में जो कुछ उसका प्रिय, परिचित बन गया है, उसके छूटने, खोने की आशंका से वह दुखी है। शरद के साथ वह सब बचा रहेगा, इसलिए उसके साथ 'सम्मिलित जीवन' का प्रस्ताव वह स्वीकार कर लेती है।

ज़िन्दगी में आमतौर पर यही होता है। हिन्दुस्तान में तो अकसर होता ही है। और इसका चित्रण यादवजी ने बड़े कौशल से किया है। पारस्परिक समझ के मार्ग में आनेवाली स्वाभाविक बाधाएँ, उलझनें और उनका निराकरण, सभी का चित्रण बहुत सुन्दर और रोचक है। कठिनाई यह है कि यादवजी की राय में यह बड़ा क्रान्तिकारी काम है। प्रसंग में बाह्य, औपचारिक क्रान्ति तो अवश्य है। शरद जया को अपनी पत्नी नहीं, 'साथिन' कहता है। और जया सरकारी या गैर-सरकारी, किसी प्रकार के 'विवाह' की रस्म के बिना ही शरद के साथ रहने लगती है, यद्यपि यहाँ भी 'सामाजिक स्वीकृति' को आवश्यक बताया गया है। लेकिन मानसिक स्तर पर तो कथा सामान्य मध्यमवर्गीय जीवन की ही है।

सन् 1954-- '55 में अगर कोई लेखक एक मध्यमवर्गीय युवक और एक मध्यमवर्गीय युवती के स्वेच्छा से विवाह करने को क्रान्ति कहे, तो हँसी आने की ही बात है। विवाह एक मानवी सम्बन्ध है। लेकिन एक मध्यमवर्गीय हिन्दुस्तानी लड़का कितनी लड़कियों को जानता है, जिनमें से वह अपनी पत्नी का चुनाव कर सकता हो? और एक मध्यमवर्गीय लड़की कितने लड़कों को जानती है, जिनमें से वह अपना पति चुन सके? और इस सीमित दायरे के अन्दर ही समझ-समझौते को सामाजिक क्रान्ति की संज्ञा देना हास्यास्पद नहीं तो क्या है?

'उखड़े हुए लोग' पढ़कर तो यही लगेगा कि मध्यमवर्ग के बारे में मार्क्सवादी स्थापनाएँ दुरुस्त

ही हैं। शायद 'मार्क्सवादी' कहना उचित न होगा, यूँ कह लें कि यादवजी 'जिन्हें मार्क्सवादी' स्थापनाएँ समझते हैं, वे दुरुस्त मालूम होती हैं। उपन्यास के पात्र कहीं भी अपने व्यवहार में मध्यमवर्ग के दायरे से बाहर नहीं निकलते, लेकिन अपने वर्ग की ओर से बार-बार घिघियाते हैं, "मैं भी क्रान्तिकारी हो सकता हूँ। मैं भी क्रान्तिकारी हूँ। तुम मुझे क्रान्तिकारी क्यों नहीं मानते?"

उपन्यास का दूसरा अंश भी रोचक है, पात्र आकर्षक हैं। सूरज, जो प्रेम में असफल होकर मानवी सम्बन्धों पर विश्वास ही खो बैठता है, शरद और जया के सफल जीवन को देखकर पुनः विश्वास प्राप्त करता है। वह समाज के निम्नतम वर्ग का यतीम है, जो धीरे-धीरे ठोकरों और अनुभवों के बाद आस्थाहीन, मध्यमवर्गीय पत्रकार बन जाता है, लेकिन मज़दूरों पर गोली चलते देख, फिर आस्थावान् हो, उन्हीं में मिल जाता है। मायादेवी, जो एक पाखण्डी के प्रेम में अपना सब-कुछ निछावर कर देती हैं, अपने पति की हत्या में भी भागीदार बनती हैं, और वास्तविकता का ज्ञान होने पर स्वयं भी उच्छृंखल हो जाती हैं। देशबन्धु, जो कायर है, पाखण्डी है, व्यभिचारी है, राष्ट्रीय आन्दोलनो में जो माफ़ी माँगकर जेल से बाहर आता है, मायादेवी को धोखा देकर उनका सब कुछ छीन लेता है, जो ऐसा बहुरूपिया है कि कोई समझ ही न पाये वह क्या है। और मायादेवी की पुत्री पद्मा, जो सब-कुछ देखकर व्यथित है, माँ के अपराध जिसकी ज़िन्दगी में ज़हर घोल जाते हैं, और एक दिन जब देशबन्धु शराब पीकर उसके कमरे में घुस आता है, तो वह खिड़की से कूदकर मर जाती है।

किन्तु जो कठिनाई शरद और जया के प्रणय प्रसंग में है, वही इन सभी प्रसंगों में है। उपन्यास-लेखक के कन्धों पर विचारक का भूत उसी तरह सवार है, जैसे सिन्दबाद के कन्धों पर समुद्र का बूढ़ा शैतान। वह लेखक को चलने नहीं देता।

सूरज का उपन्यास में विशेष महत्त्व है, क्योंकि वह न केवल लेखक की दृष्टि को सबसे अच्छी तरह व्यक्त करता है, वरन् निर्वाह भी सबसे अच्छी तरह उसी का हुआ है। उसका व्यक्तित्व बहुत ही असामान्य है, यद्यपि लेखक ने अपनी ओर से इस बात की भरसक चेष्टा की है कि वह अस्वाभाविक न लगे। बुद्धि, विवेक, चरित्र, निष्ठा, भावुकता, लगन, मेहनत, सभी गुणों का उसमें विचित्र-सा मिश्रण है। वह जीवन आरम्भ करता है जेबकतरे के रूप में, किताबों की दूकान का एजेण्ट बनकर अपनी मेहनत से ही शिक्षित होता है, एक लड़की के असफल प्रेम में आवारा हो जाता है, आवारगी में पकड़ा जाता है और जेल में सन् '42 के क्रान्तिकारियों के सम्पर्क में धीरे-धीरे पत्रकार बन जाता है। अतीत की असफलताएँ और देशबन्धु की कारस्तानियाँ उसे आस्थाहीन बना देती हैं।

देशबन्धु-जैसे लोग, जिनमें चतुराई के अतिरिक्त और कोई गुण नहीं, और केशव-जैसे उनके सहायक भी दुनिया में मिल ही जायेंगे। लेकिन इतना तो स्पष्ट ही है कि ऐसे पात्रों के जीवन को किसी ऐतिहासिक विश्लेषण का आधार नहीं बनाया जा सकता। उपन्यास में साम्यवाद के प्रति लेखक ने जो प्रेम प्रदर्शित किया है, मैं उसी से अनुमान लगाता हूँ कि वे अपने को मार्क्सवादी मानते होंगे। किन्तु अगर यादवजी का विश्लेषण ही मार्क्सवाद है, तो भगवान् ही बचाये उसे। मार्क्सवाद के विश्लेषण का आधार ऊपरी, वैयक्तिक यथार्थ नहीं, वरन् वर्ग-यथार्थ की अन्तरधारा है।

इस सिलसिले में और कुछ कहने की ज़रूरत नहीं है। यादवजी का दृष्टिकोण, मुमकिन है

कुछ लोगों को रुचे, कुछ लोगों को न रुचे। मुझे नहीं रुचा, तो भी इसकी कोई शिकायत नहीं। है भी, तो केवल इतनी कि उपन्यास के कथाक्रम और पात्रों में, न इतनी गहराई है, न इतनी व्यापकता कि उनसे वे नतीजे निकाले जा सकें, जो यादव जी ने निकालने चाहे हैं। उनके बिना मेरे-जैसे पाठकों को उपन्यास कहीं अधिक रोचक लगता।

उपन्यास के वैचारिक स्तर के सम्बन्ध में केवल एक उदाहरण दूँगा। पृष्ठ 211 पर आपने लिखा है, "ठीक वैसे ही लोग इतिहास को मरोड़ते हैं, उसे सीधे वैज्ञानिक विकास-क्रम से देखने के बजाय उलटी-सीधी तोड़-मरोड़ करते हैं और जैसे हर बार ऐसा करते समय वह पूछते हों—'निकाल आज की समस्या का हल—निकाल आज की समस्या का हल।' " दुनिया में ऐसे बहुत से लोग हैं, जो इतिहास के विकास-क्रम में कोई अर्थ नहीं देख पाते। यादवजी भी उनमें हों तो मुझे नहीं मालूम। लेकिन जो लोग मानते हैं कि इतिहास का कोई क्रम है और उसका कोई अर्थ भी है, वे तो उस क्रम में वर्तमान की समस्याओं का हल और भविष्य का दिशा-निर्देशन खोजने की चेष्टा करते ही हैं। यादवजी भी करते हैं, इसीलिए सूरज को पूँजीवाद का दुर्ग तोड़नेवाला भीम बनाने के उद्देश्य से, उसे हड़ताली मजदूरों का नेता बनाते हैं। लेकिन फिर इससे इनकार क्यों करते हैं, यह नहीं मालूम। शायद चाहते हैं कि दूसरे लोग भी बिना प्रश्न पूछे, जिसे वे 'वैज्ञानिक विकास-क्रम' कहते हैं, उसे आँख मूँदकर मान लें।

मैं नहीं जानता कि यादवजी की उम्र क्या है। मुमकिन है राष्ट्रीय आन्दोलन के समय बहुत छोटे रहे हों और उसके बारे में न जानकारी हो न समझ। लेकिन राष्ट्रीय आन्दोलन के साथ उनका वैचारिक या रागात्मक किसी प्रकार का भी सम्बन्ध नहीं रहा, इतना तो स्पष्ट ही है। राष्ट्रीय आन्दोलन और गान्धीजी के बारे में उन्होंने जो फ़तबे दिये हैं, वे किसी ऐसे व्यक्ति के लिए सम्भव नहीं, जिसका स्वाधीनता-संघर्ष से कुछ भी सम्बन्ध रहा हो—सन् '42 या उसके पूर्व के क्रान्तिकारियों के लिए भी नहीं।

वर्धा आश्रम में देशबन्धु की डायरी के कुछ अंश यादवजी ने दिये हैं और फिर आगे चलकर कहा है, "लेकिन बेटा पड़ गया कांग्रेसियों के चक्कर में, पहले क्रान्तिकारियों के साथ भी गया, मगर वहाँ जान लेने और देने का सौदा था, सो भागकर गांधीजी की शरण में जाना पड़ा। अहिंसा का दर्शन इन सब बातों से बरी था। सत्याग्रह करना और जेल जाना।"

इसके साथ ही एक अन्य वाक्य भी उद्धृत कर देना चाहूँगा जो उपन्यास में बिलकुल अनावश्यक है लेकिन जो लेखक की दृष्टि को समझने के लिए उपयोगी है—"ट्राट्स्की भी तो कहता था कि सारी दुनिया में क्रान्ति एक साथ हो जाये" सूरजजी ने चिढ़ाकर कहा, "पाँच की जगह पाँच हज़ार क्यों नहीं मरे!"

इस उद्धरण के दूसरे वाक्य में इशारा देशबन्धु की ओर है। अपनी ही मिल में गोली चलने के बाद मजदूरों के साथ झूठी एकात्मकता व्यक्त करनेवाले पूँजीपति को और ट्राट्स्की को इस प्रकार एक ही जगह रखने का क्या तुक है? एक ही कारण हो सकता है कि यादवजी ट्राट्स्की को कोसे बिना उपन्यास समाप्त नहीं करना चाहते थे।

ट्राट्स्की को लेखक ने एक ही वाक्य में समाप्त कर दिया है। गान्धीजी के साथ कुछ अधिक दया दिखायी है। लेकिन जिन प्रसंगों की चर्चा मैं कर चुका हूँ, उनके अलावा और कुछ नहीं है।

हिंसक क्रान्ति के प्रति लेखक को ऐसा मोह है कि राष्ट्रीय आन्दोलन में सन् '42 और उसके पूर्व के क्रान्तिकारियों के अतिरिक्त, और कोई उन्हें श्रद्धा के योग्य नहीं लगता। लेकिन हिंसक और अहिंसक क्रान्ति में अन्तर क्या है? मूल रूप से केवल इतना ही कि एक में 'जान लेने और देने', दोनों का सौदा होता है, दूसरे में केवल जान देने का। यादवजी को शायद मालूम नहीं कि राष्ट्रीय आन्दोलन में हज़ारों व्यक्तियों को बिना किसी की जान लिये अपनी जान देनी पड़ी थी। और गान्धी की अहिंसा के प्रतीक धरसाना के सत्याग्रही तो थे ही जिनमें से हर एक मार खाते-खाते बेहोश हो गया था पर अपनी जगह से हटा नहीं था, वे हज़ारों-लाखों अनपढ़ मूक भारतीय भी थे, जिन्हें उसने निहत्थे ही बन्दूकों के सामने खड़े होने का साहस प्रदान किया था।

गान्धी की ऐतिहासिक विकृति और ट्राट्स्की को अनावश्यक रूप से कोसना इनका कोई तर्क इस उपन्यास में मुझे नज़र नहीं आता। गान्धी और ट्राट्स्की के पक्ष में मुझे कुछ नहीं कहना। लेकिन विचारों और सिद्धान्तों की चर्चा करने के लिए वय से नहीं, तो बुद्धि से वयस्क होना आवश्यक है। गान्धी के अनुयायियों में देशबन्धु-जैसे बहुतेरे लोग हो सकते हैं और हैं। ऐसा क्यों है, यह अपने-आप में एक बड़ा और महत्त्वपूर्ण प्रश्न है, जिस पर हलके ढंग से फ़तवे देने का काम कोई नासमझ बुद्धि ही कर सकती है।

संक्षेप में, कथा की दृष्टि से 'उखड़े हुए लोग' एक अच्छा उपन्यास है, हिन्दी में ऐसे उपन्यास कम ही हैं। चरित्र अच्छे-खासे उभरे हैं, आकर्षक हैं। कथा रोचक है। लेकिन उसे ऐतिहासिक विश्लेषण का जामा पहनाने की चेष्टा यादवजी न करते तो अच्छा था। मार्क्सवाद को भी उन्होंने एक बचकाना सिद्धान्त बना डाला है। मैं मार्क्सवादी नहीं हूँ, लेकिन इतना जानता हूँ कि मार्क्स की रचनाएँ सोने से पहले कुछ देर मन बहलाने के लिए बिस्तर पर लेटकर नहीं पढ़ी जा सकतीं। भूल हुई, पढ़ी तो शायद जा सकती हैं, पर समझी नहीं जा सकतीं।

पुस्तक की भाषा के सम्बन्ध में भी कुछ कहना ज़रूरी है। ऐसा लगता है कि यादवजी ने यह उपन्यास उन लोगों के लिए नहीं लिखा जो केवल हिन्दी जानते हैं। उपन्यास को समझने के लिए हिन्दी के साथ अँगरेज़ी का भी पर्याप्त ज्ञान होना आवश्यक है। एक ही पृष्ठ पर 'कम्प्लेक्स,' 'मैनरली', 'कल्चर्ड', 'युनिवर्सिटी कनवोकेशन', 'क्लास-फ़ेलो' का प्रयोग किया गया है। एक अन्य पृष्ठ पर 'ब्रेक', 'एडीटोरियल', 'डॉमीनेटिंग', 'क्रुएल', 'अबाउट-टर्न' का। कम-ज़्यादा, सारी पुस्तक में इसी प्रकार अँगरेज़ी के शब्दों का बेहिचक इस्तेमाल किया गया है। यह दोष अपने-आप में इतना बड़ा है कि इस पर और कुछ कहना अनावश्यक है।

मैंने यादवजी की सारी रचनाएँ नहीं पढ़ीं। यह उपन्यास और कहानियाँ ही पढ़ी हैं। उनसे मुझे लगा कि यादवजी लेखक के रूप में व्यक्तित्व के शिकार हैं। उनकी रचनाओं का एक पक्ष ऐसा है, जो अनुभूतियों को ग्रहण करने की क्षमता और उन्हें व्यक्त करने का कौशल प्रदान करता है, और दूसरा ऐसा, जो बिना पूरी तरह समझे-बूझे ही इन अनुभूतियों को एक विचारधारा के चौखटे में जबरदस्ती बिठा देना चाहता है। दोनों में मेल नहीं है। लेकिन जब तक यह मेल नहीं आता, उनके लिए प्रथम कोटि की रचनाओं की सृष्टि असम्भव है।

कुँवरनारायण

कविदृष्टि का अभाव *

काफ़ी पहले यशपाल का उपन्यास 'दिव्या' पढ़ा था। इस ढंग का यह पहला ऐतिहासिक उपन्यास नहीं, लेकिन ऐसे अन्य उपन्यासों की अपेक्षा यह अधिक हेतुपूर्ण और विशिष्ट लगा था। उसके बाद अरसे तक यशपाल की कृतियों से परिचय छूटा रहा। यशपाल के मार्क्सवादी पूर्वग्रहों के कारण उनकी कृतियों के प्रति शायद मन में ऐसी कुछ धारणा बन गयी थी जैसी अधिकांश मार्क्सवादी कृतियों के प्रति बनी हुई थी—कि वे भी सतही और प्रचारात्मक अधिक होंगी, गम्भीर कम। लेखक के पिछले कुछ उपन्यासों को देखते हुए शायद यह धारणा बिल्कुल निराधार भी नहीं कही जा सकती, लेकिन विशिष्टता की जो मुहर 'दिव्या' को उस ढंग के अन्य उपन्यासों से अलग करती है, वह अन्तर यशपाल के उपन्यासों तथा वैसी ही पृष्ठभूमि पर लिखे गये दूसरे उपन्यासों में भी देखा जा सकता है। 'झूठा-सच' को विचारने से पहले लेखक के इस मार्क्सवादी पूर्वग्रह के कारण उसकी कृतियों के प्रति बन गये अपने इस पूर्वग्रह को स्वीकार कर लेना आवश्यक समझता हूँ, क्योंकि 'झूठा-सच' की पहली विशेषता ऐसे पूर्वग्रहों का स्पष्ट खण्डन ही मानी जा सकती है। न तो यह उपन्यास सतही है, न मार्क्सवादी दृष्टिकोण का औपन्यासिक प्रचार-मात्र। उपन्यास निस्सन्देह मानव-जीवन के उन गण्य दस्तावेज़ों में है जिनका मूल्यांकन प्रमुखत: एक कला-कृति के रूप में होना चाहिए।

इस उपन्यास का सबसे सशक्त अंग है चरित्रों का चित्रण—उनका विषम परिस्थितियों के बीच अदम्य संघर्ष। ऐसा नहीं कि वे परिस्थितियों पर सदा विजयी ही होते हैं, लेकिन वे आसानी से टूटते नहीं। उनमें जीवन के प्रति एक गहरी आसक्ति है जो निराशा के घोरतम क्षणों में भी जीने का बल देती है। यह जीवन-लालसा या आसक्ति ही उपन्यास की धुरी है जिसके सहारे चरित्रों, घटनाओं, संघर्षों, राजनैतिक दाँव-पेचों तथा सैकड़ों सूक्ष्म और स्थूल प्रतिक्रियाओं से लदे-फँदे लगभग 1200 पृष्ठों के इस उपन्यास का कथानक चलता है। उपन्यास आरम्भ करते समय उसके बृहत् आकार को देखकर सन्देह होता था कि क्या इसे समाप्त करने का धैर्य रहेगा? लेकिन उसे आसानी से समाप्त कर चुकने के बाद यह आश्चर्य किये बिना न रह सका कि छोटी-बड़ी दर्जनों जीवनियों का इस प्रकार निर्वाह कि उनमें से एक की भी विशिष्टता नष्ट न हो, उन्हें इस प्रकार सामान्य और असामान्य परिस्थितियों में कुशलता से गूँथना कि उनकी चारित्रिक विशेषताएँ उभर सकें, साधारण उपलब्धि नहीं। साथ ही, चरित्रों को लेकर जो वांछनीय तटस्थता लेखक बरतने

---

* झूठा-सच : यशपाल

में सफल हुआ है वह अन्यत्र उसी के उपन्यासों में मिलना कठिन है। 'गीता : पार्टी कॉमरेड' के रोमैण्टिक मार्क्सवाद की तुलना में 'झूठा-सच' का निहित जीवन-दर्शन लेखक के प्रौढ़तर दृष्टिकोण का द्योतक है। यह नहीं कि 'झूठा-सच' मार्क्सवादी दृष्टिकोण के आशावादी पहलू के प्रति सचेत नहीं, बल्कि यह कि उसे वह एक सफल कलाकृति में पूर्णत: पचा सकने में सफल हुआ है। एक कृति किसी वैचारिक आग्रह के कारण उतनी अशक्त नहीं होती जितनी कि उस विचार के अपच के कारण। यह दूसरी बात है कि हम लेखक की यथार्थ सम्बन्धी बुनियादी धारणा से ही असहमत हों, और यह न मानें कि जीवन केवल सामाजिक और आर्थिक ज़रूरतों से ही निर्देशित होता है, उन आत्मिक या आन्तरिक ज़रूरतों से नहीं, जिन्हें नितान्त वस्तुवादी दृष्टिकोण से समझाना कठिन है। शायद यह नि:संकोच कहा जा सकता है कि यशपाल ऐसी ज़रूरतों को विशेष महत्त्व नहीं देते—या उन्हें भी, मार्क्सवादियों की ही तरह, व्यक्ति की सामाजिक और आर्थिक विषमताओं से उत्पन्न मानते हैं। कम से कम 'झूठा-सच' में ऐसा कोई चरित्र नहीं जो किसी सूक्ष्म आत्ममन्थन से गुज़रता हुआ दिखाई दे। चाहे वह क्रमश: अपने आदर्शों से गिरता हुआ नायक जयदेव पुरी हो, चाहे बिना किसी आदर्श के भी एक आदर्श नायकत्व की ओर उठती हुई उसकी बहन तारा हो, चाहे पुरी से अपना वैवाहिक सम्बन्ध जोड़ती और तोड़ती हुई कनक हो—वे सब जीवन के प्रति एक बिलकुल दैनिक और व्यावहारिक दृष्टिकोण रखकर चलते हैं। किसी भी परिस्थिति में उनका ध्यान तात्कालिक सामाजिक या पारिवारिक या आर्थिक कठिनाइयों से आगे, उन जटिलतर प्रश्नों की ओर नहीं जाता जिनका सम्बन्ध हमारे अस्तित्व की बुनियादी मजबूरियों से है। सामाजिक और आर्थिक सन्तुष्टि को ही जीवन का चरम समाधान मान लेने के ये अर्थ हैं कि हम रोग, बुढ़ापे, मृत्यु आदि की यथार्थता को विचारणीय समस्या नहीं मानते। 'झूठा-सच' के इतने बड़े आयाम में भी मनुष्य की तात्कालिक आवश्यकताओं की पूर्ति से बृहत्तर किसी मानवीय आकांक्षा को लेखक ने नहीं लिया है। पात्रों का साहसपूर्ण संघर्ष, जीने के लिए तो प्रेरणा देता है, लेकिन किसी बड़े हेतु के लिए जीने की प्रेरणा नहीं देता। स्वरक्षा मनुष्य और पशु दोनों के लिए स्वाभाविक है; आक्रान्त होने पर दोनों ही पूरी तरह अपनी रक्षा करने का प्रयत्न करेंगे। लेकिन पशु से अधिक विकसित मानव-विवेक यह समझ सकता है कि ऐसे भी जीवन-सत्य हैं जिनकी रक्षा के बिना अपनी रक्षा भी या तो सम्भव नहीं, या कोई मानी नहीं रखती।

उपन्यास के निष्कर्ष को विचारने पर ऐसा भी लग सकता है मानो पात्रों के न टूटने, हारने का कारण कोई समर्थ जीवन-दृष्टि या सांस्कृतिक विरासत नहीं, बल्कि इनका अभाव है! जैसा कि मैंने पीछे कहा, उनमें जीवन के प्रति एक आसक्ति तो है, पर आस्था नहीं : वह आस्था नहीं जिसका सम्बन्ध मनुष्य की विकासशील चेतना से है, बल्कि वह आसक्ति है जो किसी भी जीव में होती है। इस ऐतिहासिक तथ्य को समझ लेना अत्यन्त आवश्यक है कि बहुत बड़ी प्राकृतिक या राजनैतिक दुर्घटनाओं के बीच ज़रूरी नहीं कि नष्ट होने-योग्य ही नष्ट हो, और बचने-योग्य ही बच रहे। ऐसे किसी विषय पर लिखी गयी एक कृति में यदि यह विवेक स्पष्ट नहीं उभरता तो उसे पूर्णत: सफल कृति नहीं कहा जा सकता। ऊपर से देखने पर ऐसा लगता है कि पंजाब-विभाजन के बवण्डर में पड़कर जो लोग दिल्ली की ओर आये उनके साथ ऐसी कोई विशिष्ट सांस्कृतिक, या धार्मिक या नैतिक परम्परा नहीं आयी जिसका विनाश या सताया जाना पाठक के

मन पर किसी अमूल्य और मार्मिक क्षति का बोध करा सके। ऐसा सन्देह हो सकता है कि लेखक या तो जान-बूझकर जीवन की इन सूक्ष्मताओं को महत्त्व नहीं देता, या जिन लोगों की बात वह कर रहा है उनमें ऐसी सूक्ष्मताएँ हैं नहीं, या फिर लेखक उन्हें समझ सकने में समर्थ नहीं।

लेकिन, 'उपन्यास में जो नहीं है' उसकी ओर ध्यान आकर्षित करने में मेरा अभिप्राय 'उपन्यास में जो है' उसका महत्त्व गिराना नहीं। तारा जिन मूल्यों का प्रतीक है, और पुरी जिन दुर्बलताओं का, उनका संघर्ष नैतिक-अनैतिक, अच्छे-बुरे आदि रूढ़-संघर्षों से कहीं अधिक वास्तविक है। यथार्थ को प्रमुखता देनेवाले यशपाल के लिए, पुरानी परिपाटी के अनुसार अच्छे को पुरस्कृत और बुरे को दण्डित दिखाकर औपन्यासिक न्याय करने का लोभ नहीं रहा है। सामाजिक-आर्थिक दृष्टि से न तारा असफल कही जा सकती है, न पुरी; फिर भी, जो मूल्य तारा-द्वारा प्रतिष्ठित होते हैं और पुरी-द्वारा अपमानित उनके बीच यदि मनुष्यता का सही पक्ष ही ऊपर आया है, तो इसे मैं उपन्यास की एक सराहनीय उपलब्धि मानता हूँ।

लेकिन, जब मैं यह कहता हूँ कि उपन्यास के पात्रों में सूक्ष्म अनुभूतियों का अभाव है तो मेरा संकेत पात्रों की अपेक्षा लेखक में खटकनेवाली एक कमी की ओर है। यशपाल कवि नहीं हैं : अपने में यह तथ्य कोई महत्त्व नहीं रखता किन्तु उपन्यास के सन्दर्भ में एक ऐसे गुण का अभाव प्रकट करता है जिसके बिना एक साहित्यिक कृति 'क्लैसिक' की कोटि में नहीं आ सकती। ज़रूरी नहीं कि एक अच्छा कवि अच्छा उपन्यासकार भी हो, लेकिन एक अच्छे उपन्यासकार में यदि कवि के भी गुण हों तो वह निश्चय ही बेहतर उपन्यासकार हो सकता है। 'मादाम बोवारी' का कोई भी पात्र कवि नहीं, उसी प्रकार 'झूठा-सच' का कोई भी पात्र कवि नहीं; लेकिन जिस विशेष अर्थ में उपन्यासकार गुस्ताव फ्लोबेअर कवि हैं और यशपाल नहीं, उसका अन्तर दोनों की कृतियों में स्पष्ट देखा जा सकता है। 'झूठा-सच' के नीरस प्रेम-प्रसंग लेखक के स्थूल दृष्टिकोण की प्रत्यक्ष असफलताएँ हैं।

'झूठा-सच' मुख्यत: सामाजिक-राजनैतिक पृष्ठभूमि पर लिखा गया यथार्थवादी उपन्यास है। इससे भिन्न किसी दृष्टिकोण से जाँचते समय यह सावधानी बरतना आवश्यक है कि विवेचना कृति के मूल मन्तव्य को देखते हुए असन्तुलित न हो जाये। उपन्यास की प्रमुख उपलब्धि उस साधारण जन-जीवन का विस्तृत और यथातथ्य वर्णन है जिसका एक रूप हम पंजाब-विभाजन के समय ('वतन और देश' : पहला भाग) पाकिस्तान में देखते हैं, और दूसरा रूप विभाजन के बाद ('देश का भविष्य' : दूसरा भाग) दिल्ली तथा उत्तर प्रदेश में। लेखक की जो भी स्वाभाविक सीमाएँ हैं उनके बावजूद उसकी प्रतिभा छिपती नहीं। घटनाओं और चरित्रों की इतनी असाध्य विविधता को एक उपन्यास के दायरे में इस इतमीनान से सँभाल लेना शिल्प की मामूली सफलता नहीं।

पंजाब-विभाजन उपन्यास का मुख्य खल-पात्र माना जा सकता है, जो पंजाब से उखड़कर दिल्ली की ओर आनेवाली एक समूची पीढ़ी के जीवन को अस्त-व्यस्त कर देता है। कैसे इस पैशाचिक तहस-नहस के बाद भी साहस और आपसी सहायता के बल पर वह पीढ़ी अपने को नयी परिस्थितियों में फिर से जमाती है, उपन्यास की कथा-वस्तु है। उस बड़ी राजनैतिक घटना को कुछ साधारण, कुछ विचारशील पात्रों के द्वारा इस प्रकार देखा गया है कि उसमें दैनिक जीवन की निकटता और तीव्रता आ गयी है। विश्व-साहित्य में ऐसे उपन्यासों की एक विशिष्ट परम्परा

है, जैसे टॉल्स्टॉय का 'वार ऐण्ड पीस' तथा शोलोख़ोव और अपटन सिंक्लेयर के उपन्यास। 'झूठा-सच' भी उतने ही बड़े लक्ष्य को लेकर चलता है—किसी सीमा तक उसमें सफल भी होता है—लेकिन तुलना करते समय उसमें वह कमी महसूस होती है जिसके बारे में मैं कह आया हूँ।

कथानक को मुख्यत: तीन चरित्रों के माध्यम से देखा जाना चाहिए—पहला, जयदेव पुरी; दूसरा, उनकी बहन तारा और उन दोनों का परिवार; तीसरा, कनक और उसका परिवार। प्रसंगवश, पुरी और तारा का मकान जिस गली में है—भोला पान्धे की गली—उसका वर्णन उपन्यास साहित्य के उन अमिट स्थलों में से है जिनके लिए कहा जा सकता है कि वे यथार्थ से भी गहरा प्रभाव मन पर छोड़ जाते हैं। कथा का एक सूत्र है पुरी का कनक से प्रेम, किन्तु उनके विवाह में सामाजिक तथा आर्थिक विषमताओं के कारण बाधाएँ, पंजाब-विभाजन की घटनाएँ, कनक की दृढ़ता और पुरी से विवाह—बच्चे, राजनीति-विशारद सूदजी की कृपा से पुरी का आर्थिक उत्थान और चारित्रिक पतन तथा अन्त में कनक से सम्बन्ध-विच्छेद। आदर्शवादी पुरी का कथानक के सूक्ष्म ताने-बाने द्वारा धीरे-धीरे नायक पद से गिरना उपन्यास की उल्लेखनीय मनोवैज्ञानिक सफलताओं में से है। नायक के प्रति लेखक कहीं भी परम्परागत औपन्यासिक पक्षपात नहीं दिखाता : तटस्थ भाव से उसे जीवन की कठिन परीक्षाओं से गुजार कर हमारे सामने अन्तिम परिणाम रख देता है—बिना कोई राय दिये हुए, बिना कहीं उसकी ओर से शरीक हुए। मानो वह अच्छे-बुरे, गुण-दोष आदि की जटिल मीमांसा में पड़ने के बजाय, उस वास्तविक जीवन-क्रम को हमारे सामने रखना चाहती है जिसे समझे बिना और कुछ समझना अपने को धोखा देना है।

कथानक का दूसरा सूत्र है तारा, उसका मुसलमान राजनैतिक कार्यकर्त्ता असद के प्रति आकर्षण और निराशा, उसका ज़बरदस्ती एक अयोग्य वर से विवाह, पंजाब-विभाजन, तारा पर बलात्कार, छुटकारा, दिल्ली में कई नौकरियाँ और अन्त में एक स्थायी सरकारी नौकरी, शिक्षित और उदार डॉ० प्राणनाथ से पुनर्विवाह। तारा का विकास पुरी से विपरीत ढंग से होता है और अन्त में वही उपन्यास का सबसे सशक्त और प्रमुख पात्र बनकर उभरती है। इन दोनों से अलग व्यक्तित्व है अर्ध-आधुनिक शिक्षा-दीक्षावाली कनक का। इन दोनों की अपेक्षा कनक का व्यक्तित्व इस अर्थ में अधिक जटिल माना जा सकता है कि वह एक ऐसे वातावरण में पली है जिसमें पाश्चात्य और भारतीय संस्कृतियों का आभिजात्य गोलमाल है। लेखक शायद इस चरित्र को उतनी खूबी से नहीं उभार पाया है जितना मध्यवर्गीय और निम्न-मध्यवर्गीय चरित्रों को। ऐसा लगता है कि व्यक्तित्व की मनोवैज्ञानिक जटिलताओं को व्यक्त करने लायक़ अन्तर्दृष्टि और भाषा यशपाल के पास नहीं। वे जीवन को समझदारी से देखते हैं और जो कुछ देखते हैं उसे उतनी ही वफ़ादारी से बयान करने में कम लेखक उनकी बराबरी कर सकते हैं, लेकिन जहाँ कल्पना और पैनी संवेदनाओं को व्यक्त करने का सवाल है, उनकी भाषा पर्याप्त लचीली नहीं। इसका यह अर्थ नहीं कि मैं उनकी भाषा की अन्य विशेषताओं का क़ायल नहीं : उदाहरण के लिए, असामान्य विचारों और तर्कों को अत्यन्त सहज और सुलझे ढंग से कह सकने की उनमें अपूर्व क्षमता है। विषय के साथ-साथ भाषा भी जटिल न हो जाये, मूलत: इसका सम्बन्ध लेखक की वैचारिक ईमानदारी और स्पष्टता से तो है ही, लेकिन उसका यह पहलू भी कम महत्त्वपूर्ण नहीं कि लेखक स्वयं अपने विचारों को व्यक्त

करने के इस माध्यम—यानी भाषा—के विकास में कितनी गहरी दिलचस्पी रखता है, उसके संवर्धन में कितना प्रयोगशील है। यशपाल की भाषा में भी एक खास शैली का रस लिया जा सकता है—वैसे ही जैसे जैनेन्द्र, अज्ञेय या हजारीप्रसादजी की भाषाओं की अलग-अलग विशेषताएँ हैं। उपन्यास के सन्दर्भ में यशपाल की भाषा का यह गुण श्लाघ्य है कि वह कहीं भी थकाती नहीं।

श्रीकान्त वर्मा

दूसरों का नरक *

सही चीज़ों के ग़लत नाम हो सकते हैं। क़लम को हवाई जहाज़ और ड्राइंग-रूम को सड़क कहनेवाला पिछले ज़माने में पागल माना जाता होगा, आज के ज़माने में वह विज्ञापन-पटु व्यापारी होता है। लेकिन यदि किसी समर्थ लेखक को स्वनिर्मित ड्राइंग-रूम कभी सड़क और कभी ड्राइंग रूम और कभी दोनों ही नज़र आने लगे, तो मानना चाहिए कि ड्राइंग-रूम की रचना और अवधारणा में ही कोई मौलिक दोष है—कोई बिन्दु है जिससे टकराकर लेखक की दृष्टि विभक्त हो जाती है और फिसलकर उस ओर चली जाती है, जो उसे सड़क नज़र आती है। ड्राइंग-रूम के अन्दर भी सड़क हो सकती है मगर सड़क पर ड्राइंग-रूम नहीं हो सकता है। मोहन राकेश के मौलिक, साहसिक, और फ़ोटोग्रैफ़िक उपन्यास का ड्राइंग-रूम सड़क पर है या यों कहा जाये कि यह ड्राइंग रूम कुछ दूर चलकर एक सड़क में परिणत हो जाता है, जो दिल्ली की दरिद्र, भयावह और अँधेरी बस्तियों से होकर जब दूतावासों के गन्ध में डूबी हुई, अपने गन्तव्य तक पहुँचती है, तब (इसके लिए पाठक की थकान ही उत्तरदायी है) पाठक को सारा का सारा ड्राइंग रूम भी सड़क नज़र आने लगता है। ड्राइंग-रूम को महाजनी सभ्यता का प्रतीक माननेवाले एक सामाजिक कार्यकर्त्ता का उद्देश्य इससे सिद्ध हो सकता है, मगर एक लेखक का नहीं। ड्राइंग-रूम के साथ ड्राइंग-रूम का और सड़क के साथ सड़क का बरताव होना चाहिए।

यह ड्राइंग-रूम है प्रेम। और जिस तरह हर ड्राइंग-रूम का अपना सौन्दर्य ही नहीं, अपनी घुटन भी होती है, उसी तरह ही प्रेम का भी अपना सौन्दर्य ही नहीं, अपनी घुटन भी होती है। जहाँ तक इस सौन्दर्य का प्रश्न है, मोहन राकेश के उपन्यास के 'नरेटर' को इस पर दृष्टिपात का शायद अवकाश ही नहीं मिला है, लेकिन जहाँ तक इसकी घुटन, ऊब और एकरसता का सम्बन्ध है, शायद यह पहला उपन्यास है जिसने इतनी तीव्रता के साथ इसे प्रतिष्ठित किया है। 'अँधेरे बन्द कमरे' मेरे लिए यदि एक महत्त्वपूर्ण उपन्यास है, तो केवल इसी दृष्टि से। अन्य दृष्टियों से महत्त्वपूर्ण वह सामाजिक कार्यकर्त्ताओं के लिए होगा।

हम प्रेम करते हैं और पहले से अधिक अकेले होते जाते हैं। हम प्रेम करते हैं और एक दूसरे से अधिकाधिक अपरिचित होते जाते हैं। हम प्रेम करते हैं और एक दिन हम पाते हैं कि हम प्रेम नहीं करते थे। बहुत-से लोग यह खोज नहीं भी कर पाते। शायद अधिकांश लोग। ऐसे लोगों का जीवन सबसे अधिक ट्रैजिक होता है। ध्यान से देखा जाये तो हमारे समय के अधिकांश लोगों की

---

* अँधेरे बन्द कमरे : मोहन राकेश

प्रेम-कहानियाँ उन लोगों की कहानियाँ हैं जो अपने-अपने काँच के कटघरे में खड़े एक दूसरे को सम्बोधित कर न जाने क्या कर रहे हैं; यहाँ तक कि काँच के बाहर से चेहरे पर मुद्रित खीझ भी पानी में हिलती आकृतियों की तरह अस्पष्ट नज़र आती है। हमारा प्रेम उन गूँगे और बहरे लोगों का प्रेम है, जिनके पास अन्दर की कोई भाषा नहीं।

सार्त्र ने नरक की कल्पना आधुनिकता की इसी नियति को लेकर की होगी : 'नरक दूसरों में हैं।' कामू का अनुभव भी इससे बहुत भिन्न न था : ''हम लोग सह-अस्तित्व के लिए अभिशप्त है।'' आन्तरिक भाषा और सूत्र के अभाव में सचमुच ही सह-अस्तित्व—जिसे भ्रमवश हम प्रेम कहते हैं—एक अभिशाप है।

उपन्यास की कहानी और दिल्ली के सांस्कृतिक जीवन को दयनीय और हास्यास्पद ढंग से अपने इर्द-गिर्द समेटने का प्रयत्न करनेवाले नीलिमा और हरबंस एक इसी प्रकार के अभिशप्त दम्पति हैं। एक-दूसरे को अपनी असफलता और अप्रतिष्ठा के लिए उत्तरदायी ठहराते हुए, वे एक-दूसरे के कटघरे में खड़े मुजरिम हैं। प्रतिभाहीन दम्पति हरबंस और नीलिमा मध्यवर्ग के उस स्टॉक के चरित्र हैं, शिक्षा और संस्कारवश जिनमें महत्त्वाकांक्षा का जागृत हो जाना स्वाभाविक है। मगर हर महत्त्वाकांक्षी व्यक्ति प्रतिभावान् नहीं होता। नीलिमा को विश्वास है कि उसमें एक नर्तकी की प्रचुर-प्रतिभा है, मगर पति की उदासीनता के कारण, वह अपनी सफलता के साधन न जुटा सकी। असफलता की पीड़ा प्रतिभावान् से अधिक, प्रतिभाहीन व्यक्ति में होती है। हरबंस की ट्रैजेडी यह है कि वह कभी उपन्यास लिखना चाहता था, न लिख सका; जो होना चाहता था, न हो सका। इसके लिए नीलिमा ज़िम्मेदार है। ऊपरी तौर पर यह ग़लत चुनाव की कहानी जान पड़ सकती है। उपन्यासकार ने अन्तर्स्थिति को जगह-जगह जितना 'सिम्प्लीफाइ' कर दिया है, उससे ऐसा लगना और भी स्वाभाविक है। मगर यदि समस्या यहीं तक सीमित होती, तो उसका समाधान भी उतना ही आसान होता।

लेकिन स्थिति इससे कुछ भिन्न है, जिससे स्वयं हरबंस और नीलिमा परिचित नहीं। वे नहीं जानते कि वे एक-दूसरे से प्रेम नहीं करते या उनका प्रेम समाप्त हो चुका है। यदि वे अपने जीवन में सफल हुए होते, महत्त्वाकांक्षाएँ पूरी हुई होतीं, तब भी अन्दर की स्थिति यथावत् होती। शरीर का ही 'आर्गेस्म' नहीं होता, प्रेम का भी 'आर्गेस्म' होता है। युंग का मत है कि उत्तेजना और तनाव के अभाव में प्रेम भी निर्जीव और लुंज हो सकता है। एक बिस्तरे पर सोकर भी पति-पत्नी सर्वथा अपरिचित और अजनबी हो सकते हैं। प्रेमहीन रति से बड़ा नरक और क्या हो सकता है। मगर नरक में आदमी अकेले नहीं रह सकता। नीलिमा की जीवन-गन्ध से ऊबा हुआ हरबंस, लन्दन चला जाता है। मगर सहभोग और सह-अस्तित्व मनुष्य की नियति है, वह इससे पृथक् नहीं रह सकता। अपने अकेलेपन से ऊब और घबराकर हरबंस नीलिमा को लन्दन बुलाने का संकल्प करता है और कुछ अत्यन्त मार्मिक पत्र लिखता है जिनकी गणना इस उपन्यास के उत्कृष्ट स्थलों में की जा सकती है। नीलिमा भी, हरबंस से अलग रहने के संकल्प के बावजूद, अकेले नहीं रह पाती है। यहाँ तक कि यूरोप में भी एक बार, अपने निश्चय के बाद भी, वह अडिग नहीं रह पाती, हरबंस के पास लौट जाती है। कमज़ोर और अक्षम पति हरबंस भारतवर्ष लौटकर नीलिमा के नृत्य-आयोजन का प्रमुख संयोजक और प्रचारक बनने के बावजूद दाम्पत्य जीवन में सन्तुलन स्थापित

करने में असमर्थ होता है। दूतावासों, पत्रकारों और प्रदर्शन-जीवियों के सहयोग से आयोजित नृत्य-प्रदर्शन की असफलता पर, नीलिमा अपने सम्पूर्ण जीवन की असफलता का उत्तरदायित्व हरबंस को सौंप अलग हो जाती है। मगर कर्तव्य-भावना उसे फिर हरबंस के पास लौटा लाती है। प्रेम नहीं रह जाता, कर्तव्य रह जाता है। कर्तव्य से बड़ी विवशता क्या हो सकती है! मगर अधिकांश लोगों के साथ यही होता है। आधुनिकता की फैली हुई पृष्ठभूमि पर प्रेम एक दु:खान्त नाटक है, जिसका हर अभिनेता कर्तव्य की भावना के संग-संग अभिनय करने तथा विभिन्न मुद्राओं में जीवित रहने के लिए बाध्य है। हर अभिनेता का अपना मन है, अकेलापन है, जो उसका नेपथ्य है। हरबंस और नीलिमा, इसी नेपथ्य में छटपटाती, झुँझलाती, खीझती आकृतियाँ हैं, एक-दूसरे के लिए अर्थहीन हैं। इस अर्थहीनता और विफलता को इतनी विविध भंगिमाओं में प्रतिष्ठित करने का, 'अँधेरे बन्द कमरे' पहला प्रयास है और कोई कारण नहीं कि इस दृष्टि से इसे एक असामान्य उपन्यास न माना जाये? यह विश्वास किया जा सकता है कि और भी लेखक इस संकेत को ग्रहण करेंगे और आधुनिकता की इस जटिल मन:स्थिति को अधिकाधिक तीव्रता के साथ प्रतिष्ठित करने का यत्न अपने उपन्यासों में करेंगे।

अच्छा होता 'अँधेरे बन्द कमरे' का कथानक हरबंस और नीलिमा के घुटन-भरे ड्राइंग-रूम तक ही सीमित रहता। मगर उपन्यास और उपन्यासकार का आग्रह है कि अपनी पीठ पर अपना ड्राइंग-रूम लादे दिल्ली की विपन्न और सम्पन्न आबादियों के बीच चलनेवाली उस सड़क की सार्थकता पर भी विचार किया जाये, जो न होती तो उपन्यास अपनी अवधारणा, योजना और रचना में निर्दोष होता।

"यहाँ आओ, मधुसूदन!" 'न्यू हैरल्ड' का सम्पादक अपनी समर की पतलून में हाथ डाले पाइप का कश खींचता हुआ कमरे की खिड़की के पास खड़ा था। वह बोला, "मैं जब भी इस खिड़की के पास आकर खड़ा होता हूँ, तो मुझे न जाने कैसा लगने लगता है। मुझे लगता है जैसे मैं एक नदी के बहाव को ऊपर से देख रहा हूँ, मगर इसकी तह में, एक और ही दुनिया है, जिसको यहाँ से देखने पर कुछ अनुमान नहीं होता। ये बसें, ये कारें, ये भाग-भागकर सड़कें पार करते हुए लोग! इन्हें देखकर क्या यह अन्दाजा भी होता है कि इस हलचल की तह में इनमें से हरेक आदमी कहाँ और किस तरह की ज़िन्दगी जीता है। इनमें कई लोग हैं, जिनके चेहरे और लिबास देखकर मन में एक ईर्ष्या जाग आती है; मगर हो सकता है अपने व्यक्तिगत जीवन में वे ऐसे सीलन और बदबूदार वातावरण में रहते हों जहाँ जाकर इनसान के लिए साँस लेना भी कठिन हो जाता है! मैं जब भी इस भीड़ पर नज़र डालता हूँ तो इस तरह की बात सोचकर कई बार मेरा मन उदास होने लगता है।" यह कहते हुए वह थोड़ा मुसकराया और अपनी बायीं आँख को ज़रा-सा दबाकर बोला, "तुम्हें पता है, किसी ज़माने में मैं भी कविता किया करता था।"

मधुसूदन भी किसी ज़माने में कविता किया करता था। मगर मधुसूदन कवि नहीं है, रिपोर्टर है—कवि होता तो अपने इर्द-गिर्द इकट्ठे लोगों के जीवन में गाहे-ब-गाहे आनेवाले सौन्दर्य के उन क्षणों का भी भोक्ता होता, जो किसी रचना को सम्पूर्णता प्रदान करते हैं। इस उपन्यास का दुर्भाग्य यही है कि इसका नैरेटर एक रिपोर्टर है, जिसे नगर की कथा कहने का अतिरिक्त मोह है। मैं नहीं जानता किसी नगर पर उपन्यास कैसे लिखा जा सकता है! निबन्ध और अख़बारी रिपोर्टें

ही क्या पर्याप्त नहीं; जो इसके लिए उपन्यास का माध्यम चुना जाये! प्रश्न यह है कि क्या सचमुच ही उपन्यास का कोई विषय होता है या उपन्यास कुछ चरित्रों और पात्रों के घात-प्रतिघात से उत्पन्न होता है, यहाँ तक कि समय और स्थान भी इस संघर्ष से पैदा होता है। हर उत्कृष्ट उपन्यास में समय और स्थान होता है, मगर वह कैलेण्डर और जाग्रफ़ी पर बिखरा हुआ नहीं होता। स्थान और समय की गन्ध चरित्र में होती है और यदि स्थान और समय के संकेत का लोप कर दिया जाये, तब भी चरित्र अपने समय और स्थान की विशिष्टता का प्रतिनिधित्व करेगा। तॉलस्तॉय के उपन्यासों से यदि काल और स्थान के सूक्ष्म संकेत हटा दिये जायें तब भी उनके चरित्र उन्नीसवीं सदी के रूसी ही नज़र आयेंगे! चेखॅव की कहानियों के पात्रों में, नाम बदल देने पर भी, क्रान्तिपूर्व रूस की गन्ध रहेगी। देश तो चरित्र में डूबा हुआ रहता है। उसे नक़्शे की तरह बिछाकर देखने और फिर उस पर अपने पात्र को खड़ा करने की आवश्यकता उपन्यासकार को अनुभव नहीं होनी चाहिए। मगर रिपोर्टर मधुसूदन को राजधानी के सामाजिक और सांस्कृतिक जीवन के विषय में लम्बी-लम्बी अख़बारी रिपोर्टें लिखने का चस्का है। इन रिपोर्टों की, स्पष्ट ही, एक सामाजिक, राजनैतिक और हाइज़ीनिक उपयोगिता है। मगर इनका उचित स्थान उपन्यास नहीं, अख़बार का कॉलम है।

—मधुसूदन नौ वर्षों के बाद दिल्ली आया है। नौ वर्षों में दिल्ली बदल गयी है। दिल्ली ही क्यों दुनिया बदल गयी। केवल मधुसूदन उस अनुपात में नहीं बदला है। वह बम्बई भी रह आया है मगर मूलत: वह क़स्बे का आदमी है। विपन्नता उसे दिल्ली के एक अस्वच्छ और अस्वस्थ अंचल में रहने के लिए बाध्य करती है। वहाँ वह ग़रीबी, बीमारी, गन्दगी, प्रेम, दया, मनुष्यता के वे अनुभव प्राप्त करता है, जिनसे उसकी सहानुभूति उत्पीड़ितों के प्रति और बढ़ती है, मगर जिनका इस उपन्यास की मुख्य कथा से कोई सम्बन्ध नहीं। पत्रकारिता में कुछ सफलता प्राप्त करने और आर्थिक स्थिति सुधर जाने के बाद, वह एक अपेक्षाकृत स्वस्थ स्थान को शिफ़्ट कर जाता है। रिपोर्टर होने के नाते भी उसे कला, संस्कृति, सामाजिक प्रदर्शन आदि के उन क्षेत्रों में उठना-बैठना पड़ता है, जहाँ उसे घुटन का अनुभव होता है। एक खोखली संस्कृति उसके सामने उपस्थित है। हिपॉक्रिसी के प्रति वह फ़ौरन रिएक्ट करता है। और अन्त में जब महत्त्वाकांक्षिणी सुषमा उसे अपने जीवन की रिक्तता भरने का साधन बनाने का चतुर प्रस्ताव रखती है तो वह अपने मन में दर्द सँजोये हुए, ग़रीबी, भुखमरी और प्रेम की ओर लौट जाता है। मैं नहीं जानता, यह आत्म-निर्णय है या पराजय! वस्तुत: मधुसूदन एक स्टॉक कैरेक्टर है, जिसे नायक बनाने के उपक्रम में रचयिता ने एक कमज़ोर चरित्र बना डाला है।

मधुसूदन एक ईमानदार, परिश्रमी एवं आस्थावान् व्यक्ति है। उसकी आस्था सचमुच ही सराहनीय है। मगर जीवन और तमाम वस्तुओं के प्रति वह स्थूल ढंग से विचार करता है। यहाँ तक कि जटिल सामाजिक और राजनैतिक स्थितियों पर भी वह सरल टिप्पणियाँ करता चलता है। यह एक कुशल पत्रकार का गुण हो सकता है। कोई उपन्यास इस प्रकार के 'स्नैप्स' से समृद्ध हो सकता है, मुझे सन्देह है। किसी समाज की राजनैतिक और सामाजिक अवस्था को प्रतिष्ठित करने के लिए, यह आवश्यक हो जाता है कि उपन्यासकार कुछ प्रतिनिधि चरित्रों का निर्माण करे। जिस नयी दिल्ली के राजनैतिक और सांस्कृतिक खोखलेपन से ऊबकर मधुसूदन, एक दूसरे नरक में चला जाना पसन्द करता है, उसका प्रतिनिधि चरित्र हम किसे कहें? पॉलिटिकल सेक्रेटरी,

पत्रकार, कलाकार आदि के नाम पर उपन्यासकार ने कुछ मसख़रे इकट्ठे किये हैं। दरअसल वे मसख़रे नहीं हैं; चतुर, कूट, जालसाज़ और वह सब हैं, जिनके कारण कोई संस्कृति अस्वीकार्य हो सकती है। मगर लेखक ने बरताव इनके साथ मसख़रों का-सा किया है। खोखलापन दिखाने के लिए अन्दर जाना पड़ता है। 'अँधेरे बन्द कमरे' के लेखक ने अनजाने, इस खोखलेपन पर मसख़रेपन का नक़ाब चढ़ा दिया है। हम उनसे घृणा नहीं कर सकते, उन पर हँस सकते हैं। यह इस उपन्यास के उस इष्ट की असफलता है, जिसकी ओर संकेत लेखक ने भूमिका में किया है।

बुद्धिजीवी का संकट एक समूची संस्कृति का संकट होता है। हमारे देश के बुद्धिजीवियों के सामने आज कुछ वैसा ही संकट उपस्थित है, जैसा एक ज़माने में फ्रांस में उपस्थित था। सार्त्र के उपन्यास (एज ऑव रीज़न) का नायक मैथ्यू एक ओर बोर्जुआ मूल्यों का विरोधी है, दूसरी ओर फ्रांस की कॅम्युनिस्ट पार्टी का सदस्य होने में स्वयं को असमर्थ पाता है। मैथ्यू की ट्रैजेडी उसका विवेक है। मैथ्यू का कॅम्युनिस्ट मित्र उसे कॅम्युनिस्ट पार्टी में शामिल हो, अपने आत्म-संकट से उभरने की सलाह देता है। मैथ्यू सोचता है, उसका मित्र सचमुच भाग्यवान् है, जिसने अपनी तमाम समस्याओं का एक सरलीकृत नुस्खा प्राप्त कर लिया है। काश वह भी इतना ही भाग्यवान् होता। अर्थात् उसके विवेक और पार्टी के विवेक में अन्तर्विरोध न होता। यह स्वीकार करना चाहिए कि निर्णय के अभाव में हमारे देश के बुद्धिजीवियों की एक समूची पीढ़ी इस 'क्राइसिस' से उभर नहीं सकी। उनके नाम पर, एक क्लीब और लुंज प्रतिभा है।

आज जो भी पीढ़ी सक्रिय और जीवित है, उसके सामने भी कुछ हेर-फेर एक ऐसा ही संकट उपस्थित है। इसे क्या कहें कि दो संस्कृतियों के बीच खड़े मधुसूदन के मन में ऐसी कोई क्राइसिस नहीं। क्राइसिस होती तो उसका दर्द होता और यह दर्द मधुसूदन को एक ऊँचे धरातल पर प्रतिष्ठित कर देता। मधुसूदन के मन में क्राइसिस नहीं क्योंकि उसके पास हर प्रकार के संकट से उभरने का एक फ़ॉर्मूला है, रास्ता है। यह रास्ता है, चेम्सफ़ोर्ड रोड, जिससे होकर वह जब चाहे तब दिल्ली की अस्वच्छ और ग़रीब आबादी की ओर लौट सकता है। यह एक सामाजिक कार्यकर्त्ता का मार्ग हो सकता है, बुद्धिजीवी का नहीं। बुद्धिजीवी की समस्या का निदान, इतना आसान नहीं। यहाँ तक कि मधुसूदन का फ्रस्टेशन भी मिथ्या जान पड़ता है। पाठक उसे एक मीडिआकर और पॉलिटिलिकल सेक्रेटरी एक स्नीक कहकर डिसमिस कर सकता है। मैं नहीं जानता मोहन राकेश-जैसे मेधावी लेखक ने, मधुसूदन-जैसे निरर्थक पात्र की अवतारणा क्यों की है। मधुसूदन के न होने पर कहानी का कुछ न बिगड़ता, बल्कि वह अधिक संगठित और संग्रथित होती।

तब भी हमारी भेंट सुषमा-जैसी आधुनिका से हो सकती थी, जो इस उपन्यास का सबसे लुभावना व्यक्तित्व है; घटनाओं और स्थितियों की आवृत्ति और पुनरावृत्ति के बीच एक सर्वथा नया प्रसंग है। सुषमा से अच्छा प्रतीक आधुनिकता का और क्या हो सकता है! आधुनिकता की चमक-दमक, आत्म-केन्द्रता, लस्ट और अकेलापन सब उसमें मौजूद हैं। और आधुनिकता के गुण और उपलब्धियाँ भी, जिन्हें मधुसूदन नहीं देख पाता या देखने से इनकार करता है। अच्छा होता यदि सम्भावनाहीन मधुसूदन के चरित्र की गलियों में निरर्थक भटकने के बजाय, लेखक ने अमित सम्भावनाओंवाले इस चरित्र पर सम्पूर्ण विचार किया होता। फिर भी! अपने संक्षिप्त रूप में भी सुषमा एक अनुपम चरित्र है और उसने अपनी गरिमा से उपन्यास को एक वयस्क धरातल पर प्रतिष्ठित कर दिया है।

आदमी एक ही स्तर पर जीवन नहीं जीता अनेक स्तरों पर जीता है, या जीने का स्वाँग करता है। कॉफ़ी हाउस भी जीवन का एक स्तर है, या एक स्वाँग है। ऐसे कितने ही स्तर हैं। और एक-एक स्तर में कितनी ही सम्भावनाएँ हैं। कला इस बात की माँग करती है कि ढेर सारे पात्र इकट्ठे कर देने के बजाय, कुछेक की सम्भावनाएँ ढूँढ़ी जायें। इन सम्भावनाओं से जुड़कर ही, उपन्यास की कथा समृद्ध होती है। मगर 'अँधेरे बन्द कमरे' के लेखक ने 'बाइस्कोप' की-सी झाँकियाँ दिखाने के प्रयत्न में, इन तमाम चरित्रों को बेमानी, स्केची और फ़िज़ूल कर दिया है। वे सिनेमा की रील टूट जाने पर, परदे पर दिखाये जानेवाले स्लाइडों की तरह हैं; मगर लेखक का आग्रह है कि उन्हें भी फ़िल्म के रूप में स्वीकार किया जाये।

तथ्य हैं, मगर मूल्य नहीं हैं। कॉफ़ी हाउस, प्रदर्शन-गृह, दूतावास की पार्टियों और गेट-टुगेदर में इकट्ठे होनेवाले लोगों के नोट्स और रेखा-चित्र हैं। मगर इन्हें मूल्य-स्तर पर प्रतिष्ठित नहीं किया गया। अत: सब-के-सब बेमानी हैं। वे केवल पन्ने भरते हैं।

जगह-जगह पर पन्ने भरने का काम लम्बे-लम्बे भावुकतापूर्ण वक्तव्यों ने भी किया है : "हवा में एक कोहनूर झिलमिलाता है···" से आरम्भ होकर न जाने कितने पृष्ठों चलनेवाला वक्तव्य!! अपनी पीठ पर, इस प्रकार के वक्तव्यों, आँकड़ों और तथ्यों के बड़े-बड़े पोस्टर चिपकाये चलनेवाला मधुसूदन, असल में एक कागज़ी आदमी है। वह 'आइडियालॉजी' को ज़िन्दगी मानकर चलता है। वह अन्त तक नहीं समझ पाता कि उसने जीवन नहीं जिया है, 'आइडियालॉजी' जी है। 'आइडियालॉजी' 'ऐब्स्ट्रेक्शन' तक पहुँचती है। मधुसूदन भी 'ऐब्स्ट्रेक्शन' तक पहुँचता है। सुषमा का परित्याग काँक्रीट का नेगेशन और 'ऐब्स्ट्रेक्ट' की स्वीकृति है। तथ्यपरक पात्र का अन्त, हमेशा 'ऐब्स्ट्रेक्शन' में होता है। चतुर लेखक इस 'ऐब्स्ट्रेक्शन' को भविष्य कह सकते हैं, मगर वस्तुत: यह भविष्य नहीं होता, वर्तमान से पलायन होता है।

यह अवश्य है कि मधुसूदन के निजी जीवन के कुछ मार्मिक प्रसंग हैं—जहाँ वह रिपोर्टर नहीं है, कुतुब रोड से लौटनेवाला एक 'सेक्स-स्टाड' नवयुवक है या ठकुराइन की ओर फिसल जानेवाला कमज़ोर मानव है। जेब में एक चवन्नी लिये, कुतुब रोड से लौटनेवाला व्यथा में डबडबाया हुआ मधुसूदन, सचमुच एक जीवित व्यक्ति है और उसके दर्द में एक आत्मीय संगीत है। ठकुराइन का मुख्य कथा से कोई सम्बन्ध नहीं, मगर अपनी सजीवता के कारण उसने उपन्यास में अपनी एक जगह बना ली है। इस प्रकार के छोटे-छोटे कई खूबसूरत प्रसंग हैं, जिनसे उपन्यास स्थान-स्थान पर संगीतमय हो उठा है। इन प्रसंगों के निर्माण और बुनावट में, मोहन राकेश ने एक समर्थ कलाकार का परिचय दिया है और इस मानवीय पकड़, दृष्टि और कौशल तथा उपन्यास की मुख्य कथा की अवधारणा और उपचार ने उन्हें एक 'मेज़र' सम्भावना के रूप में प्रतिष्ठित किया है।

●

नेमिचन्द्र जैन

अनुभूति और अभिव्यक्ति की कलात्मक अन्विति *

पिछले दस-पन्द्रह वर्षों में हिन्दी उपन्यास अपनी सार्थकता के लिए कई नये परिप्रेक्ष्य खोजता रहा है और अब उसमें व्यक्ति के आन्तरिक सत्य का बाह्य परिवेश के साथ समंजन, रोमैण्टिक दृष्टि की बजाय जीवन के यथार्थ साक्षात्कार का प्रयास, भावुकता या भावनाप्रधानता के स्थान पर तीखापन, कलात्मक संयम और निर्ममता आदि विशेषताएँ क्रमशः अधिकाधिक दीखने लगी हैं। अब उपन्यासकार प्रायः यह प्रयत्न करता है कि गहन से गहन अनुभूति की अभिव्यक्ति के लिए भी साधारण जीवन के यथासम्भव सहज और दैनन्दिन पक्षों का ही सहारा ले। बल्कि शायद उसे यह अनुभव होता है कि गहनतम सत्य और उसकी अनुभूति साधारण जीवन में ही अधिक सम्भव है।

हिन्दी उपन्यास के इस यथार्थोन्मुख अभियान में श्री नरेश मेहता का 1963 में प्रकाशित उपन्यास 'यह पथ बन्धु था' एक उल्लेखनीय पथचिह्न है। उसमें आज के हिन्दी उपन्यास की ये सभी विशिष्टताएँ विभिन्न रूपों में तथा विभिन्न पारस्परिक अनुपातों और सन्तुलनों में न केवल मौजूद हैं, बल्कि एक कलात्मक उपलब्धि के स्तर पर अभिव्यक्त हो सकी हैं। उसमें एक युगविशेष के सामाजिक जीवन के मूल्यों और मान्यताओं की पृष्ठभूमि में वैयक्तिक जीवन का बड़ा संवेदनशील और आत्मीयतापूर्ण चित्र है जो भावसंकुल और तीखा भी है और संयत भी।

'यह पथ बन्धु था' में मालवा के एक छोटे-से क़स्बे के अत्यन्त साधारण सरकारी शिक्षक श्रीधर ठाकुर की कथा है। श्रीधर के मन में कोई बड़ी प्रेरणा या महत्त्वाकांक्षा नहीं, कोई बड़ा स्वप्न या कोई गहरी बेचैनी या कर्मठता नहीं। पर अपनी घोर साधारणता में भी उसके भीतर आत्मसम्मान है, नैतिकता है, और चाहे साधारण ही सही, किन्हीं आदर्शों में आस्था है। आत्मसम्मान का यह सूत्र उसे क़स्बे के, और परिवार के अत्यन्त सीमित संकीर्ण वातावरण में से इन्दौर और काशी के शहरी जनसंकुल तथा उथल-पुथल से भरे वातावरण में खींच लाता है। उसने अपने राज्य का एक इतिहास लिखा था जिसकी प्रशंसा होती है, पर इसी से विभागीय अधिकारियों को उससे ईर्ष्या भी होने लगती है। उस पर राज्य के शासकों का पर्याप्त सम्मानपूर्वक उल्लेख न करने का आरोप लगाया जाता है और ग्रन्थ में आवश्यक संशोधन करने की माँग की जाती है। जब श्रीधर इसके लिए तैयार नहीं होता तो उससे त्यागपत्र देने को कहा जाता है। नौकरी के सिवाय उसके पास जीवन-यापन का कोई अन्य साधन नहीं। उसकी पत्नी और तीन बच्चे हैं, वृद्ध माता-पिता हैं और परिवार

---

* यह पथ बन्धु था : नरेश मेहता

की अवस्था अत्यन्त विपन्न है। श्रीधर कुछ स्थिर नहीं कर पाता और अन्त में एक प्रकार की आन्तरिक विवशता के कारण वह एक रात चुपचाप, किसी से कुछ कहे-सुने बिना ही, घर छोड़कर इन्दौर चला जाता है। वहाँ वह राजनीति में, आतंकवादी कार्यकर्त्ताओं के साथ पड़ जाता है और अपने लिए कोई काम नहीं जुटा पाता। इसी ग्लानिवश वह घर भी कोई समाचार नहीं भेजता। कुछ समय बाद उसे इन्दौर भी छोड़ना पड़ता है। और तब वह काशी जाकर रहता है जहाँ वह पहले काँग्रेसी आन्दोलन में भाग लेने के कारण तथा बाद में अपने आतंकवादी सम्पर्कों के कारण तेरह-चौदह वर्ष जेल काटता है। छूटने पर एक साप्ताहिक पत्र निकालता है तथा अन्य राजनीतिक-साहित्यिक कार्यों में भी भाग लेने का प्रयास करता है। पर अपने व्यक्तित्व की अव्यावहारिकता और निष्क्रियता तथा राजनीतिक और साहित्यिक जीवन की क्षुद्र दलबन्दियों के कारण तथा किसी तीव्र महत्त्वाकांक्षा अथवा आन्तरिक प्रेरणा के अभाव में, वह न तो कुछ कर ही पाता है न कुछ बन पाता है! अन्त में पचीस वर्ष बाद असफल, पराजित, टूटा हुआ वह अपने घर लौट आता है। इतने दिन उसने घर से कोई सम्पर्क नहीं रखा। अत: वह नहीं जानता कि इस बीच उसके माता-पिता मर चुके हैं; दोनों भाई मकान का बँटवारा करके अलग हो चुके हैं; पत्नी सरस्वती यक्ष्मा की अन्तिम अवस्था में है; दोनों लड़कियों के विवाह हो चुके हैं, उनमें से एक सास-ससुर के अत्याचार के कारण पंगु और परित्यक्ता होकर अपनी माँ के साथ रहती है। श्रीधर के घर पहुँचने के बाद ही पत्नी की भी मृत्यु हो जाती है और पंगु पुत्री अपने नाना के घर चली जाती है। श्रीधर अब अपने घर आकर भी अकेला है। उतना ही साधारण और विवश है। उसके जीवन की नयी दिशा का प्रारम्भ एक राज्य का इतिहास लिखने के कारण हुआ था, अब वह मानव का इतिहास लिखने का संकल्प करता है।

इस कथा-संक्षेप से सम्भवत: यह स्पष्ट है कि इस उपन्यास में मूलत: व्यक्ति की जीवन-यात्रा को ही उसके विभिन्न आयामों में चित्रित किया गया है। पर यह व्यक्ति विभिन्न सूत्रों से अपने परिवेश से जुड़ता है; वह उसकी उपज भी है और उसको जाने-अनजाने, न्यूनाधिक मात्रा में, प्रभावित भी करता है। उपन्यास में श्रीधर के व्यक्तित्व को, उसके आन्तरिक गठन और उसकी परिणति को, उसके परिवेश के विभिन्न पक्षों की पृष्ठभूमि में रखकर देखा गया है, मनोविश्लेषण या समाज-विज्ञान के स्तर पर नहीं, गतिमान मानवीय स्तर पर। जैसे, श्रीधर का जन्म एक अत्यन्त कुलीन, धार्मिक, निष्ठावान ब्राह्मण परिवार में हुआ है जो क्रमश: अत्यन्त विपन्न अवस्था में पहुँच चुका है। पिता कीर्तनियाँ हैं, भागवत बाँचते हैं और आचारवान् संयमी व्यक्ति हैं। माता भी वैसी ही हैं। श्रीधर मँझले पुत्र हैं जिन्होंने माता-पिता की शालीनता, संयम, आस्था, निष्ठा सभी कुछ पाया है। उसकी पत्नी सरस्वती भी एक पढ़े-लिखे सुसंस्कृत परिवार की लड़की है, श्रीधर जैसी ही सहनशील, आस्थावान्, उदार। पर इनके विपरीत श्रीधर के दोनों भाई और उनकी पत्नियाँ अत्यन्त आत्मकेन्द्रित, स्वार्थी और दुनियादार हैं, क्षुद्र, क्रूर और आदर्शहीन। श्रीधर का व्यक्तित्व मुख्यत: परिवार के इन्हीं प्रभावों से निर्मित है।

पर उसके बचपन में एक और भी सुकुमार प्रभाव है, स्थानीय मराठा सरदार बाला साहब की पुत्री इन्दु का, जो उम्र में श्रीधर से दस साल बड़ी थी। जब श्रीधर दस साल का था तभी उसका दूर पूना में विवाह हुआ और वह चली गयी। पर सात से दस वर्ष तक की कच्ची, प्रभावशील आयु में इन्दु के साथ उसका घनिष्ठ सम्पर्क रहा और इन्दु के व्यक्तित्व की गहरी छाप श्रीधर के मन

पर पड़ी। इन्दु का व्यक्तित्व आभिजात्य और सरलता, कलाप्रियता और विलासिता, स्वतन्त्रता और मानसिक दमन के अनेक अन्तर्विरोधी तत्त्वों की उपज है। श्रीधर से उसे बड़ा गहरा स्नेह है, पर उसके भाव में अतृप्त लालसा और बड़ी बहन की दुलारपूर्ण ममता दोनों का बड़ा अनोखा मिश्रण है। युवती इन्दु का सम्पर्क बालक श्रीधर को स्वप्नशील तो बना जाता है पर उसे किसी प्रकार की शक्ति नहीं देता, किसी प्रकार की गहरी संकल्पमूलक तीव्रता उसके भीतर नहीं जगाता। श्रीधर के व्यक्तित्व के निर्माण में, उसकी आजीवन निष्क्रियता, परावलम्बिता और आत्मत्वहीनता में, उसके किशोर जीवन के इन प्रभावों का गहरा योग है जिसे सूक्ष्मता से लेखक ने उपन्यास के प्रारम्भ में ही दिखाया है।

परवर्ती कर्मसंकुल जीवन में श्रीधर के व्यक्तित्व के यही सब पहलू नयी परिस्थितियों के संघात में आते हैं। उसमें आत्मविश्वास और पहल का अभाव है और वह सहज ही दूसरों के लिए एक साधन बन जाता है। पर परिस्थितिवश उसे अनायास ही विभिन्न राजनीतिक आन्दोलनों तथा साहित्य और पत्रकार-जगत् की संकीर्ण दलबन्दियों में फँसना पड़ता है और वह बिशन, मालिनी, रतना-जैसे व्यक्तियों के सम्पर्क में आता है। उपन्यास में व्यक्ति और परिवेश के इस संघात का भी विस्तृत चित्रण है। यदि बाह्य परिस्थितियों के सन्दर्भ और परिप्रेक्ष्य में श्रीधर के सामान्य जीवन की व्यर्थता स्पष्ट उभरकर सामने आती है, तो श्रीधर के सन्दर्भ में बदलते हुए मानवीय सम्बन्धों की, राजनीतिक, साहित्यिक और सामाजिक संस्थाओं और आन्दोलनों और व्यक्तियों की व्यर्थता, अमानुषिकता और निस्संगता भी उतनी ही तीव्रता से उभरकर आती है। जीवन के दोनों पक्ष एक-दूसरे पर आलोचनात्मक टिप्पणी करते-जैसे जान पड़ते हैं। आन्तरिक जीवन और उपलब्धि अथवा अनुपलब्धि के साथ बाह्य परिवेश के इस निरन्तर सम्बन्ध और संघात के कारण, उनके बीच एक प्रकार के निरन्तर सन्तुलन के कारण, इस उपन्यास में गहराई और विस्तार दोनों ही हैं और यह आत्मकेन्द्रिता अथवा बाह्यकेन्द्रिता दोनों प्रकार की एकांगिताओं से किसी हद तक बच सका है। उसमें प्रस्तुत मानव-स्थितियों में एक साथ ही भावगत ऊष्मा भी है और बाह्य यथार्थ की प्रामाणिकता भी, जो उन्हें अपने स्तर पर पर्याप्त विश्वसनीय बनाती है।

व्यक्ति और परिवेश के संघात की अभिव्यक्ति 'यह पथ बन्धु था' में एक और भी स्तर पर हुई है। यह जितनी श्रीधर की जीवन-गाथा है उतनी ही उसकी पत्नी सरस्वती या सरो की भी। बल्कि कई दृष्टि से सरो की कथा कहीं अधिक एकाग्र, तीखी, मार्मिक और करुणापूर्ण है। सरो श्रीधर की भाँति ही निरीह, मूक और सहनशील है, और साथ ही समर्पित तथा शालीन भी। इसी कारण वह परिवार के भीतर रहकर अकल्पनीय त्रास पाती है, और सीमाहीन अगाध समुद्र की भाँति जीवन की तीखी पीड़ा को अपने भीतर समाये रखती है। इस दृष्टि से 'यह पथ बन्धु था' पुराने ढंग के सम्मिलित परिवार के विघटन की भी कथा है, और उसकी चक्की में एक सुकुमार आस्थावान् स्त्री के पूर्णत: पिस जाने की कथा भी, जो भारतीय नारी के विडम्बनापूर्ण जीवन के एक समूचे युग को रूपायित करती है। भारतीय पारिवारिक जीवन की विशृंखलता, जर्जरता, विकृति और अमानवीयता के ऐसे कारुणिक चित्र हिन्दी में बहुत कम हैं। प्राय: उनमें या तो एक प्रकार की सिद्धान्तवादिता अथवा आत्मसजगता होती है या फिर छिछली भावुकता। 'यह पथ बन्धु था' के पारिवारिक जीवन के चित्रों में निर्मम यथार्थपरकता जितनी है उतनी ही घनिष्ठ परिचय की आत्मीयता और वास्तविक विशुद्ध करुणा भी। इसी से न तो उसमें कोई अतिनाटकीयता है, न कोई

कृत्रिम भावावेश। ज़िन्दगी की अनगिनती छोटी-छोटी बातों से उसका ताना-बाना बुना गया है। फिर भी उसमें सार्थकता की कमी नहीं। बल्कि उसमें स्पष्ट ही परिवार और उसके विघटन के परिप्रेक्ष्य में सहज मानव आचरण और उसके मूल्यों की विडम्बना निहित है। एक प्रकार से सरो की कथा श्रीधर के जीवन का ही अन्य अर्धवृत्त है जो दोनों सिरों पर उसके पहले अर्धवृत्त से जुड़ा हुआ है और उन दोनों को मिलाकर ही पूर्ण वृत्त बनता है।

महत्त्वपूर्ण बात यह है कि इस जीवनवृत्त में केवल बाह्य सत्य ही नहीं, आन्तरिक सत्य का उद्‌घाटन प्रमुख है। श्रीधर और सरो की ट्रैजेडी सामान्य जीवन-मूल्यों की ट्रैजेडी है। आज की दुनिया में सहज या साधारण होकर जीना कितना असम्भव है ! कोई व्यक्ति यदि अपने छोटे-से घेरे में छोटी-सी साधारण कोटि की ईमानदारी और सचाई से जीवित रहना चाहे तो यह भी कितना दुष्कर है ! अपने प्रति सच्चा और सहज होना जीवन-संघर्ष के लिए अपर्याप्त ही नहीं, बल्कि एक प्रकार की अयोग्यता है। जीने के लिए, किसी प्रकार की सफलता, उपलब्धि या परिपूर्णता के लिए, आत्मविज्ञापन और आत्मप्रक्षेपण का असीम सामर्थ्य चाहिए। हलके से हलके और छोटे से छोटे स्तर पर भी किन्हीं मूल्यों के प्रति सजग और संवेदनशील होकर सुखी हो सकना प्राय: असम्भव है। 'यह पथ बन्धु था' में श्रीधर और सरो के अतिरिक्त इन्दु, मालिनी, बिशन, रतना आदि सभी व्यक्ति अपनी-अपनी आस्थाओं के लिए अपने-अपने स्तर पर मूल्य चुकाते हैं; यहाँ तक कि पेमेन, कीर्तिनियाँजी, श्रीधर की माँ, गुणवन्ती सबका जीवन एक-न-एक स्थल पर आकर, पंगु और व्यर्थ हो जाता है। इस दृष्टि से बड़ी गहरी उदासी और करुणा सारे उपन्यास में परिव्याप्त है। सहृदयता और सचाई के लिए, निष्ठा और ईमानदारी के लिए, कहीं कोई स्थान नहीं। दूसरी ओर इस उपन्यास में इतने सारे व्यक्ति अपने प्रति, अपनी मान्यताओं के प्रति, सच्चे बने रहते हैं, टूट जाते हैं पर झुकते नहीं। यह निस्सन्देह परोक्ष ढंग से जीवन के मूल्यों में गहरी आस्था का ही संकेत देता है। इन सब ईमानदार व्यक्तियों का सफलता के लिए समझौता कर लेना कहीं अधिक निराशाजनक और दुर्भाग्यपूर्ण होता। मानवता का इतिहास एक स्तर पर ऐसे ही अनगिनती साधारण लोगों की निष्ठा का और उस निष्ठा के प्रति समर्पित हो सकने का, इतिहास है। वे ही, श्रीधर-जैसे लोग ही, उस इतिहास के निर्माता भी हैं और लेखक भी।

जीवन के प्रति यह दृष्टिकोण निस्सन्देह सत्य के बड़े महत्त्वपूर्ण अंश को प्रकट करता है और उस हद तक इस उपन्यास में बड़ी सहज करुणा और भावसघनता है। पर साथ ही इसमें एक प्रकार का रोमैण्टिक सरलीकरण भी कहीं-न-कहीं है ही। जीवन उस तरह के दो-टूक सफ़ेद और काले खाँचों में बँटा हुआ नहीं है जैसे इस उपन्यास में दीख पड़ते हैं। इनसान की कहीं अधिक गहन और तीव्र ट्रैजेडी इस बात में है कि व्यक्ति स्वयं ही अपना शत्रु होता है; प्रत्येक आदर्श, निष्ठा, और मूल्य में ही उसका विलोम, उसका विरोधी तत्त्व भी, निहित है। अधिकांशत: हम अपने-आप से लड़ते-लड़ते ही धराशायी होते हैं। यह बात वैयक्तिक और सामाजिक दोनों ही स्तरों पर महत्त्वपूर्ण है, क्योंकि वह जीवन की एक मूलभूत जटिलता को प्रकट करती है। समर्थ सर्जनात्मक कृति में जीवन के इस अन्तर्विरोध की इस जटिलता की अभिव्यक्ति अनिवार्य है। 'यह पथ बन्धु था' में इस दृष्टि से बड़ा सरलीकरण दिखाई पड़ता है। उसके पात्र साधारण हों या असाधारण, या तो भले हैं, या फिर बुरे। उनमें आन्तरिक द्वन्द्व, परस्पर-विरोधी तत्त्वों का संघर्ष तथा उससे उत्पन्न

तनाव और दबाव नहीं है। वे एक ही आयाम में जीते हैं, जो इस अर्थ में रोमैण्टिक, आत्मपरक और एकपक्षीय हैं। यही स्थिति बाह्य घटनाओं और परिस्थितियों के चित्रण में भी स्पष्ट है। इस एकायामिता के कारण ही 'यह पथ बन्धु था' में करुणा तो है पर विक्षोभ या विस्फोट नहीं, टकराहट नहीं। केवल श्रीधर या सरो ही नहीं, इस उपन्यास में चित्रित समस्त जीवन में एक ऐसी निरीहता, निष्क्रियता और आन्तरिक गति का अभाव है कि जीवन की अदम्यता का, उसकी अजस्र गतिमानता का, उसके उद्वेलन का कोई चिह्न ही नहीं मिलता। ऊपर से धीमे-धीमे सहज-साधारण गति से बदलते हुए जीवन के पीछे भी अवश्य कहीं-न-कहीं, किसी-न-किसी स्तर पर ऐसी तीव्र टकराहट होती है, ऐसा विस्फोट होता है, जिससे साक्षात्कार करके मन कण्टकित और आतंकित हो उठता है। और वहीं-कहीं जीवन का केन्द्र-बिन्दु भी होता है जिसमें बाक़ी सारी घटनाओं-व्यापारों और परिवर्तनों का रहस्य छिपा रहता है। लेखक तीक्ष्ण अन्तर्दृष्टि द्वारा ही इस केन्द्र से जीवन की निहित विराटता से साक्षात्कार कर पाता है। 'यह पथ बन्धु था' में यह दृष्टि नहीं मिलती। उसका लेखक अभी यथार्थ के अपेक्षाकृत अधिक सरलीकृत, बाह्य तथा ऊपरी रूपों को ही देख सका है। दूसरे शब्दों में, वह रोमैण्टिक जीवन-दृष्टि से अभी अपने को पूर्णत: मुक्त नहीं कर पाया है। इस उपन्यास में रोमैण्टिक दृष्टि का यथार्थोन्मुखता के साथ एक सन्तुलन तो है पर उससे पूर्णत: मुक्ति अभी नहीं है।

इस रोमैण्टिक दृष्टि के और भी कई रूप इस उपन्यास में हैं। मराठा सरदार बाला साहब के अतीत का चित्र न केवल काल्पनिक है बल्कि अतिरिक्त और अनावश्यक भी है। मालिनी शरच्चन्द्र की राजलक्ष्मी की ही छाया है जो दिलचस्प होकर भी न केवल अनावश्यक रूप से आदर्शीकृत है, बल्कि मूल कथासूत्र और भावसूत्र के साथ उसकी कोई अनिवार्य संगति नहीं है। उसे लेखक ने केवल मोहवश ही उपन्यास में रख छोड़ा है। इन्दु का वृद्ध सामन्त से विवाह, बिशन और कमल का अवास्तव प्रेम, बिशन का मालिनी से विवाह का प्रस्ताव आदि ऐसे कितने ही प्रसंग इस उपन्यास में हैं जो लेखक के अतीत के प्रति, किसी भावुकतापूर्ण स्थिति, भावना या प्रतिक्रिया के प्रति, रोमैण्टिक मोह को अधिक सूचित करते हैं, गहन जीवन-दृष्टि या कलात्मक सार्थकता को कम। उपन्यास में ऐसे कई स्थल हैं जहाँ लेखक यथार्थ में निर्ममतापूर्ण गहरा नहीं उतर पाता और सतह के रंगीन आकर्षक रूप ही उसे मुग्ध रखते हैं। ऐसा ही रोमैण्टिक मोह वैचारिक स्तर पर भी कई जगह इस उपन्यास में है जिसका चरम उदाहरण है इसका अन्तिम पृष्ठ। उसमें लेखक ने इतिहास की गति की बड़ी सतही और भावुकतापूर्ण व्याख्या प्रस्तुत की है जो न उपयोगी है न वैज्ञानिक।

किन्तु दिलचस्प बात यह है कि इस रोमैण्टिक रुझान के बावजूद यह उपन्यास निरा कल्पना-विलास और सस्ती भावुकतापूर्ण कथा होने से बच गया है और एक कलात्मक उपलब्धि का रूप ले सका है। इसके कई महत्त्वपूर्ण कारण हैं जिनमें सर्वप्रमुख हैं लेखक का कलात्मक संयम और विवेक, अभिव्यक्ति में अतिरेक और अतिनाटकीयता का अभाव तथा भाववस्तु के साथ घनिष्ठ आत्मीय परिचय। अधिक से अधिक रोमैण्टिक स्थितियों में भी लेखक उनके साथ बह नहीं जाता। वह अपना सन्तुलन बनाये रखता है और किसी भी स्थिति को एक निश्चित सीमा से अधिक काल्पनिक और अवास्तव नहीं होने देता। यह संयम और विवेक उपन्यास में कई रूपों में प्रकट हुआ है जिनमें से श्रीधर के चरित्र की परिकल्पना और उसके माध्यम से एक अनुभूति-सत्य की अभिव्यक्ति विशेष विचारणीय है।

श्रीधर को लेखक ने एक अत्यन्त ही साधारण और सामान्य प्रकार का व्यक्ति दिखाया है। असाधारण से असाधारण व्यक्ति और परिस्थितियाँ भी उसके व्यक्तित्व की मूल संरचना को नहीं बदल सकतीं। बल्कि उनके सम्पर्क और सन्दर्भ में उसके व्यक्तित्व की साधारणता और अकिंचनता शायद और भी प्रकाशित हो उठती है। इन्दु के साथ उसका किशोर सम्बन्ध उसे कुछ भावनाशील बनाता है, पर उस सम्बन्ध को लेखक ने कहीं भी असंयत नहीं होने दिया है। काशीप्रवास के अन्तिम दिनों में इन्दु से श्रीधर की फिर से भेंट तो होती है पर उसकी परिणति किसी भावुकतापूर्ण स्थिति में नहीं होती। इसी प्रकार रतना के साथ भी श्रीधर का भावसूत्र एक ऐसी सीमा पर आकर ठहरा रह जाता है कि कहीं कोई भावातिरेक नहीं फूट पाता। उसके कारण दोनों के सम्बन्धों में एक मद्धिम-सी मोहक मधुरता अन्तर्व्याप्त रहती है। वे दोनों, कम से कम रतना, एक आन्तरिक तीव्रता से उत्कट रहते हैं, पर उसकी अभिव्यक्ति में कहीं कोई भावुक उच्छृंखलता नहीं है, कोई इच्छापूर्ति या कोई मानसिक विलासिता नहीं है। फाँसी पर जाने के पहले जब वह इस एक वाक्य में अपना समस्त भावावेग प्रकट करके चली जाती है कि 'तुमि आमार शामी' तो, इस स्थिति की हलकी-सी भावुकता के बावजूद, यह वाक्य भावों का तूफ़ान नहीं उत्पन्न करता। बल्कि वह समूचा प्रसंग भी श्रीधर के जीवन की करुणा को ही रेखांकित करता है। वास्तव में श्रीधर बहुत-से असाधारण व्यक्तियों के सम्पर्क में आकर भी, बहुत सारी असाधारण और सामान्य परिस्थितियों में पड़कर भी सहज ही साधारण और सामान्य बना रहता है। भावातिरेक उसके भीतर है ही नहीं। बल्कि बहुत बार तो सन्देह होता है कि कोई भाव भी है या नहीं।

एक बार रतना से बात करते-करते हलका-सा उत्तेजित होने पर श्रीधर कहता है—

''मैं तो अपने को कुछ भी नहीं कर पाता। कभी-कभी तो यह भी अनुभव नहीं हो पाता कि मैं हूँ, और तब मुझे क्या करना चाहिए...नहीं, मेरी कोई उपादेयता नहीं है—कहीं भी और कभी भी।'' (पृष्ठ 423)

लेखक ने कई प्रकार से श्रीधर के व्यक्तित्व के इस पक्ष का उल्लेख किया है। जैसे—

''ठीक अपनी आदत के अनुसार कि जब वे कुछ करते हैं या सुनते हैं तब बिलकुल अनासक्त विदेह बने बहस कर रहे होते या सुन रहे होते हैं। जैसे उनसे कोई सम्बन्ध नहीं है। शायद इसीलिए उन्हें किसी बात का दु:ख नहीं होता, या व्यक्त नहीं हो पाता।'' (पृष्ठ 426)

''उन्हें क्रोध आना चाहिए था लेकिन उन्हें खेद हुआ। चुनौती अनुभव करने पर ही तो क्रोध आता है? और श्रीधर बाबू कभी क्रोध नहीं करते क्योंकि प्राय: चुनौती नहीं अनुभव करते।'' (पृष्ठ 46)

''पता नहीं क्यों श्रीधर बाबू में कभी असन्तोष ऊपर उभरकर नहीं आ पाता। वे स्वयं ही कभी नहीं समझ पाते कि अगत्या वे चाहते क्या हैं? जब उन्हें प्रश्न करना होता है या उत्तर देना होता है—वे बस देखते रहते हैं। कहीं किसी चीज़ के प्रति कोई जिज्ञासा नहीं लगती।'' (पृष्ठ 409)

''उन्हें दु:ख नहीं परिताप था, पश्चात्ताप था। अपने असफल होने पर नहीं, अपमानित होने पर। उन्होंने प्रत्येक बार समुद्र की रत्नाकरी सीमाओं में प्रवेश करने की भरसक चेष्टा की लेकिन कोई-न-कोई ज्वार उनके सारे कर्म को नगण्य सिद्ध कर हर बार किनारे ला पटक देता।'' (पृष्ठ 592)

श्रीधर के व्यक्तित्व की साधारणता का यह चौखटा लेखक ने प्रारम्भ से अन्त तक बड़ी सावधानी से प्रयत्नपूर्वक बनाये रखा है—इतना कि कभी-कभी तो यही असाधारण लगता है। बल्कि कभी-कभी अस्वाभाविक और आरोपित लगता है। पर इसमें कहीं कोई छल नहीं है। बोध और अभिव्यक्ति दोनों ही स्तरों पर लेखक उसके विषय में अपनी प्रामाणिकता नष्ट नहीं होने देता। इस कारण यह उसके कलात्मक संयम का एक अन्यतम आयाम भी है। ऐसा ही एक आयाम है सरो के जीवन की पीड़ा के चित्रण में। कई दृष्टियों से वह अपूर्व नारी है जिसकी सहनशीलता की कोई सीमा नहीं। उसके पास शब्द नहीं हैं पर भाव इतने सघन और तीव्र हैं कि उनकी तुलना नहीं हो सकती। पचीस वर्ष बाद घर लौटने पर श्रीधर जब अपने कमरे में पहुँचते हैं तो देखते हैं—

"वहीं एक लकड़ी के सिंहासन पर उनके स्कूल के दिनों का चित्र रखा था जिसके सामने दीप जल रहा था तथा रेशमी पवित्रा (माला) से मण्डित था : सहसा श्रीधर बाबू अत्यन्त विचलित हुए कि यही वह स्थान है जहाँ बैठ कोई उन्हें अहोरात्र पुकारता रहा है। अँधेरे में कहीं भटक न जाये इसलिए दीपलोक किये रहा है। पता नहीं कहीं ठौर मिलता है कि नहीं इसलिए इस छोटे सिंहासन को विश्व बना दिया उस व्यक्ति ने।" (पृष्ठ 576)

इस प्रतीति के पीछे दु:ख और पीड़ा के साथ-साथ एक समर्पित जीवन की पूरी गाथा है जो अपनी निष्ठा में सचमुच महिमामयी है। उसी रात को इतने लम्बे अन्तराल के बाद सरो जो कुछ श्रीधर से कहती है उसकी भावसिक्तता और करुणा, अतिरेकहीन संयमित कथन की दृष्टि से हिन्दी लेखन में बेजोड़ है!

वास्तव में इस संयम के कारण ही समस्त उपन्यास में, उसके सारे प्रसंगान्तरों के बावजूद, भावुकता और रोमैण्टिक मोह के बावजूद, एक कलात्मक अन्विति बनी रहती है। स्वयं कथा में, उसमें उलझे हुए पात्रों के व्यक्तित्वों में, ऐसे बहुत-से स्थल हैं जिनमें नाटकीयता और अतिरंजना की पूरी-पूरी सम्भावना है। पर लेखक उनके फन्दे में प्राय: नहीं पड़ता और हर बार उस मोह को बचा जाता है। उल्का-जैसे व्यक्तित्व भी श्रीधर के जीवन में जैसे अनायास आते हैं वैसे ही अनायास निकल भी जाते हैं। अतिरेक का अभाव और अल्पकथन हिन्दी लेखन में इतना विरल है कि इस उपन्यास में वह अनोखा और आश्चर्यजनक लगता है। उसकी कलात्मक तटस्थता ही उसे कृतित्व के विशिष्ट स्तर पर उठा देती है।

इस उपन्यास की एक अन्य विशिष्टता है उसकी आत्मीयता, उसकी भाववस्तु के साथ लेखक का घनिष्ठ परिचय। परिचित अनुभूति-क्षेत्रों की सीमाएँ छोड़कर कल्पना-लोकों में विचरने का किशोर प्रयत्न उसमें बहुत ही कम है। मालिनी-जैसे पात्रों को छोड़ दें तो अधिकांश व्यक्ति बड़ी संवेदनशीलता और सहानुभूति के साथ अंकित किये गये हैं। उनके बहुत-से पक्ष नहीं खुलते, पर जितने खुलते हैं वे विश्वसनीय लगते हैं। श्रीधर के माता-पिता का अंकन बड़ी ममता से हुआ है; इसी प्रकार श्रीमोहन-सावित्री का बड़ी तीखी घृणा से। किन्तु इस दम्पति की सरो के प्रति सीमाहीन क्रूरता अमानुषिक होकर भी अतिरंजित नहीं लगती। और कान्ता तो उस सघन आलोकहीन वातावरण में धूप की किरण-जैसी लगती है। ठाकुर सकलदीप नारायण सिंह, रामखेलावन बाबू आदि चरित्रों में एकांगिता के बावजूद आन्तरिक संगति मौजूद रहती है। 'यह पथ बन्धु था' के व्यक्तियों और स्थितियों में कहीं-कहीं तो यह स्वाभाविकता इस हद तक है कि लगता है, लेखक

उनसे अत्यधिक सम्पृक्त है, कलाकार के रूप में अपने को उनसे विलग नहीं कर सका है, उनसे पर्याप्त तटस्थ नहीं हो पाया है। यह स्थिति इस उपन्यास को और भी संयमित होकर अधिक गहन और तीव्र होने से रोकती है, इसमें सन्देह नहीं। पर वह सम्पृक्ति इतनी अधिक भी नहीं है कि अपने स्तर पर इस उपन्यास को महत्त्वपूर्ण कलाकृति न होने दे। भावनाशीलता और संयम का यह सन्तुलन अपने-आप में ही कोई नगण्य उपलब्धि नहीं है।

इस संयम और सन्तुलन का प्रभाव अनिवार्यत: उपन्यास के शिल्प पर भी पड़ा ही है। बल्कि शिल्पगत संयम के बिना उसकी उपलब्धि ही सम्भव न थी। किन्तु उसके शिल्प की विशिष्टता उसकी सरलता में है, किसी तीखी प्रयोगात्मकता में नहीं। उसके वर्णनों में कथा के सम्बन्ध-सूत्रों में प्रवाह है, निरन्तरता है और बीच-बीच में तीव्र सघनता भी। इस दृष्टि से उसका ढंग 'शेखर' से मिलता-जुलता है। इसी प्रकार स्थितियों और व्यक्तियों को प्रस्तुत करने में शायद अनजाने ही विसदृशता (कॅण्ट्रास्ट) का बड़ा प्रभावपूर्ण उपयोग हुआ है। बिशन और श्रीधर, रतना और मालिनी, इन्दु और सरो, सरो और सावित्री, कान्ता और गुणवन्ती आदि पात्रों में बड़ी रोचक विसदृशता है और वे जैसे एक-दूसरे को अधिक रूपायित होने में सहायक होते जाते हैं। विभिन्न कथासूत्रों को भी कुशलता से एक-दूसरे से सम्बद्ध रखा गया है। प्रकृति और जनजीवन दोनों के वर्णनों में बड़ी सूक्ष्मता, काव्यात्मकता और चित्रात्मकता है। बीच-बीच में काव्य-सुलभ बिम्ब आकर बिखरे हुए भावसूत्रों को जैसे अनायास ही केन्द्रीभूत और आलोकित कर जाते हैं। ऐसे ही 'यह पथ बन्धु था' में एक विशेष प्रकार की आंचलिकता भी है जो सहज स्वाभाविक परिवेश के रूप में आती है, आक्रामक रूप में नहीं। वह साधन है, साध्य नहीं। इसलिए रचना के समग्र प्रभाव को बढ़ाती है, उसकी प्रेषणीयता को सीमित नहीं करती।

किन्तु इन सारी बातों के बावजूद शिल्प के स्तर पर उपन्यास में कुछेक शिथिलताएँ बड़ी तीव्र हैं। जैसे उपन्यास के अन्त को ही लीजिए। मनुष्य के इतिहास की व्याख्या से सम्बन्धित भावुकता का उल्लेख पहले किया गया है। पर वास्तव में उस चर्चा की उस स्थल पर सार्थकता ही क्या है? मूलत: वह अनावश्यक और अनर्गल लगता है, विचारों की दृष्टि से छिछला तो है ही। बल्कि वह उसके ठीक पहले की भावतीव्रता को नष्ट कर देता है। इसी प्रकार पूर्वावलोकन (फ़्लैशबैक) पद्धति का भी बहुत अधिक और अनावश्यक उपयोग हुआ है। या, रात को छत पर बैठकर बिशन जिस प्रकार मालिनी की कथा सुनाता है वह बहुत विश्वसनीय नहीं लगता। और फिर उपन्यास का काल-प्रवाह! उसमें कई एक भूलें भी हैं, असंगतियाँ भी हैं, और वह प्राय: आरोपित भी लगता है। ऐतिहासिक घटनाओं से काल्पनिक व्यक्तियों या स्थितियों को जोड़ते समय बड़ी सावधानी की आवश्यकता होती है। उसके द्वारा जितनी आसानी से किसी बात को विश्वसनीय बनाया जा सकता है, उतनी ही आसानी से पूर्णत: मिथ्या और सन्दर्भहीन भी। इसके प्रति पर्याप्त सजगता इस उपन्यास में नहीं बरती गयी है।

इसी प्रकार इस उपन्यास की भाषा, नरेशजी के अपने अन्य लेखन की तुलना में बहुत कुछ सुथरी होने पर भी, कई जगह बहुत खटकती है। क्रियापदों सम्बन्धी कृत्रिमता और अराजकता तो है ही, शिथिल वाक्यांश और अशुद्ध तथा अनुपयुक्त प्रयोग भी बहुत हैं। इन बातों के अतिरिक्त उसमें पात्रानुकूल भाषागत यथार्थवादिता बड़ी अजीब लगती है। इसमें कुछ मराठीभाषी पात्र बीच-

बीच में मराठी बोलने लगते हैं; बँगलाभाषी पात्र बँगला हिन्दी या बँगला बोलते हैं; पारसी मिसेज़ ऐलची बम्बइया हिन्दी के अलावा गुजराती बोलती हैं; कुछ बनारसी लोग कभी-कभी भोजपुरी या उसकी हिन्दी मिश्रित खिचड़ी बोलते हैं। इस दृष्टि से मालवा के तो सारे पात्रों को मालवी ही बोलनी चाहिए थी। इस प्रकार के भाषागत प्रयोगों में न केवल संगति नहीं है बल्कि बीच-बीच में उनमें बड़ी भूलें भी हैं, विशेषकर बंगाली पात्रों की बँगलानुकूल हिन्दी में। उदाहरण के लिए 'होम आपको बहुत खोजा' में 'होम' सही नहीं है। बंगाली 'हाम' कहता है, 'होम' नहीं, क्योंकि बँगला में 'अकार' का ही 'ओकार' होता है, 'आकार' का नहीं। या 'की आपनी श्रीधर बाबू आशेन?' में 'आशे' या 'आशेन' सही नहीं है। इस तरह के और भी प्रयोग हैं। लेखक को बहुत-से बँगला शब्दों, वाक्यांशों, या सम्भवत: बँगला भाषा या बंगाली मात्र से कुछ अतिरिक्त मोह है, ऐसा कई प्रकार से उसकी रचनाओं में प्रकट होता है। किसी समर्थ अथवा समर्थताकामी लेखक के लिए ऐसा कोई मोह या आग्रह कभी बहुत शोभनीय नहीं हो सकता। वह अनिवार्य रूप से रचना के स्तर को गिरा देता है।

फिर भी इस अराजकता के बावजूद कुल मिलाकर 'यह पथ बन्धु था' की भाषा में अपना एक विशेष प्रकार का स्वरूप और सौष्ठव अवश्य है। पूरी शैली में एक प्रकार की पुरानेपन की गूँज-जैसी है जो कथा के काल और विषय के अनुरूप और अनुकूल होने के कारण अच्छी लगती है। साथ ही वह आजकल के तीखे, चटक, नुकीले गद्य से भिन्न है जिसमें कृत्रिम नवीनता से बचकर, प्रकृत और अछूते जीवन के सोंधेपन का स्वाद है। जहाँ वह प्रयोगात्मकता से आक्रान्त नहीं है, वहाँ उसमें बड़ी तीव्रता और सघनता भी है और आत्मीयताजन्य निश्छल मार्मिकता भी, जो इतनी विरल होने के कारण और भी अनूठी और अनुपम लगती है। एक प्रकार से इस उपन्यास की भाषा की शिथिलताओं की चर्चा इसलिए अधिक आवश्यक है कि अधिकांशत: वह इतनी सक्षम और तीक्ष्ण है।

अन्त में यह विश्वासपूर्वक कहा जा सकता है कि 'यह पथ बन्धु था' उपन्यास के रूप में साहित्य-सृष्टि के प्राय: प्रत्येक स्तर पर सक्षमता का ही प्रभाव डालता है और हिन्दी उपन्यास की उपलब्धि के एक नये शिखर की सूचना देता है। स्वयं नरेश मेहता के अपने कथा-साहित्य में, विशेषकर 'डूबते मस्तूल' के पाठक के लिए, तो वह एक लगभग अविश्वसनीय सुखद आश्चर्य है। निस्सन्देह वह बड़े सहज भाव से सामाजिक और साहित्यिक अभिव्यक्ति के एक लम्बे युग को रूपायित करता है और अनायास ही अपने भीतर परम्परा और समकालीनता के बीच एक नयी समन्विति, एक नये सन्तुलन की खोज करता है। उसमें अनुभूति और अभिव्यक्ति दोनों ही स्तरों पर एक ऐसा आन्तरिक सामंजस्य है जो हिन्दी कथा-साहित्य के एक अभिनन्दनीय आयाम का सूचक है।

देवीशंकर अवस्थी

एक टूटा दर्पण *

दिक्काल की माप में अगोरनाथ ने चन्द्रद्वीप की उपत्यका में चन्द्रगुहा के पिछले हिस्से में उट्टंकित वृत्त की जो प्रतिलिपि प्राप्त की, उसका काल है ईसा की बारहवीं-तेरहवीं शताब्दी और घटनास्थल है आर्यावर्त—आज का उत्तरी भारत। यों उसमें प्रसंगत: मध्य एशिया, चीन, तिब्बत, किरात आदि देशों के रोचक विवरण हैं और केवल प्रसंगत: आ गयी संज्ञाओं से कुछ अधिक ही हैं। कथा में राजनीति के दाँव-पेंच हैं; प्रजातन्त्र का जयघोष है, तान्त्रिक और बौद्ध साधनाओं की मनोवैज्ञानिक व्याख्याएँ हैं; सिद्धों की सिद्धियों का चमत्कार है; गोरखनाथ के योग का प्रताप है; पटुनटकलाचपल कृष्ण की लीला का गान है; सामन्ती समाज-व्यवस्था पर प्रकाश है; रणनीति की विवेचना है; देश में सोने के रिज़र्व स्टाक की समाप्ति की घोषणा है और मुद्रास्फीति की समस्या है; विदेशी आक्रमण हैं; इसलाम की विशिष्टता भी है और देश-प्रेम की पुकार भी; आश्लेष में लिपटी हुई बाहुएँ भी हैं और तलवार भाँजती हुए भुजाएँ भी। इसमें कोटि-वेधी रस भी है और मर्मभेदी दृष्टि भी; अमोघवाक् भविष्यवाणियाँ भी हैं और पृथ्वी से पराजित होनेवाले ग्रह-नक्षत्र भी। 'चारु चन्द्रलेख' में भारतवर्ष की मोहक प्रकृति—वन, लता, वृक्ष, पुष्प, पर्वत, उपत्यका, चाँदनी, सूर्योदय—है और है कालिदास की कविता और उस कविता की व्याख्या। भाषाविज्ञान के विद्यार्थियों के लिए भी सामग्री है और चीनी आक्रमण के सन्दर्भ में यह भी जानने योग्य है कि शानवंश के प्रतापी राजाओं की एक लाख सेना को सिर्फ़ पाँच हज़ार विदेहों ने समाप्त कर दिया था और तिब्बत असल में हमारा ही है। अस्तु, इसमें अतीत का इतिहास है, वर्तमान के विचार हैं एवं भविष्य के लिए सन्देश है, और इस अर्थ में काल के एक खण्ड में सीमित न रहकर कथा 'त्रिकालव्यापिनी' हो जाती है—त्रिजगन्मनोज्ञा त्रिपुरसुन्दरी की भाँति।

देश और काल में ही नहीं, रूप और प्रकृति में भी इतनी फैली-बिखरी सामग्री को समेटनेवाली कथा के लिए इतिहास के प्रामाणिक स्रोत हैं; कुछ पुराने ग्रन्थों में मिलनेवाली कथाएँ, कुछ साधना-ग्रन्थों के कर्मकाण्ड-सम्बन्धी श्लोक, और दर्शन की चर्चा करनेवाले ग्रन्थों के कुछ विचार। इतने क्षीण कथा-सूत्रों की वयन-चेष्टा लेखक की शक्ति और साहस का प्रमाण है और उस कल्पना को बधाई दी जानी चाहिए जो इस असाध्य-साधन-जैसे कार्य के लिए उन्मुख हुई। कथा-तत्त्व की कमी के सन्दर्भ में यहाँ इतना कह देना आवश्यक है कि कथानक-तत्त्व का यह ह्रास आधुनिक मनोवैज्ञानिक उपन्यासों से भिन्न प्रकृति और कोटि का है। यहाँ कथा में बाह्य वस्तुनिष्ठता बराबर

---

* चारु चन्द्रलेख : हजारीप्रसाद द्विवेदी

रही है—कथा की बुनावट अन्त:प्रयाण पर आधारित नहीं है। 'चारु चन्द्रलेख' में द्विवेदीजी की कल्पना-शक्ति को खुलकर खेलने का अवकाश मिला है। मुख्य-कथा की क्षीणता को लेखक की उर्वर कल्पना ने अनेक ऐतिहासिक प्रसंगों, प्रसंगच्युत रोचक कथाओं, प्रकृति-सुषमा, उद्‌बोधनात्मक विचारों आदि से पृथुलता में परिवर्तित करने की चेष्टा की है। अस्तु, इस चेष्टा में कल्पना भागती गयी है—बग़ैर शिल्प पर विचार किये, ठोस परिस्थितियों पर विचार किये, कथा की सम्भावनाओं, प्रतीतियों एवं मूल्य-सत्ता पर विचार किये। कल्पना ने पीछे मुड़कर नहीं देखा कि कितनी धरती वह रौंद आयी है—ठीक अपने नायक सातवाहन के समान, जो भटक जाने पर अलहना से कहते हैं, "लौटना कठिन है। लौट नहीं सकते। लौटना क्रिया ही ग़लत है। कोई नहीं लौटता। कभी नहीं लौटा जाता। लौटना निरर्थक पद है!...तुम नहीं जानते अलहना, बिना सोचे-समझे बहुत दूर बढ़ गया हूँ। पीछे का रास्ता मिटता जा रहा है, आगे का सूझ नहीं रहा...।" लगता है कि उपन्यास में भी इसी प्रकार 'मंगोलिया' या 'तिब्बत'-जैसी अनेक यात्राएँ व्यर्थ में भटकाकर सम्पन्न करा दी जाती हैं। पीछे का तमाम गड्ड-मड्ड होता जाता है, एक स्पष्ट, साफ़ और संगत तसवीर नहीं उभरती। उपन्यास के अन्त में आकर तमाम दर्शन, व्याख्याएँ, चेष्टाएँ प्रणय-प्रसंग सब डूब जाते हैं—एक अन्धकार में। वह अन्धकार है इतिहास के इस प्रखर यथार्थ का कि वह युग असफल है, वन्ध्य है। इस बात के अतिरिक्त लेखक जो कुछ कहना चाहता है वह प्रसंगानुकूल नहीं बन पाता या फिर 'जनवाद' आदि की 'थीमें' अधकचरी, अर्धभुक्त तथा वायवी बनी रह जाती हैं। अन्तिम अध्याय की ट्रैजेडी अवश्य कुछ-न-कुछ संकेतित कर जाती है, उस पूरे युग की व्यर्थता को। वहाँ क्रिया-शक्ति मैना मृतप्राय है, इच्छा-शक्ति रानी चलने में पंगु है तथा बोध-शक्ति बोधा भयभीत और पलायनशील है। त्रिपुर की इस ट्रैजेडी को लेखक एक सीमा तक झेल सका—उसने 'कामायनी'- जैसा कोई काल्पनिक समाधान देकर विश्रान्ति का अनुभव नहीं करना चाहा—लेखक की रोमैण्टिक कल्पना के लिए इतनी शक्ति और यह सफलता भी गणनीय मानी जानी चाहिए। हमारे साहित्यकार की यथार्थ दृष्टि गहरी हुई है—इससे इतना संकेत तो मिलता ही है। पर जितने बड़े कैनवस में जितनी बड़ी बात व्यंजित करने की चेष्टा की गयी थी, वह सफल नहीं होती।

अस्तु, कथा के जिस कच्चे माल की ओर हम ऊपर संकेत कर आये हैं उसे सरसरी तौर पर भी देखकर इतना तो कहा ही जा सकता है कि वह हीन नहीं है, शक्ति की सम्पूर्ण सम्भावनाओं से युक्त है और स्थूल घटनापरकता से लेकर उच्चतम बौद्धिक विचारणाओं के लिए सक्षम है। इन तथ्यों के माध्यम से जो थीम उभरेगी उसे सबल होना चाहिए। पर एक दूसरी बात, जो यहाँ याद रखनी होगी, यह है कि ये तथ्य तो अरूप हैं, निष्क्रिय हैं; इनके लिए दृढ़ कथा-सूत्र में विविध वस्तु-सम्बन्ध होने चाहिए। पर लगता है कि मूलत: लेखक से चूक इसी बिन्दु पर प्रारम्भ होती है। कथा के अन्तर्गत संगत वस्तु-सम्बन्धों (ऑब्जेक्टिव-कोरिलेटिव्स) की खोज वस्तुत: शिल्प की खोज है और द्विवेदीजी के मन में शायद कहीं यह विद्यमान है कि कथ्य—यानी विचार या भाव—महान् होना चाहिए; शेष सब गौण है। इस दृष्टिकोण के कारण सम्पूर्ण कथा-सामग्री से अपने को तटस्थ कर वे शिल्प के माध्यम से उसका विश्लेषण और विकास नहीं कर सके; उसकी तमाम निहित सम्भावनाओं का अन्वेषण भी नहीं कर सके तथा जो सबसे अधिक आवश्यक कार्य था, उसका मूल्यांकन—वह भी नहीं हो सका। यह कार्य शिल्प के माध्यम से ही सम्भव होता है

और मेरा यह आरोप है कि लेखक को शिल्प के द्वारा अपनी सामग्री या विषयवस्तु की जो परिचर्या करनी थी, वह नहीं कर सका। इसे निष्ठा का अभाव भी कहा जा सकता है। परिणामस्वरूप प्रस्तुत उपन्यास में कच्चे माल का जिस परिणत कथावस्तु में रूपान्तरण होता है, वह सन्दिग्ध है। एक महत्त्वपूर्ण समीक्षक द्वारा लिखे जानेवाले उपन्यास में यह अनवधानता कुछ विचित्र-सी लगती है। इसीलिए यह सन्देह करना बहुत अनुचित न होगा कि लेखक ने जो कुछ कहना चाहा है, उसका एक बहुत बड़ा अंश उसके अपने 'प्रामाणिक' अनुभव का अंग नहीं है—विचार और पाण्डित्य का भले ही हो। परिश्रमपूर्वक की गयी ऐतिहासिक खोजों से प्राप्त घटनाओं, दृश्यों, कथाओं आदि को उपन्यासकार ने अत्यन्त वैयक्तिक व्याख्या देने की चेष्टा की है। इस प्रयत्न में जो ढाँचा खड़ा हुआ है उसमें 'शोध' और 'व्याख्या' का विचित्र मिश्रण हो गया है। इस ढाँचे को देखकर किसी रिसर्च-प्रोजेक्ट की संवेदनशील रिपोर्ट याद आ जाये तो अस्वाभाविक न होगा। यह तथ्य भी इसी बात की ओर संकेत करता है कि कथा के एक बड़े अंश की अनुभवगत 'प्रामाणिकता' सन्दिग्ध है—अगर असन्दिग्ध है तो पाण्डित्य का विलास। अस्तु, इस अन्तर्योजना (स्ट्रक्चर) की जो बुनावट है उसमें एक ओर तो इतिहास की घटनाओं, शब्दों, पिछले विचारकों के कार्यों, मन्दिरों, मठों, संस्कारों, कर्मकाण्ड-विधियों आदि की अद्‌भुत आग्रही प्राचीनतावादी दृष्टि है और इन्हीं 'परिस्थितियों' के घात-प्रतिघात में पात्रों के स्वभाव को ढलता दिखाया गया है; और दूसरी ओर इनके 'परिणाम' चित्रित करने में द्विवेदीजी एक आत्मनिष्ठ द्रष्टा बन गये हैं। इस प्रक्रिया में उन्होंने जिन चित्रों को ऐतिहासिक यथार्थ की पूरी वास्तविकता के साथ स्थापित करना चाहा था, उन्हीं पर एक नयी और नितान्त काल्पनिक डिज़ाइन थोप दी है। यह डिज़ाइन है आधुनिक विचारों एवं व्याख्याओं की। इस प्रसंग में अपने देश के उन पुनरुत्थानवादी प्रचारकों की याद आती है जो हर पुरानी रीति की कोई-न-कोई वैज्ञानिक व्याख्या ढूँढ़ निकालते थे—कान में जनेऊ चढ़ाने से लेकर पैर में बिछिया पहनने तक। अस्तु, इस योजना के परिणामस्वरूप कथा का स्वरूप-गुण अनाटकीय, स्थित्यात्मक एवं निष्कर्षवादी हो गया है।

इसे यों भी कहा जा सकता है कि इस उपन्यास की कथा-पद्धति चित्र-समीक्षक की प्रणाली-जैसी है। पात्रों को अतीत की गैलरी में निश्चित चित्रों की भाँति उनके निश्चित स्थानों में टाँग दिया जाता है और परवर्ती इतिहास के आलोक-बिन्दु पर खड़े होकर उनकी समीक्षात्मक परीक्षा की जाती है और अन्तिम भाग में पुनः सबको उतारकर उनके वास्तविक स्थान—असफलता के अन्धकार—में भेज दिया जाता है। विद्याधर, धीर शर्मा, अक्षोभ्य भैरव, अमोघवज्र, बोधा, नाटी माता, रानी चन्द्रलेखा आदि ऐसे ही पात्र हैं जिन्हें राजा सातवाहन-रूपी कला-समीक्षक—जो कि कथा का नैरेटर भी है—परखता जाता है और अपनी टिप्पणियाँ देता जाता है। इन पात्रों की पारस्परिक तनाव-प्रतिक्रिया पूरे उपन्यास में नगण्य है—मैना अवश्य इस दिशा में अपवाद है। इस पद्धति का परिणाम यह हुआ है कि अभिप्रेतता (मोटिवेशन्स) और संवादों का योग चरित्र-विकास में कम है ही—प्रमुख कथानक का भी इस कार्य के लिए उपयोग कम ही हुआ है। मोह-साधना, चन्द्रलेखा के जन्म का परिचय, जयित्रचन्द्र-चन्देल-कन्या-प्रणय-प्रसंग, चन्द्रलेखा के विक्षुब्ध चित्त से उत्सारित सिद्ध-चमत्कार, अमोघवज्र का सातवाहन के सम्मुख वक्तव्य आदि जिन इतर कथाओं और वक्तव्यों का योग मुख्यतः वातावरण को सघन बनाने में होता है, उन्हीं का आरोपण या आवेश चरित्रों पर भी हुआ है। इसी कारण पूरे उपन्यास में यदि कोई दृष्टिबिन्दु है तो वह इस वातावरण

में ही देखा जा सकता है, चरित्रों की सत्ता में नहीं। वे या तो नितान्त भावुक प्रतिक्रियाएँ करते हैं, या फिर कुछ अरूपताओं के उदाहरण बन जाते हैं।

इस विवेचन से यह स्पष्ट है कि हजारीप्रसादजी की कथा-कल्पना की सारी कठिनाई उस द्विधा-विभक्ति की है जिनमें वे अतीत के प्रति प्रामाणिक बने रहते हुए भी पूरे के पूरे वर्तमान समाज का रूपान्तरण भी करना चाहते हैं। अपने सामयिक बोध के आधार पर अतीत को देखना एक बात है और अतीत की ऐसी व्याख्या की चेष्टा कि जिसमें पूरा का पूरा वर्तमान वहीं प्रतिष्ठित हो जाये—गुणात्मक रूप से भिन्न, दूसरी बात है। यह तो मैं नहीं कहूँगा कि यह कार्य असम्भव है—बड़ी प्रतिभा सदा असाध्य-साधन करती आयी है—पर यह अवश्य कहूँगा कि इस चेष्टा में कथा का सारा ढाँचा चरमरा उठा है। या प्रतिभा आदि की चर्चा न करके यह कहूँ कि इतने बड़े लक्ष्य तथा फलक के लिए जिस प्रकार की कला-दृष्टि और कथा-संगठन की अपेक्षा थी, वह सम्भव नहीं हो सका। कथा का सारा ढाँचा चरमरा ही नहीं उठा है, वर्तमान के रूपान्तरण के नाम पर एक प्रकार का अरूपीकरण (ऐब्स्ट्रैक्शन) प्रमुख हो गया है।

किसी भी ऐतिहासिक कथाकार के लिए यह याद रखने की बात होती है कि चाहे इतिहास की घटनाएँ हों या धर्मों, राष्ट्रों अथवा व्यक्तियों की नियतियाँ हों, उनका एक स्वाभाविक, वस्तुनिष्ठ वज़न होता है और एक साथ ही एक प्रकृत और वस्तुनिष्ठ अनुपात भी। यदि लेखक ऐसी कथा लिखने में सफल होता है जो कि ठीक से इन सम्बन्धों और अनुपातों को उत्पन्न करती है तो ऐतिहासिक सत्य के परिपार्श्व में मानवीय और कलात्मक सत्य अपने-आप उभर आयेगा। पर यदि उनके वज़न और अनुपात को विरूप किया गया तो कलात्मक चित्र भी उतना ही विरूप हो जायेगा। जनपद-पार्वती चन्द्रलेखा का सिद्धयोगिनी चन्द्रलेखा में जो संक्रमण है, वह ऐसे ही विरूपीकरण का उदाहरण है। मनुष्य के रोग-शोक, कष्ट-दुःख, युद्ध-हिंसा आदि के किसी वस्तुनिष्ठ वज़न और अनुपात की कोटियों की रक्षा किये बिना यह जो धर्म-परिवर्तन है वह चोट पहुँचाता है—केवल पाठक को ही नहीं, जाति की उस सम्पूर्ण वेदना को भी जिसे इस रूपान्तरण के लिए आधार बनाया गया है। कहना न होगा कि कला या शिल्प की दृष्टि से भी यह उपन्यास के सबसे कमज़ोर अंशों में से है। वस्तुतः ऐतिहासिक दृष्टि की कमज़ोरी पूरे कलानुभव की कमज़ोरी है, और कलानुभव की कमज़ोरी पूरे शिल्प की कमज़ोरी है।

इस पहचान की प्रशंसा की जानी चाहिए कि लेखक ने अपनी कथा के लिए जिस दिक्काल को चुना, वह वर्तमान के प्रक्षेपण के लिए बहुत कुछ उपयुक्त प्रतीत होता है। यह हमारे इतिहास का एक ऐसा अन्ध-युग है जिसमें नाना प्रकार की अपरिभाषित परिस्थितियों की भरमार है। इन अपरिभाषित परिस्थितियों में एक बड़ी सीमा तक इतिहास के वातावरण की प्रामाणिकता को खण्डित न करते हुए भी काल्पनिक कथा की तरलता को अधिक मनमाने ढंग से ढालने की सम्भावनाएँ अधिक थीं। पर यह रूपान्तरण जीवन्त तभी हो सकता था जब कि कथा की अन्तर्योजना और बुनावट के अन्तर्गत ठोस मानवीय स्थितियों को सिरजा जाता और ये स्थितियाँ इतिहास की कोटियों के भीतर बनी भी रहतीं। मुझे लगता है कि प्रस्तुत उपन्यास में इन मानवीय परिस्थितियों का जीवन्त रूपायन नहीं हो सका—वर्णन भले ही हो। अतीत और वर्तमान के मध्य लेखक जिस सम्बन्ध-सूत्र को जोड़ता है वह अत्यधिक प्रत्यक्ष है, अत्यधिक बौद्धिक है, तथा अत्यधिक सामान्यीकृत है। देखिए, रानी चन्द्रलेखा यह भाषण दे रही है : "महाराज, सैनिकों में उत्साह है,

यह शुभ लक्षण है, परन्तु मैं जानना चाहती हूँ कि साधारण प्रजा क्या सोच रही है! मैं ग्रामबालिका हूँ। जनपद के लोगों को जानती हूँ। उन्हें इन युद्धों से भय होता है, वे इस राजा या उस राजा की जीत भी चाहते हैं, परन्तु समूचे देश को अपना समझकर समयोचित उपचार वे नहीं जानते। उनमें प्रतिरोध की भावना ही नहीं होती। वे समझते हैं, राज्य राजा का होता है। एक राजा जीतता है, दूसरा हारता है। जो जीत गया उसका राज्य होता है। केवल सैनिक बल ऊपर-ऊपर का बल है। कुछ ऐसा होना चाहिए कि इस जीत या हार को प्रजा अपनी जीत या हार समझे। युद्ध हो, दूसरा उपाय नहीं है, पर युद्ध का उद्देश्य बड़ा होना चाहिए। आप लोग इसके लिए क्या कर रहे हैं?'' क्या इस उद्धरण को पढ़ने के बाद भी यह बताने की आवश्यकता है कि यह सिद्धान्तकथन है, सामान्यीकरण है; कि इस सिद्धान्त का रूपान्तरण ठोस मानवीय सम्बन्धों की इकाइयों में नहीं हो सका है। रूपान्तरण यदि कोई होता है भी तो ठण्डे सिद्धान्तकथन का उष्ण वाक्स्फीति में। देखिए : ''वीरो, पश्चिम द्वार के कपाट-रूप शाकम्बरी-नरेश पृथ्वीराज समाप्त हो गये, उत्तरापथ के एकच्छत्र सम्राट् दलपंगुर महाराज जयित्रचन्द्र बालू की भीत की तरह ढह गये और प्रबल पराक्रमी चन्देल नरेश परमर्दिदेव विदेशी आक्रमण की आँधी में कूलद्रुम की भाँति भहरा गये।

''इतनी बड़ी पराजय के बाद किस बल पर अवन्तिका के क्षीणबल राजा सातवाहन दुर्गतिग्रस्त प्रजा की रक्षा का साहस कर सकते हैं? चारों ओर केवल अन्धकार ही अन्धकार दिखाई दे रहा है। महामन्त्री विद्याधर भट्ट अपनी अगाध विद्या का अभिमान खो चुके हैं। मृतकों में भी प्राण-संचार करनेवाले जगन्नायक भट्ट वीर छन्दों में लिखी ओजस्वी कविता का अभिमान छोड़ चुके हैं। समस्त शास्त्रों को हस्तामलक की भाँति देखनेवाले धीर शर्मा अब सब ओर से निराश होकर असुर-शिरः सरोवर-विहारिणी चण्डिका के चरण-कमलों की ओर उन्मुख हो गये हैं। सर्वत्र निराशा और हतदर्पिता का भाव छा गया है। ऐसे अवसर पर इस पवित्र भूमि की रक्षा के लिए कौन-सा उपाय सोचा जाये? वीरो, राजाओं का युद्ध समाप्त हो गया। अब कहीं आशा है तो प्रजा की संगठन-शक्ति में है। मैं तुम्हें उसी शक्ति को उद्बुद्ध करने के लिए आमन्त्रित करती हूँ। वीरो, रणक्षेत्र के लिए प्रस्थान करो, तुम्हारी संख्या बहुत कम है, तुम्हारे पास युद्ध करने की सामग्री का अभाव है, किन्तु रानी चन्द्रलेखा तुम्हें आश्वासन देती है कि तुम्हें निराश नहीं होना पड़ेगा, मैं तुम्हारे पीछे प्रजा-वर्ग को संगठित करने जा रही हूँ। वीरो, सच्चे धर्म के लिए लड़ो। हार और जीत इतिहास-विधाता के इंगित के अनुसार होती है।'' यह छठे अध्याय का अन्तिम अंश है। और सातवें अध्याय का वाक्य प्रारम्भ होता है—''रानी की योजना चरितार्थ हुई। समस्त मालव जनपद में एक अद्‌भुत नवजीवन जाग उठा। शत्रु को लौट जाना पड़ा।'' यह अंश पुनः एक अरूप कथन है, जीवन्त कोटियों में रूपायन नहीं।

वस्तुतः ऊँच-नीच, धर्म-सम्प्रदाय, कुल-मिथ्याभिमान को मिटाकर जिस जनतान्त्रिक मानवतावाद को वह मुख्य कथ्य के रूप में स्वीकार करता है, उसके प्रति एक ऊँचे 'ऐब्स्ट्रैक्शन' के स्तर पर लेखक अभिमुख होता है। परिणामस्वरूप कथा की तमाम चारित्रिक इकाइयाँ और घटनाएँ अरूप हो जाती हैं। 'चारु चन्द्रलेख' के प्रारम्भ को लें—उपन्यास का प्रारम्भ ही विदेशी आक्रमण की एक कथित अरूप स्थिति से होता है, जिसमें नायक एक अरूप व्यक्ति सीदी मौला को ढूँढ़ने निकलता है। फिर रानी से मिलन, विवाह आदि एक अठोस, अरूप वातावरण में ही सम्पन्न होते हैं। यह अरूपता कहीं नागनाथ की तपस्या के वर्णन में है, कहीं नारी के बत्तीस लक्षणों

की व्याख्या में झमाझम निकलनेवाले श्लोकों के रूप में और कहीं विद्याधर के ओजस्वी व्याख्यान के रूप में। विदेशी आक्रमण के 'ऐब्स्ट्रैक्शन' की परिणति जनता को जगाने की जिस योजना में होती है, उसकी चर्चा भी हम ऊपर कर आये हैं। इस अरूपता तक ही बात सीमित नहीं रहती—इसके आगे गधैयाताल के प्रसंग में जिस पाण्डित्य का प्रदर्शन है, वह इस अरूपता को और अधिक वायवी बना देता है। राजा और रानी ही नहीं, विद्याधर, बोधा, गोरख, अमोघवज्र, सीदी मौला, सभी इसी प्रकार के बौद्धिक रूप से 'ऐब्स्ट्रैक्ट' और आदर्शीकृत पात्र हैं। ये पात्र जीवन कम जीते हैं, दर्शन या विचार को अधिक जी लेते हैं। कारण शायद यही है कि ये पात्र लेखक के अपने उन आधुनिक मानवतावादी विचारों तथा जनतान्त्रिक आदर्शों के विग्रह हैं जिन्हें वह स्वयं स्वीकार करता है या जिनके लिए संघर्ष करना श्लाघ्य समझता है, परन्तु ये सभी स्वयं उसके लिए वर्तमान सन्दर्भ में 'ऐब्स्ट्रैक्ट' ही हैं। फलत: ऐतिहासिक अनुभव की तात्कालिकता इन पात्रों से तिरोहित हो जाती है; क्योंकि जीवन में ये समस्याएँ बिखरी और छिटपुट होती हैं तथा एकदम वैयक्तिक रूपों में प्रकट होती हैं, जिन्हें ये पात्र सामान्यीकृत करके एक ऊँचे बौद्धिक स्तर पर अभिव्यक्ति देते हैं। और इस प्रकार यह बौद्धिक सामान्यीकरण ऐतिहासिक चरित्र को कमज़ोर करता है।

तात्कालिक इतिहासानुभव की बौद्धिक परिणति का रास्ता इतना सँकरा, छोटा और अरूप है कि सम्पूर्ण प्रक्रिया राजा सातवाहन-जैसे एक व्यक्ति में घटित होने लगती है। परिणामस्वरूप यह तात्कालिक अनुभव अपनी उसी विस्तृति और अनेकरूपता में उन पात्रों-द्वारा नहीं भोगा जाता जिनके पास सामान्यीकरण का यह व्यापार नहीं है। विदेशी आक्रमण या धर्म-साधनाओं के प्रति इन पात्रों की प्रतिक्रिया को लेकर इस बात को देखा जा सकता है कि प्रस्तुत उपन्यास में विदेशी आक्रमण के प्रति विभिन्न पात्रों की प्रतिक्रियाओं में न वह विविधता है और न बहुरूपता, जो प्रत्येक पात्र की सीधी, निजी प्रतिक्रिया से उत्पन्न होती है। फलत: युद्ध-द्वारा उनकी ज़िन्दगियों की जो परिणति होती है, वह उनकी भावनाओं और अनुभवों में व्यंजित नहीं होती। जो प्रतिक्रियाएँ होती हैं उनमें कोई गुणात्मक परिवर्तन नहीं लगता। इसी के सन्दर्भ में तॉलस्तॉय के उपन्यास 'युद्ध और शान्ति' के फ्रेंच आक्रमण को लिया जाये तो स्थिति इसके विपरीत दिखाई देती है।

यही नहीं, 'चारु चन्द्रलेख' में इस सँकरे रास्ते को और सँकरा कर दिया गया है, आत्म-कथात्मक पद्धति के द्वारा। राजा यहाँ नायक भी है और 'नैरेटर' भी; अत: सारी प्रतिक्रियाओं का बोझ उसे ही सँभालना पड़ा है। हर स्थान और हर परिस्थिति में उसे एक समुचित ऐतिहासिक प्रतिक्रिया देनी पड़ती है। प्रतिक्रियाओं का इतना बोझ सामान्यीकरण के लिए विवश करता है। इस प्रकार अनुभव और सामान्यीकरण के मध्य का संक्रमण-पथ और अधिक संकीर्ण हो जाता है; तथा जिन स्थानों में, यथा विष्णुप्रिया के आश्रम में मैना और बोधा की बातचीत के समय, या विद्याधर से अतीत की घटनाओं को सुनते समय (जब वह प्रतिक्रिया नहीं करता, मात्र अनुभव करता है) उन स्थानों में उसका चरित्र अपने ही स्तर से नीचे गिर जाता है। क्योंकि प्रारम्भ से ही उसने 'ऐब्स्ट्रैक्शन' के माध्यम से ही अपनी हैसियत को बनाये रखा है। वस्तुत: यहाँ जो पदार्थ खोये हुए हैं वे हैं अस्तित्व के ठोस तथ्य—और केवल वे ही लेखक को बता सकते हैं कि किसी युग के किसी पात्र के विचार, अनुभव या संवेदनाएँ क्या हो सकती हैं। इसका परिणाम है कि इन पात्रों के आन्तरिक मानसिक जीवन के उद्घाटन में भी किसी प्रकार की वस्तुनिष्ठता या तीखी चरित्रवत्ता की स्थापना नहीं हो सकी। हम कह चुके हैं कि राजा सातवाहन को 'नैरेटर' का पद देकर उसे

एक ऐसा ऐतिहासिक दायित्व सौंप दिया गया है कि वह अपनी प्रतिक्रियाओं के माध्यम से उन चरित्रों की बात बता दे। वह एक ऐसा 'कार्डियोग्राम' है जो अन्य हृदयों की धड़कनों के 'ग्राफ़' अंकित करता चलता है। इस प्रक्रिया में उसका अपना कोई क्रियाशील व्यक्तित्व ही नहीं रह जाता। वह तो हर 'प्रभाव' के लिए खुला है; और जहाँ हर प्रभाव के प्रति खुलापन होता है, लगता है कि वहाँ अन्ततः कोई प्रभाव ही नहीं रह जाता। राजा का यह कथन स्वयं इस बात का प्रमाण है, "हम तीनों (राजा, रानी और विद्याधर) के तीन लक्ष्य थे जो थोड़ी दूर तक एक रास्ते से चलने पर मिल जाते थे। इसी बीच मिले बोधा, विद्याधर भट्ट के अनुगत, मुझे सहायक समझनेवाले। मिली मैना, रानी की प्रिय सहचरी, पर उनकी साधना से एकदम असहमत। वह मुझे सहायक के रूप में नहीं ग्रहण करती। उसने न जाने कैसे और क्यों अपने को मेरा रक्षक मान लिया। बाधा मैंने किसी को नहीं दी।

"मुझे इन विभिन्न लक्ष्य के यात्रियों को साथ लेकर चलना है। कभी-कभी मैं स्वयं अपना प्रतिवाद सिद्ध हुआ हूँ। रानी मुझसे भी अधिक सिद्ध हुई है। विद्याधर भक्त दृढ़ हैं। मैना भी सुना है, दृढ़ है। विचित्र योग है। राजा और रानी दोनों ही स्वतोविभक्त हैं, जो लोग अपने को उनका अनुगत मानते हैं, वे दृढ़ हैं।" करे भी वह क्या! कर्तृत्व-शक्ति उसने मैना को दे रखी है और इच्छा-शक्ति रानी को तथा बोध-शक्ति शायद बोधा को। वह तो माध्यम हो जाता है दूसरों के विचारों तथा भावनाओं का। रानी के मानसिक जगत् के उद्‌घाटन के लिए लेखक ने मनोविज्ञान की अपसारण-प्रक्रिया को अपनाकर जो लेख लिखवाया है उससे वस्तुतः रानी के चेतना-प्रवाह का पता कम लगता है, कथानक को फैलाने, साधनाओं का परिचय देने, सिद्धियों का चमत्कार बताने, दार्शनिक-मनोवैज्ञानिक व्याख्याएँ देने का कार्य अधिक लिया गया है। और इस प्रकार इस आलेख का उपयोग कथा के वातावरण को अधिक सघन और सान्द्र बनाने में किया गया है। प्रसंगतः एक बात याद आती है कि द्विवेदीजी ने कहीं लिखा था कि आधुनिक उपन्यासकार यथार्थवाद से भयभीत हैं। द्विवेदीजी स्वयं भयभीत होकर चन्द्रलेखा के इस लेख में वर्णित चमत्कारों को एक समसामयिक विश्वसनीय आधार देने के लिए अमोघवज्र से कहलाते हैं कि यह सब "चन्द्रलेखा के भयत्रस्त चित्त के विक्षोभ से निकली अद्‌भुत सिद्धि-कथाओं का श्रवण" है। पर जैसा कि मैं कह चुका हूँ, इस वर्णन से पात्र की आन्तरिकता के बजाय कथा के वातावरण का ही स्पष्टीकरण अधिक हुआ है। अरूप सिद्धान्त-कथन, 'एब्स्ट्रैक्ट' प्रतिक्रियाओं से अलग जीवन्त मानसिकता जिस पात्र में मिलती है, वह है क्रियाशक्ति की प्रतीक मैना। क्या इससे यह न समझा जाये कि वस्तुनिष्ठ कर्मशीलता ही वास्तविक रूप से मानसिक जीवन को समृद्ध करती है? मैना में तीव्र संवेदना है, पर वह संवेदना प्रतिक्रियाशील न होकर क्रियाशील होने की है—क्रियाशील जीवन्त मानवीय इकाई के रूप में। सम्भवतः इसी कारण सारे अरूप सिद्धान्त-कथन करनेवाले पात्र उसके सम्मुख हतप्रभ हो उठते हैं। राजा, सीदी मौला, विद्याधर, यहाँ तक कि बोधा भी उसके तर्क की चोट सँभाल नहीं पाते। कारण यही है कि वह समस्याओं का अरूपीकरण नहीं करती, उन्हें सीधे मुँह पकड़ती है। वस्तुतः समस्त उपन्यास का सर्वाधिक जीवन्त और सम्भावना-समृद्ध पात्र यही है और जितने अंशों में वह कथा में रहती है उसे अनुभव की 'प्रामाणिकता' भी दिये रहती है, साथ ही मानवीय-साक्षात्कार की ऊष्मा भी। और यह आश्चर्य की ही बात है कि बात-बात पर उच्छ्वसित होकर वाक्स्फीति के विलास में निमग्न रहनेवाले द्विवेदीजी इस पात्र के मानसिक द्वन्द्व के चित्रण में कहीं

अधिक संयमशील दिखते हैं—लगता है कि पात्र अपने निर्माता से बड़ा हो गया है। जहाँ बोधा से महाराज-सम्बन्धी अपने अनुराग और नैतिक द्वन्द्व की चर्चा करती हुई वह बोधा से अनुरोध करती है कि वे नारी-विग्रह-रूपी फूल को आत्मदान के गंगाजल से रोक लें, वही उपन्यास का सबसे अधिक अनुभूत्यात्मक अंश है। मुझे लगता है कि यह एक ऐसा पात्र था जिसके माध्यम से लेखक की उद्दिष्ट 'थीम', राष्ट्र की नियति, अधिक शक्ति के साथ उजागर की जा सकती थी। यद्यपि लेखक उसकी समस्त सम्भावनाओं को भास्वर नहीं कर सका और एक प्रकार के रोमैण्टिक शरच्चन्द्रीय प्रेम में उसकी परिणति हो जाती है; परन्तु इसके बावजूद उसमें जिन सम्भावनाओं का बीज प्रारम्भ से ही पड़ गया था वे मरते-मरते राष्ट्र की नियति से भी अप्रत्यक्ष रूप से जुड़ जाते हैं। अन्तत: उस युग की असफलता के चित्र में उसके दोनों कार्य—शाह को मारना और स्वयं मरना—अन्तिम कारण बनते हैं पर जिस आत्मकथात्मक शिल्प को लेखक ने अपनाया था उसमें इससे अधिक की सम्भावनाएँ कम दिखती हैं।

आत्मकथात्मक शिल्प की सीमाओं की ओर कुछ इंगित मैं पहले भी कर चुका हूँ। यहाँ पर इस सन्दर्भ में 'बाणभट्ट की आत्मकथा' का स्मरण स्वाभाविक भी होगा और संगत भी। वह इसलिए कि इसके द्वारा प्रस्तुत उपन्यास की असफलता को और अच्छी तरह समझा जा सकेगा। इसके अतिरिक्त जब मैं यह सवाल करता हूँ कि 'चारु चन्द्रलेख'-जैसे उपन्यास में, जो कि एपिक-अभिप्रायों को लेकर चला है, आत्मकथात्मक शिल्प क्यों अपनाया गया, तो तत्काल जो बात दिमाग़ में आती है, वह यह कि एक बार 'बाणभट्ट की आत्मकथा' में उसने इस शिल्प को सिद्ध करने में अद्भुत सफलता प्राप्त की थी—अत: प्रस्तुत उपन्यास के लिखने के समय भी अपने परिचित औज़ार का सहारा लेना स्वाभाविक हो जाता है। यह बात इस तथ्य से भी समर्पित की जा सकती है कि 'चारु चन्द्रलेख' का प्रारम्भ 'बाणभट्ट की आत्मकथा' के तत्काल बाद, काफ़ी दिनों पहले, हो गया था। फिर शायद कथा अधूरी पड़ी रही और उसे पूरा 1960-61 में किया गया। उन दिनों इस शिल्प को अपनाने में और अधिक आसानी हुई होगी। आत्मकथात्मक शैली रोमैण्टिक चेतना के अधिक अनुकूल होती भी है—अपनी आत्मनिष्ठता के कारण। इस सम्बन्ध में दोनों कृतियों की कुछ तुलना को उपादेय होना ही चाहिए।

दोनों उपन्यासों की भूमिका में व्योमकेश शास्त्री ने यह विश्वास दिलाना चाहा है कि कथा नहीं लिखी जा रही है बल्कि कहीं से प्राप्त दस्तावेज़ों को प्रस्तुत किया जा रहा है। परन्तु 'चारु चन्द्रलेख' में इस घोषित रूप की रक्षा नहीं की जा सकी और उपसंहार में समीक्षक-लेखक कथा की 'प्रामाणिकता' के विषय में उठी शंकाओं का किसी-न-किसी प्रकार समाधान प्रस्तुत करता है—यह कहकर कि बहुत-सी बातें अघोरनाथ (जो आधुनिक विचारों के, पुरानी परिपाटी में शिक्षित, सिद्ध हैं) के समाधिस्थ चित्त में प्रतिफलित हुई हैं। 'बाणभट्ट की आत्मकथा' के उपसंहार में भी कुछ शंकाएँ उठायी गयी हैं : पर ध्यान देने की बात है कि वहाँ शिल्प पर शंका नहीं है—शंका है 'कादम्बरी' और 'आत्मकथा' के भावगत अन्तर को लेकर। 'बाणभट्ट की आत्मकथा' का शिल्प जो अधिक कसा हुआ लगता है वह इसलिए कि अपनी विषय-वस्तु के प्रति पूरी तरह उन्मुख और तत्पर है। यों वाक्स्फीति, प्रसंगान्तर पाण्डित्य-प्रदर्शन, दार्शनिक-मनोवैज्ञानिक व्याख्याओं और वक्तव्यों के 'ऐब्स्ट्रैक्शन', आदर्शीकृत पात्र-योजना, भावुकता आदि जितने भी दोष 'चारु चन्द्रलेख' में हैं वे सभी 'आत्मकथा' में भी विद्यमान हैं। पर इसके बावजूद 'आत्मकथा'

महत्त्वपूर्ण और सफल कलाकृति है तथा 'चारु चन्द्रलेख' अपनी असफलता में महत्त्वपूर्ण। मुझे लगता है कि 'आत्मकथा' मुख्यार्थ के जिस स्तर पर घटित होती है उसकी परिधि सीमित वैयक्तिक-पारिवारिक इकाई की है। राजनीति इस पारिवारिक-वैयक्तिक अर्थ को पुष्ट-मात्र करती है। राष्ट्र की नियति का प्रसंग वहाँ अमुख्यार्थ रहता है; जबकि 'चारु चन्द्रलेख' में राष्ट्र या जन की नियति मुख्यार्थ है जिसे कि वैयक्तिक-सीमित दायरे की कथा के माध्यम से व्यंजित करने की चेष्टा की गयी है। कथा में बल के इस बदलाव के होते हुए भी लेखक ने शिल्प वही रहने दिया है। यहाँ तक कि तमाम कथानक-रूढ़ियों और घटनाओं के पैटर्न ज्यों के त्यों विद्यमान हैं। एक कवि की आत्मकथा में उन बहुत-सी बातों का औचित्य सिद्ध हो जाता है जिन्हें कि 'चारु चन्द्रलेख' में औचित्यहीन माना गया है। आत्मनिष्ठ द्रष्टा की तमाम व्याख्याएँ, प्रकृति, मानवशरीर, देवमूर्ति आदि की स्फीत ऐन्द्रिक-चाक्षुष प्रतिक्रियाएँ आदि 'आत्मकथा' में भी चित्रित हुई हैं जिनका कि औचित्य उस कविनायक के सन्दर्भ में है, जिसका राजनीति के सक्रिय घटनाचक्र में पड़ना एक आकस्मिक संयोग मात्र है। 'चारु चन्द्रलेख' के नायक की नियति दूसरी है—पर खेद है कि उसकी प्रकृति दूसरी नहीं हो सकी है। 'आत्मकथात्मक' शिल्प में लेखक का हाथ कितना ही क्यों न मँज चुका हो पर यह लेखक की या तो साहसहीनता है या कलादृष्टि की कमज़ोरी (और इन दोनों में बहुत अन्तर भी नहीं है) कि वह अपनी विषय-वस्तु के अनुरूप शिल्प का प्रयोग नहीं कर सका। यह भी हो सकता है कि जितना उसका प्रामाणिक अनुभव है उतना व्यक्तिनिष्ठ, सीमित और प्रेम-सम्बन्धी है तथा राष्ट्र की नियति, प्रजातंत्र, मानवतावाद आदि ऊपर से आरोपित है। पर इन दोनों को सँभालने की चेष्टा में दोनों ही पदच्युत हो गये। बहरहाल, अनुभव-बोध और मूल शिल्प-बोध की इस निर्बलता को उसने स्वप्नों, स्मृतियों, इतिहास कथाओं, रोचक प्रसंगों और विवरणों द्वारा भरने की चेष्टा की है। कथा-तत्त्व की क्षीणता को वाक्स्फीति के द्वारा छिपाने की चेष्टा की गयी है। यह वाक्स्फीति प्रकृति या मनुष्य के शोभावर्णन में प्रयुक्त हुई है तथा इसके माध्यम से कथा तो नहीं पर कथा के अभिप्रेत सन्देश को मुखर रूप में कहने की भी चेष्टा हुई है। और उपन्यास का जो कुछ अर्थ अन्त में पाठक तक सम्प्रेषित होता है उसका बहुत-कुछ श्रेय इस तत्त्व को ही है। वस्तुत: इस उपन्यास के इस तत्त्व पर अलग से विचार किया जा सकता है। इन्हीं कारणों से ऊपरी तौर पर उपन्यास बड़े सचेष्ट शिल्प का आभास भी देता है—पर उसकी मूल शिल्प-योजना की असफलता के बारे में ऊपर काफ़ी-कुछ कह चुका हूँ। यहाँ पर इतना ही कि इस कथ्य के लिए यदि जीवनचरितात्मक पद्धति अपनायी गयी होती तो शायद कम समस्याएँ खड़ी होतीं।

वस्तुत: द्विवेदीजी के समस्त औपन्यासिक शिल्प का मूल स्वर वैयक्तिक निबन्ध का है। वैसी ही उच्छल आवेगमयता, वैसी ही उड़ान, वस्तुओं के छिपे अर्थों को ढूँढ़ने की वैसी ही अभिभूत चेष्टा, प्रसंगच्युत टिप्पणियाँ तथा सूचनाएँ; पाण्डित्य का 'र्‌हेटरिक' संस्कारों आदि के प्रति अत्यधिक उन्मुखता, प्रामाणिकता प्रकट करनेवाली व्याख्याएँ, एक ऐसा मुखौटा जिसकी आड़ से लेखक अपने संघर्ष और समस्याओं को व्यक्त कर सके, आदि बातें उनके वैयक्तिक निबन्धों में भी हैं और इन उपन्यासों में भी वही अंश आये हैं। वस्तुत: यदि उनके ललित निबन्धों और उपन्यासों के 'ग्राफ़' बनाये जा सकें तो 'कर्ब' के बिन्दु आस-पास ही रहेंगे। उनके समस्त चरित्रों

का निर्माण भी निबन्ध-धर्मी ही है। 'चारु चन्द्रलेख' में जनता के साथ एकमेक होने की बात बराबर कही गयी है। लेकिन ये जनप्रिय गठबन्धन किस प्रकार के हैं? राजा के सम्बन्ध जनता से किस प्रकार के दिखाई पड़ते हैं? जनता के बारे में हम क्या देखते हैं? मात्र एकाध प्रेम-प्रसंग और मित्रताएँ-भर न! शेष सभी निबन्ध या दस्तावेज़ के रूप में संक्षिप्त करके उपस्थित किया जाता है। गोरखनाथ सिद्ध-साधनाओं की व्यर्थता पर एक भाषण देते हैं, अक्षोभ्यभैरव भारत की सामन्ती समाज-व्यवस्था के खोखलेपन पर एक निबन्ध (जो समाजशास्त्रीय और विषयपरक है—अकादेमी शब्दावली में) बोल देते हैं और लेखक से तादात्म्य रखनेवाले सीदी मौला सोने की समस्या से लेकर चीन की समस्या तक कुछ अपने मस्त-फक्कड़ाना वैयक्तिक निबन्धी ढंग से ही कहते हैं। इस निबन्ध-छाप शिल्प ने इसी कारण, लेखक की परिकल्पना को क्षत किया है। और जो कुछ अन्त में उभरता है वह है एक टूटा हुआ दर्पण, जिस पर पड़नेवाला प्रतिबिम्ब समग्र नहीं होता—आकृतियाँ भले ही हज़ार हो जायें।

●

अनुभव का अपनापन

धर्मवीर भारती

रागात्मक यथार्थ का उद्घाटन *

'पान-फूल' मार्कण्डेय की बारह कहानियों का प्रथम संग्रह है। अपना स्थान बनाते हुए नये लेखक की प्रथम कृति में उन कथाकारों, कृतियों और प्रवृत्तियों का प्रभाव होना अनिवार्य है, जो मानसिक रूप से लेखक के निकट रहे हैं। लेकिन उन प्रभावों के अतिरिक्त वे स्थल और वे प्रवृत्तियाँ, जिनमें लेखक के अपने व्यक्तित्व का प्रथम आभास मिलने लगता है, विशिष्ट रूप से उल्लेखनीय होते हैं; क्योंकि वे ही उसके भावी विकास की सम्भावनाएँ सूचित करते हैं। इन बारह कहानियों में-से कई कहानियाँ—जैसे, 'वासवी की माँ', 'संगीत, आँसू और इन्सान', 'रामलाल', 'रेखाएँ', 'कहानी के लिए नारीपात्र चाहिए' आदि—काफ़ी कमज़ोर हैं; इसलिए नहीं कि उनमें पच्चीकारी की कमी है, बल्कि इसलिए कि उनका कथानक स्पष्ट रूप से गढ़ा हुआ लगता है, उनके पात्रों को लेखक ढकेलता हुआ आगे बढ़ता है और उनकी प्रयोगशीलता और उनकी 'उद्देश्य-परकता' (जिसकी ओर आवरण पृष्ठ के परिचय में विशेष संकेत है) ऊपर से थोपी हुई-सी लगती है। लेकिन जिन कहानियों में लेखक ने अपने परिचित ग्रामीण वातावरण का चित्रण किया है और प्रयोग अथवा उद्देश्य-परकता के प्रति विशेष सचेत न रहकर मनुष्य-जीवन के रागात्मक यथार्थ को चित्रित करने का प्रयत्न किया है, और मानवीय रागात्मक सम्बन्धों के सूक्ष्मतम और कोमलतम तन्तुओं को पकड़ने और उनकी रसमयता में डूबकर कथा कहने की दिशा अपनायी है, वहाँ उसे मार्मिक सफलता मिली है। ऐसी कहानियों में 'गुलरा के बाबा', 'सबरइया'' पान-फूल' तथा 'सात बच्चों की माँ' विशेष उल्लेखनीय हैं।

इन कहानियों की ताज़गी, मार्मिकता और कलात्मकता में विशेषतया दो तत्त्वों का सहयोग है। एक तो यह कि इन कहानियों में शिल्प के सभी तत्त्व, स्थानीय रंगत से लेकर बोली तक, लेखक की जानी-पहचानी हुई है और उसे बड़ी सफलतापूर्वक उसने शब्दों में उतारा है। "लहसुनवा में आनेवाले नये गोफे', 'चिबोला करती हुई हवा', 'उदास चुप खड़े हुए पेड़-पालव' के साथ-साथ गाँव की कहावतें जिनके अनुसार "रात को आनेवाली साँय-साँय की आवाज़ में जुम्मन साईं अपनी दाढ़ी सुलझाते हैं और हाज़ी की बीबी ककहा दोकी बेचती है"। ये सब चित्रण इन कहानियों के कथा विकास की बड़ी ही प्रभावोत्पादक पृष्ठभूमि प्रस्तुत करते हैं। बिलकुल अरूप, अनुमानात्मक, मनोविश्लेषणात्मक यथार्थ को लेकर चलनेवाली नीरस और उबा देनेवाली कहानियों के लम्बे दौर के बाद में जीते-जागते वातावरणवाली कहानियाँ हिन्दी पाठक को एक ताज़गी देती हैं और

* पान-फूल : मार्कण्डेय

हिन्दी कहानियों की भाषा में तद्भव की प्रकृति को एक नया निखार भी देती हैं। 'नयी पौध', 'बया का घोंसला और साँप' तथा 'पान-फूल' में तद्भव-गुम्फित भाषा का प्रयोग हिन्दी को एक नयी मार्मिक व्यंजना दे रहा है जो, मैं साहस से कहना चाहूँगा कि प्रेमचन्द की तद्भव-बहुल भाषा से कहीं ज़्यादा सुघड़ और कलात्मक है।

दूसरा जो महत्त्वपूर्ण तत्त्व इन कहानियों को सशक्त बनाता है, वह है मानव-जीवन के सहज रागात्मक यथार्थ का उद्घाटन। केवल सामाजिक या मनोवैज्ञानिक यथार्थ पर आधारित कथा-साहित्य पिछले पन्द्रह वर्षों में अपनी असफलता घोषित कर चुका है और स्वत: लेखकों के जाने या अनजाने मानवीय यथार्थ का एक नया धरातल उभर रहा है, जिसमें मानवीय सम्बन्ध केवल बर्बर पाशविक शक्ति-द्वारा परिचालित नहीं हैं और न केवल आर्थिक वर्ग-सम्बन्धों के प्रतिपालन-मात्र हैं। मानवीय सम्बन्धों का यह नया धरातल अपने आयामों में मूलात्मक है और प्रकृति में रागात्मक। उसमें सतही तौर पर नहीं, वरन् गहरे स्तर पर सामाजिकता और वैयक्तिकता में कोई विषमता नहीं दीख पड़ती। बाबा और चैतू का सम्बन्ध, कुमार और पियरी का सम्बन्ध, महाराजिन और सवरइया का सम्बन्ध चित्रित करते समय कहानी-लेखक ने मानवीय यथार्थ के लिए नये धरातल को उभारने की चेष्टा की है। वह धरातल वर्ग-सम्बन्धों का धरातल नहीं है और न मनोविश्लेषणात्मक प्रयोगों का। उसके महत्त्व और अर्थों को वह जितनी दूर तक पहचान सकेगा, उतनी ही दूर तक उसके विकास की सम्भावनाएँ स्पष्ट होती चलेंगी।

किसी भी एक कहानी-संग्रह की आधी दर्जन कहानियों के बल पर कोई भी बात दावे के साथ कह सकना सम्भव नहीं है, किन्तु जो भी नयी क़लम इतने कम समय में इतनी भी सफल कहानियाँ प्रस्तुत कर सकती है, उसमें प्रतिभा का अंकुर है। आशा है, मार्कण्डेय अपनी कमज़ोर कहानियों में पाये जानेवाले प्रभावों से मुक्त हो, अपनी सफल कहानियों के तत्त्वों को पहचान कर उत्तरोत्तर विकास करेंगे और हिन्दी कहानियों के इस नये उत्थान में अपना सुनिश्चित स्थान बना देंगे।

दुष्यन्तकुमार

असाधारण मनोवैज्ञानिक सजगता *

'ब्रह्म और माया' की कहानियों ने मुझे कमल जोशी की कहानियों पर नये सिरे से सोचने के लिए मजबूर किया। 'पत्थर की आँख' की चातुर्यपूर्ण कहानियाँ पढ़कर ऐसा लगता था कि लेखक कहानी के शिल्प और बाह्य प्रभावों के प्रति इतना लालायित हो उठा है कि उसने सामाजिक जीवन की व्यावहारिक और ठोस समस्याओं को देखने का नज़रिया बदल लिया है, और एक हद तक उनकी ओर से उदासीन भी हो गया है। व्यक्तिगत रूप से मैं कहानियों में चातुर्य या 'ससपेन्स' को बहुत बड़ा दरज़ा नहीं देता—और 'पत्थर की आँख' पढ़कर मुझे यही बात लगी थी। समस्याएँ तो 'पत्थर की आँख' की कहानियों में भी हैं, और उन्हें सहानुभूतिपूर्ण दृष्टिकोण से भी देखा गया है किन्तु वह दृष्टिकोण चतुर कहानीकार का है, साधारण आदमी का नहीं, इसलिए साधारण आदमी उन्हें पढ़कर मज़ा ले सकता है, और उन्हें किसी हद तक सत्य भी मान सकता है पर उनसे द्रवित नहीं हो सकता।

मुझे लगता है कि चातुर्य या ट्रिक का उपयोग लेखक वहीं करता है, जहाँ अपने वर्णित विषय में उसकी आस्था नहीं होती, परन्तु 'ब्रह्म और माया' की कहानियों में मुझे न केवल यह आस्था ही सर्वत्र दिखी बल्कि यह भी लगा कि लेखक ने इस बात को भी महत्त्व दिया है कि उसे क्या कहना है? अस्तु···

'ब्रह्म और माया' की कहानियाँ आज के युग की मानसिक स्थिति का वही धरातल छूती हैं, जो हमारी सामाजिक-संवेदनाओं का केन्द्र बना हुआ है। इसीलिए उनमें वही तड़प, वही व्यंग्य, वही हिक़ारत और वही दबा-घुटा आक्रोश है, जो ले-देकर आज हम सबकी पूँजी है। इन अर्थों में ये कहानियाँ यथार्थवादी हैं। पर इनकी यथार्थवादिता प्रेमचन्दकालीन लेखकों की उस यथार्थवादिता से सर्वथा भिन्न है, जिसने कहानी की भाव-धारा को भावुकता का पुट देकर, आदर्श की ओर मोड़ देना चाहा। उदाहरण के लिए 'ब्रह्म और माया' की पहली कहानी 'कस्तूरी मृग' की विधवा नायिका निर्मला, हिन्दी कहानियों की उन सैकड़ों विधवाओं-जैसी नहीं है जो या तो पति की पवित्र स्मृति में सारा जीवन बिता देती हैं अथवा किसी ऐरे-गैरे के साथ 'घरवालों के मुँह पर कालिख पोतकर' भाग जाती हैं। निर्मला के सामने, प्रकाश को प्यार करने के बावजूद, समाज का एक ऐसा व्यावहारिक आदर्श भी है, जो उसे विवश होकर निभाना पड़ता है··· इसलिए

---

* ब्रह्म और माया : कमल जोशी

वह कोयले के टुकड़े से फ़र्श पर लिखकर अपनी दमित वासनाओं को अभिव्यक्ति और तृप्ति देती है। निष्फल ही सही, किन्तु मूक निर्वाह की यही स्थिति संवेदना के एक नये धरातल की ओर संकेत करती है, जो कि वस्तुतः लेखक के दृष्टिकोण का ही नयापन है।

जिन्हें 'नयी कहानी' शब्द से चिढ़ है, उनके लिए ये कहानियाँ एक चैलेंज हैं। कमल जोशी की और भी ऐसी ही कहानियाँ हैं, जिनकी पृष्ठभूमि में नयी और पुरानी कहानी की दिशा, धारा एवं नये और पुराने कहानीकार की कला-सम्बन्धी आधारभूत मान्यताएँ परखी जा सकती हैं। पुराने कहानीकार के कटु से कटु यथार्थ में भी कहीं-न-कहीं आदर्श का एक ऐसा पुट ज़रूर है जो उसे घुमा-फिराकर नयी लकीरें नहीं खींचने देता, परन्तु कमल जोशी में और प्रकारान्तर से नये कहानीकारों में सर्वत्र इन परम्पराओं को तोड़ने और नयी मर्यादाएँ क़ायम करने की प्यास है। इसलिए वह कठोर से कठोर सत्यों को भी उसी अहसास से चित्रित करता है, जिससे उन्हें देखता है। कठोर को कोमल या कटु को मधुर करने के लिए वह मनोविज्ञान को कथागत परिस्थितियों एवं संवेदनाओं के अनुरूप नहीं ढाल लेता, बल्कि मनोविज्ञान के वास्तविक परिपार्श्व में ही वह उनका यथार्थवादी रूपों में चित्रण एवं आकलन करता है।

इस दृष्टि से 'नर्स' शीर्षक कहानी कमल जोशी की दूसरी बड़ी उपलब्धि है, जिसमें विमाता वीणा के माध्यम से उन्होंने आज के सामाजिक परिवेश में लिपटी उस परिवर्तित और प्रबुद्ध नारी को चित्रित किया है जो अपने विचारों में बहुत बदल चुकी, पर संस्कारों में अभी वही है; उन्हीं मानवीय दुर्बलताओं से युक्त।

मैंने अभी नये कहानीकार की नयी रूढ़ियों के निर्माण करनेवाली बात कही थी कि वह इसके लिए कितना आतुर है। फलतः त्वरा में वह कहीं-कहीं संयम भी खो बैठता है। मगर कमल जोशी की सधी हुई क़लम से कहीं भी यह शिकायत नहीं की जा सकती। उनकी कहानियों के पात्र इसके जीते-जागते प्रमाण हैं। वे हमारी-आपकी तरह मामूली लोग हैं, बेबसी में जीते-घुटते और हँसते-रोते हैं। वे समाज से विद्रोह कर हमें मुक्ति का मार्ग नहीं दिखलाते, बल्कि हमें हमारी विकृतियों और कमज़ोरियों का अहसास करते हैं और इसके पीछे, यदि देखा जाये, तो एक बड़ी सांकेतिक और सच्ची प्रेरणा छिपी है।

इसी सम्बन्ध में एक और ध्यान देने योग्य बात यह है कि कमल जोशी ने अर्थ-व्यवस्था के आधार पर बनते-बिगड़ते या बदलते समाज को चित्रित नहीं किया, बल्कि उससे प्रभावित मानव-वृत्तियों का चित्रण किया है। एक वाक्य में 'ब्रह्म और माया' की कहानियाँ समाज-विश्लेषण से अधिक व्यक्ति-मनों का विश्लेषण करती हैं। ये व्यक्ति पूँजीपति भी हैं, भिखारी भी, क्लर्क भी हैं और बुद्धिजीवी वर्ग के लोग भी।

सामान्य दृष्टि से देखने पर लगता है कि लेखक आज के युग की अर्थ-व्यवस्था के घातक परिणामों से अप्रभावित है; पर वास्तव में ऐसा है नहीं। यदि होता तो वह 'नायक-नायिका' शीर्षक कहानी में निहित व्यंग्य इतनी समर्थता से न कर पाता। यद्यपि प्रत्यक्षतः यह कहानी चड्ढा-दम्पति का मनोविश्लेषण है (और है), किन्तु उनकी वे मानसिक-ग्रन्थियाँ भी तो अन्ततोगत्वा अर्थ-सम्बन्धों के आधार पर ही हैं। प्रस्तुत कहानी में लेखक एक ओर जहाँ यह संकेत करता है कि आधुनिकता ने हमारे सांस्कृतिक जीवन के सूत्रों को विच्छिन्न कर दिया है, वहीं दूसरी ओर वह

यह भी ध्वनित कराता है कि धन का नशा किस प्रकार हमारी वृत्तियों को असामान्य एवं कठोर बना देता है।

व्यंग्य का यही उत्कर्ष 'वैनिटी' शीर्षक कहानी में है। अपने प्रतिपाद्य को अधिक तीव्र और प्रेषणीय बनाने के लिए कमल जोशी व्यंग्य का प्रयोग करते हैं—सिर्फ़ कौतुक या चमत्कार के लिए नहीं। असंगति, चाहे वह पूँजीपति वर्ग में हो चाहे निम्न मध्यम वर्ग में, कमल जोशी के कलाकार को सह्य नहीं। 'वैनिटी' आर्थिक शिकंजों में कसे हुए निम्न मध्यवर्गीय परिवार के मिथ्या दम्भ और खोखली मनोवृत्तियों की कहानी है, जिसके पीछे लेखक की स्पष्ट सामाजिक चेतना मुखरित है। ये तथा कमल जोशी की अन्य सभी कहानियाँ पढ़कर पहला प्रभाव (जिसे मैं काफ़ी बाद में बता रहा हूँ) यह पड़ता है कि उसका क्षेत्र वास्तव में मनोविज्ञान है।

'चार के चार' के बाद 'ब्रह्म और माया' की कहानियों ने मेरे इस विश्वास को और दृढ़ किया कि कमल जोशी का मनोवैज्ञानिक चित्रण प्रेमचन्द से लेकर अब तक के कहानीकारों में विशिष्ट है। मानव-मन का जैसे राई-रत्ती ज्ञान उन्हें है। प्रस्तुत संग्रह की 'शीराज़ी' कहानी को मैं उदाहरण-स्वरूप प्रस्तुत करता हूँ। इतनी उलझी हुई मानसिक स्थिति को इतनी सफ़ाई से चित्रित कर पाना किसी साधारण कलाकार का काम नहीं हो सकता। शीराज़ी नहीं जानती कि जिस नाटककार की कृतियों से वह चिढ़ती है, उसी से किस क़दर आक्रान्त है।

इस असाधारण मनोवैज्ञानिक सजगता का ही परिणाम है कि जोशी के पात्र या कथानक कहीं भी बहके नहीं हैं। उन्होंने कहीं वास्तविकता का साथ नहीं छोड़ा है, वरना मनुष्य की आधारभूत प्रवृत्तियों को लेकर लिखी गयी कहानियों में भटकने की बहुत गुंजायश थी। 'बेटे का बाप', 'ममता का बन्धन', 'ब्रह्म और माया' तथा 'कल्याणी' शीर्षक कहानियों को आप इसी सन्दर्भ में पढ़िए—कटु यथार्थों के बीच भी इन सबमें लेखकोचित ईमानदारी झलकती दिखाई देगी।

'बेटे का बाप' में यदि नारी की सेक्स और सुरक्षा की भावना उसके मातृत्व से भी बढ़ी-चढ़ी है, तो इसलिए नहीं कि लेखक की यही मान्यता है, बल्कि इसलिए कि वह नारी का एक 'टाइप' है। 'ममता का बन्धन' में नारी का सेक्स पक्ष उसके मातृत्व-भाव के सम्मुख गौण चित्रित किया गया है। राधा का नन्दू के प्रति आकर्षण दैहिक कारणों से नहीं, बल्कि इसलिए है कि वह कभी उसके बच्चे के सामने यह प्रकट नहीं होने देना चाहती कि वह उसकी वास्तविक माँ नहीं है।

'ब्रह्म और माया' में पुरुष के अत्याचारों से सन्त्रस्त मूक असहाय नारी का चित्र यदि हृदय को द्रवित कर करुणा जगाता है, तो 'कल्याणी' में घृणा पी-पीकर पागल हो जानेवाले आदमी के प्रसंग में नारी की चिरममत्वशील, समझौतावादी और सेवामयी प्रवृत्तियाँ, हमारी श्रद्धा को झकझोरती हैं। कमल जोशी ने नारी को अनेक रूपों में चित्रित किया है। वह पुरुष की प्रेरणा भी है, बल भी, और शिकार भी।

'ब्रह्म और माया' में दस कहानियाँ हैं, जिनमें-से अन्तिम 'चुटकुला' को छोड़कर शेष सभी में एक-एक नारी पात्र प्रमुख रूप से है। शरत् के नारी पात्रों की तरह कमल जोशी के नारी पात्रों का भी उनकी कहानियों में विशिष्ट स्थान है। 'कस्तूरी मृग' की निर्मला, 'ममता का बन्धन' की राधा, 'नर्स' की वीणा और 'ब्रह्म और माया' की गोमती का चरित्र अविस्मरणीय ढंग से चित्रित हुआ है।

मुझे तो लगता है कि प्लाट या कथानक पर कमल जोशी की दृष्टि रहती ही नहीं। वह तो उनके लिए अपने चरित्रों को उभारने और उन्हें विभिन्न मनोवैज्ञानिक दृष्टिकोणों से देखने का एक साधन-मात्र है। ऐसा लगता है कि उनके पात्र उनके कथानक को आकार देने के लिए नहीं, बल्कि उनका कथानक ही उनके पात्रों को अधिक मूर्त्त रूप देने के लिए प्रयुक्त होता है। अपने पात्रों को पहले दिमाग़ में रखकर वे कथानक की सृष्टि करते हैं, फलतः उनकी कलात्मक सूझ-बूझ तथा शिल्पगत सावधानी के बावजूद उनके कथानक अपेक्षाकृत कमज़ोर हैं। इसीलिए उनकी कहानियों के घटना-साम्य पर लोगों ने तरह-तरह के आक्षेप भी किये हैं। क्योंकि किसी पात्र को दिमाग़ में रखकर कथानक खोजने में प्रायः किसी जानी-अनजानी अथवा पढ़ी हुई घटना की छाया पड़ जाया करती है।

भाषा के विषय में केवल इतना कहना है कि कमल जोशी का नाम हिन्दी के चुनिन्दा कहानीकारों में आता है। फ़तवे देने के लिए मैं यों भी बदनाम हूँ, पर यह सही है कि नये लेखकों में कमल जोशी-जैसी भाषा लिखनेवाले दो-एक ही हैं। छोटे-छोटे वाक़्यों-द्वारा कठिन से कठिन भावों की व्यंजना कराने में कमल जोशी सिद्धहस्त हैं। 'वैनिटी' शीर्षक कहानी का एक अंश देखिए—नयी बहू घर में आयी है : "गत उत्सव की धूमधाम दो-तीन दिन और रही। फिर धीरे-धीरे मकान खाली होने लगा। ज्वार का जल उतर जाने पर पुष्पा को यह देखने का संयोग मिला कि नदी की वास्तविक सीमा कितनी है।" इस वाक्य से कमल जोशी ने वह सब कह दिया जो कि उन्हें कहना था। और कुछ दिनों बाद जब पुष्पा उस घर की स्थिति से और भी परिचित हो जाती है, तो उसे व्यक्त करने के लिए कमल जोशी ने डेढ़ पंक्तियों का एक पैराग्राफ़ और बनाया—"पुरानी दीवार की सस्ती सफ़ेदी फ़ीकी पड़ते ही यहाँ-वहाँ दरारें नज़र आने लगीं।" इस एक वाक्य द्वारा लेखक उस घर की आर्थिक स्थिति का सारा ढाँचा जैसे खोलकर रख देता है।

मैं पूरे विश्वास के साथ कह सकता हूँ कि प्रस्तुत संग्रह कमल जोशी के समस्त कहानी-संग्रहों में ही श्रेष्ठ नहीं है, बल्कि हिन्दी के कहानी-संग्रहों में भी विशिष्ट स्थान बनाकर रहेगा।

मार्कण्डेय

सचेतन ज्ञान एवं विस्तृत अनुभव-प्राप्ति की आकुलता *

संग्रह का नाम पढ़ते ही एक झटका लगता है। कहीं ऐसा तो नहीं कि किसी धर्म-निरपेक्ष राज्य में हिन्दुओं के देवता विष्णु की पत्नी को क़ैद कर लिया गया! और लेखक इस झटके से अवगत है, इसलिए कहानी शुरू करते ही वह कहता है, 'ज़रा ठहरिए, यह कहानी विष्णु की पत्नी के बारे में नहीं' किसी ऐसी लड़की के बारे में है, जो अपनी क़ैद से छूटना चाहती है और जिसे सिर्फ़ वही जानता है। इस तरह लेखक पाठक को एक रहस्य का नुस्ख़ा पकड़ाकर कहानी प्रारम्भ कर देता है। यही चमत्कार राजेन्द्र यादव की कहानियों की विशेषता है। चाहे वह जिस रूप में आये, चरित्रों के निर्माण में, घटनाओं की बुनावट में, कथानक के तोड़-मरोड़ में अथवा शिल्प के चक्करमय घेरों में, वह आयेगा, और कहानी के स्वाभाविक, सरल भाव-बोध को किसी-न-किसी तरह विनष्ट कर देगा।

यह कहते हुए मेरे आगे कथा-आलोचक की सामाजिक उपयोगिता अथवा कथा-विवेचन की धराऊ शब्दावली नहीं है, वरन् एक उस पाठक का दृष्टिकोण है, जिसकी रुचियाँ कला-विवेचना द्वारा प्रदत्त आग्रह से मुक्त हैं। किसी भी कहानी में जो है; उसी के आधार पर उसका विश्लेषण एवं परीक्षण हो, न कि जो नहीं है, उसकी दुहाई दी जाये। इसलिए 'जहाँ लक्ष्मी क़ैद है' की कहानियों में जो तत्त्व हमारी मानसिक संगति में अन्य लेखकों की कहानियों से अलग एवं नये प्रकार के बैठते हैं, उसी को हम इस संग्रह की विशेषता मानेंगे। जैसे ऊपर कहा गया है, चमत्कार उन विशेषताओं में प्रमुख है।

कई लोगों का मत है कि कला एवं साहित्य में चमत्कार एक बहुत ही घटिया वस्तु है। लेकिन अगर किसी बहके हुए मन को कोई अनोखा प्रसंग ही कहानी की ओर खींच पाता है, तो उसके लिए चमत्कार का उपयोग हीन नहीं माना जाना चाहिए। रेलगाड़ियों में चलनेवाले एजेण्टों अथवा भिखमंगों का गायन तथा वास्तविक व्यापार ठीक उसी प्रकार की दो वस्तुएँ हैं, जैसे चमत्कार और कहानी, लेकिन कहानी का अभिप्राय उस चमत्कार से सिद्ध होना चाहिए, जैसे गायन से मुसाफ़िरों का ध्यान गायक की ओर आकृष्ट हो जाता है। शान्त एवं सम्पन्न बैठे हुए आदमी से कोई बात कहने के पहले यदि आप गाना छेड़ दें, तो परिस्थिति के भयंकर हो उठने का ख़तरा पैदा हो जायेगा। लेकिन ट्रेन में गाना सुनते-सुनते एकाएक मंजन अथवा काजल का लम्बा-चौड़ा, उबाऊ विज्ञापन आप सहज ही निगल जाते हैं और उसमें कोई ऐसी अस्वाभाविकता आपको नज़र नहीं आती।

* जहाँ लक्ष्मी क़ैद है : राजेन्द्र यादव

इसमें तनिक भी सन्देह नहीं कि राजेन्द्र यादव अपने पाठकों को ही नहीं, वरन् उस वर्ग को भी अच्छी तरह समझते हैं, जिसकी भाव-सम्पदा से उनकी कहानियों के कथानक निर्मित होते हैं। निम्नमध्यवर्ग का जीवन ट्रेन के मुसाफ़िर के जीवन के अतिरिक्त और है ही क्या! शोर-शराबे में साइकिल पर लुढ़कता-पुढ़कता घर से दफ़्तर और दफ़्तर से घर। अशुचिताएँ, अमंगल, रोग, गन्दगी, सब-कुछ वैसा ही, जैसा एक तीसरे दरजे के डिब्बे में आपने देखा होगा। ऐसे जीवन को क्षण-भर के लिए रोककर कथा-साहित्य की बात कर लेना उतना आसान नहीं है। जीवन की इस बहुविधि व्यस्तता से भरी मानसिक बनावट का सचेतन ज्ञान एवं विस्तृत अनुभव हमारे आज के कथा-साहित्य में विरल है। कतिपय आलोचक फ़तवेबाज़ियों के रोग से पीड़ित होने के कारण 'यथार्थ', 'अनुभूति' से लेकर 'भींग जाने' और 'गीले होने' के स्वर में अपना राग अलापते हैं, पर वास्तविकता यह है कि हमारे जीवन की विकसित मानसिक एवं भौतिक परिस्थितियों को देख पाने की लेश-मात्र क्षमता उनमें नहीं है।

ऊपर मैंने 'सचेतन ज्ञान एवं विस्तृत अनुभव' की बात कही है। राजेन्द्र यादव की कहानियों में इसी की प्राप्ति की आकुलता है। चमत्कार द्वारा कथा में उत्सुकता पैदा कर ट्रेन के गायक की तरह दवा की शीशियाँ बेच लेने की कला में वे असफल हैं, क्योंकि गायक की चेतना में गाने और शीशियाँ बेचने का सचेतन ज्ञान है और राजेन्द्र यादव में नहीं। वास्तविकता यह है कि राजेन्द्र यादव की मानसिक रचना उस वर्ग की आत्मीयता में इतनी जकड़ी हुई है कि वह उससे ऊपर उठकर सचेत द्रष्टा का गौरवपूर्ण स्थान नहीं प्राप्त कर पाती।

'जहाँ लक्ष्मी क़ैद है' के पूरे प्रारम्भिक अंश के रचना-शिल्प में इसी अचेतन ज्ञान के कारण उलझन और चक्करदार, असफल कथा-शिल्प दिखाई पड़ता है, जो पाठक को उबा देता है।

कथा-शिल्प एवं वस्तु-संयोजन की यह ख़ामी राजेन्द्र यादव की इस संग्रह की सबसे अच्छी कहानी, 'एक कमज़ोर लड़की की कहानी' में भी पाठक को चिढ़ाती चलती है। एक अनूठे प्रयोग के चमत्कार के कारण उनका बीच-बीच में टपक पड़ना और बेतुकी टिप्पणियाँ तथा शीर्षक लगाना कहानी के सौन्दर्य-बोध को क्षीण कर देता है। जहाँ तक इस कहानी में भाव-वस्तु के संयोजन, पूर्व चिन्तन तथा डीटेल की बात है, राजेन्द्र यादव ने अपने कथाकार की क्षमताओं का अद्‌भुत परिचय दिया है। यद्यपि सविता राजेन्द्र यादव की टिपिकल लड़की है, जिसकी प्रमोद के साथ प्रारम्भिक चुहल का चित्रण कुछ थोड़े-से स्वाभाविक प्रसंगों के अतिरिक्त भोंड़ा और थका देने वाला लगता है, पर विवाहित सविता की ज़हर देने के प्रस्ताव के बाद की मानसिक स्थिति का वर्णन इतना सफल है और वास्तविक लगता है कि उसे आसानी से भुलाया नहीं जा सकता।

इस कहानी में राजेन्द्र यादव का अपना रंग खुलकर सामने आता है। शुरू से आखिर तक चमत्कार, शिल्प में, वाक्य-रचना में, घटनाओं के चयन में, पात्रों के चुनाव में, सर्वत्र एक कृत्रिम मनोवेग का ऐसा उत्साह है, जो पाठक को हर ओर से आवेष्ठित कर लेता है। ज़हर देने की हास्यास्पद बात चलाकर ही लेखक सन्तुष्ट नहीं होता, वरन् उसकी परिणति में कथा का अन्त करके जिस नक़ली भावावेग की सृष्टि पाठक के लिए कर देता है, वह असली से कहीं अधिक अर्थपूर्ण हो उठती है।

इस संग्रह की तीसरी पठनीय कहानी 'लंच टाइम' है। लेकिन इसमें आग्रहपूर्ण वर्णन और

डीटेल का चमत्कार इतना कड़ुआ है कि लेखक की जीवन-दृष्टि का आरोप स्पष्ट लक्षित होने लगता है, जो किसी भी कलाकृति के लिए हानिकारक है। वैसे इसे विद्रूप की एक सफल झाँकी के रूप में देखकर चाहे लेखक के जीवन-दर्शन सम्बन्धी अहं की तुष्टि हो गयी हो, पर कलात्मक निर्माण की दृष्टि से यह रचना सामान्य स्तर का ही परिचय देती है।

द्रष्टा की सहज आकुलता और जीवन-दर्शन की प्रारम्भिक खोज के कारण राजेन्द्र यादव की इन कहानियों के समन्वित प्रभाव दिशाहीन हैं, लेकिन उनकी यह आकुलता ही अपने में कम महत्त्वपूर्ण नहीं है।

'कुत्तों', 'कुतियों' और 'पिल्लों' की प्रतीकात्मक अनुभूति लेखक में तीव्र जान पड़ती है। इसमें 'पिल्ला' का व्यंग्य अनावश्यक, टेढ़ी-मेढ़ी, दूरगामी बातों के बाद भी सधा हुआ लगता है, पर सारी कहानी को पढ़ने में जो श्रम करना पड़ता है, उससे ख़ासी झुँझलाहट होती है।

इसके अतिरिक्त अन्य कहानियाँ या तो पढ़ी नहीं जातीं या पढ़ने पर संग्रह के लिए भरती की सामग्री लगती हैं।

प्रस्तुत संग्रह की भूमिका 'ओवरहियरिंग' लेखक की उक्त मानसिक रचना का सही चित्र प्रस्तुत करती है। वैचारिक उपलब्धियों के मार्ग में एक भटके हुए राही का वास्तविक ज्ञान छोड़कर मंज़िल की बात करनेवाला जैसे बहुत सारी हास्यापद बातें करता है, कुछ वैसी ही है यह भूमिका, अपने रूप-विधान में भी और वस्तु-विचार में भी। बहुत सारी फ़िज़ूल की बातों में न जाकर सिर्फ़ इतना ही कहना ठीक होगा कि लेखक जिस प्रत्यक्ष अनुभव के लिए लेखकों को वर्ण्य-वस्तु के क्षेत्र में देखना चाहता है, वही मात्र प्रत्यक्षदर्शी का अनुभव उसकी कहानियों का सबसे बड़ा दोष है। लेखक मात्र देखकर नहीं लिखता। अनुभव-तन्त्र की कई बातें पुरानी ही नहीं, कई स्तरों पर कथन के रूपों में ग़लत धारणाओं के आग्रह को जन्म देने लगी हैं। जीवन के विस्तृत अनुभव कथाकार के लिए ज़रूरी हैं, पर यही विस्तृत अनुभव कथाकार नहीं बनाते। कथाकार के लिए व्यापक अनुभव का सचेतन परिज्ञान ज़रूरी है। लेकिन प्रसन्नता की बात है कि 'जहाँ लक्ष्मी क़ैद है' की कुछ-एक कहानियों में जागरूक अनुभव की धुँधली दृष्टि परिलक्षित होने लगी है।

●

हृषीकेश

मध्यवर्ग के पारखी *

नये कहानीकारों में इन दिनों कई-कई जातियाँ और उनकी रस्में हैं। बचपन में एक कहानी पढ़ी थी—शहर और गाँव की बातचीत। आधार था कि दोनों में बड़ा कौन? दोनों के तर्क अलग-अलग थे, बेजोड़। आज के कहानीकारों में बड़प्पन का कुछ वैसा ही बाँट-बखरा हो गया है, और अब तो क़स्बा भी साझीदार है। इसके अलावा स्थानीय रंग और आंचलिकता का मुलम्मा भी चढ़ गया है, और प्रवृत्तियों में खास हैं कुण्ठा पूजा, बौना-मानव-दर्शन, दर्द या पीड़ा का सत्य, शरच्चन्द्रियन गुनगुनी प्रणय-लीलाएँ। एक से एक चालू पीर महन्त हैं; उनकी चोरी और मठ हैं। इनके बीच अमरकान्त नहीं मिलते। हमें तो यही मालूम है कि व्यंग्य स्वस्थ मन से उपजता है। मॉर्बिडो को छुलने-छिजने से ही फ़ुरसत नहीं। स्वस्थ व्यंग्य की पहचान है गहरी सामाजिक चेतना, कठोर आत्मबल, उत्कृष्ट रसिकता के साथ हास्य संस्कार। यह सामाजिक चेतना खीझ और बेचैनी से आक्रान्त नहीं होती, आत्मबल निरा वैयक्तिक, आत्मपरक नहीं होता, रसिकता निर्लज्ज और हास्य हास्यास्पद नहीं होता। इसमें एक अजब प्रकार की तेजस्विता, स्फूर्ति और चुस्ती होती है।

'ज़िन्दगी और जोंक' की कहानियाँ पढ़ने पर यह बात ग्रहण की जा सकती है कि अमरकान्त किसी भी बिन्दु पर हत-चेतना के पूजक नहीं हैं। यद्यपि उनमें अभी नवोदित कलाकार की सीमाएँ हैं, फिर भी वर्तमान सामाजिक ढाँचे के गिरते-टूटते प्रकोष्ठों को उन्होंने विध्वंस और नाश की एकांगी चेतना से खण्डहर नहीं बनाया है प्रत्युत उनमें भावी का वरदान देखा है। उपलब्ध की दृष्टि चाहे पैनी न बन पायी हो पर आशय संशयात्मक कदापि नहीं। दृष्टि, अगर आशय मालूम हो तो, निर्माण-प्रक्रिया द्वारा परिपक्व होगी, और वह काफ़ी समय लेगी। मध्यवर्ग, जिसके अमरकान्त पारखी हैं, अपनी स्थिति में आज न घर का न घाट का है। औक़ात औसत, हौसले असीम। असंगतियों और अन्तर्विरोधों में टूक-टूक होता हुआ ध्वस्त, जर्जर, जल में खड़े विशाल पोत की तरह जिसके पेंदे में छेद होने पर हम ऊपर वार्निश करना शुरू करते हैं, पोत को डूबने से बचाने के लिए पानी उलीचते हैं, वश चले तो छेद मूँदने का भी प्रयास करते हैं। मगर पोत के डूबने में सन्देह नहीं रह जाता क्योंकि तब तक पेंदे में और कई छेद निकल आते हैं। वह जलमग्न हो ही जाता है। अमरकान्त ने हू-ब-हू यही बात अपनी कहानियों में कह नहीं दी है बल्कि उसके पहलुओं को चित्रित किया है जिसके आसार नज़र आ रहे हैं। सारी बात केवल नौ कहानियों में नहीं उतारी जा सकती। लिखना अभी उन्हें बहुत है।

---

* ज़िन्दगी और जोंक : अमरकान्त

संग्रह की पहली कहानी 'डिप्टी-कलक्टरी' आज के मध्यमवर्गीय प्रत्येक व्यक्ति की आकांक्षा की सीमाएँ दिखाती है। स्थिति झूठी है, अनिश्चित है, अभावग्रस्त है, भविष्य का कोई तय नहीं और इन्हीं खुशियों के सहारे बड़े-बड़े सपने देखने के निरर्थक प्रयास हैं, ज़िन्दगी जुआ है। नारायण वह शक्ति है जिसका शिक्षित होना ज़रूरी समझा जाता है पर उसे पैर रखने और जमने का ज़रिया नहीं। वह क्लर्क भी हो सकता है, बड़ा अफ़सर भी हो सकता है, बेकार भी रह सकता है, सब संयोगाधीन है। फलतः मुख्तार साहब डिप्टी के पिता, उनकी स्त्री डिप्टी की माँ, बहू डिप्टाइन बनने की लम्बी साध में, एक भयंकर मिथ्या के शिकार हैं। 'डिप्टी-कलक्टरी' में मध्यवर्गीय जीवन को एक व्यापक स्तर पर हौसले का श्लाघनीय प्रयास अमरकान्त ने किया है, इतनी विभिन्न स्थितियों का ज़िक्र है कि उसे फैलाकर ही देखा जा सकता है। जूझने, संघर्ष करने के मर्म को बड़ी तन्मयता से उतारा गया है और अमरकान्त की इसी तन्मयता ने, 'टू द लास्ट मोमेण्ट फ़ाइट' का सबसे ज्वलन्त चित्रण उनकी प्रख्यात रचना 'ज़िन्दगी और जोंक' में कराया है। याद नहीं, 'स्ट्रग्ल' या 'फ़ाइट' शब्दों में जो अर्थवत्ता है, अर्थात् जीने की जो उद्दाम कामना है, इस विषय को लेकर लिखी 'ज़िन्दगी और जोंक' से अच्छी कहानी मैंने पढ़ी या नहीं, किसी विदेशी साहित्य में भी, यों रचनाएँ होंगी ही। क्षुद्रतम व्यक्ति भी दुर्दमनीय परिस्थितियों में किस तरह जीवन को वरेण्य मानता है और अन्तिम दम तक जीने का मोह, मोह नहीं अभिलाषा, त्याग नहीं पाता—इसे अमरकान्त ने 'ज़िन्दगी और जोंक'-जैसी गौरवशाली रचना में परिभाषित किया है। वह हिन्दी कहानियों में गोपाल या रजुआ या रजुआ साला या रजुआ भगत, निरपराध पिटता है। व्यक्तियों के स्वार्थ ने उसका सामाजीकरण कर दिया है। वह सदा उत्फुल्ल मुद्रा में रहता है चाहे औरतों से दिल्लगी करते समय, पगली के साहचर्य में, भगताई में, हैजे में, खुजली में यानी अपने तन में चिपकी प्रत्येक विभीषिका में और जब वह मौत की भीषण छाया के बीच घिरा है तब भी पत्र लिखाकर सिर पर कौए के बैठने से आनेवाली असुभन मौत को टोटका करके भगा देने को तत्पर है। पता नहीं वह समाज का नागरिक है या नहीं पर जीवन की उपयोगिता समझने की उसकी लालसा अद्भुत है।

नौ कहानियों में रोमान्स की, वह भी कच्ची उम्र में विवाहित दो अर्धसंस्कृत सुशिक्षितों की एक ही कहानी है चमत्कार से परिपूर्ण 'सन्त तुलसीदास और सोलहवाँ साल।' कम उम्र में विवाह हो जाने पर विद्यार्थी जीवन में आनेवाले अवरोध की एक बहुप्रचलित धारणा पर चुटकी ली गयी है। यह कहानी, रूमानियत की मीठी चुटकियों के साथ हास्य-व्यंग्य की एक सफल रचना बन पड़ी है। 'सवा रुपये' के बाबा का रेखाचित्र अपने-आप में विशिष्ट है। सहसा प्रेमचन्द की 'बूढ़ी काकी' और 'बूँद और समुद्र' की ताई-जैसे पात्रों की याद ताजा हो जाती है। बाबा के चरित्र में सार्वजनीनता है। 'नौकर' नामक कहानी का जन्तु उस रजुआ की तरह कुछ-कुछ है जिससे अपनी सुविधा के लिए मालिक काम लेने में आपत्ति नहीं मानता भले ही वह असमर्थ असहाय हो। जन्तू नौकर के नाम पर जन्तु बन गया है। 'केले, पैसे और मूँगफली' में दैनन्दिन जीवन की नियमितता, पारिवारिक जीवन की छोटी-मोटी समस्याओं के नैरन्तर्य की झाँकी है। इसे समस्यामूलक कहानी का स्वरूप माना जा सकता है क्योंकि इसमें मध्यमवर्ग के जीवन के एक 'सिलसिलेपन' को काफ़ी बारीकी से व्यक्त किया गया है जिसकी रफ़्तार हमेशा पुरानी रहती है। इसी क़िस्म की दूसरी कहानी एक और है 'दोपहर का भोजन' जो ज़्यादा तीखी, स्पष्ट और प्रौढ़ है। अज्ञेय की सफल रचना

'रोज़'-जैसी घुटन, निस्सारता और उदासीनता इस रचना में अंकित हुई है। पूरी कहानी में एक वातावरण बनता है जो अन्त के दो पैराग्राफ़ में पूर्णतया घनीभूत हो उठा है। यह प्रस्तुत संग्रह की अच्छी कहानियों में एक है। 'इण्टरव्यू' इसी शीर्षक से लिखी जानेवाली बहुत सारी कहानियों से इस अर्थ में भिन्न है कि जहाँ अन्य कहानियों में किसी एक व्यक्ति के अनुभव को, वह भी उसकी असफलता में दर्शाया जाता है, इस कहानी में इण्टरव्यू में शामिल होनेवालों का सामूहिक अनुभव है जो इण्टरव्यू में जाते तो हैं पर एक प्रतिशत भी सफलता की उम्मीद से नहीं। इस कहानी में रोज़गारी के लिए झपटनेवाली भीड़ और इण्टरव्यू के अन्दर भ्रष्टाचार, अनिश्चितता, मनमानापन और तज्जनित अपमान की स्थिति पर करारा व्यंग्य है। चुनाव योग्य व्यक्ति का नहीं, किसी और का ही होता है और वह भी गुप्त रीति से। कहानी को अधिक से अधिक मौलिक बनाने का प्रयत्न है फिर भी कुछ स्थलों में बड़ी ही आम बात कही गयी है जिसे शायद सभी जानते हैं—जैसे इण्टरव्यू से आनेवालों से पूछना कि कौन-सा प्रश्न पूछा गया। कहानी के अन्तिम वाक्य की तो कोई ज़रूरत ही नहीं, गम्भीरता नष्ट हो जाती है। जब अत्याचार, जनता की बौखलाहट और क्रान्ति की बात स्वाभाविक ढंग से कह दी गयी तब भीड़ में किसी का इनक़लाब कर उठना (लेखक के ही शब्दों में, बल्कि शायद उसी की) उत्तेजना ही हो सकती है। संग्रह में चयन की दृष्टि से 'गले की ज़ंजीर' ऐसी कहानी है जो खप नहीं पाती। सस्पेन्स की कहानी तो है पर क़िस्सा बनकर रह गयी है। इसे लाइट स्टोरी कहना ही ठीक होगा। यह अवश्य है कि एक ख़ास तरह की मुसीबत में पड़े व्यक्ति और उसके सम्पर्क में आनेवालों की असन्तुलित निश्चय बुद्धि का पता चलता है।

●

नामवर सिंह

कालातीत कला-दृष्टि *

कहानी संग्रह 'परिन्दे' का प्रकाशन अब हुआ है, लेकिन निर्मल वर्मा की कहानियों की चर्चा एक अरसे से हो रही है। प्रायः सभी मानते हैं कि उनकी कहानियाँ गहरा प्रभाव डालती हैं। लेकिन ऐसा प्रभाव उत्पन्न करनेवाली कला का विश्लेषण अभी तक नहीं हुआ है; भावुकता, निराशा, एकरसता वग़ैरह की शिकायत अलबत्ता की गयी है। बेहतर है शुरुआत इस प्रभाव के विश्लेषण से ही हो।

यह सही है कि निर्मल की कहानियाँ गहरा प्रभाव छोड़ जाती हैं—यहाँ तक कि तमाम कहानियाँ लगभग एक-सा प्रभाव छोड़ती हैं और यह भी सही है कि इस प्रभाव के आगे न चरित्र याद रहते हैं और न घटनाएँ। लेकिन सवाल यह है कि क्या इनका याद रहना ज़रूरी है। पाठक के लिए ज़रूरी क्या है: प्रभाव या चरित्र आदि? जिन कहानियों के चरित्र आदि याद रह जाते हैं, क्या वे भी ऐसा प्रभाव डालती हैं? क्या यह सही नहीं है कि जिन कहानियों में विविधता के नाम पर ढूँढ़-ढूँढ़ के अजीबो-ग़रीब चरित्र लाये जा रहे हैं और अछूते जीवन-खण्ड पेश किये जा रहे हैं, वे प्रभाव के नाम पर या तो शून्य हैं या फिर केवल विस्मय जगाकर ही रह जाती हैं? ज़ाहिर है कि ये कहानीकार कहानी के प्रभाव की जगह सिर्फ़ अपना प्रभाव पैदा करना चाहते हैं।

चरित्र वहीं याद आते हैं, जहाँ भाव कमज़ोर होता है और शिल्प प्रबल; दूसरे शब्दों में, जहाँ कहानी के ढाँचे में दरार रहती है। और साफ़ है कि ऐसी दरारोंवाली कहानी अभीष्ट प्रभाव उत्पन्न नहीं कर सकती। अचम्भा तो इस बात का है कि जीवन-विविधता की इस दौड़-धूप में कहानीकारों के हाथ से यह परम्परागत बुनियादी सिद्धान्त भी छूटता जा रहा है कि कहानी का लक्ष्य 'प्रभावान्विति' है; चरित्र-कथानक आदि तो उसके साधन हैं।

निर्मल की कहानियों में प्रभाव की गहराई इसीलिए है कि उसके यहाँ चरित्र, वातावरण, कथानक आदि का कलात्मक रचाव है: कलात्मक रचाव स्वयं रूप के विविध तत्त्वों के अन्तर्गत, फिर वस्तु और रूप के बीच तथा स्वयं वस्तु के अन्तर्गत। पात्र अलग से इसलिए याद नहीं आते कि वे परिस्थितियों के अंग हैं। निर्मल के मानव-चरित्र प्राकृतिक वातावरण में किसी पौधे, फूल या बादल की तरह अंकित होते हैं, गोया वे प्रकृति के ही अंग हैं। 'परिन्दे' कहानी की छोटी-छोटी स्कूली लड़कियों तथा मीडोज़, झरने, झाड़ियों, फूलों, चिड़ियों में कोई अन्तर नहीं है। नीचे वे शोर करती हुई खेल रही हैं और दूर लतिका तक जो प्रभाव पहुँचता है उसमें झरने, चिड़ियों

---

* परिन्दे : निर्मल वर्मा

और लड़कियों के स्वर घुल-मिल गये हैं। निसर्ग एक है, जिसमें सारे भेद सहज ही मिट जाते हैं। एक हृदय है जो तमाम चीज़ों को रागात्मक सम्बन्ध में जोड़ देता है। कलाकार का एक स्पर्श है, जो सारे अनमेल तत्त्वों को एक 'रूप' में रच देता है।

इतने अधिक तत्त्वों को लेकर एक प्रभाव की सृष्टि करना आसान नहीं है। हर तत्त्व आकर्षक है, हर आकर्षण में भटकाव है और एक भी भटकाव प्रभाव को क्षीण कर सकता है। शायद संगीत ही ऐसी कला है जो प्रभावान्विति की दृष्टि से पराकाष्ठा है। और इसीलिए हर कलाकार की यह सबसे बड़ी आकांक्षा रही है कि उसकी कलाकृति संगीत की हद को छू ले। इस लक्ष्य की प्राप्ति के लिए चित्रकारों ने यदि चित्रकला को अधिक से अधिक ज्यामितिक रूपाकारों में बदलने की कोशिश की, तो कला में जैसे प्रतीकवादी कवियों ने भाषा की सीमा में रहते हुए भी कविता को संगीत बनाने का प्रयत्न किया। बहुत सम्भव है कि कहानी में 'प्रभावान्विति' को सबसे अधिक महत्त्व देनेवाले एडगर एलेन पो के ध्यान में भी कहानी को प्रभाव की दृष्टि से संगीत की हद तक पहुँचा देने की ही आकांक्षा रही हो, क्योंकि उसका भी कलात्मक आदर्श संगीत ही था। बहरहाल--

कहानी, प्रभाव-सृष्टि की दृष्टि से, संगीत की हद छू सकती है या नहीं मुझे नहीं मालूम; लेकिन इतना मालूम है कि निर्मल की कहानियाँ संगीत का-सा प्रभाव उत्पन्न करने में समर्थ हैं। आकस्मिक नहीं है कि उनकी अधिकांश कहानियों में संगीत का प्रकरण आता है। 'डायरी का खेल' कहानी में "चैपल के बरामदे में एक स्त्री खड़ी थी, संगमरमर-सी सफ़ेद, स्तब्ध, निश्चल...जिस पर फ़ीकी, पीली-सी चाँदनी गिर रही थी—पीछे बहुत धीमे सिसकता-सा प्यानो का संगीत-स्वर बहता-सा आ रहा था।" 'पिक्चर पोस्टकार्ड' कहानी में परेश "धीरे-धीरे जूक-बॉक्स के पास आया और कुछ देर तक उसके सामने खड़ा रहा। फिर उसने चवन्नी डालकर धीरे से बटन दबाया। रेकॉर्ड धीरे-धीरे ऊपर उठने लगा। जूक-बॉक्स के भीतर सितारे-सी लाल बत्ती जल उठी।" 'परिन्दे' कहानी में तो स्वयं एक चरित्र ही प्यानो वादक है, मि. ह्यूबर्ट।

"उसी क्षण प्यानो पर शोपाँ का नाक्टर्न ह्यूबर्ट की उँगलियों से फिसलता हुआ धीरे-धीरे छत के अँधेरें में घुलने लगा—मानो जल पर कोमल स्वप्निल उर्मियाँ भँवरों का झिलमिलाता जाल बुनती हुई दूर-दूर किनारों तक फैलती जा रही हों। लतिका को लगा कि जैसे कहीं बहुत दूर बर्फ़ की चोटियों से परिन्दों के झुण्ड नीचे अनजान देशों की ओर उड़े जा रहे हैं।"

निर्मल ने संगीत का चित्रण केवल चित्रण—वातावरण-चित्रण—के लिए ही नहीं किया है, बल्कि संगीत के उस राग-धर्म (हार्मनी) को भी व्यक्त किया है जिसके द्वारा विविध वस्तुएँ पिघलकर अपनी पृथक् सत्ता खोती हुई एक भाव-धारा में बदल जाती हैं। 'परिन्दे' की नायिका लतिका को चैपल में संगीत सुनकर "ऐसा लगा कि मोमबत्तियों के धूमिल आलोक में कुछ भी ठोस, वास्तविक न रहा हो—चैपल की छत, दीवारें, डेस्क पर रखा हुआ डॉक्टर का सुघड़-सुडौल हाथ—और प्यानो के सुर अतीत की धुन्ध को भेदते हुए स्वयं उस धुन्ध का भाग बनते जा रहे हों।"

राग-धर्म के अतिरिक्त निर्मल के यहाँ संगीत अनुभवों को भी अर्थ प्रदान करता है। ह्यबर्ट को लगा, "प्यानो का हर नोट चिरन्तन खामोशी की अँधेरी खोह से निकलकर बाहर फैली नीली धुन्ध को काटता, तराशता हुआ एक भूला-सा अर्थ खींच लाता है।"

ऐसा प्रतीत होता है कि संगीत-वर्णन निर्मल के लिए कहानी में केवल शोभा नहीं है बल्कि सम्पूर्ण रचना-प्रक्रिया ही संगीतधर्मी है। फ़रवरी-मार्च '59 की 'कृति' में 'सौन्दर्य की छायाएँ' शीर्षक निबन्ध में "उनका मौन प्यानो के भीतर का मौन है। हर चरित्र एक छोटा-सा 'नोट' है, एक मौन-बिन्दु से दूसरे मौन-बिन्दु तक उड़ता हुआ—प्रतीक्षारत। वे प्रतीक्षा करते हैं उँगली के स्पर्श की, हलके से दबाव की और इस दबाव के अनेक स्तर हैं।"

'मौन की चिरन्तन स्थिति' से 'अमूर्तलय' को बाहर निकालने के लिए 'उँगली का दबाव' निर्मल के अनुसार, कहानीकार की रचना-प्रक्रिया का पहला कर्त्तव्य है। कहना न होगा कि इस दबाव के द्वारा उन्होंने कहानी के रूप में एक 'राग' की 'रचना' की है जिसमें कहानी के सभी तत्त्व एकरस होकर एक अन्वित प्रभाव की सृष्टि करते हैं।

अब सवाल यह है कि यह प्रभाव क्या है, कैसा है, इसका रूप क्या है, इससे क्या भाव उत्पन्न होता है?

जैसा कि कुछ लोगों का कहना है, उनके मन में भावुकता उत्पन्न होती है। भावुक व्यक्ति किसी भी प्रभाव से भावुक हो सकते हैं। लेकिन इसका निर्णय कैसे हो कि भावुकता निर्मल की कहानियों में है या इन पाठकों में? प्रभाव चाहे जिसका हो लेकिन वह स्वयं कहानी नहीं हो सकता। यदि यह सच है तो यह भी उतना ही सच है कि अपने प्रभाव के अलावा कहानी को ग्रहण करने का दूसरा कोई साधन भी नहीं है। निर्णय स्वयं कहानी के हाथ है, क्योंकि वह केवल प्रभावित ही नहीं करती बल्कि विशेष रूप में प्रभावित करना चाहती है, और उस विशेष संकेत को जो पाठक पकड़ लेता है वह कहानी की आत्मा के सबसे निकट होता है, बल्कि रूपगत अन्त:सूत्रों को आपस में तुरन्त जोड़ भी लेता है और इस तरह उसके सामने कहानी के अधिक से अधिक क़रीब की प्रतिमा होती है।

निर्मल की अधिकांश कहानियाँ अतीत की स्मृति हैं, कहानी कहनेवाला बरसों बाद उन स्मृतियों को दोहराता है। 'डायरी का खेल' कहानी के अन्त में वाचक : नैरेटर कहता है: "आज उस बात को बीते अनेक साल गुज़र चुके हैं।" 'तीसरा गवाह' कहानी के वाचक मिस्टर रोहतगी भी बरसों बाद अपनी जवानी के दिनों की कहानी सुना रहे हैं। 'परिन्दे' की लतिका की दु:खान्त गाथा भी बरसों पुरानी है। स्मृति में भावुकता सम्भव है, किन्तु समय का अन्तराल तात्कालिकता के आवेग को काफ़ी कम कर देता है। ऐसा प्रतीत होता है कि तात्कालिक आवेग की भावुकता को कम करने के लिए ही, निर्मल समय का इतना अन्तराल दे देते हैं।

'डायरी का खेल' कहानी में वाचक कहता है : "किन्तु बिट्टो की स्मृति सेण्टिमेण्टल नहीं बनाती, वह अतीत का भाग नहीं है, जो कि याद करके भुलाया जा सके। हममें ऐसा कुछ होता है, जो न होकर भी संग-संग चलता है, जिसे याद नहीं किया जाता, क्योंकि उसे वह कभी नहीं भूलता।...अतीत समय के संग जुड़ा है, इसलिए चेतना नहीं देता, केवल कुछ क्षणों के लिए सेण्टिमेण्टल बनाता है। जो चेतना देता है, वह कालातीत है।"

इसके अतिरिक्त जो कहानियाँ अतीत की स्मृति नहीं हैं, उनमें कथा कहनेवाला पात्र सम्पूर्ण घटना से बहुत-कुछ असम्पृक्त है, सबका साक्षी है। 'अँधेरे में' कहानी कहनेवाला एक छोटा-सा बच्चा है, जो अपनी माँ के प्रेम की दु:खद कहानी का अबोध दर्शक है।

'माया का मर्म' तथा 'सितम्बर की एक शाम' कहानियाँ ऐसी हैं जिनमें घटना एकदम तत्काल की है और वाचक भी स्वयं भोक्ता है, किन्तु इन कहानियों के नायक वर्तमान से सहसा अपने को मुक्त करके स्मृतिहीन व्यक्ति बन जाते हैं। 'माया का मर्म' के नायक के शब्द हैं : "मैंने पहली बार बेरोज़गारी के इस लम्बे और उदास अरसे पर से दरिद्रता की राख को बिना दर्द के कुरेद दिया। जो अभाव की रिक्तता अब तक चुगती थी, वह अब भी है, किन्तु जैसे वह अपनी न रहकर परायी बन गयी है, जिसे मैं बाहर से तटस्थ भाव से देख सकता हूँ। जिसने अब 'छुट्टी' का सहज भाव अपना लिया है।"

वह खुली हुई प्रकृति के बीच आता है और फिर प्रकृति-प्रसन्न एक छोटी-सी बच्ची का साथ हो जाता है और नये वातावरण में उसे महसूस होता है—"मेरी उम्र कहीं बहुत पीछे छूट गयी···जैसे उसका कभी मुझसे वास्ता न रहा हो।"

'सितम्बर की एक शाम' का बेरोज़गार नायक भी घर से बाहर निकलते ही महसूस करता है कि "उसके पाँव पीछे कोई निशान नहीं छोड़ गये हैं—जैसे वह अभी जन्मा है। उसकी ज़िन्दगी की गाँठ अतीत के किसी प्रेत से नहीं जुड़ी है, इसलिए वह मुक्त है और घास पर लेटा है।"

'परिन्दे' की नायिका लतिका बेशक भावुक मालूम होती है, लेकिन उसकी भावुकता को कम करने के लिए साथ-साथ दूसरा पात्र डॉक्टर मुकर्जी आता है, जो कहानी समाप्त होते-होते सारी भावुकता को मिटाकर दूसरा ही प्रभाव उत्पन्न कर देता है। डॉक्टर स्वयं दु:खी है, किन्तु अपने दु:ख के प्रति अनासक्त-सा है। ज़िन्दगी के तजुर्बे ने उसे प्रौढ़मना बना दिया है। लतिका के बचकानेपन को भी ठहाके में उड़ा देता है, तो कभी ऐसे अनुभवपूर्ण वाक्यों द्वारा, जो परोपदेश की रुक्षता उत्पन्न करने की जगह स्वगत-संलाप की गम्भीरता पैदा करते हैं : "मरनेवाले के संग खुद थोड़े ही मरा जाता है" अथवा "किसी चीज़ को न जानना यदि ग़लत है, तो जान-बूझकर न भूल पाना, हमेशा जोंक की तरह उससे लिपटे रहना—यह भी ग़लत है।" और इस बीच अपने-आप धीरे-धीरे स्वयं लतिका में परिवर्तन होता है : "अब वैसा दर्द नहीं होता, सिर्फ़ उसको याद करती है, जो पहले कभी होता था।"

व्यथा की गहनता में निर्मल के पात्र ख़ामोश रहते हैं। उनकी ख़ामोशी व्यक्ति का अभिन्न अंग है। उनका मौन प्यानो के अन्दर का मौन है जिसकी एक-आध 'की' पर कभी-कभी लेखक की उँगली का हलका-सा दबाव पड़ता है। 'पिक्चर पोस्टकार्ड' का परेश ख़ामोश रहता है, 'तीसरा गवाह' के मिस्टर रोहतगी भी भीड़ के बीच काफ़ी ख़ामोश थे, यहाँ तक कि 'अँधेरे में' का छोटा-सा लड़का भी इस रोग से ग्रस्त है, क्योंकि उसकी हमउम्र-सी एक बच्ची के अलावा, जो कभी-ही-कभी आती है, उससे कोई बात करनेवाला भी नहीं है।

इस अनासक्ति और ऐसी तटस्थता के साथ निर्मल जब किसी करुण प्रसंग का चित्रण करते हैं तो भावावेग-रहित। 'डायरी का खेल' की बिट्टो चुपचाप रो रही थी, किन्तु "उनका स्वर इतना सहज, इतना शान्त था कि क़ितनी ही देर तक मैं जान भी न सका कि बिट्टो रो रही है, अपने ही में धीमे-धीमे···आँसू जो बिल्कुल ठण्डे, वंचनारहित होते हैं, जिनको बहाने से रोना नहीं होता, दु:ख से छुटकारा नहीं मिलता, जो हृदय को एक मर्मान्तक, घनीभूत पीड़ा में निचोड़ते हुए चुपचाप बूँद-बूँद गिरते हैं···"

इस प्रकार निर्मल की यह 'आत्मीयता' है "जो मानो हमें भिगोकर ख़ुद सुखी रह जाती है।" उन्होंने जो बात बिट्टो के लिए कही है, वह उनके लिए भी लागू करते हुए कही जा सकती है: "आइने की तरह उनके चेहरे पर वह सब कोई देख लेते, जो देखना चाहते, किन्तु उन्हें कोई नहीं देख पाता।"

इस सन्दर्भ में 1916 ई० में प्रमथ चौधरी को शरतचन्द्र द्वारा लिखे गये एक पत्र का यह अंश उद्धृत करने योग्य है—

"कोई-कोई अत्यन्त गम्भीर स्वभाव के लोग जैसे अपने दु:ख को भी कहने के समय एक ऐसे ताच्छील्य का पुट दे देते हैं कि अचानक लगता है कि वह किसी और के दु:ख की कहानी कह रहे हैं। मानो, इससे उनका कोई सम्बन्ध ही नहीं है। आप भी ठीक उसी तरह कहते हैं। घुमा-फिराकर कातरोक्ति कहीं भी नहीं है⋯पर जीवन की न जाने कितनी बड़ी ट्रैजेडी पाठकों के दिल पर चोट करती है। आपकी रचना की यह सहज शान्त मँजी हुई खिलने की भंगिमा ही मुझे सबसे अधिक मुग्ध करती है।"

भावुकता का निर्णय पाठकों के अपने-अपने मानसिक प्रभावों से नहीं होता। विचारणीय यह है कि स्वयं कृति में भावुकता है या नहीं, लेखक में कलागत संयम कितना है? भावात्मक संयम और कलात्मक संगति दोनों पर्याय हैं और जहाँ प्रभाव की गहराई है, वहाँ इनका होना निश्चित है।

यही कला-संयम है जिसके द्वारा जीवन की दु:खान्त स्थिति को भी निर्मल जिजीविषा और आशा से अनुप्राणित कर देते हैं। बिट्टो तपेदिक़ की मरीज़ है, उसे मृत्यु का भय बराबर बना है। उसका मृत्यु-भय इस हद तक पहुँच गया है कि, भय से अधिक जिजीविषा प्रकट होती है। ट्रेन में उसे नींद नहीं आती, क्योंकि डर है कि सोते में कहीं ट्रेन उलट न जाये और "मरने से पहले सोते रहना कैसा अजीब है?" गोया मृत्यु को आना ही है तो आँख खोलकर उसका सामना किया जाये। उसकी साध दुल्हन बनने की है लेकिन वह जानती है कि इस बीमारी के रहते वह कभी पूरी न होगी। एक दिन वह आह्लाद के-से स्वर में बब्बू से कहती है : "मरने से पहले बहुत जी भरकर जीना चाहिए, बब्बू।" "जैसे हम पहली बार जी रहे थे, जैसे हमसे पहले कोई न जिया हो।"

जीवन की यह लालसा एक ओर मृत्यु की भयंकरता को उग्र करती है तो दूसरी ओर अजेय जीवन-शक्ति का भी आभास दिलाती है। इसी प्रकार घोर से घोर निराशा की स्थिति में भी निर्मल स्थिति का अतिक्रमण करने का प्रयत्न करते हैं। 'माया का मर्म' का नायक बेरोज़गार है, बेकारी ने उसके अस्तित्व को इतनी गहराई तक प्रभावित किया है कि उसके लिए "मेरा सोचना मेरे ही-जैसा बेकार है," उसी नवयुवक की जीवन-दृष्टि को एक छोटी-सी घटना बदल देती है। वर्षा की शाम। काग़ज़ की नाव लिये एक छोटी-सी बच्ची मिलती है। साथ हो जाता है। बातें चल निकलती हैं। गँदले पानी का नाला है। बच्ची उसी में अपनी नाव डाल देती है और इस आशा से देखती है कि जैसे यह उसी लोक को जा रही है जिसका वर्णन उसने जीजी से कहानी में सुना था। घटना बीत गयी। बेकार वह इसके बाद भी रहा। लेकिन 'एम्पलॉयमेण्ट दफ़्तर' जाने की आदत छूट गयी। उस ज़िन्दगी में उसे बच्ची का सपना एक अर्थ देता रहा।

'पिक्चर पोस्टकार्ड' के परेश, निकी, सीडी तीन नवयुवक विश्वविद्यालय की शिक्षा समाप्त करके शहर दिल्ली में वक़्त गुज़ार रहे हैं। काम है : अख़बारनवीसी, आई. ए. एस. की तैयारी वग़ैरह। विद्यार्थी-जीवन की आदत के अनुसार विश्वविद्यालय का चक्कर भी लगा आते हैं और ख़ाली ज़िन्दगी की साथ-पढ़ी छात्राओं की बातचीत से मरने की कोशिश करते हैं। निरुद्देश्यता अपने असली रूप में मौजूद है। थककर रेस्तराँ में बैठे हैं। बातचीत अचानक यह मोड़ लेती है—

"क्या तुम कभी कॅम्युनिस्ट रहे थे?"

"तुमसे किसने कहा?"

"सीडी ने कहा था। लेकिन मैंने विश्वास नहीं किया। क्या यह सच है?"

"सीडी ने कहा था?"

"कुछ नहीं, मुझे सिर्फ़ उत्सुकता हुई थी। जानते हो, मेरा अभी तक किसी कॅम्युनिस्ट से वास्ता नहीं पड़ा। दूर से देखा है, लेकिन इतने पास से कभी नहीं, जितने तुम हो। परेश, क्या तुम सचमुच कॅम्युनिस्ट रह चुके हो?"

"निकी, अगर तुम्हारी बीती हुई उम्र के पिछले पाँच साल तुम्हें कोई लौटा दे, तो तुम क्या करोगे?"

"मैं आर्मी में चला जाता ।—परेश, मुझे एक बात का हमेशा दुःख रहेगा, पिछली लड़ाई में मैं बहुत छोटा था, वरना मैं ज़रूर जाता।"

बातचीत के इस आकस्मिक टुकड़े पर कहानी में कोई टिप्पणी नहीं है। बात बोलेगी हम नहीं।

निर्मल के चरित्र कहीं-कहीं जीवन की व्यर्थता में भी अर्थ खोजने की कोशिश करते दिखाई पड़ते हैं और निरुद्देश्यता में भी एक उद्देश्य, एक आस्था की तलाश है। और इन तमाम अन्तर्विरोधों को अपने अन्दर लिये हुए एक भविष्य की प्रतीक्षा कर रहे हैं, क्योंकि भविष्य उनकी प्रतीक्षा कर रहा है—

"सितम्बर की एक शाम" :

"सारी दुनिया उसकी प्रतीक्षा कर रही है कि वह उसे अर्थ दे, उसकी बाट जोह रही है—साँस रोके!"—

"उसने आँखें उठायीं—सारी दुनिया सामने पड़ी थी, और उसकी उम्र सत्ताईस वर्ष की थी।"

निर्मल की यह 'प्रतीक्षा' इतनी विशद है कि प्रेम की कहानी में भी प्रेम-भावना का अतिक्रमण कर जाती है और अपने विस्तार में सम्पूर्ण मानव-नियति का प्रश्न बन जाती है। निर्मल की पैनी दृष्टि भलीभाँति देखती है कि एक ही प्रश्न है जिसका सामना आज का युवक भी कर रहा है और युवती भी। इसकी काली छाया एक ओर बेरोज़गारी की शक्ल में दिखाई पड़ती है, तो दूसरी ओर प्रेम के निजी क्षेत्र को भी ग्रस रही है। जीवन का यही व्यापक परिवेश-बोध है जिसके कारण निर्मल की प्रेम-कहानियाँ भी नितान्त प्रेम-कहानी न होकर जीवन की अन्य समस्याओं से जुड़ जाती हैं। "एक पहेली-सी रहस्यमयता है जो क्षणिक होते हुए भी एक असीमता घेरे है।"

'परिन्दे' की नायिका लतिका राह चलते-चलते अचानक सिर के ऊपर पक्षियों का बेड़ा उड़ते देखती है और अपने-आप सोचने लगती है :

"हर साल सर्दी की छुट्टियों से पहले ये परिन्दे मैदानों को ओर उड़ते हैं, कुछ दिनों के लिए बीच के इस पहाड़ी स्टेशन पर बसेरा करते हैं, प्रतीक्षा करते हैं बर्फ़ के दिनों की, जब वे नीचे अजनबी, अनजान देशों में उड़ जायेंगे—

क्या वे सब भी प्रतीक्षा कर रहे हैं? वह, डॉक्टर मुकर्जी, मि. ह्यूबर्ट—लेकिन कहाँ के लिए? हम कहाँ जायेंगे?"

"हम कहाँ जायेंगे?" यह सिर्फ़ एक व्यक्ति का प्रश्न नहीं है, इनका, उनका सबका प्रश्न है और मानव-नियति का यह विराट् प्रश्न सारी कहानी पर छा जाता है।

प्रश्न की यह गूँज कुछ-कुछ वैसी ही है, जैसी चेखॅव की प्राय: तमाम कहानियों में कहीं-न-कहीं गूँजती रहती है···"हम क्या करें?" गोया सारा ज़माना एक साथ पूछ रहा है—क्या करें? कहाँ जायें?

निर्मल इस प्रश्न के ठीक बाद धीमे स्वर में केवल इतना कहते हैं : "किन्तु उसका कोई उत्तर नहीं मिला।"

निर्मल की यह ख़ामोशी ख़ास अपनी है। ज़िन्दगी अकसर सामने ऐसे सवाल रखती है कि समझदार कुछ देर के लिए ख़ामोश हो जाते हैं, जब कि ज़्यादातर लोग ऐसे भी होते हैं जो ख़ामोश नहीं रह सकते, उन्हें जवाब की जल्दी रहती है, सवाल चाहे जो हो।

कहानी इसके बाद भी चलती है। ज़िन्दगी इसके बाद भी है। एक जवाब मिल जाता है और नया सवाल खड़ा हो जाता है, प्रतीक्षा फिर भी है लेकिन नये उत्तर की।

इस विश्लेषण से स्पष्ट हो सकता है कि निर्मल की कहानियों के प्रभाव के पीछे जीवन की गहरी समझ और कला का कठोर अनुशासन है। बारीकियाँ दिखाई नहीं पड़ती हैं, तो प्रभाव की तीव्रता के कारण अथवा कला के सघन रचाव के कारण। एक बार दिशा-संकेत मिल जाने पर निरर्थक प्रतीत होनेवाली छोटी-छोटी बातें भी सार्थक हो उठती हैं, चाहे कहानी हो, चाहे जीवन। कठिनाई यह है कि दिशा-संकेत निर्मल की कहानी में बड़ी सहजता से आता है और प्राय: ऐसी अप्रत्याशित जगह जहाँ देखने के हम अभ्यस्त नहीं हैं। क्या जीवन में भी सत्य इसी प्रकार अप्रत्याशित रूप से यहीं कहीं साधारण-से स्थल में निहित नहीं होता। कहा तो है निर्मल ने बिट्टो के लिए, लेकिन क्या यह कथन उनकी कहानी के लिए भी सच नहीं है?—

"आज सोचता हूँ, जाने से पहले बिट्टो कुछ ऐसा कहतीं, जिससे कोई विचित्र चमत्कार उद्घाटित हो पाता···लेकिन ऐसा कुछ नहीं हुआ। वह जिस तरह अचानक कमरे में घुस आयी थीं, वैसे ही सहज भाव से चली गयीं। उस समय मुझे ऐसा आभास हुआ था कि वह जाते-जाते दरवाज़े पर क्षण-भर ठिठकी थीं, मानो कोई बात कहने जा रही हों, जैसे कुछ शेष रह गया है···लेकिन शायद यह मेरा भ्रम था।"

ज़रूर भ्रम हो सकता है, यदि कहानी के अन्तिम कथन के लिए ही कान लगे रहें। जिस तरह बिट्टो अपनी बात साहचर्य के ही क्षणों में अनायास कह चुकी थीं, निर्मल की कहानी भी अभिप्रेत को अन्त से पहले ही कहीं कह जाती है। जीवन का सत्य यदि मृत्यु के समय ही मिलता हो तो ऐसे सत्यान्वेषियों को आँख मूँदकर केवल मृत्यु की प्रतीक्षा करनी चाहिए या जल्दी हो तो एक छलाँग में आ चुकी सारी दूरी पार कर मृत्यु के तुरन्त समीप पहुँच जाना चाहिए।

ऐसे सत्यान्वेषण का एक दूसरा पहलू है—सतह के चाकचिक्य को ही इदमित्थं मान लेना। ऐसे भी पाठक हैं जिन्हें निर्मल की कहानियों के दृश्य-चित्र अच्छे लगते हैं, सूक्ष्म इन्द्रिय-बोध जगानेवाली छवियाँ पसन्द हैं, तथा अनुभूतिपूर्ण क्षणों का आलेख सुहाता है। शायद ऐसे ही लोगों के लिए 'डायरी का खेल' में निर्मल कहते हैं : ''किन्तु बिट्टो का सत्य क्या इन बातों, घटनाओं, स्मृतियों का जोड़ मात्र है···क्या उससे परे कुछ नहीं···कुछ भी नहीं?

कहानी का अभिप्रेत इन चित्रों को प्रस्तुत करते हुए भी उनका अतिक्रमण करता है। क्या पाठक से भी ऐसे अतिक्रमण की माँग नहीं की जा सकती?

निर्मल ने अपनी रचना के द्वारा प्रमाणित कर दिया है कि, जो सबका अतिक्रमण करने की क्षमता रखता है, वही सबको सजीव चित्रों में उरेहने की सिद्धि भी प्राप्त करता है। निर्मल ने स्थूल यथार्थ की सीमा पार करने की कोशिश की है, उन्होंने तात्कालिक वर्तमान का अतिक्रमण करना चाहा है, उन्होंने प्रचलित कहानी-कला के दायरे से भी बाहर निकलने की कोशिश की है, यहाँ तक कि शब्द की अभेद्य दीवार को लाँघकर शब्द के पहले के 'मौन जगत्' में प्रवेश करने का भी प्रयत्न किया है और वहाँ जाकर प्रत्यक्ष इन्द्रिय-बोध के द्वारा वस्तुओं के मूल रूप को पकड़ने का साहस दिखलाया है। इसीलिए उनकी कहानी-कला में नवीनता है, भाषा में नवजातक की-सी सहजता और ताज़गी है, वस्तुओं के चित्रों में पहले-पहल देखे जाने का अपरिचित टटकापन है। उनका गद्य 'शुद्ध गद्य' है···ठेठ वाचक शब्द, विशेषणहीन संज्ञाएँ, उपमारहित पद तथा स्वतन्त्र वाक्य। अलग-अलग करके देखने पर हर शब्द मामूली है, हर वाक्य साधारण है, लेकिन पूरा प्रभाव ज़बरदस्त है। गद्य की रुखाई से भी वे स्थितियों के अनुरोध से कवित्त्वपूर्ण प्रभाव उत्पन्न कर ले जाते हैं। कवित्व लाने के लिए उन्हें दूसरे कथाकारों की तरह अलग से किसी देशी या विदेशी भाषा की कविता उद्धृत करने की ज़रूरत महसूस नहीं होती। छोटे से छोटे ब्यौरे पर भी उनकी पकड़ है और बड़ा-बड़ा सवाल भी पकड़ की सीमा के अन्दर है।

कहानियाँ फ़क़त सात हैं, संग्रह अभी पहला है, लेकिन जिसे हम 'नयी कहानी' कहना चाहते हैं, सम्भवत: उसका भी पहला संग्रह यही है।

फिर भी अन्त में एक बात कहने के लिए रह जाती है और बेहतर है कि उसे निर्मल के ही शब्दों में कहा जाये। आत्मस्वीकृति 'तीसरा गवाह' मि० रोहतगी की है···

''जब कभी सोचता हूँ, हर बार कोई नया नुक्ता उभर आता है, जिसकी तरफ़ पहले ध्यान नहीं गया था, या किसी बात का नया पहलू नज़र लगता है जिसे पहले न देख सका था।''

●

मार्कण्डेय

अश्क के नाम एक औरत का ख़त *

प्रिय अश्कजी,

मेरा पत्र पाकर आपको हलकी-सी झुँझलाहट और हैरानी होगी, शायद आपको यह भी लगे कि मैं 'शक्को' ('ठहराव' की नायिका) के पत्र का उत्तर आपको क्यों दे रही हूँ? बात कुछ अजीब-सी है भी—पत्र किसी का और उत्तर किसी को! साधारणत: यह होता ही नहीं। जीवन अपने सहज रूप में किसी पूर्व-नियोजित मोरचे पर मात्र लेखक की कुण्ठा की पूर्ति के लिए आयोजित नहीं हो सकता। हार-जीत के समन्वित योग के भीतर से ही प्रयत्नों की छान-बीन हो सकती है—और होती है। पर आपके लिए यह सब मनुष्य की कमज़ोरियों में शामिल है और हर स्थिति में सफलता की खोज को ही आप कला में भी परम लक्ष्य बना लेते हैं, इसलिए प्रेम का कोई व्यवस्थित प्रसंग मिलते ही आप झट उसमें बिचवई करने के लिए पक्षधर बनकर पत्र लिख देने की सीमा तक पहुँच जाते हैं। शायद 'शक्को' को न लिखकर आपको सीधे पत्र लिखने की मेरी बात का इससे अधिक स्पष्टीकरण ज़रूरी न हो। नाम में क्या रखा है, अश्कजी, बात आपकी है, इसलिए यह उत्तर भी सीधे आपको लिख रही हूँ।

ठीक भी है, शक्को आपकी रचना है इसलिए अगर उसके मुँह में अपनी ज़बान और सीने में अपना दिल रख दिया है तो इसे बुरा नहीं माना जाना चाहिए। सभी ऐसा करते हैं, लेकिन सच्चाई के नज़दीक वही पहुँचते हैं जिनके पास चरित्र और उसके पूरे परिवेश की समझ और उसकी रचना के लिए शिल्पगत कुशलता होती है। आपके पास नहीं है, यह कह गुज़रने की धृष्टता तो मैं नहीं करूँगी, लेकिन इतना ज़रूर कहना चाहूँगी कि 'ठहराव' में आवेग और ममता की जो कसौटियाँ आपने निर्मित की हैं, वे शब्दार्थ में तो परम भ्रामक हैं ही, कहानी के घटना-चक्र और रचना-प्रक्रिया की कमज़ोरियों के कारण और भी अर्थहीन हो उठी हैं। 'हैमी' और 'नागपाल' दोनों के लिए कथा में जो प्रसंग आपने जुटाये हैं, उनमें न तो आवेग है, न ममता है।

बेचारा 'हैमी' !...रात को सोते में चौंककर पूछता है, "कौन"? और आपकी 'शक्को' रानी उत्तर देती हैं, "मैं शक्को! मेरे होठों से बमुश्किल आवाज़ निकली...और दूसरे ही क्षण मैं उसके सीने से चिपट गयी।" आवेग होता तो शक्कोजी बच्चे-जैसी हो जातीं और बुरा न मानें अगर मैं

---

* पलंग : उपेन्द्रनाथ अश्क

कहूँ कि शक्को की जगह मैं होती तो हैमी को इस ठण्डेपन का पूरा मज़ा चखाती और उसे तीसरे सेक्स का मान बैठती। और अगर इसे मात्र 'शक्को' का आवेग मानें तो 'नागपाल' के सम्पर्क में कौन-सी ममता मिली 'शक्को' को? वही न, कि सुहागरात को निहायत उबाऊ ढंग से वह मृत माँ की कथा लेकर बैठ गया और उन बातों की चर्चा करने लगा जो मात्र माँ शब्द की ध्वनि में सन्निहित हैं। इतना ही नहीं, निहायत सिनेमाई ढंग से दोनों बैठक में कैसे माँ की तसवीर के आगे भी पहुँच गये—ग़नीमत समझिए कि 'शक्को' ने इस समय कोई गाना शुरू नहीं किया, वरना फ़िल्मी शिल्प के इस प्रसंग-दृश्य को पूर्णता मिल जाती। मैं तो यहाँ तक कहती हूँ कि 'शक्को' या किसी युवती की बात छोड़ दीजिए, ज़रा अपने पाठकों से पूछिए कि कहानी के इस भाग को पढ़ते हुए उसके दिल पर क्या गुज़री? नौकर के साथ 'नागपाल' की माँ की कृपावाली बात भी इतनी स्टेल और सतही है कि बेचारी माँ के ऊपर किसी का ध्यान पल-भर को भी नहीं टिकता। लेकिन हद तो पहले ही हो गयी, जब नागपाल सुहागरात के कमरे में दाख़िल होते ही अपनी बहू से पूछता है कि तुम्हें कोई तकलीफ़ तो नहीं हुई और बेचारी चाची की, जो शादी के इन्तज़ाम में लगी हुई थी; शिकायत करने लगता है। अगर 'शक्को' में ममता उमड़ आने के यही कारण थे तो इसमें ज़रा भी सन्देह नहीं कि मात्र लेखक ने इस ममता-भरे स्नेह की अनुभूति की होगी—सामान्य पाठक तो इस प्रसंग पर परदा डालने के लिए कहानी का अगला पृष्ठ देखने की ओर बढ़ जाता है।

अगर खींच-तान कर भी इन्हें विश्वसनीय मानव-चरित्रों की संज्ञा दी जाये तो भी कहानी की शिल्पगत गठन की कमज़ोरियों के कारण वे ग्राह्य नहीं होते। लेकिन ध्यान देने की बात है कि इन्हीं दोनों चरित्रों को आपकी सहानुभूति प्राप्त है, क्योंकि ममता की नींव पर प्रेम की इमारत खड़ी करने का भार इन्हीं के दुर्बल कन्धों पर आ पड़ा है। आखिर क्या बात है, अश्कजी, कि जो पात्र आपकी मान्यताओं का बोझ ढोने का काम करते हैं, वे ही नक़ली हो उठते हैं? 'हैमी' ज़रूर जीवित है, क्योंकि, वह 'शक्को' के आवेग की धार पर अपनी सम्पूर्ण सहजता के कारण बलिदान हो चुका है। यही हालत 'झाग और मुस्कान' के हरिया की है, जो अपनी समस्त असंगतियों के साथ ही उभरा है और एक समर्थ और श्रेष्ठ चरित्र के रूप में उस कहानी की रीढ़ बन गया है।

मुझे बार-बार लगता है, जैसे अपने वैयक्तिक अनुभवों के लिए ही आपका रचनाकार पूर्णत: समर्पित है और अपने पर इस क़दर लुभाये रहने के कारण आपकी 'सहानुभूति' के चरित्र मशीनी हो उठते हैं। कहीं ऐसा तो नहीं कि आपके जीवनानुभव ही असामान्य हैं?

'पलंग' के 'केशी' की अतीव स्नायविक नाटकीयता के लिए फिर आपने सुहाग-कक्ष ही चुना और फिर बेचारी माँ को प्रेत की तरह पृष्ठभूमि में ला खड़ा किया। क्या आपको ऐसा नहीं लगा कि अवान्तर प्रसंगों के बावजूद 'नागपाल' और 'केशी' में कोई विशेष अन्तर नहीं है? इन दोनों चरित्रों के पीछे कलागत अन्त:संघर्ष की कोई पीठिका नहीं उभरती। इतना ज़रूर लगता है कि आपके मन में इन चरित्रों के लिए कोई उद्वेग ज़रूर है, पर उसे कलात्मक सौष्ठव देने में आप किन्हीं कारणों से सफल नहीं हो पाये हैं। इतना ही नहीं, मुझे तो लगता है कि 'झाग और मुस्कान' के 'मलहोत्रा' और 'बेबसी' के 'लाल' को भी आपने उसी मिट्टी से गढ़ा है। उम्र इन दोनों की ज़्यादा है, इसलिए 'हिसाब-किताब' में ये और भी प्रवीण और अधिक ठण्डे हैं, लेकिन अगर

इनकी सुहागरात की हालत आप जान सकें तो मुझे पूरा यक़ीन है और इन दोनों ने भी 'नागपाल' और 'केशी' से कम ड्रामा उस रात नहीं किया होगा। आवेग (जिसे मैं शक्ति मानती हूँ) की कमी को पूरा करने के लिए किसी भी अन्य मानवीय प्रकृति को प्रेम के आधार के रूप में मानना स्वयं अपने में एक बड़ा असन्तुलन है। बहरहाल, मेरी राय तो यह है कि इन चरित्रों को आप कुछ दिन असली शिलाजीत के सेवन की सलाह दें।

अश्कजी, विश्वास करें, यह लिखते हुए मैं 'शक्को' का मज़ाक नहीं उड़ा रही हूँ, मुझे उसकी मानसिक पीड़ा का पूरा एहसास है। सेक्स और ऐकान्तिक जीवन में समझौता करके जीनेवाली स्त्री संसार की सबसे दयनीय प्राणी होती है और उस हालत में तो और भी, जब वह एक सन्तुलित और सहज व्यक्ति की चहेती रह चुकी हो। औरत कोई अलग चीज़ नहीं है वैसे ही, जैसे प्रेम कोई चीज़ नहीं जिसमें आवेग हो ही न। औरत को पहेली मानकर ममता, आवेग आदि के द्वारा घपले को जीवित रखने और रेशे उधेड़ते जाने में मैं कोई बुराई नहीं देखती, पर इतना ज़रूर कहना चाहती हूँ कि प्रेम की प्रतिक्रिया स्त्री-पुरुष दोनों में ही होती है, भिन्न स्तर हो सकते हैं पर वह एक और ही नहीं होती। बहुत-से पुरुष स्त्री के समान और स्त्रियाँ पुरुष की तरह प्यार को ग्रहण करती हैं और मैंने जो कुछ भी जाना-समझा है उससे यही नतीजे निकले हैं कि सेक्स के साथ आवेग एक आवश्यक तत्त्व है और बिना सेक्स के प्रेम की बात करना तो मानवीय राग के प्रवेश-द्वार की अनभिज्ञता ही प्रकट करेगा—ममता का द्वार तो इसके बाद पड़ता है। लेकिन लगता है आप घर में पहले से ही घुसे बैठे हैं और अब तक यह भूल चुके हैं कि वहाँ तक पहुँचने के मार्ग में पहला दरवाज़ा कौन-सा था। अन्दर अनेक द्वार हैं। अश्कजी, असल में भूल-भुलैया की क़रामात ही ऐसी है। प्रवेश-द्वार का ठीक ज्ञान रखनेवाले विरले ही होते हैं। उन्हें जैसे अपना घर, तैसी भूलभुलैया—हर तरफ़ से, हर जगह से जब जैसे भी चाहें देख लीजिए—प्रवेश में कोई ग़लती नहीं होगी, इसलिए ऐसे लोगों को द्रष्टा कहा जाता है।

पत्र खासा लम्बा होता जा रहा है और मैं उन्हीं कहानियों की चर्चा में उलझी रह गयी जो इस संग्रह के मुख्य स्वर के रूप में विज्ञप्त हैं, लेकिन आपके कलाकार की मुख्य उपलब्धियाँ ये नहीं हैं। विरुद्ध भावप्रकृति की रचना में ही आपको सफलता मिलती है—जहाँ आप आलोचक होते हैं और असम्पृक्त होकर व्यंग्य अथवा विरोध करते हैं। 'खाली डिब्बा' में इसी कारण चरित्र के कोण साफ़ उभरे हैं और बात बन गयी है। सहज रचना होने के साथ ही कथानक की कृत्रिमता अथवा शिल्प का मशीनीकरण ऐसी कहानियों में नहीं आ पाता।

'झाग और मुस्कान' के 'हरिया' के लिए मैं बधाई भेजती हूँ। काश, प्रोफ़ेसर मलहोत्रा के बेमानी अनुभव-तन्त्र इस कहानी में कम होते।

'हैमी' अच्छा है, अश्कजी, मैंने उसे सम्पूर्ण विरोधाभासों और अन्त:संघर्षों में पाया है, इसलिए 'शक्को' की भाँति मेरे आगे हार-जीत की कोई बाज़ी नहीं है—प्रेम के किसी आगामी अनुभव से इस सम्बन्ध की 'भर्त्सना' करने का भी मेरा इरादा नहीं है। वरना इस विस्तृत संसार में प्रेम का अनुभव ही जोड़ती रह जाऊँगी और हर अगला व्यक्ति एक नयी अनुभूति के साथ प्यार करता रहेगा। मानव-सभ्यता ने प्रयोग के लिए इस क्षेत्र में कोई गुंजाइश नहीं छोड़ी है, इसलिए

मैं 'हैमी' से पढ़ती हूँ—भावनाओं के चक्कर में भी पड़ गयी हूँ, अच्छे नम्बरों से पास होकर 'हैमी' से विवाह भी करना चाहती हूँ। आशा है आशीर्वचन ज़रूर भेजेंगे।

स्नेहाधीन, आपकी

('ठहराव' की) 'मन्नो'

●

दूधनाथ सिंह

अनुभव का अपनापन *

हिन्दी के नये कहानीकारों में मोहन राकेश शायद सबसे अधिक लोकप्रिय कहानीकार हैं। यह बात मैं आलोचकों और पाठकों, दोनों को ध्यान में रखकर कह रहा हूँ। प्रमुख कारण इसका यह है कि कहानी का सशक्त व्यक्तित्व आलोचक को भी अन्तत: एक साधारण पाठक की तरह अपने में इतना घुला लेता है कि उसकी सारी प्रतिक्रियाएँ कहानीकार के आग्रह और संकेतों के अनुसार ही प्रतिफलित होती हैं। राकेश की लोकप्रियता की यह वजह उनके एक सक्षम और सफल कहानीकार होने का प्रमाण है।

आलोचकों ने 'नयी', 'आधुनिक' और 'अच्छी' कहानियों के जितने भी गुण बताये हैं, वे सभी राकेश की कहानियों में मिल जायेंगे। नवीनता के ऊपर स्वयं राकेश के भी अपने विचार हैं जो बड़े ही सीधे-सादे ढंग से प्रस्तुत पुस्तक की भूमिका के रूप में संकलित हैं। राकेश के किसी भी पाठक के लिए यह भूमिका एक निष्पक्ष 'गाइड' का काम कर सकती है।

लेकिन ऐसा क्या है जो राकेश को हिन्दी कहानी की परम्परा में इतना लोकप्रिय साबित करता है। मैं कहूँगा 'अनुभव का अपनापन'। यही वह विशिष्ट कोण है, जो राकेश की कहानियों से उभरता है। कहानी की सारी बुनावट में इतनी निकटता, इतने तादात्म्य की अनुभूति पाठक को होती है कि वह तटस्थ रहकर किसी पात्र-विशेष की विशेषताओं को लक्ष्य नहीं करता है। वह यह नहीं सोचता कि जिस पात्र की कहानी वह पढ़ रहा है, वह उसमें किसी अंशभूत रूप में निहित नहीं है—वह उपहास, या दम्भ, या ग़लत निर्णय, या भटकाव, या ललक जो उनकी कहानियों में व्यक्त है—उसका साक्षी प्रत्येक पाठक है। सैद्धान्तिक आग्रह से परे अनुभव की यह सचाई (निजी अनुभव नहीं) ही राकेश को एक श्रेष्ठ कलाकार के रूप में सामने ला खड़ा करती है। उदाहरण के लिए इस संग्रह की अन्तिम कहानी को लिया जा सकता है। जिस अन्तहीन यातना का साक्षी 'प्रकाश' है, जिस अस्त-व्यस्तता का, किंकर्तव्यविमूढ़ता और नियतिबद्धता का, उसी 'सच' का प्रतिपादन 'मिस पाल' भी एक दूसरे माध्यम से करती है।

आधुनिक भारतीय जीवन के सारे संघर्षों का सटीक और सच्चा और सहानुभूतिपूर्ण वर्णन राकेश की इन कहानियों में व्यक्त है। लेकिन जहाँ पर यथार्थ की बात उठायी जाती है वहाँ पर राकेश झँझोड़ देनेवाले, तिलमिला देनेवाले व्यंग्य से काम लेते हैं। व्यक्ति की सारी कुण्ठाओं, ग़लत

---

* एक और ज़िन्दगी : मोहन राकेश

निर्णयों या उसकी सहज स्वाभाविक आन्तरिक ललक (मिस पाल, प्रकाश, मनोरमा) के प्रति वे भावुक बनकर कोई सहानुभूति प्रदर्शित न करके सक्षम भाषा के माध्यम से अत्यन्त कठोर व्यंग्य करके स्थिति का संकेत और भी गहरा कर देते हैं। कहा जाये तो कह सकते हैं कि राकेश की चरम सफलता, पात्रों, स्थितियों और समस्याओं के प्रति उनकी तीव्र अनुवीक्षण-शक्ति और सच्ची सहानुभूति इसी स्तर पर जाकर सफल रूप में संकेतित होती है। 'मिस पाल' बच्चों को देखकर कहती है "कितने ख़ूबसूरत हैं ! हैं न?" बच्चे उस पर हँस रहे हैं, चिढ़ा रहे हैं—"यह औरत नहीं, मर्द है।" मिस पाल को इस बात से तनिक भी दुःख नहीं होता। वह ऑफ़िस छोड़कर चली जाती है क्योंकि लोग सभ्य नहीं हैं। वह चित्रकारी करती है। तीन दिनों की बासी सब्ज़ी और रोटियाँ खाती है। फिर भी वह समझती है कि वह कुछ है—जबकि वह एक नियति की विडम्बना-भर है। एक ओर 'प्रकाश' है—ग़लत निर्णय का फल भोगता, अन्तहीन, समाधानहीन जीवन ढोता—एक क्षण के सुख में आहत और बेहोश। एक ओर 'मनोरमा' है। इस तरह की अन्तहीन यातना के नियतिबद्ध संकेत राकेश की अन्य कहानियों में (आर्द्रा, जानवर और जानवर, अपरिचित) भी मिलते हैं। कभी-कभी लगता है कि कहीं लेखक इस अनुभव से ग्रस्त तो नहीं है। क्योंकि उसके चरित्रों में एक आन्तरिक व्यक्तित्व-साम्य भी खोजने पर मिल जाता है—जीने का, भोगने का, और सहने का एक-सा ढंग, एक-सी मान्यता। इसके अतिरिक्त भी राकेश की कहानियों के स्तर हैं—जैसे 'गुनाहे बेलज़्जत' का, 'जीनियस' का या 'वारिस' का, जिनमें मात्र चरित्रांकन की ख़ूबियों को उभारने के लिए कहानी कही जाती है। एक दूसरा स्तर भी है जिसे राकेश कभी-कभी छू जाते हैं—हास्य का। जिसका हलका-सा पुट 'बस स्टैण्ड की एक रात' में मिल जाता है। लेकिन पूरी कहानी का संकेत उनकी किसी भी कहानी में हलके-फुलके स्तर पर ख़त्म नहीं होता।

शिल्प और भाषा, और वातावरण-सृष्टि—अर्थात् कहानी की सारी बुनावट में राकेश सिद्धहस्त हैं। इस दृष्टि से उनकी हर कहानी अपने-आप में सम्पूर्णतः तराशी हुई लगती है जैसे तेज़ चाकू से लक्स साबुन को बीच से आप काट दें। शिल्प की अनेक ख़ूबियाँ, भाषा के अनेक सहज और विषयानुकूल रूप उनकी कहानियों में ढूँढ़े जा सकते हैं। चूँकि इस तरह की ख़ूबियों का दिग्दर्शन अनेक बार हो चुका है इसलिए उनकी आवृत्ति कोई महत्त्व नहीं रखती। बस।

●

कुँवरनारायण

आधुनिकता की तरफ़दार *

नयी कहानी का नयापन भी बहुत-कुछ उन्हीं संवेदनाओं का विश्लेषण होगा जिन्हें हम आज के साहित्य का विशिष्ट बोध मानते हैं। मार्क्सवाद और अस्तित्ववाद दोनों ही ने आज के मनुष्य को अपनी स्थिति अधिक तार्किक ढंग से समझने की ओर प्रोत्साहित किया है। समझने और समझाने का साधन, यानी भाषा, आज उसके लिए एक साहित्यिक महत्त्व ही नहीं वैज्ञानिक वास्तविकता भी रखती है। हर क्षेत्र में मनुष्य अपने-आपको अपनी परिस्थितियों के लिए कुछ इस तरह ज़िम्मेदार पाता है कि नये मानव-मूल्यों की खोज और उनका विश्लेषण उसके लिए अत्यन्त आवश्यक हो गया है। इन सबका क्रान्तिकारी प्रभाव उसकी चिन्तन-विधि और साहित्य पर पड़ा है। प्रस्तुत दोनों संग्रहों को लेकर कुछ ऐसे तथ्य सामने आते हैं जो कहानी ही नहीं साहित्य की अन्य विधाओं के सन्दर्भ में भी विचारणीय हैं।

उषा प्रियंवदा की एक कहानी को लेकर जो लम्बी चर्चा 'नयी कहानियाँ' में आरम्भ हुई थी उसने कुछ उत्सुकता अवश्य जगायी थी, लेकिन बहुत आश्वस्त नहीं किया। वह चर्चा कहानी पर न केन्द्रित रहकर कहानीकारों पर अधिक मुखर रही : नये और पुराने को लेकर—'नयी कविता' के वज़न पर—एक ऐसे वादविवाद में फँसी कि उससे नयी या पुरानी कहानी के बारे में कोई निष्कर्ष निकालना कठिन हो गया। यह शायद लेखिका के हित में ही रहा कि उससे शुरू हुई चर्चा शीघ्र ही उसे छोड़कर दूसरों पर समाप्त हुई—या दूसरे उससे समाप्त हुए! उस लम्बी कहा-सुनी की सबसे बड़ी निष्फलता मुझे यही लगती है कि किसी ने उस अत्यन्त महत्त्वपूर्ण परिवर्तन की छानबीन करना आवश्यक नहीं समझा जो आज की कहानी की कथा-वस्तु में उतना नहीं परिलक्षित होता जितना कहानीकार की विज्ञान-युगीन संवेदनाओं में।

शुद्ध कथानक को लें तो 'ज़िन्दगी और गुलाब के फूल' की कोई भी कहानी प्रेमचन्द-कालीन हो सकती थी, लेकिन उन कहानियों के माध्यम से लेखिका जिस प्रकार जीवन को सोचती है वह मूलत: उस युग से भिन्न है—समकालीन है। उदाहरण के लिए इस संग्रह की एक कहानी का सारा वातावरण और चरित्र पूर्व-परिचित लगते हैं, और पाठक जबकि उससे कोई नयी बात पाने की आशा लगभग छोड़ चुका होता है, कहानी का अन्तिम वाक्य इस तरह सामने आता है कि सारी कहानी एक सर्वथा नया अभिप्राय, एक नितान्त मौलिक दृष्टिकोण का बल, पा जाती है।

---

* ज़िन्दगी और गुलाब के फूल : उषा प्रियंवदा

इस संवेदना का नयी कहानी के सन्दर्भ में विशेष महत्त्व है जो कहानी के क्षेत्र में धीरे-धीरे विकसित हुई है, जबकि कविता के क्षेत्र में इसके परिवर्तन का ढंग अधिक व्यक्ति-केन्द्रित—इसलिए अधिक क्रान्तिकारी रहा। नयी कविता की तरह जनरुचि की अवहेलना करके भी परिवर्तित होना नयी कहानी के लिए सम्भव भी न था। 'ज़िन्दगी और गुलाब के फूल' की कहानियाँ कहीं भी एक नये तरह के पाठक की माँग नहीं करतीं। सामान्य अनुभवों को इस तरह नया सन्दर्भ देती हैं कि पाठक को कहीं भी संस्कारगत धक्का नहीं लगता।

रूप (फ़ॉर्म) की दृष्टि से, जैसा कि मैंने अभी कहा, उषा प्रियंवदा की कहानियाँ पुराने के अधिक निकट हैं : दूसरे शब्दों में, वे साहित्य के अन्य 'प्रकारों' से कम प्रभावित हैं। नयी कहानी के कई ऐसे तत्त्व हैं जिनका सीधा सम्बन्ध उन प्रश्नों से है जो साहित्य के अन्य क्षेत्रों में उठे या उठाये गये। (निर्मल वर्मा ने अपनी कहानियों में कई जगह भाषा और शब्दों की ओर संकेत किया है।) इसीलिए शायद आज कहानी को लेकर तकनीक की बात उठाना इतना अनावश्यक नहीं लगता जितना शायद कुछ दशकों पहले लगता। कुछ अन्य कारणों से उषा प्रियंवदा की कहानियों को लेकर भी तकनीक की बात उठाना बहुत ज़रूरी नहीं लगता : आधुनिक विचारों और रहन-सहन का जो नया संस्कार लेखिका के मूलत: भारतीय दृष्टिकोण पर पड़ा है वह अधिक आकर्षित करता है। कहानियों में तमाम रूढ़ि-परिस्थितियों और घटनाओं से गुज़रते हुए भी वे अपने को रूढ़ि-निष्कर्षों से बचाती हैं : मानो जीना ही नहीं, समझदारी से जीना ज़्यादा ज़रूरी है। किसी भी स्तर पर जीते हुए वे विवेक की तरफ़दार हैं, मानो लेखिका इस तथ्य के प्रति बराबर सचेत है कि विकासशील जीवनमूल्य मनुष्य की इच्छा-क्षमता से अधिक उसकी चिन्तन-क्षमता पर निर्भर करते हैं। इस आग्रह के बावजूद कहानियाँ एक सहज प्रभाव मन पर डालती हैं—कि कहानी मुख्यत: जीवन-वस्तु है। बात को सँभालकर कहना, जीवन में पूरी तरह रमकर कहना—रूप को अपने-आप पर छोड़ देना। तकनीक गौण है लेकिन अनुभूत इतना खरा और पैना उतरता है कि तकनीक की बात उठाना ज़रूरी नहीं लगता—बल्कि यह आशंका होती है कि लेखिका से इससे भिन्न कोई आशा करना शायद उसकी संवेदनाओं की ताज़गी और सचाई को धुँधला कर दे। हर कहानी एक सार्थक प्रभाव मन पर डालती है, जिसके पीछे जीवन से घनिष्ठ सम्पर्क और सूक्ष्म निरीक्षण झलकता है। भावनाओं में भी कातरता या दुर्बलता नहीं, विचारों की-सी गरिमा, संयम और गहराई है। ऐसा लगता है कि लेखिका की सफलता कहानी-कला में कोई बहुत मौलिक प्रयोग के कारण उतनी नहीं जितनी कुछ परिचित कमज़ोरियों से अपने को बचा जाने के कारण है। हिन्दी के लिए शायद यह सिद्ध कर सकना भी काफ़ी नयी चीज़ है कि भावनाओं को बिना कुण्ठित किये भी नियन्त्रित रखा जा सकता है।

उषा प्रियंवदा के चरित्र स्वाभाविक आकांक्षाओं और आवश्यकताओंवाले लोग हैं, रोज़ के आर्थिक और आपसी सम्बन्धों के बीच। वे जीवन को लेकर कोई बुनियादी सवाल नहीं उठाते। वे ज़्यादातर 'टाइप'-चरित्रों और परिस्थितियों के द्वारा एक विशेष संवेदना को प्रसार-सा देती लगती हैं, जबकि निर्मल वर्मा वैसे चरित्रों और परिस्थितियों की अपेक्षा प्रतिकृत होते हैं।

जीवनानुभव ने कितनी व्यापक कोटि का आत्म-मन्थन एक रचनाकार में जगाया है, इसका घनिष्ठ सम्बन्ध उसकी रचना-प्रक्रिया से होता है। इसीलिए एक अप्रौढ़ कृति को उच्चकोटि की

रचना से अलग करनेवाले तत्त्व अनुभवों पर इतना निर्भर नहीं करते जितना अनुभव करनेवाले पर। उषा प्रियंवदा आसानी से सुधारवादी क़िस्म की सतही सामाजिक कहानियाँ लिख ले जा सकती थीं—जो प्राय: वस्तुपरक कला की कमज़ोरी होती है। लेकिन वे अपने को इन ख़तरों से बचा ले जाती हैं; क्योंकि अपनी स्वाभाविक प्रवृत्तियों की अपेक्षा वे उस शिक्षित जिज्ञासा को प्राथमिकता देती हैं जिसके बिना यथार्थ की सही पकड़ असम्भव है। और यह, मेरे विचार से, आधुनिक या नयी कही जानेवाली संवेदना का एक अत्यन्त महत्त्वपूर्ण पहलू है।

उषा प्रियंवदा यद्यपि सहसा अधिक विविधता और मार्मिकता का आभास कराती हैं लेकिन वे किसी ऐसे विचारकोण से जीवन को नहीं देखतीं कि व्यक्ति अपनी परिस्थितियों से बड़ा लगे—कामू के 'सिसीफस' की तरह। निराशापूर्ण स्थितियों में भी आज का मनुष्य अपने को साहसी और अपराजित देखना चाहता है—हताश और दीन नहीं। इस प्रकार अपने को देखना मनुष्य के लिए कोई नयी बात नहीं, लेकिन इसे एक ईमानदार रचनात्मक तर्क दे सकना अवश्य कला को एक नया आयाम दे सकता है।

उषा प्रियंवदा की भाषा अधिक वस्तु-सम्बन्धी ही रहती है, और इसीलिए शायद उपर्युक्त अर्थ में कुछ सीमित भी। जीवन में आस्था व्यक्त करते हुए भी उनके चरित्र अपनी परिस्थितियों के अन्तर्गत रहते हैं, वे कठिनता से कहीं विद्रोही या साहसिक नज़र आते हैं। यदि उनके सन् 1961 में प्रकाशित उपन्यास 'पचपन खम्भे लाल दीवारें'[1] की चर्चा यहाँ बहुत अप्रासंगिक न हो तो मेरी बात और स्पष्ट हो सकती है। सुषमा और नील का प्रेम जिन कारणों से असफल रह जाता है उनके पीछे कहीं मनुष्य की संकल्प-शक्ति और बुद्धिमत्ता की पराजय झलकती है। उस प्रेम की एक सपाट सफलता यह होती कि दोनों का विवाह हो जाता : उतनी ही सपाट असफलता यह रही कि दोनों अलग हो गये बिना किसी ऐसे कारण के जिसकी अनिवार्यता अधिक तर्कसंगत होती। उस प्रेम का ऐसे कारणों को लेकर समाप्त होना, जिनकी जड़ें मनुष्य के अज्ञान और अन्धविश्वास में हों, ऐसे मूल्यों में हमारे विश्वास को आघात पहुँचता है जो विवेक-जनित हैं। प्रश्न यह नहीं कि 'क्या ऐसा सम्भव नहीं?' प्रश्न है, ऐसी सम्भावनाओं का एक कृति में स्थान क्या रखा गया है? राम और रावण के संघर्ष में—शुद्ध यथार्थ की दृष्टि से—यह भी जायज़ होता कि रावण जीतता; लेकिन राम का पक्ष कवि के लिए वस्तुत: सही जीवन-मूल्यों का भी पक्ष है, और इसलिए वह एक बृहत्तर यथार्थ है।

दु:खान्त नाटकों पर, अरस्तू के विचारों के आधार पर, 'दु:खान्त' और 'दयनीय' के बीच शायद एक ख़ास तरह का भेद करना उपयोगी हो सकता है। 'दु:खान्त' शास्त्रीय अर्थ में—शायद मनुष्य की संकल्प-शक्ति के अपव्यय की अनुभूति है, जब कि उस संकल्प-शक्ति के ह्रास की अनुभूति 'दयनीय' है। ग्रीक दु:खान्त नाटकों या शेक्सपियर के दु:खान्त नाटकों को सोचने पर यह बात स्पष्ट हो जायेगी। संस्कृत नाटककारों ने इसी संकल्प-शक्ति को सुखान्त नाटकों द्वारा देवत्व-पद तक का बड़प्पन दिया। आज के मनुष्य का इतिहास-बोध भी—यद्यपि बिलकुल दूसरी तरह—अपने को एक स्वतन्त्र, क्रियाशील चेतना के रूप में पहचानना चाहता है। उसकी दिलचस्पी

1. संग्रह की 'पूर्ति' कहानी से यह उपन्यास तुलनीय है।

अब अपने सामाजिक-आर्थिक विवशताओं के चित्रण में उतनी नहीं, जितनी उन बौद्धिक और वैज्ञानिक सम्भावनाओं में है जो उसे उन विवशताओं से उबार सकें। भाग्यवादी ढंग की मान्यताओं में उसकी आस्था शिथिल हो चली है।

'ज़िन्दगी और गुलाब के फूल' की कई कहानियाँ, संकेत किया जा चुका है, इस दृष्टि से आधुनिकता की तरफ़दार हैं अवश्य, लेकिन अकसर वे 'दयनीय' की ही अनुभूति कराके रह जाती हैं, 'दु:खान्त' का महत् पक्ष पूरी तरह अभिव्यक्त नहीं हो पाता।

●

ओमप्रकाश 'दीपक'

सार्थक सवालों की तलाश *

कमलेश्वर की इन कहानियों को पिछले दिनों लिखी गयी अन्य कहानियों के सन्दर्भ में देखना दिलचस्प और उपयोगी होगा। लेकिन उससे ज़्यादा उपयुक्त होगा इन्हें कमलेश्वर की ही पुरानी कहानियों के सन्दर्भ में देखना, शायद ज़्यादा दिलचस्प भी। कमलेश्वर का यह तीसरा कहानी-संग्रह है (पुस्तक में प्रकाशित सूचना के अनुसार चौथा, लेकिन 'नीली झील' मेरी नज़र में नहीं आया, शायद छप गया हो।) और उनके बाद के दोनों संग्रह कहानी-लेखक के रूप में उनके व्यक्तित्व को एक नये ही रूप में प्रस्तुत करते प्रतीत होते हैं। जिसे 'नयी कहानी' कहा जाता है, उसका रूप स्वयं किस तेज़ी से बदला है, इसका संकेत भी कमलेश्वर के तीनों संग्रहों को एक साथ देखने से मिल जाता है। 'राजा निरबंसिया' के लेखक की राय में "केवल सोद्देश्यता की पृष्ठभूमि में ही आज के लेखक की कहानियों का अध्ययन किया जा सकता है। और इस संग्रह की हर कहानी सवाल नहीं पूछती, जवाब देती है।" 'क़स्बे का आदमी' की प्रकाशन तिथि केवल आठ महीने बाद की है, किन्तु इतने में ही कहानियों का स्वर बदल गया है। अब लेखक के पास बने-बनाये जवाब नहीं हैं, केवल संकेत हैं।

'खोयी हुई दिशाएँ' में अन्तर्निहित संकेत भी नहीं है, आकुलता है, पीड़ा है, जो कभी सीधे व्यक्त होती है, कभी तीखे या करुण व्यंग्य के माध्यम से और सार्थक संकेतों की तलाश है। एक मूल अस्वीकृति है, बेगानापन है। यह कुण्ठा नहीं है, कुण्ठा का विरोध है; अनास्था नहीं है, आस्था का आग्रह है लेकिन ऐसी आस्था जो संवेद्य तो है, पर उसका कोई मूर्त्त सामाजिक रूप नहीं है, क्योंकि वह परिवेश में नहीं है।

संग्रह की पहली कहानी ('एक अश्लील कहानी') पढ़कर मैं बहुत कुछ चकित रह गया था। बहुत दिनों से इतनी सशक्त और साहसपूर्ण कहानी मैंने नहीं पढ़ी थी—जो मध्यमवर्गीय हिन्दुस्तानी पुरुष की ओर उँगली उठाकर, बल्कि उसकी छाती पर मुक्का मारकर कहती है : तुम पुरुष नहीं हो, केवल कार्टून हो, एक व्यंग्यपूर्ण आभास-मात्र, जो बिना अँधेरे के आवरण के नारी को नारी रूप में ग्रहण नहीं कर सकता। नारी, जो केवल शरीर नहीं है, लेकिन सशरीर है।

बाद की कहानियाँ मैंने एक सप्ताह बाद पढ़ीं, इसलिए कि पहली कहानी के प्रभाव से कुछ मुक्त होकर पढ़ सकूँ। जैसा कमलेश्वर ने भूमिका में स्वीकार किया है, आज कहानीकार के सामने

---

* खोयी हुई दिशाएँ : कमलेश्वर

रास्ते बहुत ज़्यादा खुले हुए नहीं हैं। अकसर तो व्यंग्य के सिवाय उसके पास अपनी बात कहने का कोई ढंग नहीं रहता। या फिर बहुत गहरी करुणा। या फिर ज़िन्दगी के थम जाने की, संवेदना के अभाव की संवेदना। लेकिन कमलेश्वर को यह आख़िरी तरीका पसन्द नहीं है, क्योंकि इसमें मजबूरी की ही नहीं, पराजय की भी स्वीकृति निहित है, ऐसा उनका विचार प्रतीत होता है—जो मेरा ख़याल है ग़लत है, लेकिन यह अलग बात है। फलस्वरूप उनकी कहानियों में या तो व्यंग्य है ('प्रेमिका', 'जार्ज पंचम की नाक', 'दिल्ली में एक मौत', 'साँप') या करुणा ('पीला गुलाब', 'दुःख-भरी दुनिया', मुख्य स्वर 'एक रुकी हुई ज़िन्दगी' का भी करुणा का ही है, गो उसमें व्यंग्य भी है जो दरअसल करुणा को और गहरा करता है।) लेकिन कमलेश्वर की अपनी विशिष्ट कहानियाँ हैं, 'खोयी हुई दिशाएँ', 'एक थी विमला' और 'पराया शहर'! ये कहानियाँ उस दबाव से, उन सीमाओं से निकलने का प्रयास हैं, जो लेखक को मजबूर करती हैं कि उसकी अभिव्यक्तियाँ या तो व्यंग्यात्मक हों या करुण। ये कहानियाँ सार्थक सवालों की तलाश हैं, ऐसे सवाल जो आज ज़िन्दगी के झूठे पड़ जाने के सन्दर्भ में, संवेदनशील व्यक्ति के अपने परिवेश से और कुछ हद तक स्वयं अपने-आप से ही कट जाने के सन्दर्भ में कुछ सार्थक संकेत दे सकें। निस्सन्देह 'एक अश्लील कहानी' भी इसी कोटि में आती है। लेकिन वह केवल परिवेश या व्यक्तित्व के अंश ही नहीं, मध्यमवर्गीय पुरुष के जैसे सम्पूर्ण व्यक्तित्व पर भी प्रश्न-चिह्न लगा देती है।

●

रंग और व्यक्ति

लक्ष्मीनारायण लाल

सरल और प्रौढ़ शिल्प *

'अंजो दीदी' हिन्दी के समर्थ नाटककार श्री उपेन्द्रनाथ 'अश्क' का सम्पूर्ण नाटक है : दो अंकों में सम्पूर्ण, तथा अपनी परिधि में एक यथार्थ सामाजिक चेतना का सत्य लिये। नाटक आधारित है अंजो दीदी के चरित्र पर, जिसका चरित्र एक ओर गहन तथा संश्लिष्ट है, तो दूसरी ओर वह एक विशेष मनोग्रन्थि का शिकार है, जिसके तल में एक असाधारण आभिजात्य संस्कार तथा उससे भी आगे उसके नाना के विचारगत चरित्र का इतना गहन प्रक्षेपण उसके ऊपर है कि 'अंजो दीदी' अंजो दीदी कम है, अपने स्वर्गवासी नाना की सजीव प्रतिनिधि ज़्यादा। और पूरी अंजो दीदी, जिसके जीवन-दर्शन और सजीव कथा पर इस नाटक की रचना हुई है, एक विशुद्ध मनोवैज्ञानिक सत्य तथा मानसिक प्रक्रिया है।

अतएव 'अंजो दीदी' की रचना में इस बात का बहुत बड़ा ख़तरा था कि यह कृति कहीं नाटक न होकर, साइकोलॉजी के अन्तर्गत 'न्यूरासिस' या 'मॉर्बिडिटी' का अध्याय हो जाये। नाटककार ने 'अंजो दीदी' को इस खतरनाक परिणति से बचाकर इसे एक सफल नाटक बनाया है। इसे मैं 'अश्क' की बहुत बड़ी सफलता मानता हूँ। दोनों अंकों के बीच में बीस वर्षों के अन्तराल की योजना वस्तुतः इस अचूक सफलता की कुंजी है।

तो, अंजो दीदी मनोविज्ञान का एक सफल प्रतीक है, जिसके तल में एक विशेष सामाजिक चेतना और संस्कार का प्रतिफलन है। अंजो दीदी—नाटक की अंजलि—जिसके पति हैं वकील साहब, श्री इन्द्रनारायण, जिनका एकलौता बेटा है नीरज। और उस घर में हैं दो नौकर—मुन्नी और राधू—जो अंजलि-जैसी सख्त तथा सैद्धान्तिक गृहस्वामिनी के अनुशासन के पीछे दिन-रात दौड़ते नज़र आते हैं; अर्थात् 'अंजो दीदी' का घर जिस सामाजिक धरातल पर है, उसे हम आसानी से उच्च मध्यवर्ग (आभिजात्य) की संज्ञा दे सकते हैं, और यहाँ अंजो दीदी का प्रतीक है वह घड़ी, जो बड़ी ख़ूबी से पूरे नाटक में सँजोयी हुई है, दृश्यगत है। इसे देखकर अंजो दीदी जैसे सदा कहती रहती है : "मेरे घर में ब्रेक का क्या काम! मेरा घर इसी घड़ी की तरह चलेगा—लगातार, साँझ-सवेरे, टिक-टिक टिक-टिक। और कोई चीज़ इस नियम को तोड़ न सकेगी!" लेकिन, दुर्भाग्यवश उस नियमनिष्ठ तथा सैद्धान्तिक घड़ी में ही एक ऐसा सत्य छिपा बैठा है, जो घड़ी को पूरी निर्ममता से एकाएक तोड़ देता है, अर्थात् घड़ी में ज़रूरत से ज़्यादा चाभी दे देना। अंजो दीदी

---

* अंजो दीदी : उपेन्द्रनाथ 'अश्क'

अपने मनोविज्ञान से प्राप्त कठोर सैद्धान्तिक नियमों में अपने को और पूरे घर को इतना कस देती है, इतना कि वह स्वयं तो घड़ी की तरह टूटती ही है, भयानक ढंग से टूटती है—पर अपने संग उन सबको भी मरोड़ देती है, जो उसके स्नेहांचल में बँधे थे—पति वकील साहब, पुत्र नीरज तथा पुत्रवधू ओमी। सच, बहुत सुन्दर और मानवीय कहानी बन पड़ी है इस नाटक की : अंजो दीदी का, उस घर का करुण नाटक!

पर इस नाटक की 'ट्रैजेडी' यह है कि अंजो दीदी का चरित्र मनोवैज्ञानिक कथा का उदाहरण मात्र है, कथा का दर्शन उसमें नहीं है; वह नाटक का 'ब्रेक' है, शायद इसीलिए बहुत अंशों में इस नाटक का दर्शन अंजो दीदी के भाई श्रीपत की मुट्ठी में है। तभी 'अंजो दीदी' का चरित्र हमें 'ब्रेक' देता है, अर्थात् कुछ नहीं देता—शून्य और शून्य, बराबर शून्य। श्रीपत इस नाटक का सबसे अधिक शक्तिशाली चरित्र बन पड़ा है, जैसे इस नाटक के समूचे सत्य का एकमात्र वही द्रष्टा है, और शेष सबकी आँख खराब है। वस्तुत: यही पूरी 'ट्रैजेडी' है इस नाटक की, इस प्रसंग में बेचारी 'अनिमा' के चरित्र को जैसे नाटककार ने जान-बूझकर उभरने नहीं दिया है। सदा कोने में दुबकाकर, चुपचाप कुरसी पर बैठाकर, कार्यतत्त्व से सदा दूर रखकर उसे व्यक्तित्व-प्राप्ति से वंचित कर रखा है; पर इसका सदुपयोग नाटककार ने किया है : अनिमा को अंजलि के चरित्र के विपर्यय में रखकर, अंजलि के व्यक्तित्व को उभारने में; और अनिमा की पात्रता 'नैरेटर' अर्थात् वाचक अथवा सूत्रधार के रूप में।

'अंजो दीदी' में विशुद्ध नाटक क्या है? नाटक के अन्त में श्रीपत के भरतवाक्य-जैसे वचनों में उसकी अन्तिम गूँज है।—अंजो सख़्त मार्बिड और ज़ालिम थी, क्योंकि उसके नाना मार्बिड और ज़ालिम थे। वह अपने घर को घड़ी की तरह चलाना चाहती थी, पर वह यह न जानती थी कि घड़ी मशीन है, और इनसान इनसान। अंजो यदि इसे समझती, तो उसके पति को चोरी से शराब पीने और अंजो को मरने (आत्महत्या) की ज़रूरत न पड़ती। लेकिन अंजो ने जब देखा कि वह ज़िन्दगी में अपनी सनक पूरी नहीं कर सकती, तो उसने ज़हर खा लिया और जिस काम में वह ज़िन्दगी में सफल नहीं हुई, मरकर हो गयी। क्योंकि नाना की पीढ़ी, अंजो की पीढ़ी, और उसके पुत्रवधू की पीढ़ी—ये तीनों पीढ़ियाँ एक ही स्वर के, एक ही मनोविकार के जैसे विलम्बित लय हैं। तीसरी पीढ़ी का प्रतिनिधि, अंजो का पुत्र, कहता है, "मम्मी स्वयं ब्रेक थीं। जब तक वे ज़िन्दा रहीं, उन्होंने इस घर की ज़िन्दगी पर ब्रेक लगा रखी—उसे स्वतन्त्रता से बढ़ने, फलने-फूलने नहीं दिया—और जब मर गयीं, तो ब्रेक लगाती गयीं।" (ओमी की शक्ति में तथा उस घर में अदृश्य भूत-जैसी बनकर, जो सबकी चेतना में व्याप्त है।)

'अंजो दीदी' की कुछ विशेषताएँ मूल्यवान् हैं। इसकी परम मनोरम और साफ़-सुथरी कथा, और दो अंकों में तीन पीढ़ी के जीवन की अभिव्यंजना से इसका सामाजिक स्वर व्यापक हो गया है। शिल्प अत्यन्त सरल है, पर प्रौढ़ता का परिचायक।

इस प्रसंग में मैं कुछ मूलभूत सत्यों की ओर नाटककार का ध्यान दिलाना चाहता हूँ। पहला सत्य है, नाटक की अक्षम्य असंगतियों का। नाटक का पहला अंक सन् 1933 ई० के देशकाल-परिस्थिति का है, और दूसरा अंक 1953 ई० का। पर दोनों अंकों का जीवन और उनकी संस्कृति समान है। कहीं से भी, किसी भी तरह कोई यह नहीं जान सकता कि प्रथम अंक 1933 ई० का

है; सारे जीवन का ख़ाका 1953 ई० का है। 'अंजो दीदी' नाटक है, उपन्यास या कहानी नहीं। भूमिका या वस्तु-निर्देश में यह कह देने से ("1933 की गरमियाँ, परदा श्री इन्द्रनारायण वकील की शानदार कोठी के मिले-जुले डाइनिंग-ड्राइंग हॉल में खुलता है।") काम नहीं चलता। हमें उस जीवन के परिवेश में 'अंजो दीदी' की सामाजिकता चाहिए, जो निश्चित रूप से 1933 ई० का समाज हो—वह भारतीय समाज, जो सोलहो आने (खान-पान, रहन-सहन, विचार, भाव-अर्थ, राजनीति आदि में) 1953 ई० के भारतीय समाज से भिन्न था। 'अंजो दीदी' की यह असामाजिकता इतनी भयानक है इस सत्य पर यह समूचा नाटक अपने अर्जित यथार्थ को एकदम खो बैठता है। 'अश्क' जैसे जागरूक और परिश्रमी कृतिकार से यह चूक कैसे हो गयी?

दूसरे अंक में आये हुए प्राय: सभी पात्रों के मुख से नाटककार किसी-न-किसी रूप में यह कहलवाता है कि—तब से आज बीस वर्ष बीत गये, हाँ जी, बीत गये—तब जाकर कहीं दूसरे अंक में महज़ इतना स्थापित हो पाता है कि—हाँ जी, ज़रूर बीस साल गुज़र गये। क्योंकि सब कह रहे हैं, चलो मान लेता हूँ। वस्तुत: इस कठिनाई के पीछे वही सामाजिक असंगति है, और कुछ नहीं; वरना नाटक के पात्र अपना नाटक करते कि सबको यह बताते फिरते, बीस साल बीत गये, बीस साल बीत गये।

दूसरी बात यह है कि दृश्य-विधान में भी प्रथम अंक और द्वितीय अंक बिलकुल समान हैं। इसमें कोई एतराज़ नहीं, बल्कि इससे कला के औचित्य में बल आया है। पर दोनों अंकों में, जो दूसरा दृश्य स्थापित हुआ है, केवल समय का अन्तर दिखाने के लिए। उन दोनों दृश्यों में महज़ एक ही घटना का आधार बार-बार लिया गया है : डाइनिंग टेबल पर समान स्थिति में श्रीपत के सो जाने का। इस तत्त्व में क्या 'मोनोटनी' नहीं है? अथवा नाटक के कार्यतत्त्व में अनावश्यक ग़ुलामी या ग़रीबी नहीं? अस्वाभाविकता नहीं।

श्रीपत जब कभी (दोनों अंकों में) दूर देश से अंजो के घर आया है, तब उसके प्रवेश के समय आवश्यक रूप से दृश्य के पात्र उसी के बारे में चर्चा करने लग जाते हैं।

'अंजो दीदी' में श्रीपत कई जगह गुनगुना उठता है। मुझे बेहद अच्छी लगीं वे लाइनें :

> यह दस्तूरे ज़बाँ बन्दी है कैसा तेरी महफ़ल में
> यहाँ तो बात करने को तरसती है ज़बाँ मेरी।

●

सुरेश अवस्थी

वस्तु-योजना और रंग-विधान की पारस्परिक विसंगति *

'अन्धायुग' प्रकाशित और प्रसारित होकर ख्याति पा चुका है। उसके सम्बन्ध में जो समीक्षाएँ छपी हैं और जो चर्चाएँ हुई हैं उन सबसे साहित्यिक जनमत बहुत कुछ निश्चित और स्थिर हो चुका है। इस समीक्षा द्वारा मैं इस स्थिर अभिमत का पुनरीक्षण नहीं करना चाहता। मैं तो दूसरे ही पक्ष—'अन्धायुग' की वस्तु-योजना और रंग-विधान का संक्षिप्त विवेचन करना चाहता हूँ क्योंकि अब तक की समीक्षाओं और चर्चाओं में 'अन्धायुग' के इस पक्ष पर अपेक्षया कम ध्यान दिया गया है। मैंने गोष्ठियों और साहित्यिक चर्चाओं में बहुधा यही धारणा पायी कि 'अन्धायुग' एक 'काव्य-पुस्तक' है और नयी कविता का समर्थ, प्रांजल रूप प्रस्तुत करती है। मैं समझता हूँ कि ऐसी मान्यता न तो कृति के प्रति न्याय है और न नाट्य-रचयिता कवि के प्रति। हिन्दी नाट्यालोचना को अब इस असमंजस से उबरना ही होगा और नाट्य-कृतियों का मूल्यांकन दूसरी ही दृष्टियों और कला-मानों से करना होगा। यदि वह वस्तु-संघटना और चरित्र-चित्रण के ही विश्लेषण में उलझती रही तो हमारा नाटक कभी भी रंगमंच की अनेक कलाओं से विभूषित और प्राणवन्त न हो सकेगा।

अध्ययन का यह पक्ष मुझे अधिक रोचक और आवश्यक लगा क्योंकि 'अन्धायुग' पद्य-नाट्य एक नया प्रयोग है और नाट्य-रचना की प्रचलित विधियों और शैलियों को छोड़कर एक नये रूप की सृष्टि करता है। नाटक में 'स्थापना', 'समापन' और 'अन्तराल' रखे गये हैं; अंकों को प्रतीकात्मक शीर्षक दिये गये हैं, कला-स्थितियों और नाटकीय पात्रों पर व्याख्याएँ-टीकाएँ करने के लिए प्रहरी और कथा-गायक का विधान किया गया है। यह सब कथावस्तु की संघटना का परम्परागत स्वरूप ही बदल देता है। रूप और शिल्प में ऐसा प्रयोग और परम्परा-विच्छेद साहित्य के सभी अन्य रूपों की अपेक्षा नाटक में एक अधिक गम्भीर, विचारणीय बात है क्योंकि साहित्य का यह रूप—नाटक—सभी अन्य रूपों से अधिक लोकानुगामी और परम्परापरक होता है और इसकी कला-रूढ़ियाँ जितनी गहरी, प्राचीनतापरक और नियामक होती हैं उतनी साहित्य के किसी दूसरे रूप की नहीं होतीं। यहाँ इस सन्दर्भ में हिन्दी के उन काव्य-रूपकों और पद्य-नाटकों को बिलकुल नहीं लिया जा रहा जो रेडियो पर प्रसारित होने के लिए ही लिखे गये हैं या जिनकी परिकल्पना शुद्ध काव्य-रूप में की गयी है और जिनकी सार्थकता प्रसारित हो जाने या पाठ्य-पुस्तक बन जाने में है, रंगमंचीय प्रदर्शन में नहीं। वैसे रेडियो-पद्यनाटक की अपनी समस्याएँ

---

* अन्धायुग : धर्मवीर भारती

हो सकती हैं, पर उनसे भी हमें प्रयोजन नहीं। 'अन्धायुग' तो रंगमंच के लिए ही लिखा गया है; वही इसकी रूप-अवधारणा का प्रेरक और नियामक है। इसीलिए, उसके रंग-विधान का परीक्षण आवश्यक ही नहीं उपयोगी भी हो जाता है।

निस्सन्देह 'अन्धायुग' के अध्ययन का दूसरा पक्ष कथावस्तु का निरूपण भी महत्त्वपूर्ण है क्योंकि नाटककार ने इस आख्यान को नयी सैद्धान्तिक और नैतिक भंगिमाओं के साथ प्रस्तुत किया है और पात्रों की नितान्त मौलिक संकल्पनाएँ की हैं, किन्तु प्रस्तुत समीक्षा में यह पक्ष अछूता छोड़ दिया गया है। केवल कथावस्तु की व्यंजनाओं और पात्र-संकल्पनाओं का नाटक की रचना-शैली के साथ जो सम्बन्ध है और उसे निर्धारित करने में उनका जो भारी प्रभाव पड़ा है, वह बराबर प्रस्तुत विवेचना की पृष्ठभूमि में रहा है। वास्तव में 'अन्धायुग' का रूप-विधान कथावस्तु के नये विश्लेषण और नयी, मौलिक, सैद्धान्तिक स्थापनाओं के मोह से इतना आक्रान्त है कि उसकी बहुत-सी रूपगत कमज़ोरियों का कारण वस्तु के नाट्य-निरूपण में ही मिल जाता है।

कथा-शैली : 'अन्धायुग' का वस्तु -संगठन और उसके रंग-विधान की सारी प्रणाली कथा-शैली से अभिभूत है। नाटकीय कथानक का सारा ताना-बाना प्राचीन कथा-पद्धति के अनुरूप वक्ता-श्रोता शैली में बुना गया है। प्राय: सभी अंकों और अंक-खण्डों में एक-न-एक पात्र वक्ता का कार्य करने लगता है और दूसरे पात्र श्रोता बनकर अपने प्रश्नों, जिज्ञासाओं और टीकाओं से नाटक को आगे बढ़ाते हैं। इस वस्तु-योजना में, नाटककार कभी तो पात्रों को केवल घटनाओं की सूचना की प्रतीक्षा में छोड़ देता है, कभी यह सूचनाएँ सीधे-सीधे आख्यान रूप में दी जाती हैं; कभी वक्ता की सूचनाओं के साथ-साथ घटनाओं की चित्रावली प्रस्तुत की जाती है : लेकिन इस तरह कथानक नाटकोचित रीति से स्वीकृत और संगठित नहीं हो पाता। उसमें जितना संगठन है वह केवल प्रबन्ध-काव्य की ही आवश्यकताओं की पूर्ति करता है। सच तो यह है कि नाटककार बार-बार प्रबन्धकाव्य की कथन-शैली और कलात्मक संगठन के नियमों को अपनाने लगता है। उसकी रचना के नाटकीय अंकों में कथा का फैलाव है, घटनास्थलों में बिलगाव है, कई धरातलों की विचारधारा का ऊहापोह है। इसी सबके बीच पात्र स्वगत और अर्द्ध-स्वगत कथनों में युद्ध के धर्म-अधर्म पक्षों पर व्याख्याएँ करते हुए आते-जाते हैं। इस सबको समेकित करने का एकमात्र साधन कथा-गायन रखा गया है। वही अंकों की कथा को समेटता है, वही घटनास्थलों को अन्विति देता है : किन्तु नाटक की धर्मिताओं को वह शक्ति नहीं देता, शायद उनको दुर्बल ही करता है।

नाटकीय कथा के उद्घाटन और संगठन की इस रीति का सहज परिणाम यह हुआ है कि नाटक के पात्र वस्तु-व्यापार के जीवन्त कर्ता-भोक्ता नहीं लगते। ये सब के सब जैसे अपनी उक्तियों, संस्मरणों, टीकाओं, नैतिक स्थापनाओं और प्रतिशोध-पश्चात्ताप के भाव-प्रदर्शनों द्वारा कथावस्तु कहते दोहराते फिरते हैं। इस आयोजना में एक तो भावों और कथनों की पुनरावृत्तियाँ होती हैं और ऐसा बोध होता है कि पात्र नाटकीय क्रिया-व्यापार से अलग खड़े हैं, न उसमें नियोजित हैं और न उससे निर्मित हैं। समूचा नाटक ऐसे छोटे-छोटे संवाद-खण्डों-सा लगने लगता है जो कथाचातुर्य से जोड़ तो दिये गये हैं पर जिनमें नाटकीय शक्ति नहीं आ पायी है।

इस युक्ति की कलात्मक सार्थकता भारती ने स्वयं पुस्तक के 'निर्देश' में बतायी है। इसमें सन्देह नहीं कि जिस प्रयोजन के लिए इस लोकनाट्य-पद्धति का अनुसरण किया गया है उसमें

भारती को बड़ी सफलता मिली है।"वातावरण की मार्मिकता गहन होती है; प्रतीकों के अर्थ खुलते हैं," कथा-खण्डों पर सैद्धान्तिक विश्लेषण और स्थापनाएँ होती है और काव्य-रस भी शायद नाटकीय संवादों से अधिक कथा-गायनों में ही मिलता है। किन्तु नाटकीय पात्रों और स्थितियों से स्वभावत: उद्भूत होनेवाली जो अधिक मौलिक नाट्य-शक्ति होती है, वह इस पद्धति से क्षीण और खण्डित हो जाती है और नाटकीय प्रभाव और अन्विति में भारी व्यवधान पड़ता है।

दोनों प्रहरी : वस्तु-संघटना के लिए कथा-गायन के अतिरिक्त दो प्रहरियों की कल्पना की गयी है जो घटनास्थल का परिचय देते हैं, कथास्थितियों और पात्रों पर टीका-व्याख्या करते हैं और कभी-कभी नाटक के पात्रों के प्रश्नों का उत्तर देकर मुख्य नाटक-व्यवहार में सम्मिलित हो जाते हैं। नाट्य-रचना-शिल्प की दृष्टि से इस पद्धति में बड़ी सम्भावनाएँ हो सकती हैं और पिछले कुछ वर्षों में नृत्य-नाटकों में काफ़ी कलात्मक उपादेयता के साथ उनका अन्वेषण भी किया गया है, किन्तु 'अन्धायुग' में, जो नृत्य-नाटक नहीं है, यह पद्धति दो कारणों से दुर्बल हो गयी है। एक तो प्रहरियों को वही काम सौंपा गया है जो कथा-गायक करता है, और नाटक के कई पात्र भी करते हैं। दूसरे इन दोनों प्रहरियों की स्थिति तटस्थ दृश्यानुवाचकों की ही रह जाती है, वे नाटकीय पात्र नहीं बन पाते। इसीलिए जैसे कथा-गायन नाटक में सुन्दर काव्य-खण्डों के रूप में अलग से पड़े रहते हैं वैसे ही प्रहरियों का वार्तालाप पात्रों के प्रवेश और प्रस्थान को सुगम बनाने और कथा के वेग को कुछ विश्राम देने की एक चातुरी से अधिक और कोई नाट्य-प्रयोजन नहीं पूरा करता।

रंग-विधान में तत्त्वगत विरोधाभास : 'अन्धायुग' पद्य-नाट्य रंगमंच को दृष्टि में रखकर लिखा गया है, यह कथन लेखक ने स्वयं पुस्तक के 'निर्देश' में किया है। इसी विचार से ऐसे रंग-निर्देश दिये गये हैं जो पात्रों के प्रवेश और प्रस्थान, और मंच पर उनकी स्थितियों, गतियों और व्यवहारों का विवरण देते हैं और परदों के उठने-गिरने, नेपथ्य के नाटकीय प्रयोग और दृश्य सज्जा सम्बन्धी आदेश करते हैं। ऐसी स्थिति में यह जाँचना उचित ही होगा कि अंकों में विभाजित नाटकीय व्यापार के विभिन्न अंशों को ऐसे रंगमंच पर कहाँ तक सफलता के साथ उतारा जा सकता है, जिसका मानचित्र लेखक ने स्वयं निर्धारित कर दिया है।

इस सम्बन्ध में मेरी धारणा यह है कि नाटककार ने वस्तु-संघटना का जो रूप अपनाया है, वह परदों, रंग-पार्श्वों (विंगों) और दृश्य-बन्धों (सेटों) वाले रंगमंच पर प्रस्तुत नहीं किया जा सकता। दोनों में मूलत: स्वभाव-भेद है। इस स्वभाव-भेद का तात्त्विक आधार यह है कि इस तरह का रंगमंच अपनी सहज भौतिक अवस्थाओं के कारण वस्तु-संग्रही होता है; वह नाटकीय व्यापार की सभी घटनाओं और पात्रों को एक परिधि में बाँधता है और एक साथ कई क्रिया-व्यापारों या एक दृश्य के कई खण्डों को प्रस्तुत करने की सुविधा नहीं देता। ऐसा करने से एक तो नाटकीय अन्विति के सूत्र टूटते हैं और दूसरे रंगमंच पर प्रस्तुत किया जानेवाला व्यापार दर्शक के दृष्टि-वृत्त में नहीं आ पाता और अनुभावन में बाधा पड़ती है। 'अन्धायुग' के कई अंकों में—विशेषकर चौथे अंक में कथानक के कई खण्ड एक के बाद एक खुलते जाते हैं और नाटककार नाट्य-व्यापार के कई स्थलों की सृष्टि करता है। गान्धारी और संजय खड़े हैं; संजय युद्ध-सूचनाएँ देते हैं; बार-बार पीछे का परदा उठता है, गिरता है—युद्ध के दृश्य आते हैं; फिर संजय-गान्धारी वार्तालाप चलता

है, फिर कथा-गायन होता है; कौरव-जन युद्धभूमि के लिए प्रस्थान करते हैं; यात्रा करते-करते संवाद चलता रहता है; आकाशवाणी होती है; अप्रत्याशित रूप से पात्र प्रकट होते हैं; और इन सारी युक्तियों के बाद भी कथा-सूत्र टूटने लगता है या नाटक की अन्विति दृश्य को आगे बढ़ने से रोकने लगती है और कथा-गायक आ जाता है और नाटककार को प्रश्रय मिल जाता है। कथावस्तु के विभाजन और दृश्य-अनुक्रमों की इस सारी योजना को रंगमंच पर नाटककार जिन निर्देशों के साथ प्रस्तुत करना चाहता है, उनमें एक बीच के परदे के उठने-गिरने की युक्ति से बराबर काम लिया गया है। इससे नाटककार अपनी कथावस्तु का नाटकीय निर्वाह तो कर लेता है, परन्तु प्रदर्शन की दृष्टि से इससे एक ऐसे चमत्कारी भाव को प्रश्रय मिलता है जो रसानुभूति की सहज, स्वाभाविक प्रक्रियाओं को विघटित कर देता है।

'अन्धायुग' की वस्तु-योजना और उसके रंग-विधान की पारस्परिक विसंगति का कारण यह है कि भारती ने लोक-नाटक की एकाध रूढ़ियों को जिस प्रकार साहित्यिक नाटक में नियोजित कर दिया है उसमें तत्त्वगत विरोध है। नाट्य-रूढ़ियाँ इस तरह एक नाट्य-रूप से लेकर दूसरे में नहीं जोड़ी जा सकतीं। प्रत्येक रूढ़ि का सम्बन्ध नाट्य-शैली और रूप के समूचे संविधान, और उसके सामाजिक-सांस्कृतिक परिवेश से होता है, और ये रूढ़ियाँ सदा ही रंगमंच और उसकी आनुषंगिक कलाओं की अनुगामिनी होती हैं। 'अन्धायुग' की कला-रूढ़ियाँ अपने सहधर्मी रंगमंच की सृष्टि न करके विपरीत रूप-स्वभाववाले रंगमंच में आरोपित की गयी हैं। यही अन्तर्विरोध बराबर नाटक के रसास्वादन और वस्तु-ग्रहण में बाधा डालता है।

'अन्धायुग' का स्वाभाविक रंगमंच : वास्तव में 'अन्धायुग' को खुले रंगमंच की ही किसी लोक-शैली में प्रस्तुत किया जा सकता है। इस नाटक के व्यापार-खण्डों की बहुरूपता, उनकी निरन्तरता और क्रमिकता को लोक-रंगमंच की ही नाट्य-धर्मिताएँ ग्रहण कर सकती हैं : अतः नाटककार के रंग-निर्देशों की, निर्देशक के लिए, कोई सार्थकता नहीं रह जाती। प्रतिभावान् निर्देशक रंगमंच और समूची प्रदर्शन-व्यवस्था की मौलिक परिकल्पना करेगा—और शायद, नाटक का भी आंशिक 'सम्पादन' अनिवार्य हो जायेगा। अच्छा होता कि नाट्यकार ने ऐसे विस्तृत रंग-निर्देश देकर निर्देशक के कार्य को कठिन न बनाया होता। सच तो यह है कि पाठक को भी इनसे कोई सुविधा नहीं होती। बीच का परदा उठते ही रंगमंच पर (जिसका भौगोलिक रूप और क्षेत्र दर्शक जानता है) दूर-दूर के वनपथ और युद्धस्थलों के दृश्य आ जाते हैं—यह प्रतीति दर्शक के लिए कठिन ही नहीं, उसकी कला-सुरुचि को आघात पहुँचानेवाली है। यह युक्ति प्रदर्शन की उस सस्ती, चमत्कारी कला को जन्म देती है, जिसे नवोत्थान काल का रंगमंच कभी भी स्वीकार नहीं कर सकता।

एक मौलिक प्रश्न : प्रस्तुत समीक्षा में पद्यनाट्य के सम्बन्ध में एक और मूल प्रश्न उठाना चाहता हूँ जिस पर विचार करना समीचीन होगा। यह प्रश्न पद्यनाट्य की सार्थकता और उसके भविष्य का है। क्या हमको वास्तव में पद्यनाट्यों की आवश्यकता है? क्या वह वर्तमान सामाजिक-सांस्कृतिक समस्याओं और प्रश्नों को नाटकीय भंगिमाओं और शक्तियों के साथ अभिव्यक्त कर सकेगा? क्या वह हिन्दी के रंगमंच की प्रकृति और उसके ऐतिहासिक विकास की सहज परिणति है? और क्या हिन्दी का मुक्त-छन्द इतना समर्थ और बहुभाव-भंगिमा-व्यंजक हो गया है कि वह

विविध नाट्य-स्थितियों और पात्रों की अगणित भाव-मुद्राओं और अभिप्रायों को व्यक्त कर सके और साथ ही उसकी लय, मुहावरे और काव्य-चेष्टाओं में नाटकोचित संवाद की क्षमता और मोहिनी भी हो। ये तमाम प्रश्न पद्यनाट्यों की, विशेषकर मुक्त-वृत्त में लिखे गये नाटकों की अनुकूलता और उपादेयता का आकलन करने के उद्देश्य से ही उठाये गये हैं। यहाँ पर यह बात पहले ही स्पष्ट कर देना उचित होगा कि पद्यनाट्य का ऐसा परीक्षण रंगमंच के व्यवहारों और आवश्यकताओं को ही ध्यान में रखकर किया जा रहा है। इन प्रश्नों का सम्बन्ध उन पद्यनाट्यों से नहीं है, जो केवल पाठ्य माने जाते हैं और जिनके सम्बन्ध में अब भी साहित्य-समीक्षकों में यह विवाद समाप्त नहीं हुआ कि वे नाटकों की कोटि में रखे जायें या उनको नाट्य-कविता या पद्यबद्ध कथाएँ कहना अधिक उचित होगा।

सबसे पहले मुक्त छन्द की नाटकीय सम्भावनाओं और उपलब्धियों पर विचार करना उचित होगा। इसमें सन्देह नहीं कि पद्यनाट्य के संवादों को अतुकान्त मात्रिक छन्दों से मुक्त कर देने से उनकी नाटकीय शक्ति की बड़ी सम्भावनाएँ खुल गयी हैं—यद्यपि अतुकान्त छन्द में बाँधे गये संवादों को भी बहुत कुछ सहज वार्तालाप की वाक्य-रचनाओं में विभाजित किया जाता था और उनकी छन्द और लय की सारी व्यवस्था इसी एक उद्देश्य से की जाती थी। पद्यनाट्य-लेखकों को इस प्रयत्न में कभी-कभी सफलता मिली, किन्तु सब मिलाकर देखा जाये तो इससे पद्यनाटकों के संवादों का कोई ऐसा रूप नहीं निखर सका जो स्थायी हो सकता और जिसका नाट्यभाव इतना समर्थ होता कि सफल नाट्य-कृतियों को जन्म दे सकता। मुक्त-छन्द अधिक स्वाभाविक, भावानुकूल और आलापोचित संवादों का आश्वासन देता है, किन्तु हिन्दी-काव्य में इसकी प्रकृति की परम्परा देखी जाये तो ज्ञात होगा कि इसका स्वर और लय ओजस्वी, उदात्त और आरोही रहा है : शायद अपनी प्रकृति के कारण इस छन्द-योजना ने कवियों को नाट्य-गर्भित उपाख्यानों और दूसरे भावाविष्ट विषयों में ही इसका प्रयोग करने के लिए बाध्य किया। धीरे-धीरे नये काव्य-लेखन में मुक्त-छन्द हमारे दैनन्दिन जीवन के भावधरातलों में उतर रहा है और उसमें सहज व्यंजनाओं का रचाव पैदा हो रहा है; किन्तु अब भी उनमें हमारे साधारण सम्भाषण के स्वर नहीं फूटे और वह गति-वैचित्र्य नहीं आया जो उसके काव्य-तत्त्व को खण्डित और नष्ट किये बिना, पूरे प्रभाव के साथ बातचीत की शैली में हमारे मनोभावों को व्यक्त कर दे।

'अन्धायुग' का मुक्त-छन्द ध्वनियों की छटाओं और अर्थ-व्यंजनाओं से बहुत समृद्ध होकर भी इतनी व्यापकता ग्रहण नहीं कर सका है कि वह नाटक के इतने पात्रों और उनके विविध भाव-संघर्षों का पूरी तरह प्रतिनिधान कर सके। बहुत बार तो छन्द-विधान में ऐसी एकरसता आ जाती है कि उनमें पात्रगत विशिष्टता ही नहीं रह जाती—यदि आप एक पात्र के संवाद दूसरे को दे दें तो नाटकीय योजना में कोई बड़ा व्यवधान न होगा। नाटक में प्रयोग किये जानेवाले मुक्त-छन्द से सबसे बड़ी माँग यही होती है कि वह नाटकीय वस्तु-व्यापार में पूरी तरह स्वीकृत और भावनिष्ठ रहे और उसी को शक्ति प्रदान करे। 'अन्धायुग' की बहुत-सी उपमाएँ और चित्रयोजनाएँ काव्य के गुण तो बढ़ाती हैं, परन्तु वे नाटकीय संवादों की लय और शक्ति का पोषण नहीं करतीं। कहीं-कहीं गहन नाट्य-परिस्थितियों का चित्रण करने में भी मुक्त-छन्द समर्थ नहीं हो पाता। ऐसी स्थितियों में लगने लगता है कि जैसे पात्र अपनी बात पूरी तरह नहीं कह पा रहे—वे अपने कथन

से स्वयं सन्तुष्ट और तृप्त नहीं हैं। वास्तव में हिन्दी का मुक्त-छन्द इतना विकसित नहीं हुआ है कि वह नाटक के अनेक स्वभाववाले पात्रों का चित्रण कर सके और संवादों द्वारा उनकी पात्रता विशिष्ट रूप से स्थापित कर सके। नाटकीय दृष्टि से उसके प्रभावशाली होने के साथ ही उसके मुहावरे और शब्द-चयन की व्यापकता और रंग-वैचित्र्य का भी प्रश्न है। इनके अभाव में ऐसा लगता है कि जैसे नाटक के सभी पात्र अपनी विशिष्टताओं में चित्रित न होकर केवल नाटककार के प्रवक्ता के रूप में ही बोलते रहते हैं, और वे कभी तो नाटकीय कथा कहते हैं और कभी अनेक तरह के भावों और विचारों की प्रतिक्रियाओं का विश्लेषण और उद्घाटन करते हैं—सब करते हैं, केवल सहज स्थिति-जन्य संवाद नहीं बोलते।

इसमें सन्देह नहीं कि यदि हमको पद्यनाट्य की आवश्यकता है ही, तो उसका सृजन कवि के ही हाथों होगा; और सम्भवत: वह मुक्त-छन्द में ही रचा जायेगा। किन्तु नाटक एक ऐसा साहित्य-रूप है जिसे उसका भावक-वर्ग सार्वजनिक रूप से ग्रहण करता है और उसमें रस लेता है। यह तथ्य सभी युगों के नाट्य-लेखन का रूप, शैली और उसकी प्रवृत्तियाँ निर्धारित करने में महत्त्वपूर्ण रहता है। अत: यह प्रश्न नितान्त कलात्मक दृष्टि से अनिवार्य हो जाता है कि क्या हमारे आधुनिक रंगमंच का दर्शक-समाज पद्यनाट्य को ग्रहण करने और उसमें रस लेने को तैयार है? और क्या हमारे अभिनेता छन्दात्मक लय और अर्थ, दोनों की रक्षा करते हुए संवादों को नाटकीयता के साथ प्रस्तुत कर सकते हैं? किसी भी नाट्य रूप के प्रचलन, सफलता और शक्ति के लिए रंग-कलाओं की विविध सामग्री की सम्पदा बड़ी मूल्यवान् होती है और आज के जागरूक कलाकार को उसका पूरा उपयोग करना होगा। उस सबके बिना नाटक शुद्ध साहित्य-रूप बनकर रह जायेगा—और आज इसी अभिशाप से मुक्ति पाने के लिए वह संघर्ष कर रहा है।

●

सुरेश अवस्थी

हिन्दी नाटक की एक नयी उपलब्धि *

मोहन राकेश ने अपने पहले नाटक 'आषाढ़ का एक दिन' में दो दशकों के बाद नाटक में फिर से उस काव्य-तत्त्व और उन साहित्यिक गुणों को प्रतिष्ठित किया था जिनको यथार्थवादी नाट्य-लेखन ने हिन्दी नाटक साहित्य से प्रसाद के नाटक रचना-काल की समाप्ति के बाद सन् 1934 के आस-पास निर्वासित कर दिया था। इन्हीं तत्त्वों के कारण हिन्दी के नाट्य-समीक्षक ने प्रसाद के नाटकों को अनभिनेय घोषित कर दिया है। 'आषाढ़ का एक दिन' रंगमंच पर सफलता के साथ खेला गया है : कलकत्ते की 'अनामिका' संस्था ने श्यामानन्दन जालान के निर्देशन में बन्द रंगशाला में और नेशनल स्कूल ऑव ड्रामा के विद्यार्थियों ने अलकाज़ी के निर्देशन में खुले रंगमंच पर दो विभिन्न शैलियों में सशक्त प्रदर्शन किये। और 'स्कन्दगुप्त', 'कोणार्क' तथा 'अन्धायुग' की परम्परा में वह एक श्रेष्ठ नाट्य-कृति है।

'लहरों के राजहंस' के कथानक का आधार कवि अश्वघोष का प्रसिद्ध काव्य 'सौन्दरनन्द' है। कथानक ऐतिहासिक होते हुए भी, जैसा कि नाटककार ने स्वयं भूमिका में कहा है, "समय के विस्तार में स्थितियों का परिक्षेपण करने के कारण वह काल्पनिक भी है।" नाटककार ने मूल कथा से स्वतन्त्रता ली है और उसका कुशल और सशक्त नाटकीय उपयोग किया है। नाटकीय अन्तर्द्वन्द्व को आधुनिक भंगिमा दी गयी है और पात्रों का गहरा चरित्रांकन हुआ है।

हिन्दी में ऐतिहासिक नाटकों में कथानक की ऐतिहासिकता और प्रामाणिकता का कुछ ऐसा आग्रह रहता है कि हम प्राय: उनके नाटकीय और साहित्यिक गुणों की ओर से उदासीन रहते हैं। नाटक में ऐतिहासिक कथानक की प्रामाणिकता का न तो कोई अर्थ है, और न उसे ढूँढ़ने का प्रयत्न ही किसी भी प्रकार से उपयोगी और वांछित है। वास्तव में ऐतिहासिक कथानकों के आधार पर श्रेष्ठ और सशक्त नाटकों की रचना तभी हो सकती है जब नाटककार ऐतिहासिक पात्रों और कथा-अभिप्रायों को 'अनैतिहासिक' और 'युगीन' बना देता है, तथा ऐतिहासिक कथा के अन्तर्द्वन्द्व को आधुनिक अर्थ-व्यंजना प्रदान कर देता है।

हिन्दी के अधिकांश नाटककारों ने अपने ऐतिहासिक नाटकों में कथा की प्रामाणिकता का ही आग्रह किया और पात्रों की नयी सर्जनाएँ और उनका तीव्र चरित्रांकन करने में वे असफल रहे। यही कारण है कि हिन्दी का ऐतिहासिक नाटक-साहित्य, जो परिमाण में शायद सामाजिक नाटक-

---

* लहरों के राजहंस : मोहन राकेश

साहित्य से भी बड़ा है, नाटकीय गुणों में हीन कोटि का है, और वह भले ही पाठ्य-पुस्तकों की माँग पूरी करता रहे, रंगशालाओं में कभी भी दर्शकों को नहीं प्रभावित कर सकता। इसके साथ ही हिन्दी के आधुनिक नाटक-साहित्य की जो दो-चार श्रेष्ठ नाट्य-कृतियाँ हैं—'स्कन्दगुप्त', 'कोणार्क', 'अन्धायुग', 'आषाढ़ का एक दिन' और अब 'लहरों के राजहंस'—वे सभी ऐतिहासिक हैं।

इनकी श्रेष्ठता का एकमात्र कारण यह है कि इनके द्वारा नाटककारों ने ऐतिहासिक कथानक नहीं दोहराये बल्कि ऐतिहासिक पात्रों को नये जीवन-सन्दर्भों और नये सम्बन्धों में प्रस्तुत किया जिनमें वर्तमान युग के जीवन-आदर्शों और मूल्यों की प्रतिध्वनियाँ सुनी जा सकती हैं। सभी देशों के नाटक-साहित्य के इतिहास में विभिन्न युगों में जब भी श्रेष्ठ ऐतिहासिक नाटकों का निर्माण हुआ है तब नाटककारों ने प्राचीन कथानकों को नयी दृष्टि से देखा है और उनको नयी अर्थ-व्यंजनाएँ दी हैं—चाहे ढाई हज़ार वर्ष पूर्व लिखी गयी महान् यूनानी त्रासदियाँ हों, चाहे एलिज़ाबेथ कालीन कामदियाँ, और चाहे फ़्रांस, जर्मनी, इंग्लैण्ड और अमेरिका में पिछले दस-पन्द्रह वर्षों में लिखे गये नयी शैली के ऐतिहासिक नाटक हों।

'लहरों के राजहंस' में कपिलवस्तु के राजकुमार नन्द के बौद्ध-भिक्षु बनने और उसकी पत्नी सुन्दरी के रूप-गर्व की कथा है। नाटक का कथानक द्वन्द्व के दो स्तरों पर संचरण करता है : एक स्तर पर तो सुन्दरी का द्वन्द्व है, जो अत्यन्त रूपगर्विता है और इस सहज विश्वास में सन्तुष्ट है कि उसका पति नन्द कभी भी उसके रूपपाश से मुक्त होकर बौद्ध भिक्षु नहीं बन सकता। वह कहती है : "देवी यशोधरा का आकर्षण यदि राजुकमार सिद्धार्थ को बाँधकर अपने पास रख सकता तो क्या वे राजकुमार सिद्धार्थ ही न होते?" और नाटक के अन्त में जब प्रसाधन में सो जाने के बाद उसकी आँख खुलती है, तो वह एक बार तो अपने अधूरे श्रृंगार को देखती है और फिर उसकी दृष्टि नन्द के केश कटे हुए भिक्षु वेषी मुख पर पड़ती है। और इस गहरे द्वन्द्वपूर्ण क्षण में सुन्दरी टूटने-बिखरने लगती है। दूसरे स्तर पर सुन्दरी के रूपपाश में बँधे हुए और जीवन की छोटी तुष्टि लिये हुए नन्द का द्वन्द्व है जिसे अनायास और अनिच्छा से ही भिक्षु बना दिया जाता है। वह भिक्षु बनकर जब घर लौटता है और सुन्दरी को देखता है, तो कहता है—"जिस सामर्थ्य और विश्वास के बल पर जी रहा था, उसी के सामने मुझे असमर्थ और असहाय बनाकर फेंक दिया गया है।" इस प्रकार सुन्दरी और नन्द दोनों ही अपनी-अपनी रीति से नाटकीय कथा के द्वन्द्व को झेलते हैं, और उनका यह द्वन्द्व ही नाटक को अपरिमित शक्ति प्रदान करता है।

नाटक का पहला अंक सुन्दरी के कक्ष में आरम्भ होता है। रात उतरने का समय है। कर्मचारी साज-सज्जा में लगे हुए हैं। सुन्दरी के आग्रह पर कामोत्सव मनाया जानेवाला है। अतिथियों की प्रतीक्षा हो रही है। पहले अतिथि मैत्रेय पधारते हैं। और जब कामोत्सव में सम्मिलित होने के लिए मैत्रेय के अतिरिक्त और कोई अतिथि नहीं आता तो सुन्दरी आहत सर्पिणी-सी विक्षुब्ध हो उठती है। यहीं पर नाटक का पहला अंक समाप्त हो जाता है। नाटकीय कथा के संचरण की दृष्टि से भी यह अंक पहला चरण है। इसमें व्यापार और भाव की अन्विति का पूरा निर्वाह हुआ है। सुन्दरी की चारित्रिक विशेषताएँ और नाटकीय कथा के द्वन्द्व का पूर्वाभास हो जाता है। कामोत्सव का आयोजन इस सन्दर्भ में विशेष नाटकीय अर्थ और तीव्रता ग्रहण कर लेता है कि दूसरे ही दिन रानी

यशोधरा भिक्षुणी बनने जा रही हैं। उद्यान में कलरव करते हुए राजहंसों के नाटकीय व्यापार को उपयुक्त परिवेश देने के लिए बड़ा ही कुशल काव्योचित प्रयोग किया गया है।

दूसरा अंक भी सुन्दरी के ही कक्ष में घटित होता है। नन्द सुन्दरी का शृंगार कर रहा है। बीच-बीच में नेपथ्य से ज्वर-ग्रस्त कर्मचारी श्यामांग का स्वर सुनाई पड़ता है। जिस समय नन्द सुन्दरी के शृंगार में व्यस्त है, अलका यह सन्देश लाती है कि भगवान् गौतम बुद्ध भिक्षा के लिए द्वार पर आये थे और दो बार भिक्षा की याचना करने के बाद वे लौट गये हैं। नन्द सुन्दरी से कहता है कि मुझे जाकर इसके लिए गौतम बुद्ध से क्षमा-याचना करनी चाहिए। सुन्दरी यह कहकर अनुमति देती है कि जाइए, लौटकर आप ही इस विशेषक को पूरा करेंगे और तभी मैं शेष प्रसाधन करूँगी। नन्द चला जाता है और यह अंक नेपथ्य से श्यामांग के इस संवाद के साथ समाप्त होता है : "यह छाया मेरे ऊपर से हटा दो।—एक किरण ⋯ कोई एक किरण ⋯।"

इस अंक में सुन्दरी की चरित्र-रेखाएँ और स्पष्ट होती हैं, और नन्द के मन की दुविधा धीरे-धीरे प्रकट होने लगती है। नन्द हाथ में दर्पण लिये सुन्दरी के शृंगार में योग दे रहा है। इतने में नेपथ्य से 'धम्मं शरणं गच्छामि' का स्वर सुनाई देता है। सुन्दरी कहती है, "देखिए दर्पण हिल गया", और इतने से ही नन्द के दुर्बल मन का भारी द्वन्द्व स्पष्ट हो जाता है। इस अंक में सुन्दरी का सारा शृंगार-प्रसंग बड़ा ही कोमल और सरस है—हिन्दी नाटक साहित्य में नितान्त नया।

तीसरे अंक का आरम्भ नन्द के लिए सुन्दरी की आकुल प्रतीक्षा के साथ होता है और लम्बी प्रतीक्षा के बाद जब नन्द सिर मुड़ाये हुए भिक्षु वेष में आता है तो सुन्दरी थककर सो चुकी है। नन्द कहता है—"मैंने कहा था तुम्हारा विशेषक सूखने से पहले ही मैं लौट आऊँगा, परन्तु नहीं आ सका। तुम पूछती तो मैं क्या उत्तर देता।" और कुछ देर बाद वहीं पड़े हुए टूटे दर्पण के सामने रुककर अपना प्रतिबिम्ब उसमें देखता है, और कहता है : "मेरे केश क्यों कटवा दिये? और कटवा ही दिये तो उससे क्या अन्तर पड़ता है? अन्तर पड़ता यदि मेरा हृदय बदल जाता, आँखें बदल जातीं, मेरे हृदय में तुम्हारे लिए अब भी वही अनुराग है, आँखों में तुम्हारे रूप की अब भी वही छाया है। तुम्हारा विशेषक जो सूख गया है, उसका मुझे खेद है। उसे मैं अभी गीला कर देता हूँ।" और जैसे ही नन्द उँगली पर लेप लेकर सुन्दरी के माथे पर बिन्दु बनाने लगता है, वह हड़बड़ाकर जाग जाती है। उसके मुख से एक चीख निकल पड़ती है और वह आँखों पर हाथ रख लेती है।

नन्द इस स्थिति में अपने को नितान्त असहाय और अकेला पाता है। वह कहता है : "मैं चौराहे पर खड़ा एक नंगा व्यक्ति हूँ, जिसे सभी दिशाएँ लील लेना चाहती हैं और अपने को ढँकने के लिए उसके पास कोई आवरण नहीं है।" और वह इसी मानसिक अन्तर्द्वन्द्व में सुन्दरी को छोड़कर उससे बिना मिले ही चला जाता है। राज-कर्मचारी श्वेतांग सुन्दरी के पूछने पर उसे बताता है कि कुमार यह कहते हुए चले गये कि "वे अपने केशों की खोज में जा रहे हैं। वे तथागत से पूछना चाहते हैं कि उन्होंने उनके केशों का क्या किया? ⋯उनकी पत्नी को उन केशों की आवश्यकता है।" इस पर वह कहती है : "इतना ही तो समझ पाते हैं ये लोग। बस इतना ही तो इनकी समझ में आता है।" और नाटक का अन्त श्यामांग के इस संवाद से होता है—"बस एक किरण, केवल एक किरण।"

यह अंक नाटकीय कथा के द्वन्द्व को तेजी के साथ गहन कर देता है। ऐसी घटनाएँ घटित होती हैं जो नाटक को चरमोत्कर्ष पर पहुँचा देती हैं, और कथा के चरम बिन्दु पर ही नाटक समाप्त

हो जाता है। अपने सम्बन्धों और परिस्थितियों से लड़ते हुए टूटे, खण्डित पात्रों की विषम स्मृतियाँ मन पर छा जाती हैं, और छायी रहती हैं।

वस्तु-विधान की दृष्टि से इस अंक में एक कड़ी बहुत कमज़ोर है। सुन्दरी तथागत से मिलकर नन्द के वापस आने की आकुल प्रतिज्ञा करते-करते थोड़ी-सी उनींदी हो जाती है। इतने में श्वेतांग आता है। अलका हलके पैरों से उसके पास तक जाती है और उससे नन्द के सम्बन्ध में पूछती है। श्वेतांग अलका को नन्द के भिक्षु बनने की सारी कथा कह सुनाता है, और बताता है कि लोगों का कहना है कि उसके बाद नन्द विक्षुब्ध होकर घने जंगल की ओर चले गये। इस पर अलका किसी बड़े अनिष्ट की आशंका से डरकर सुन्दरी को जगाने लगती है, और तभी भिक्षु-वेष में नन्द का प्रवेश होता है। अलका और श्वेतांग के वार्तालाप के माध्यम से नाटककार ने दर्शकों को यह तो बता दिया कि जो नन्द नदी-तट पर तथागत के पास अपनी धृष्टता के लिए क्षमा-याचना करने गये थे, वे वहाँ जाकर भिक्षु बन गये हैं, किन्तु नाटकीय प्रभाव की दृष्टि से इसका परिणाम यह होता है कि जब नन्द सचमुच भिक्षु-वेष में प्रकट हो जाते हैं तो दर्शकों पर तीव्र और तात्कालिक प्रभाव नहीं पड़ता जैसा कि ऐसी स्थिति में पड़ना चाहिए।

एक ही दृश्य-बन्ध पर और स्थान-अन्विति का पूरा-पूरा निर्वाह करने के कारण ही नाटककार को इस महत्त्वपूर्ण प्रसंग को रंगमंच पर दिखाने का मोह छोड़ना पड़ा। यदि नाटकीय घटनास्थल प्रासाद से हटकर नदी-तट पर जा सकता तो कथानक में अधिक विविधता आ जाती और साथ ही नन्द का अन्तर्द्वन्द्व भी शायद अधिक स्वाभाविक और स्पष्ट हो जाता। यह एक बड़ा भारी मौलिक प्रश्न है जिसे नये नाटककार को सुलझाना है। नाटक में स्थान-अन्विति का आज कोई महत्त्व नहीं रह गया। नाटकीय प्रभाव और कुशल वस्तु-विधान की दृष्टि से अधिक महत्त्वपूर्ण बात यह है कि कथा के व्यापारमूलक दृश्यों को रंगमंच पर दिखाया जाये, उन्हें सूच्य दृश्य न बना दिया जाये।

नाटक के अन्त के सम्बन्ध में भी एक महत्त्वपूर्ण प्रश्न उठता है? नन्द जब भिक्षु बनकर वापस लौटता है तो वह सुन्दरी से बिना मिले ही लौट जाता है। इस प्रकार से आकर लौट जाने के ही कथा-अभिप्राय का अनुसरण लेखक ने 'आषाढ़ का एक दिन' में किया है। यद्यपि यह कहना बहुत कठिन है कि यदि नाटककार इस कथा-अभिप्राय को न दोहराता तो और किस प्रकार से नाटक का अन्त करता? किन्तु फिर भी यदि नन्द सुन्दरी से मिल लेता तो शायद नाटक का अन्त अधिक तीव्र और गहन हो जाता। यद्यपि, ऐसी नाटकीय स्थितियों में पात्रों के कथनों और व्यवहारों का निर्वाह नाटककार के लिए, बहुत बड़ी परीक्षा होती है क्योंकि तनिक-सी असावधानी में स्थिति अतिनाटकीय लगने लग सकती है। नाटक का जिस प्रकार से अन्त होता है उसमें नन्द का द्वन्द्व केवल हमारी दया उकसाता है। और सुन्दरी का द्वन्द्व भी सहसा अपना उद्दाम उद्वेग खो देता है, वह नितान्त पराजित भाव से इस स्थिति के सामने शीश झुका देती है, और तब लगने लगता है कि पात्र पूरी शक्ति और आस्था के साथ अन्त तक नहीं लड़ सके। इस प्रकार की अनुभूति नाटक के पाठक और दर्शकों के लिए सबसे अधिक घातक होती है।

नाटक के रूपबन्ध को सबसे अधिक कमज़ोर बनानेवाला तत्त्व श्यामांग प्रसंग है। श्यामांग एक राजकर्मचारी है। उसे इस अपराध में सुन्दरी अन्धकूप में डलवा देती है कि उसने कमल-ताल में राजहंसों पर पत्थर फेंके हैं। श्यामांग सुन्दरी से क्षमा-याचना करता हुआ कहता है कि उसने राजहंसों पर नहीं, किसी एक डरावनी छाया पर पत्थर फेंके हैं। नाटक में इस छाया का संकेत स्पष्ट नहीं होता। जब श्यामांग अन्धकूप में डाल दिया जाता है और उसका नाटकीय कथा के साथ

कोई सम्बन्ध नहीं रह जाता और वह किसी प्रयोजन की सिद्धि भी नहीं कर सकता, तो नाटककार जैसे बरबस नाटक में उसके अस्तित्व और उसकी प्रयोजनशीलता को बनाये रखने के लिए उसे एक प्रतीक बना देता है। इस प्रकार श्यामांग नाटक में एक प्रतीक तो बन जाता है किन्तु वह पात्र नहीं रह जाता, और नाटक चाहता है सशक्त, जीवन्त पात्र; अस्पष्ट, निर्जीव प्रतीक नहीं। अब उसके संवाद क्रिया-व्यापार का वहन और उद्‌घाटन न करके प्रतीकात्मक, लाक्षणिक वक्तव्य बन जाते हैं। वह हर स्थिति में बराबर अपने वक्तव्य नेपथ्य से दोहराता है। तीसरे अंक में नाटक का अन्त श्यामांग के प्रलाप से ही होता है—"यह अँधेरा मुझसे नहीं ओढ़ा जाता... मुझे एक किरण ला दो... बस एक किरण।"

नाटक साहित्य की एक ऐसी विधा है जिसमें अस्पष्ट संकेतों और प्रतीकों के लिए बहुत ही कम स्थान रहता है क्योंकि नाटक व्यक्तिपरक नहीं समूहपरक है, और वह एक व्यक्ति को नहीं एक पूरे समुदाय को एक साथ कलात्मक अनुभूति और रसास्वादन देता है। दर्शक-समुदाय जब रंगशाला में बैठा हुआ नाटक का प्रदर्शन देखता होता है तो न तो उसे इस बात की सुविधा ही होती है और न उसकी ऐसी मनोवृत्ति ही कि वह कथा-संकेतों और प्रतीकों को और पात्रों के गूढ़ और स्पष्ट कथनों को समझे।

श्यामांग प्रतीक बनकर नाटकीय कथा के सीधे, स्पष्ट द्वन्द्व को केवल अस्पष्ट और कुण्ठित ही नहीं बनाता, बल्कि वह नाटक के वस्तु-विधान और उसके रूपबन्ध को भी खण्डित और कमज़ोर कर देता है। नेपथ्य से संगीत-खण्डों के समान जिस प्रकार से श्यामांग का उपयोग किया गया है वह नाटकीय दृष्टि से कभी भी वांछित नहीं है, क्योंकि रंगशाला में नाटकीय पात्र कभी भी केवल स्वर के रूप में दर्शकों को ग्राह्य नहीं हो सकता; वे जिस पात्र की आवाज़ सुनते हैं उसे देखना भी चाहते हैं। यह युक्ति प्रदर्शन को भी कमज़ोर बना देगी, और दर्शकों की अभिनयात्मिका वृत्ति को बाधित करती रहेगी।

छोटे-छोटे, सुघड़, संवेदनशील और तीव्र नाटकीय संवाद लिखने में मोहन राकेश अत्यन्त कुशल हैं। 'आषाढ़ का एक दिन' में उन्होंने मल्लिका के कुछ स्वगत-कथन बहुत ही सुन्दर लिखे हैं। वर्षों बाद हिन्दी नाटक के पाठकों को ऐसे कोमल, काव्यमय नाटकीय संवाद पढ़ने को मिले, उसे 'स्कन्दगुप्त' की देवसेना के संवादों की याद आ गयी। पाठकों और दर्शकों—दोनों ने ही इन संवादों में रस लिया, भले ही हिन्दी के नाट्य-समीक्षक ने स्वगत-कथनों को नाटकों से वर्जित कर रखा हो। 'लहरों के राजहंस' के संवाद भी सुगठित, प्रयोजनशील और काव्य-श्री से समृद्ध हैं।

किसी भी लेखक की दो कृतियों की परस्पर तुलना न तो आवश्यक ही है और न उससे किसी विशेष बात की सिद्धि ही होती है। फिर भी साहित्य के समीक्षक और पाठक दोनों के ही लिए यह बात अपने-आप में एक कुतूहल का विषय रहती है कि किसी भी लेखक की दो कृतियों की उपलब्धियों में क्या अन्तर है? 'लहरों के राजहंस' इस दृष्टि से 'आषाढ़ का एक दिन' के आगे की रचना है कि इसका कथानक अधिक नाट्यगर्भित है और उसके मूल द्वन्द्व का स्वरूप अधिक स्पष्ट और तीव्र है, किन्तु साथ ही इस दृष्टि से इसकी उपलब्धियाँ 'आषाढ़ का एक दिन' से छोटी हैं कि इसका साहित्यिक तत्त्व उतना समृद्ध नहीं है जितना 'आषाढ़ का एक दिन' का।

शिवप्रसाद सिंह

एक व्यक्ति : एक युग *

प्रेमचन्द हिन्दी में सिर्फ़ एक व्यक्ति का नाम नहीं है, बल्कि यह एक पूरे युग का अभिधान हो गया है। उनका कथा-साहित्य हमारे समाज के एक युग का दर्पण है। इसी को लक्ष्य करते हुए हजारीप्रसाद द्विवेदी ने लिखा था, "अगर कोई उत्तर भारत की समस्त जनता के आचार-विचार, भाव-भाषा, रहन-सहन, आशा-आकांक्षा, सुख-दुःख और सूझ-बूझ को जानना चाहे तो प्रेमचन्द से अधिक उत्तम परिचायक इस युग में नहीं पा सकेगा। इसे इससे अधिक सच्चाई के साथ दिखा सकनेवाले परिदर्शक को हिन्दी और उर्दू की दुनिया नहीं जानती।"

वस्तुतः प्रेमचन्द का युग परस्पर विरोधी अनेकानेक भाव-धाराओं से क्रमित था। भारतीय पुनर्जागरण के वे वाक्-वाहक थे। कथा-साहित्य, किसी भी युग की जाग्रत विकासशील चिन्तन-धारा और सामान्य जन-जीवन के बीच एक भावकल्प-सेतु का काम करता है। प्रेमचन्द इस सेतु के निर्माता थे और उसके यान्त्रिक भी। इसी कारण उनके साहित्य में समाज-सुधार, राष्ट्रीयता, मानववाद और व्यक्ति-मर्यादा आदि अनेक भावों का अद्भुत समन्वय दिखाई पड़ता है। दूसरी ओर इन नयी परिस्थितियों से उत्पन्न परिवर्तनों को वे खुद जीते और भोगते दिखाई पड़ते हैं। अनमेल विवाह, ग़रीबी, तंगदस्ती, विदेशी शासन के अत्याचार, टूटते हुए परिवारों की कसक और पीड़ा, विधवा-विवाह, जमींदार, कारिन्दा और पटवारी के हथकण्डे, शोषण, तत्कालीन शासन की चापलूसी और व्यक्ति-सम्मान के विकेन्द्रीकरण के प्रश्न, जो उनके कथा-साहित्य के विषय बने, किसी-न-किसी रूप में उनके व्यक्तिगत जीवन से भी सम्बद्ध रहे। उन्होंने इन प्रश्नों की सारी भयावह और कष्टदायक पीड़ा को स्वयं झेला। उनका यह संघर्षशील व्यक्तित्व उनके चरित्रों में पूर्णतः निक्षिप्त दिखाई पड़ता है।

ऐसे व्यक्ति की जीवनी स्वयं में जितनी भी महत्त्वपूर्ण हो, सरल नहीं हो सकती। प्रेमचन्द ने अपने जीवन के विषय में लिखा है—"मेरा जीवन सपाट समतल मैदान है, इसमें कहीं-कहीं गढ़े तो हैं; पर टीलों, पर्वतों, घने जंगलों, गहरी घाटियों और खण्डहरों का स्थान नहीं है। जो सज्जन पहाड़ों की सैर के शौक़ीन हैं, उन्हें तो यहाँ निराशा ही होगी।" प्रेमचन्द का यह 'सपाट' जीवन किसी भी चित्रकार के लिए चुनौती हो सकता है, क्योंकि यह एक ऐसा 'लैण्डस्केप' है जिसमें प्रकृति अपनी वदान्यता से चित्रकार को सहायता न पहुँचाकर उसे हतोत्साह ही करती दिखाई पड़ती है।

इस ज़मीन और खमीर की चुनौती को स्वीकार करने के लिए कई प्रकार की अर्हताएँ

---

* प्रेमचन्द : क़लम का सिपाही : अमृतराय

चाहिए—1. व्यक्ति का ज्ञान, 2. सामग्री और उसके आधार पर चरित्र को पुन: निर्मित कर सकने की क्षमता, 3. तत्कालीन युग की मूल प्रवृत्ति से वाकफ़ियत और व्यक्ति को उसकी व्यापक सीमाओं से जोड़ सकने की कुशलता।

अमृतराय ने इस सपाट 'लैण्डस्केप' की चुनौती स्वीकार की और उन्होंने प्रेमचन्द की जीवनी को अपनी पूरी योग्यता के साथ एक जीवन्त 'डाकुमेण्ट' बना दिया, यह उनकी बहुत बड़ी सफलता है।

जीवनी साहित्य—'दि रिनेसाँ' की देन माना जाता है। राजपुरुषों की ऐतिहासिक अथवा धर्म-प्रचारकों की सांस्कृतिक जीवनियाँ पहले भी लिखी जाती रही हैं, किन्तु ये या तो युद्धों का इतिहास बन गयीं या धर्मग्रन्थों की प्रचारिकाएँ जिसे शिप्ले ने Biographie a the'se कहा है। व्यक्ति के व्यक्तित्व पर ज़ोर देनेवाली जीवनियाँ तो रिनेसाँ की ही देन हैं। और फिर प्रेमचन्द का जीवन तो भारतीय रिनेसाँ की एक जीवित तसवीर ही है, उनका पूरा जीवन ही इस रिनेसाँ का परिणाम है।

जहाँ तक व्यक्ति को जानने का प्रश्न है, अमृतराय की योग्यता स्वत:सिद्ध है। उन्होंने प्रेमचन्द के जीवन को क्रमबद्ध रूप में उपस्थित करने में कुछ भी उठा नहीं रखा है। प्रेमचन्द के सम्बन्ध में जीवनी, संस्मरण, चिट्ठी-पत्री, नज़दीकी लोगों की साखी, गवाहियाँ, यह सब कुछ इस विशाल इमारत के लिए ईंट-पत्थर का काम करते हैं। लेखक का कौशल इस बात में है कि उसने इस पूरी सामग्री की छानबीन की और उसे इस प्रकार सजा-सँवार कर उपस्थित किया कि प्रेमचन्द का जीवन—जन्म से मृत्यु पर्यन्त का जीवन—धीरे-धीरे खुलता चला जाये। अमृतराय ने नि:सन्देह यह सब एक बड़ी आत्मीयता और महान् कर्तव्य-बुद्धि से प्रेरित होकर किया है; किन्तु इसी के साथ ख़तरा, एक प्रत्यवाय भी चिपका हुआ था। नज़दीकी व्यक्ति प्राय: ही इस ख़तरे के शिकार हो जाते हैं। यह ख़तरा है अतिमूल्ययन का। यह दुहरा होता है। एक तो निकटता के कारण जीवनीकार व्यक्ति को बहुत बढ़ा-चढ़ाकर चित्रित करता है, दूसरे उसकी त्रुटियों और कमज़ोरियों को तोप-ढाँककर उपस्थित करता है या यदि ऐसा न कर सके तो उन्हें दार्शनिक जामा पहनाकर बड़ी बात का रूप देने की कोशिश करता है। यह दोहरा ख़तरा अमृतराय के भी सामने था। परन्तु वे इससे काफ़ी हद तक बचने में सफल हुए हैं।

अमृतराय इससे पूरी तरह बच सके हैं, यह कहना तो शायद ठीक न होगा; पर इससे वे बचे रहे। इसलिए उन्होंने शायद आवश्यकता से अधिक तटस्थता की एक आन्तरिक चेतना को सब जगह प्रधानता दी है। इसी कारण जब वे प्रेमचन्द की ऐसी प्रवृत्तियों का चित्रण करते हैं जो स्वयं में अच्छी और महान् हैं, किन्तु व्यवहार में उन्हें कमज़ोर या असफल सिद्ध करती हैं, तो एक हलके-से व्यंग्य का पुट अपने-आप आ जाता है। यह जीवनीकार और वर्ण्य व्यक्ति के बीच की तटस्थता को समाप्त कर देता है। उदाहरण के लिए कृष्णकुमार मुखोपाध्याय का प्रसंग। इस प्रसंग में प्रेमचन्द की कोई ग़लती थी तो सिर्फ़ यही कि "वे आँखें बिछाये बैठे रहते हैं कि कब कोई प्रतिभावान् दिखाई पड़े और वे उसका स्वागत करें।" बहरहाल इस बार का स्वागत उनके लिए बहुत महँगा पड़ा। "तब यह बात खुली कि यह सब मुन्शीजी के 'नये बेटे' की करतूत थी और मुन्शीजी थे कि झेंप के मारे उनकी आँखें बीवी के सामने न उठती थीं। 'नये बेटे' का यह व्यंग्य एक ऐसी तटस्थता का सूचक है जिसमें अनजाने ही 'पुराने या असली बेटे' का वाजिब आक्रोश भी थोड़ा-सा घुला-मिला लगता है, यह सही है कि ऐसा शायद इसलिए होता है कि पाठकों को

अमृत और प्रेमचन्द का रिश्ता पहले से मालूम है। ऐसा इस जीवनी में अनेकश: हुआ है। जब लेखक एक आदर और प्यार-मिश्रित भाव से प्रेमचन्द पर फ़बतियाँ कसने में नहीं चूकता।

इस जीवनी की सबसे करारी मुहिम शायद प्रेमचन्द का प्रथम पत्नी से सम्बन्ध-विच्छेद की है। जीवनीकार सर्वत्र प्रेमचन्द को पक्का गृहस्थ, किसान मानता है। पूरी जीवनी में प्रेमचन्द को रूढ़ियों से निरन्तर जूझनेवाला संघर्षरत प्राणी कहा गया है। वे एक प्रबल सुधारक के रूप में हमारे सामने आते हैं। प्रथम पत्नी का त्याग इनके इन सभी रूपों के सामने प्रश्न-चिह्न लगा देता है। यह न तो सामान्यत: किसान करता है, न गृहस्थ और न तो सुधारक। जीवनीकार लिखता है—"विदाई हुई। और नवाब (!) अपनी शीरीं, अपनी लैला को ऊँटगाड़ी पर बिठाकर [हाँ, ऊँटगाड़ी! नियति कभी अधूरा व्यंग्य नहीं करती!] अपने घर ले चला। × × देखते ही शकल से नफ़रत हो गयी, भद्दी, थुलथुल, फूहड़। इतना ही नहीं 'उनके' चेहरे पर चेचक के गहरे-गहरे दाग़ थे और एक टाँग कुछ छोटी थी, जिसके कारण ग़रीब को कुछ भचककर चलना पड़ता था। महीने में एकाध बार हबुआती भी ज़रूर थीं, जब इन पर भूत-प्रेत आते थे। सुनते हैं दिमाग़ में कुछ ख़लल भी था। क्योंकि लड़ाई होने पर अपने पति से कहती थीं—हम तुम्हें गदहा छानने के पगहे में बँधवाकर मँगा लेंगे। ऐसे-ऐसे जादू-टोने हैं हमारे पास।"

इस चित्र में, जिसे जीवनीकार 'औरत का कार्टून' कहता है, एक साथ ऐबों की इतनी बड़ी तालिका सामने आती है कि सहसा सन्देह हो जाता है कि क्या सच इतनी-इतनी 'खूबियाँ' उस औरत में एक साथ इकट्ठा हो गयी थीं। प्रमाणों के बिना एक क़दम आगे न चलनेवाला लेखक यहाँ अपने 'सुनते हैं' पर भरोसा कर लेता है। बहरहाल यह प्रसंग प्रेमचन्द के जीवन का सबसे कमज़ोर अंश है और इस जीवनी के बाद भी वह अपनी जगह पर ही वर्तमान है। कमज़ोर यह इसलिए नहीं है कि एक लेखक के जीवन की घटना है बल्कि इसलिए कि यह पूरी घटना प्रेमचन्द के व्यक्तित्व से मेल नहीं खाती। इसलिए हमें इसे उनकी विवशता ही मान लेनी चाहिए जैसा कि लेखक ने लिखा है, "अगर यह बात सच भी हो कि स्त्री जानकी मैया के समान ही निर्दोष थी तो भी शायद इस मामले में प्रेमचन्द को मर्यादा पुरुषोत्तम रामचन्द्र के समान दोषी ठहराना भी अन्याय हो, क्योंकि यह प्रसंग केवल दु:खकर है।"

इस जीवनी का दूसरा पक्ष है व्यक्ति को तत्कालीन परिवेश के साथ सही ढंग से जोड़ने और प्रतिष्ठित करने का। अमृतराय को यहाँ भी स्पृहणीय सफलता मिली है। उन्होंने भारतीय पुनर्जागरण के प्रत्येक पहलू का विशद परिचय इस एकाग्रता के साथ दिया है कि उससे प्रेमचन्द के जीवन के उस पहलू को चमकाया जा सके। राजनीतिक आन्दोलनों के चित्रण और उद्धरण कई स्थानों पर आवश्यकता से अधिक विस्तृत और भारी प्रतीत होते हैं। सुधारवादी, आदर्शवादी प्रेमचन्द की अन्तिम कहानियाँ 'कफ़न', 'पूस की रात' आदि गहन निराशा में समाप्त होती हैं। गोदान के होरी में भी यह निराशा किसी-न-किसी रूप में झलक जाती है। ये प्रश्न प्रेमचन्द के हर पाठक को परेशान करते हैं। ऐसा क्यों हुआ? जीवनी के अट्ठाईसवें प्रकरण में राष्ट्रीय आन्दोलनों की विफलता और प्रेमचन्द की निजी स्थिति की विषमता का जो चित्रण किया गया है वह इस 'क्यों' का उत्तर भलीभाँति दे देता है। दर्द का हद से गुज़रना है दवा हो जाना...।

चुनार में खेल के मैदान में गोरे सैनिकों से लड़ाई और गोरखपुर में कलक्टर या इन्स्पेक्टर के साथ उनकी मुठभेड़ के दो क़िस्सों को छोड़कर उनके जीवन में उग्रमतवाद का प्रभाव ढूँढ़ना

उचित नहीं मालूम होता। किसान स्वभाव से ही समझौतावादी होता है, और गान्धीवादी का तो यह फ़लसफ़ा है ही। तिलक का प्रभाव रहा होगा, क्रान्तिकारियों से सहानुभूति थी, पर वे मूलत: गोखले और गान्धी के शान्ति-पथ के ही पथिक थे। वे क़लम के सिपाही थे; पर सत्याग्रही कोटि के, हिंसक कोटि के नहीं।

जीवन की सामग्री के रूप में प्रेमचन्द की कहानियों का भी बहुत बार इस्तेमाल हुआ है। 'दफ़्तरी'-जैसी कुछ कहानियों में जहाँ प्रेमचन्द की दृष्टि से तख़य्युल का बहुत कम दख़ल है, भले ही जीवन सम्बन्धी कुछ सूत्र हाथ आ जायें। वैसे अमूमन उनकी कहानियों के भीतर उनकी जीवन-चर्या ढूँढ़ना उनके साथ अन्याय करना कहा जायेगा। यह सही है कि परिवेश, चरित्र आदि के चित्रण में लेखक के अनुभव और दृष्टिकोण की पूरी छाप होती है; पर उसे जीवन मान लेना कथा-साहित्य में 'तख़य्युल' के उचित अधिकार में हस्तक्षेप करना कहा जायेगा। इसमें एक दूसरी तरह की भी लाभ-हानि दिखाई पड़ती है।

अनेक अवसरों पर उनकी कहानियों या उपन्यासों को चरित्र या घटनाओं के उनके जीवन की असली घटनाओं या चरित्रों से जोड़ देने के कारण एक नये अर्थ की सृष्टि हुई है। यह अर्थ कभी ज़्यादा सुन्दर तो कभी ज़्यादा बदतर भी हो सकता है। साहित्य को तटस्थ साहित्य के रूप में पढ़नेवाले पाठक के मन में उत्पन्न सांकेतिक रूप-सौन्दर्य या अर्थ कभी-कभी क्षतिग्रस्त भी हो सकता है।

जो भी हो, प्रेमचन्द की यह जीवनी प्रेमचन्द के पूरे व्यक्तित्व और साहित्य को एक व्यापक जीवन्त पृष्ठभूमि प्रदान करती है, इसमें सन्देह नहीं। प्रेमचन्द का व्यक्तित्व कहीं ज़्यादा स्थूल, स्पष्ट, धूल-माटी से लिपटा, संघर्षरत, रोज़मर्रा की समस्याओं से जूझता, गिरता-उठता हमारे सामने खड़ा हो गया है। यह जीवनी एक प्रकार से हिन्दी के आधुनिक युग के आरम्भ का ज्ञान-कोश बन गयी है। इसके माध्यम से अनेक समस्याएँ—राजनीतिक, सामाजिक, साहित्यिक जो हमारे देश के इतिहास का अंग बन गयी हैं, नये सिरे से एक व्यक्ति का सन्दर्भ बनकर उठी हैं और ये 'प्रेमचन्द व्यक्ति' को समझने में सहायक हुई हैं। इनसे हमारे साहित्य पर एक नया प्रकाश पड़ा है।

अमृत ने इसे कथा की शैली में लिखा है, इसे वे एक परिचित व्यक्ति पर आधारित उपन्यास कहना चाहते हैं। उन्हें अफ़सोस है, ''घटना-प्रसंगों का आविष्कार करने की मुझे छूट नहीं है, कितने ही मोटे-मोटे रस्सों से मैं अच्छी तरह खूँटे से बँधा हुआ हूँ लेकिन मुझे उसकी शिकायत नहीं है।'' वस्तुत: प्राप्त सामग्री के आधार पर अमृत ने प्रेमचन्द को पुनर्निर्मित नहीं तो पुन: अन्वेषित अवश्य किया है। वे अपने चरित्र के साथ इतने तन्मय हो रहे हैं कि उनका चित्रण जीवन से स्पन्दित और अनुभूतियों से अनुप्राणित दिखाई पड़ता है। प्रेमचन्द के बचपन को तो जैसे उन्होंने 'अशिथिल' समाधि की अवस्था में पहुँचकर लिखा है, हिन्दी में बचपन का इतना सुन्दर, मार्मिक भावपूर्ण वर्णन कम ही दिखाई पड़ता है।

'क़लम का सिपाही' अमृतराय की प्रशंसनीय कथोपलब्धि मानी जायेगी। यह अद्भुत क़िस्सागोई और षट्रस ज़ुबान किसी को भी एक बार अपनी लपेट में ले लेगी, इसमें तनिक सन्देह नहीं। हिन्दी भाषा की शुद्धता के प्रेमी शायद भाषा से नाक-भौं सिकोड़ें; पर भाषा की जीवनी-शक्ति से जो परिचित हैं, वे इसकी प्रशंसा ही करेंगे और अमृत को हार्दिक बधाई देने में कभी संकोच का अनुभव न करेंगे।